山东省职业教育教学改革重点研究项目成果

回眸与沉思
——技能大赛十年探索与实践

宋大明　鞠桂芹　编著

科学出版社

北京

内 容 简 介

本书是山东省职业教育教学改革重点研究项目"完善职业技能大赛长效机制，促进中等职业学校教学改革的研究与实践"和"校企研联手构建'四级大赛'与'四名工程'互助提升动态体系的实证研究"的研究成果。全书系统回顾了全国职业院校技能大赛十年发展历程，总结了潍坊市十年来参加全国职业院校技能大赛与职业教育创新发展的经验，介绍了技能大赛优秀选手、金牌教练、品牌专业、名牌学校的典型事迹，记录了大赛亲历者的感悟与体会，对技能大赛长效运行机制进行了理论探讨。

本书为广大职业教育工作者和职业院校学生了解技能大赛十年辉煌历程、学习借鉴技能大赛典型案例与先进经验，促进职业教育创新发展提供了范例和参考。

图书在版编目（CIP）数据

回眸与沉思：技能大赛十年探索与实践/宋大明，鞠桂芹编著. —北京：科学出版社，2018.12

山东省职业教育教学改革重点研究项目成果

ISBN 978-7-03-055997-5

Ⅰ. ①回… Ⅱ. ①宋… ②鞠… Ⅲ. ①中等专业学校-教学改革-研究-山东 Ⅳ. ①G718.3

中国版本图书馆 CIP 数据核字（2017）第 315634 号

责任编辑：张振华 / 责任校对：赵丽杰
责任印制：吕春珉 / 封面设计：东方人华平面设计部

科 学 出 版 社 出版

北京东黄城根北街 16 号
邮政编码：100717
http://www.sciencep.com

三河市骏杰印刷有限公司 印刷

科学出版社发行 各地新华书店经销

*

2018 年 12 月第 一 版 开本：787×1092 1/16
2018 年 12 月第一次印刷 印张：17 1/2
字数：400 000

定价：68.00 元

（如有印装质量问题，我社负责调换〈骏杰〉）

销售部电话 010-62136230 编辑部电话 010-62135210-2005

本书编委会

主　任：周　林　李瑞昌

成　员（按姓氏笔画排序）：

丁玉香　王克涛　王述新　王彦昌　王效金　亓文诺

云　伟　尹述山　刘玉祥　刘锦源　孙　波　孙中升

杨专志　杨福军　张克太　张丽莉　张修会　张海燕

张新敏　陈世全　范守才　明青春　赵玉玺　钟敬华

高崇臻　唐德良　黄官祝　曹中山　窦文纲　滕云武

主　编：宋大明　鞠桂芹

参　编：张立军　范月华　王沐智　段全续　曹中山　王晓华

于彩芹　梁红英　任怀青　刘秀花　徐　刚　张景伟

前 言
PREFACE

2005 年，《国务院关于大力发展职业教育的决定》提出"定期开展全国性的职业技能竞赛活动"。为贯彻落实党中央、国务院关于大力发展职业教育的方针，深化职业教育教学改革，加强技能型人才的培养，展示职业院校学生积极向上、奋发进取的精神风貌和熟练的职业技能，提高全社会对发展职业教育重要意义的认识，营造全社会关心、重视和支持职业教育的良好氛围，2008 年，教育部和天津市人民政府等部门在天津联合举办了第一届全国职业院校技能大赛，这一举措是职业教育领域的重大创新。每年一届的全国职业院校技能大赛备受瞩目，国家领导人多次出席开幕式、闭幕式，越来越多的行业协会和大企业参与组织赛事、竞相录用大赛"状元"，形成了"普通教育有高考，职业教育有大赛"的局面。

潍坊市自 2008 年首次参加全国职业院校技能大赛，经过 3 年蛰伏，2010 年在山东省、全国职业院校技能大赛中取得的金牌数和总成绩均位居山东省地市第一名。2010～2017 年，潍坊市累计获得全国职业院校技能大赛金牌 128 枚，占全省同期总数的 53.3%。潍坊市首创的"政府牵头、行业主导、企业参与、院校承办"四方协同举办技能大赛模式在全省推广；构建"校赛铺面、市赛引领、省赛拉动、国赛创优"四级联动大赛机制，连续 8 年保持在全省、全国技能大赛中的领先优势，形成"潍坊经验"。从 2012 年起，潍坊市以技能大赛为平台实施"四名工程"，形成培养名生、培育名师、打造名专业、创建名学校的"四名并举"技能大赛"潍坊模式"。潍坊经验、潍坊模式在全省推广，由潍坊"一枝独秀"发展为山东各地"春色满园"，山东省代表团参加全国职业院校技能大赛成绩由全国排名 20 多位跃居先进省市行列，潍坊市立下了汗马功劳，树立起潍坊职业教育品牌形象。

为回顾全国职业院校技能大赛十年发展历程，总结潍坊市十年大赛经验，探索技能大赛长效机制，促进职业教育创新发展，根据《山东省教育厅 山东省财政厅关于开展山东省职业教育教学改革研究项目立项工作的通知》（鲁教职字〔2015〕11 号），编者申报了"技能竞赛促进职业教育教学改革"系列研究项目，其中"完善职业技能大赛长效机制，促进中等职业学校教学改革的研究与实践"（项目编号：2015074，主持人：宋大明）和"校企研联手构建'四级大赛'与'四名工程'互助提升动态体系的实证研究"（项目编号：2015081，主持人：鞠桂芹）被山东省教育厅、财政厅批准为山东省职业教育教学改革重点研究项目。两个项目组分工协作、密切配合，在构建技能大赛长效机制、创新竞赛内容与形式、改进大赛训练方式方法、促进校企深度融合、做好技能大赛成果转化、以技能大赛为平台实施"四名工程"等方面，开展相关研究与实践。在两年多的研究期间，项目组成员多次赴天津、江苏等地参加全国职业院校技能大赛；深入潍坊市十余所职业院校进行技能大赛专题调研；组织潍坊市技能大赛典型案例征集与评选活动，收集了 130 多名大赛亲历者的大赛经验体会；对山东省潍坊商业学校、寿光市职业教育中心学校、诸城市福田汽车职业中等专业学校、安丘市职业中等专业学校、临朐县职业教育中心学校等技能大赛名校的校长、品牌专业负责人、优秀指导教师、获奖选手等百余人进行了重点访谈；撰写了 30 余万字的调研报告、典型案例、专题访谈及研究论文；汇总了 2008～2017 年全国职业院校技能大赛获奖名单。这些成果资料全面记录了技能大赛开展十年来的辉煌历程，为社会各界了解全国职业院校技能大赛、宣传职业教育教学改革成就、帮助职业院校师生学习借鉴技能大赛典型案例与先进经验、促进职业教育创新发展提供了范例和参考。

本书由"完善职业技能大赛长效机制，促进中等职业学校教学改革的研究与实践"和"校企研联手构建'四级大赛'与'四名工程'互助提升动态体系的实证研究"项目组联合编著，项目主持人宋大明、鞠桂芹主要负责编撰与统稿工作，张立军、范月华、王沐智、段全续、曹中山、王晓华、于彩芹、梁红英、任怀青、刘秀花、徐刚、张景伟等参与访谈调研和编写。本书还收录了潍坊市职业院校技能大赛典型案例征集与评选中的部分获奖作品。

在编写本书的过程中，编者得到了各级教育主管部门、行业企业、职业教育研究机构和职业院校领导、专家、指导教师、参赛选手的大力支持和帮助，并获得了许多宝贵的资料，在此向相关人士表示感谢。

由于编者水平有限，加之时间仓促，书中疏漏之处在所难免，恳请各位读者批评指正。

编　者

2018 年 10 月

目录
CONTENTS

名师风采——奖牌背后的奉献与成长 ················ 79

潍坊现象

——十年大赛传奇与职业教育发展

　　"普通教育有高考，职业教育有大赛"，技能大赛如指挥棒，如冲锋号，在 2008 年的夏季，在潍坊大地掀起了一场关于技能大赛、关于人才培养、关于职业教育改革发展的热潮。

　　"一石激起千层浪"。潍坊市各级政府、教育主管部门、职业院校迅速反应，系统制定大赛制度与激励办法，同时加大对职业教育的投入力度，以技能大赛为契机，"以赛促练、以赛促教、以赛促改"，全面推进教育教学改革；从政府到学校，从教师到学生，说大赛，议大赛，参与大赛，研究大赛，大赛不仅仅成了当年的热门词语，更成了职业教育的大事要事。

　　大赛演绎"蝴蝶效应"，潍坊市职业教育异军突起、捷报频传：金牌数位列全省第一，品牌专业连年叠加，名校名师如雨后春笋，名生选手让教师骄傲、令企业争相聘用；省部共建国家级职业教育创新发展试验区落户潍坊市，现代职业教育体系建设领跑全省，"潍坊现象"引起全国职业教育领域的关注。十年历程，三千多个日夜，潍坊职教人用自己的思考与行动，对技能大赛做了全面深刻的解读，抒写了职业教育创新发展的大篇章。

潍坊市职业教育发展概况

潍坊市地处山东半岛中部，是黄河三角洲高效生态经济区和山东半岛蓝色经济区两大国家建设战略的叠加区，职业教育资源丰富、类型多样、优势明显。潍坊市现有本科院校（校区）、高职院校、技师学院 19 所（其中，本科院校 5 所、高职院校 11 所、技师学院 3 所），全日制在校生 17.8 万人；中等职业学校 42 所（其中，公办 19 所、民办 11 所、高校附设 4 所、高校中专部 8 所），全日制在校生 11.4 万人。潍坊市以 2012 年 3 月省部共建国家职业教育创新发展试验区为契机，以建立现代职业教育体系为目标，从体制机制入手，着力推进产教融合、校企合作，全市职业教育发生了深刻变化，每年有 8 万多名中高级技能人才充实到各行各业，为产业强市做出了应有贡献。

潍坊市职业教育正呈现出良好的发展势头，这既得益于教育部、山东省委、省政府、省教育厅和市委、市政府突破陈规，全力支持；又得益于潍坊职教人抢抓机遇，积极作为，十年如一日，坚持破解职业教育发展难题，推动构建现代职业教育管理体制机制。"好风凭借力，送我上青云"。十年来，潍坊职教人乘着职业教育改革东风，抓住全国职业院校技能大赛契机，以大赛作为全市职业教育改革发展的支点，以四两拨千斤的巧劲和智慧，促进了职业教育发展体制机制的大改革，推动了职业教育基础能力的大建设、校企的大合作、产教的大融合和职业教育贡献的大提升。潍坊市以大赛为契机，拨正社会上部分人士对职业教育认识的短见、浅见、偏见，树立职业教育改变命运、让人生出彩的良好形象，以成绩服务发展，以贡献赢取政府、社会、企业对发展职业教育持续而强劲的支持，如强劲的东风推动潍坊职业教育这艘航船扬帆航行在新时代的征程上。

职业教育改革发展环境不断优化

在一个相当长的时期，潍坊市基础教育质量名扬全国，但职业教育力量较为薄弱。如何赢取政府、社会支持，突破职业教育发展瓶颈呢？十年前，潍坊职教人抓住了全国职业院校技能大赛的机遇，以技能大赛为契机，狠抓专业建设、教师队伍建设、校企合作和教学改革，以及人才培养模式改革，形成了大赛和职业教育改革互助提升、良性循环的发展模式。从 2010 年开始，潍坊职教人连续 8 年参加全省职业院校技能大赛，取得八连冠；参加全国职业院校技能大赛（中职组），共获 128 枚金牌，占全省获奖总量的 1/2 以上。一枚枚沉甸甸的金牌成就了全国职业院校技能大赛的"潍坊传奇"。山东省政府分管教育的领导和潍坊市委、市政府主要领导多次就潍坊市在全国、全省技能大赛中取得的突出成绩做出批示，肯定了潍坊职教人抢抓大赛机遇促进职业教育改革发展的做法和经验。大赛为潍坊职业教育创造了改革发展的良好环境。近年来，潍坊市委、市政府以国家职业教育创新发展试验区建设为抓手，将职业教育作为转方式、调结构、创新发展的基础工程和"科教兴潍"的战略重点来抓，纳入经济社会发展的总体目标中统筹规划、重点发展。2007 年，潍坊市建立了以市长为召集人的驻潍职业院校联席会议制度，每年召开一次联席会议，每年出台一个支持职业教育创新发展的文件。潍坊市先后出台了加快发展高等教育、大力推进校企合作、加快技能型人才培养、做好全市职业院校技能大赛工作、加快推进潍坊国家职业教育创新发展试验区建设、创新职业教育机制体制等一系列文件。2012 年 3 月，潍坊市教育局积极推动教育部和山东省政府正式签署共建潍坊国家职业教育创新发展试验区协议，争取职业教育改革在全域先行先试的机会。2017 年 8 月，潍坊市成立了全市职业教育创新发展领导小组，市委书记亲任组长，积极推进现代职业教育体系的构建。潍坊市经济体制改革综合配套办公室、三区普通公办义务教育学校等单位将试验区建设纳入重大项目管理，市政府督查室、监察局等部门负责试验区任务落实情况的督查考核。

职业教育发展体制机制不断完善

坚持并完善职业教育生均拨款制度，潍坊市在全省乃至全国率先实现了高职院校生均拨款按本科标准拨付，中职学校在校生免学费政策全面落实。搭建起中高本贯通、职普互通、职业学校与技工学校合作办学的人才成长立交桥。建立并完善中高本贯通培养机制，8 所中高职院校率先实施中职、高职和应用型本科衔接培养试点；建立职业教育与普通教育互通机制，率先实施了中职、普高学分互认和学籍互转融合贯通试点；开展职业教育与技师教育合作办学试点，中职学校与技工学校"双证"互通教育，县市技工教育和中等职业教育全部实现一体化办学；开展以职场体验课程为主要内容的校企合作新模式；建立鲁台职业教育院校定期交流机制，每年定期举行会议。潍坊市成为职业教育对台交流合作的先行区，也成为祖国大陆对台职业教育交流合作极为活跃的地区之一。

创新校企合作人才培养模式

潍坊市建立三级联动校企合作机制，建立联络员队伍，编印企业用工信息和高校人才培养信息，促进职业院校与企业、产业对接；建立校企合作服务中心，积极引导职业院校与企业紧密合作、有效互动，推动职业院校调整专业设置，推动大型企业自建职业学院，探索出包括建立校外实训基地、院校参股企业、冠名订单培养、校企联盟集团发展、技术服务合作攻关等多种模式，促进校企深度融合，人才培养更加适应企业、产业需求；推进职业教育集团化发展，先后组建纺织、软件、畜牧 3 个省级职业教育集团，以及现代服务、化工、数控技术应用、机电技术、机械制造技术和食品 6 个市级职业教育集团。依托省市级职业教育集团、市级特色品牌专业，由潍坊市政府牵头，职能部门、行业、企业、学校参与，分行业、分专业组建首批 10 个专业建设指导委员会，力促职业教育的产教融合和职业院校人才培养的适销对路。

职业教育基础能力建设得到加强

潍坊市 8 个县市均规划建设了高标准的职业教育中心学校，总投资 20 多亿元。2012 年，寿光、安丘、临朐 3 所职业教育中心学校进入第三批国家中职改革发展示范校建设行列，潍坊市国家示范校数量达到 6 所。2013 年，昌乐宝石中等专业学校、潍坊市工业学校和山东省民族中等专业学校进入首批省级规范化中等职业教育学校建设行列，在全省率先实现"每县和中心城区分别建成一所达到省级规范化以上标准的中等职业学校"的目标。山东科技职业学院、山东畜牧兽医职业学院分别被授予国家示范性高职院校和国家骨干高职院校，潍坊职业学院、山东交通职业学院、山东经贸职业学院、潍坊工程职业学院被山东省教育厅确定为省级技能型人才培养特色名校，占全省高职院校国家级和省级重点院校建设项目学校的 1/6。2009 年，潍坊市规划建设了占地 12 平方千米的潍坊滨海科教创新园区，山东海事职业学院、潍坊职业学院、山东化工职业学院等 14 所职业院校入住或开工建设；依托滨海区成立了滨海教育发展投资有限公司，成立了职业教育山东（潍坊）公共实训基地。

品牌专业建设水平不断提升

为提升职业教育服务地方经济科学发展的水平，潍坊市政府先后出台了《关于做好全市职业院校技能大赛工作的意见》《关于加强职业技能竞赛基地建设的意见》等文件。2008 年，潍坊市在全省率先开展了建立在政府平台上的全市职业院校师生技能大赛和特色品牌专业建设工程，规划用 5 年时间在驻潍职业院校创建 50 个特色品牌专业；已投入 1.5 亿元，建成了数控技术、汽车运用技术、现代物流等 30 个特色品牌专业及实训基地，一批特色专业教学、科研水平跻身全省全国先进行列。

教师队伍建设不断加强

2008 年 9 月，潍坊市建立了特聘专业技能教师制度。潍坊市财政每年单列 200 万元专项经费，在全省率先开展了职业院校特聘专业技能教师聘任工作，先后有 600 名企业的能工巧匠进入职业院校任教，优化了全市职业院校师资结构。

加强教师出国培训。近 3 年，先后有 467 名职业院校校长和教师赴德国、英国、澳大利亚等国家考察培训，有 243 名国外职业院校或培训机构的教师来潍坊市授课。

以大赛促进专业教师素质能力提升。300 多名教师参加潍坊市职业院校教师技能大赛，260 多名教师指导学生参加各级技能大赛。2013 年，在山东省首批职业教育"齐鲁名校长"和"齐鲁名师"名单中，潍坊市有 6 名校长和 17 名教师入选，分别占全省的 1/5 和 1/4。275 名职业院校教师荣获潍坊市政府教学成果奖，其中 23 名教师荣获特等奖。山东省潍坊商业学校美容美发专业教师毛晓青，作为中国国家队成员参加了在台北市举行的 2013 年世界美发组织亚洲杯公开赛，获得高级女士时尚组晚妆发型比赛和高级女士时尚组团体赛两枚金牌（中国国家队共获 5 枚金牌），为国家争得荣誉，成为全国首批"职教名师"。

对台职业教育交流合作活跃

借助鲁台经贸洽谈会平台，山东省和台湾省联合举办鲁台职业院校校长研讨会，促进两地的职业教育交流与合作。潍坊市职业院校与台湾院校建立策略联盟 32 对，签订师生互访、科研交流等领域的合作协议 56 个。台湾有 27 所高职院校 16 批 296 人次来潍坊市开展了研讨交流活动；潍坊市先后有 18 批 156 人次赴台湾考察，159 名学生和 46 名教师赴台研修培训。鲁台职业院校校长研讨会项目已成为国务院台湾事务办公室（以下简称国台办）固定支持的重点对台交流项目和山东省优秀对台交流项目。

职业教育，功在当代、利在千秋。潍坊市职业教育将借助国家职业教育创新发展试验区这一平台，力争在服务区域经济发展、培养高素质技能型人才方面有更大作为。

以技能大赛为抓手，努力打造潍坊职业教育品牌

2008 年，潍坊市首次参加在天津市举行的全国职业院校技能大赛，仅获得 1 枚银牌，这与潍坊市教育强市的地位极不相符。潍坊市职业教育教研室从剖析参加全国职业院校技能大赛成绩不佳的成因入手，制订了三年行动方案，构建了技能大赛运行机制，以促进中职学校教学改革与内涵发展。经过三年探索，潍坊市在全省首创"政府牵头、行业主导、企业参与、院校承办"四方协同办赛模式，构建了"校赛铺面、市赛引领、省赛拉动、国赛创优"的四级联动大赛机制。从 2010 年起，潍坊市在全国、全省大赛中的金牌数和总成绩跃居全省地市第一名，开创了技能大赛"潍坊模式"。

2010~2015 年，潍坊市实施了技能大赛长效机制的拓展与提升，实现"大赛标准与课程标准、大赛内容与教学内容、大赛训练与技能教学、技能大赛与考核评价"的四维融合转化大赛资源，形成技能大赛促进"名生、名师、名专业、名校"四名并举的大赛效应，在全国、全省技能大赛中保持领先优势，累计获得全国职业院校技能大赛中职项目金牌 128 枚，占全省金牌总数的 53.3%。2012 年，教育部与山东省政府签署共建潍坊国家职业教育创新发展试验区协议，使潍坊市成为全国唯一的地市级职业教育创新发展试验区。潍坊市在技能人才培养、名师培育、品牌专业、示范校建设等多项指标上位居全省首位，在全国地级市中极为突出，成为全国职业教育领域关注的"潍坊现象"，树立起潍坊市职业教育品牌形象。

提高认识，积极构建职业技能大赛平台

1) 技能大赛成为教育制度的重大创新。"普通教育有高考，职业教育有大赛"，每年一届的全国职业院校技能大赛是对职业教育工作深入贯彻落实国务院关于大力发展职业教育的方针、深化改革、加快发展所取得的成果的大检阅，是职业院校广大师生奋发向上、锐意进取的精神风貌和熟练技能的大展示，对宣传职业教育、营造关心支持职业教育发展的良好社会氛围、加快发展职业教育、提高办学质量和效益具有重要意义。潍坊市教育局连续五年把技能大赛列为重点工作项目，主要领导多次召开专题会议，研究部署技能大赛工作，各级领导像重视普通高考一样重视技能大赛。

2) 技能大赛成果成为衡量职业教育水平的标志。大赛项目的设置代表现代服务业、先进制造业的前沿水平和发展趋势，反映企业岗位要求和国家职业资格标准。大赛全面检验了参赛选手的知识、技能、经验和意志品质，展示了职业院校的教学水平和质量。参赛项目和比赛成绩在一定程度上代表着一个区域、一所院校的办学水平和层次。潍坊市在全国、全省技能大赛中连创佳绩，正是全市职业院校专业门类齐全、办学兴旺、质量稳定、高中职等职业教育协调发展的体现。

3) 技能大赛成为转变培养模式的推进器。广泛开展技能大赛，改变以学校和课堂为中心的传统人才培养模式，是职业教育发展的必然趋向，是以就业为导向理念的具体体现，是职业教育深化教学模式、教学内容、教学方式改革的切入点。潍坊市以技能大赛作为总

抓手,通过深化产教融合、校企合作,推进校企一体化建设,把企业的理念、文化、技术需求融入教学过程,体现在大赛规程和评价标准上,促进了技能教学和人才培养模式的转变。

4)技能大赛成为职业教育评价激励机制的重要内容。技能培养的效率与水平,是衡量职业教育教学工作的重要指标。潍坊市从 2009 年起即把技能大赛列入对各县市区政府教育综合督导范围,组织和参加各级技能大赛取得的成绩被量化成具体的分数,纳入督导成绩。在全国、全省技能大赛中屡创佳绩的寿光、诸城等市得到满分 20 分,但有的县市区仅得 3~5 分。职业院校参加技能大赛的成绩被列为校长职级制考核的重要指标,直接影响校领导的任职与晋升。

采取措施,建立职业技能大赛运行与激励机制

1)建立对技能大赛的组织领导和激励机制。2008 年 8 月,潍坊市教育局决定每年举行一次全市职业院校技能大赛。2009 年 9 月,潍坊市政府出台《关于做好全市职业院校技能大赛工作的意见》,决定全市职业院校技能大赛每年由潍坊市人民政府主办。潍坊市政府成立了由副市长任主任的市职业院校技能大赛组委会,逐步在制度层面为大赛提供保障。同时,潍坊市还建立了大赛奖励机制,对在技能大赛中获得优异成绩的院校、教师和学生予以表彰奖励。获得一等奖的项目,直接认定为市政府教学成果二等奖。代表潍坊市参加全省、全国技能大赛获得一等奖的项目,直接认定为市政府教学成果一等奖、特等奖。对比赛成绩优秀的选手,由市人力资源和社会保障局(以下简称人社局)授予"潍坊市技术能手"称号。对在全国职业院校技能大赛中获一等奖的专业,授予"潍坊市职业学校特色品牌专业",并给予 100 万元实训设施配置资金奖励。

2)建立技能大赛与职业资格证书考核衔接制度。技能大赛与职业技能鉴定实现有机衔接,根据比赛成绩由主管部门和鉴定机构颁发职业资格证书。在参照国家职业资格标准的基础上,科学制定职业院校技能教学内容、技能大赛考核规范,充分体现当前行业、企业岗位技能特点。认真落实职业院校毕业证书与职业资格证书"双证互通"政策,推动职业院校设立职业技能鉴定机构或职业资格考试机构,使 90%以上的毕业生获得职业资格证书。将技能大赛与学业成绩考核结合起来,与取得技术等级证书、职业资格证书结合起来,使技能大赛成为学生成长、成才的重要平台和重要经历。

树立品牌,职业技能大赛带动效应显现

1)技能大赛提高了职业院校的知名度,在社会上产生了广泛的影响。2010 年,在全国职业院校技能大赛中,潍坊市 8 所中职学校的 39 名选手代表山东省参加了 8 个大类 22 个项目的比赛,共获得 8 个一等奖、12 个二等奖、9 个三等奖,为山东代表队获得团体总分第 7 名做出突出贡献,山东省政府副省长向潍坊市政府发来贺信表示祝贺和感谢,在全省引起强烈反响。2011 年"五一"前夕,山东省教育厅等四部门举行盛大颁奖典礼,为获奖学生颁奖、鼓劲;省财政厅拨出专项资金,对全省取得优异成绩的选手、指导教师和学校给予奖励,潍坊市从中获奖近一半。

2）技能大赛促使职业院校加大投入力度，建成了一批技能竞赛训练基地和特色品牌专业。通过参加技能大赛，职业院校加强实验、实习设施建设，不断添置、更新技能教学训练设备，显著改善实习、实训条件。2009年，潍坊市政府举办技能大赛，各校共投入2000多万元购置大赛专用实训设备，其中潍坊科技学院一次投入450万元；2010年，潍坊市政府拨出上千万元专项经费，对在全国、全省技能大赛中获得优异成绩的职业院校进行奖励和扶持。2010年12月，潍坊市出台《潍坊市职业技能竞赛基地建设方案》，依托品牌专业建设，建立技能大赛常态化基地建设制度。市、县两级财政在建设特色专业，充实实习、实训条件等方面给予重点扶持。鼓励有条件的行业和企业通过校企合作参与技能大赛、建设大赛基地，鼓励企业通过大赛冠名、基地冠名等方式对技能大赛和基地建设提供经费支持。与潍坊市主导产业密切相关且实习实训条件好、教学水平高的职业院校，均建立了全市技能大赛和日常训练基地。

3）技能大赛调动了教师提高自身技能的积极性，一批职教名师在技能大赛中产生和成长。从2009年开始，潍坊市政府教学成果奖向技能大赛倾斜。在市级以上技能大赛中获奖或指导学生获奖的教师可直接认定授予潍坊市政府教学成果奖，这一措施受到广大教师的高度关注。学校领导和教师对技能培训空前重视，除积极参加上级组织的培训外，教师还自己联系外出培训或到生产企业拜师实习，如临朐县机械电子职业中等专业学校教师自费外出参加技术培训，取得中高级职业资格证书的教师越来越多。潍坊市为获得全国职业院校技能大赛一等奖的指导教师拨出10万元专项经费，成立"名师工作室"，组建专业教学研究与技能大赛训练团队。潍坊商业学校美容美发专业教师毛晓青等大批专业教师的教学水平和动手能力在大赛中得到锻炼和提高，成长为名副其实的"金牌教练"和"职教名师"。

4）技能大赛提升了学生的综合素质，推动了职业院校的招生与就业。技能大赛成为学生成长、成才的重要平台和重要经历，学生在训练和参赛过程中，综合素质迅速提高，为就业打下了良好的基础。潍坊商业学校在全国职业院校技能大赛中夺得现代物流技术项目第一名的冯永亮等3名选手，凭借在比赛中的出色表现，当场赢得3家全国知名企业的青睐，承诺"只要愿意，随时都可以加入"。潍坊市对外经济贸易学校的3名参赛学生被大赛赞助单位济南星科电子有限公司看中，直接聘为技术人员。

职业学校毕业生就业质量的提高，直接促进了中等职业学校的招生。2009年，潍坊市中等职业学校招生数量比2008年增长1万多人。2010年，潍坊商业学校在全国职业院校技能大赛中一举夺得5个一等奖和7个二等奖，当年报考该校制冷空调、烹饪、美容美发、汽车修理专业的学生人数比往年提高了3倍多，学校招生计划超额完成。

潍坊市以技能大赛为抓手，积极构建技能大赛平台，不断完善技能大赛制度，大力推进职业技能大赛基地建设和"特色品牌"专业建设，极大地提高了全市职业教育的社会影响和职业院校的知名度，有效带动了职业院校招生数量的增加和就业质量的提高，促进了职业教育向特色化、品牌化方向发展，提高了技能型人才培养质量，为当地经济和社会发展做出了贡献。

职业院校技能大赛回顾（2008～2017 年）

2008 年职业院校技能大赛回顾

2008 年潍坊市中等职业学校技能大赛于 9～12 月举行，大赛涉及计算机、财经、电子电器、机电一体化、车工、钳工、焊工、烹饪、服装、汽车修理等专业和工种，设置 16 个比赛项目。比赛在潍坊市第一职业中等专业学校等 11 所职业学校举行，共有 662 名师生参赛。这是潍坊市首次举行全市规模的职业院校技能大赛。

2008 年潍坊市"希努尔"杯中等职业学校服装技能大赛

潍坊市职业教育教研室从 2006 年开始实施"职业教育课程改革重大课题研究与实践"系列项目，突出实践性教学，开展师生技能竞赛活动。2006 年 6 月，潍坊市举办全市中等职业学校计算机技能比赛，共有 17 个学校参加。选拔潍坊科技职业学院和潍坊商业学校代表潍坊参加山东省第三届"电子工业出版社"杯中职学生计算机技能比赛，双双获得主题网站设计项目一等奖。潍坊市 2700 多名师生参加全省计算机技术技能大赛，获得团体一等奖 3 个、二等奖 8 个、三等奖 3 个，包揽中等职业学校组的团体前三名；获得个人一等奖 2 名、二等奖 6 名、三等奖 7 名，其中计算机操作员和多媒体作品制作员两个单项名列全省第一。潍坊市职业教育教研室荣获全省唯一一个最佳组织奖。2006 年 9 月，潍坊市举办全市机电专业师生焊接技能比赛，共有 14 所学校的 88 名学生和 26 名教师参加比赛。2007年 6 月，潍坊市组织 2125 名职业院校学生参加山东省计算机技能大赛初赛和全国计算机技能大赛，潍坊商业学校获得全国比赛团体二等奖，有 1890 名学生取得计算机专业中级技术等级证书。

2008 年山东省中等职业学校技能大赛于 4 月 29 日在山东商业职业技术学院隆重举行。这次技能大赛由山东省教育厅直接组织，专门成立技能大赛领导小组和办公室等组织机构。大赛由山东商业职业技术学院承办，神州数码公司等企业为大赛提供赞助。本次大赛共设计算机、数控技术、电工电子技术、烹饪、汽车运用与维修、服装设计制作与模特表演 6个专业 15 个项目，共有 17 个代表队 260 名选手参赛。大赛产生一等奖 26 个、二等奖 52个、三等奖 78 个；其中，潍坊市获得一等奖 5 个、二等奖 7 个、三等奖 8 个。

2008 年全国职业院校技能大赛于 6 月 27～30 日在天津市举行，同时举办 2008 年中国职业教育改革与发展高峰论坛、第六届全国职业教育现代技术装备展览会。本次大赛分高职和中职两个组别，共设 10 个专业类别、24 个竞赛项目。大赛涵盖电工电子、汽车运用与维修、数控技术、美容美发等内容。来自全国各省、自治区、直辖市、新疆生产建设兵团和计划单列市的 37 支代表队 2000 余名选手参加了本届赛事。高职组有 14 个团队获得一等奖，31 个团队获二等奖，40 个团队获三等奖。中职组决出一等奖 149 个，二等奖 298 个，三等奖 327 个。山东代表队获得一等奖 2 个、二等奖 7 个、三等奖 20 个；其中，潍坊选手获得二等奖 1 个和三等奖 7 个。从 2008 年起，天津市每年举办一次全国职业院校技能大赛。

2009 年职业院校技能大赛回顾

2009 年潍坊市职业院校技能大赛于 12 月 4 日上午在潍坊科技学院开幕，这是潍坊市近年来举办的规格最高的职业院校师生技能大赛，组织筹备首次提升到政府层面，市政府分管副市长担任大赛领导小组组长，13 个政府部门共同组织，成绩优异的选手被直接授予"潍坊市技术能手"荣誉称号。技能大赛共设立了 13 个大类 42 个项目，共有 38 所学校的 1254 名师生参赛，比赛分中职学生组、高职学生组、教师组 3 个组别，所有驻潍高职、中职、技工学校全部参加，比赛项目涵盖全市主导产业。

2009 年潍坊市职业院校技能大赛开幕式

"大源工艺"杯服装设计与制作比赛于 12 月 6～7 日在潍坊工商职业学院举行。比赛分为中职组、高职组和教师组 3 个组别，内容包括 CAD 制图、手绘款式图和制作 3 个方面。来自潍坊市职业院校的 11 支代表队 28 名选手参加了比赛。

护理项目比赛于 12 月 15 日在山东省益都卫生学校举行。潍坊市 6 所院校代表队的 32 名选手同台竞技。比赛共设静脉输液、无菌技术、心肺复苏 3 个比赛项目，既重视考查学生的基本操作技能，又关注评价学生的综合素养，对护理专业学生提出了极高的专业和人文要求。

2009 年山东省职业院校技能大赛于 4 月 26 日在山东商业职业技术学院隆重开幕。大赛设计算机应用技术、电工电子技术、数控技术、汽车运用与维修、焊接技术、服装设计制作与模特表演、烹饪、财经、美容美发、护理、建筑工程技术 11 个专业类别 39 个项目。全省 454 支代表队的 1170 名选手分别在济南、德州、泰安、潍坊、烟台 5 个城市的赛场参加比赛。潍坊市在 2009 年山东省职业院校技能大赛中取得了优异成绩，夺得全部 91 枚金牌中的 24 枚，以显著优势名列全省 17 个地市之首。

2009 年山东省职业院校技能大赛开幕式

2009 年全国职业院校技能大赛于 6 月 27～30 日上午在天津市举行。中职学生组比赛设计算机技术、数控技术、电工电子、中餐烹饪、汽车运用与维修、服装设计制作与模特表演、美容美发、建筑工程技术 8 个专业类别 31 个项目。高职学生组比赛设机电设备、机械设计与制造、通信、电子信息 4 个专业类别 4 个项目（数控机床装配、调试与维修；产品造型设计及快速成型；3G 基站建设维护及数据网组建；电子产品设计及制作）。来自全国各省、自治区、直辖市、新疆生产建设兵团、计划单列市的 37 支代表队 2951 名选手参加了比赛，参赛和观摩人员超过万人。大赛产生一等奖 220 个、二等奖 426 个、三等奖 640 个、优秀奖 668 个。此外，大赛组委会颁发优秀指导教师奖 278 个、中职组团体奖 9 个、优秀组织奖 37 个、企业贡献奖 13 个。山东代表队获得一等奖 2 个、二等奖 14 个、三等奖 26 个、优秀奖 21 个；其中，潍坊选手获得二等奖 3 个、三等奖 8 个和优秀奖 4 个。

2010 年职业院校技能大赛回顾

2010 年潍坊市职业院校技能大赛历时 15 天，于 12 月 30 日落下帷幕，有 37 所职业院校的 1200 多名师生参加了 13 个大类 44 个项目的竞技。大赛共产生一等奖 117 个、二等奖 209 个、三等奖 339 个；潍坊商业学校等 10 所职业学校获"技能大赛十强中职学校"称号。12 月 30 日，潍坊市职业院校技能大赛颁奖典礼暨师生风采展演活动在潍坊特教幼教师范学校演播大厅隆重举行，市教育局副局长李端梅及有关行业协会的领导与专家出席并为获奖师生颁奖，各县市职教室（科）、职业院校负责人和获奖师生代表 400 多人参加颁奖典礼。来自潍坊商业学校、诸城市职业中等专业学校、潍坊科技学院、寿光市第二职业中等专业学校、潍坊卫生学校、潍坊职业学院、潍坊特教幼教师范学校的师生在现场进行了精湛的专业技能展示，并表演了精彩的文艺节目。

2010 年潍坊市职业院校技能大赛颁奖典礼暨师生风采展演

  2010 年山东省职业院校技能大赛于 4 月 15 日在潍坊市开幕。本届大赛的主题是"培育技术能手，转变发展方式"。大赛由潍坊市人民政府整体承办，分中职组和高职组两个组别，中职组设有计算机应用技术、电工电子、数控技术、烹饪、汽车运用与维修、服装设计制作与模特表演、现代物流技术、建筑工程技术、美容美发 9 个专业类别 31 个比赛项目。高职组设有数控技术、模具设计与制造、电子技术、计算机网络、汽车维修技术 5 个专业类别 5 个比赛项目。大赛最终有 75 名选手获得个人一等奖，146 名选手获得个人二等奖，230 名选手获得个人三等奖。潍坊市代表队夺得 38 个一等奖并荣获中职组团体一等奖；济南市、青岛市、烟台市代表队获得团体二等奖，威海市、淄博市、德州市、枣庄市、济宁市代表队获得团体三等奖。潍坊市教育局被大赛组委会授予"特殊贡献奖"。

2010 年山东省职业院校技能大赛开幕式

2010 年山东省职业院校技能大赛颁奖仪式

2010 年全国职业院校技能大赛于 6 月 25~27 日在天津市举行。本次大赛设高职组和中职组两个组别。高职组设建筑楼宇、装备制造、电子信息、现代物流、农业技能 5 个专业类别 11 个比赛项目，共有 1372 名选手参加比赛；中职组设计算机技术、数控技术、电子电工、中餐烹饪、汽车运用与维修、服装设计制作与模特表演、建筑工程技术、现代物流、美容美发、农业技能 10 个专业类别 35 个比赛项目，共有 2715 名选手参加比赛。大赛评出一等奖 436 名、二等奖 883 名、三等奖 1280 名、优秀奖 1268 名。此外，大赛组委会还评选出优秀指导教师奖 378 个、中职组团体奖 9 个、企业突出贡献奖 14 个。中、高职组有 10 个项目列入国家级职业技能大赛系列，并颁发相应的职业资格证书。部分参加大赛的选手通过此次大赛实现了"三证"在手，即大赛证书、人力资源和社会保障部颁发的职业资格证书及毕业证书（应届中职毕业生）。

大赛期间还举办了"中等职业学校德育工作经验交流会""中等职业学校学生技能产品展洽会""职业教育国际论坛""全国职业院校学生文艺作品调演晚会" 4 项规模较大的活动。

山东省代表队共获得了 13 个一等奖、22 个二等奖，荣获团体三等奖，排名全国第七，参赛成绩比往届有了显著提高，跻身全国先进省份之列。其中代表山东省参赛的潍坊选手在此次全国职业院校技能大赛中表现尤为突出，共为山东省代表队斩获 8 个一等奖、12 个二等奖、9 个三等奖，位居全省第一，受到省教育厅领导的高度评价。6 月 30 日，山东省人民政府向潍坊市人民政府发来贺信，祝贺潍坊市在 2010 年全国职业院校技能大赛上取得优异成绩。潍坊市人民政府向技能大赛获奖单位和先进个人授予教学成果奖 70 多项，其中特等奖 9 项；认定 6 个专业为市级"特色品牌专业"。市教育局拨款 800 万元奖励获奖项目专业建设。

2011 年职业院校技能大赛回顾

2011 年潍坊市职业院校技能大赛于 11 月 20 日～12 月 10 日举行。潍坊市 32 所职业学校的 1753 名师生参加了计算机应用、现代物流、现代会计、电子商务、烹饪、服装设计制作与模特表演、美发与形象设计、护理技术、学前教育、电工电子、汽车运用与维修、建筑工程技术、现代制造技术、农业类、化学检验 15 个专业类别 60 个项目的技能竞赛。大赛共产生一等奖 117 个、二等奖 209 个、三等奖 339 个。潍坊商业学校等 10 所职业学校获得"技能大赛十强中职学校"称号。

2011 年潍坊市职业院校技能大赛学前教育声乐、钢琴、舞蹈项目竞赛

2011 年山东省职业院校技能大赛由山东省教育厅、省经济和信息化委员会（以下简称省经信委）、省财政厅、省人力资源和社会保障厅（以下简称省人社厅）共同主办，主题是"练就一流技能，赢得精彩人生"。大赛设中职组和高职组两个组别，主赛场设在潍坊市，由潍坊市人民政府承办。中职组比赛由潍坊、济南、淄博、枣庄、烟台、泰安、德州七市共同承办；高职组比赛由潍坊、济南、青岛三市共同承办。大赛设置 18 个专业类型 49 个项目。本次大赛规模和覆盖面均创历史新高。

4 月 11 日上午，2011 年山东省"鲁商杯"职业院校技能大赛中职组烹饪、现代物流技术、美发与形象设计项目开赛式在潍坊商业学校举行。几十家企业的负责人、各个参赛代表队选手 240 多人及潍坊商业学校师生代表 1000 多人参加了开赛式。本届大赛中职组共设 12 个专业类型 43 个项目，其中烹饪、美发与形象设计、现代物流技术、计算机应用技术、电工电子技术、服装设计制作与模特表演 6 个专业类型 25 个项目的比赛在潍坊市举行。

2011 年山东省"鲁商杯"职业院校技能大赛中职组在潍坊商业学校举行

2011 年山东省职业院校技能大赛分为预赛和决赛，72 所高职院校和 640 所中职学校参赛，各级参赛学生达 30 余万人次。经过省级决赛，中职组产生 118 个一等奖、236 个二等

奖、361 个三等奖；高职组产生 26 个团体一等奖、48 个团体二等奖、71 个团体三等奖。全省有 211 名学生获得一等奖，805 名教师获得"优秀指导教师"称号；潍坊市代表队获得 52 个一等奖，并荣获中职组团体一等奖，青岛市、济南市、烟台市获中职组团体二等奖，威海市、日照市、泰安市、滨州市、淄博市获中职组团体三等奖；济南市教育局等 7 个单位获得优秀组织奖；山东省商业集团有限公司等 7 个单位获得赞助企业奖。

根据山东省教育厅的相关政策，取得优异成绩的中职组选手，可免试对口升入具有独立招生资格的高职院校。经省人社厅确定，高职组取得优异成绩的选手可申报"山东省技术能手"，对取得合格成绩的选手，按有关规定申报核准，可授予相应的职业资格。省财政厅拨出专项资金 800 万元，对取得优异成绩的选手、指导教师和学校给予物质奖励和专业建设资助经费。

2011 年全省职业院校技能大赛颁奖典礼隆重举行

2011 年全国职业院校技能大赛于 6 月 24～27 日在天津市举行。大赛共设置 16 个专业类别 55 个项目。其中，在天津市进行的比赛为 13 个专业类别 46 个项目，另外在江苏省、山东省潍坊市设置 3 个专业类别 9 个项目。来自全国各省、自治区、直辖市、计划单列市 37 支代表队的 5038 名选手参加了本届大赛。

经过激烈角逐，江苏省、上海市、宁波市代表团分别获得本届大赛的团体总分前三名。山东省代表团在本届大赛中表现突出，共获 26 枚金牌、30 枚银牌和 29 枚铜牌，团体总分由 2010 年的第七名跃升至全国第四名。这是山东省代表团在历届全国职业院校技能大赛中取得的最好成绩。

潍坊市 10 所中职学校 56 名选手代表山东省参加了本届全国职业院校技能大赛，一举夺得 23 枚金牌，占全省金牌总数的 88.5%；17 枚银牌，占全省银牌总数的 56.7%；11 枚铜牌，占全省铜牌总数的 37.9%。参赛的潍坊市 10 所中职学校中有 7 所获得金牌，其中潍坊商业学校 12 枚、寿光 6 枚、诸城 2 枚、安丘和潍坊一职专各 1 枚；山东畜牧兽医职业学院还获得高职组大赛金牌 1 枚。潍坊市在 2011 年全国职业院校技能大赛中获金牌数量居上海市（48 枚）、江苏省（46 枚）、北京市（24 枚）之后，与宁波市并列全国第四名。山东省代表团以团体总分 455 分列江苏省、上海市、宁波市之后，居全国第四位。潍坊选手为山东省代表团取得优异成绩做出了突出贡献。

2011 年全国职业院校技能大赛中职组会计技能比赛于 6 月 15～16 日在潍坊商业学校举行。这是山东省首次承办全国职业院校技能大赛。

2011 年全国职业院校技能大赛中职组会计技能比赛在潍坊商业学校举行

2012 年职业院校技能大赛回顾

2012 年潍坊市职业院校技能大赛于 11 月 20 日～12 月 10 日举行，有 34 所职业学校的 1339 名师生参加了计算机应用、现代物流、现代会计、电子商务、烹饪、服装设计制作与模特表演、美发与形象设计、护理技术、学前教育、电工电子、汽车运用与维修、建筑工程技术、现代制造技术、农业类、化学检验、职业英语、汽车整车与配件营销、酒店服务等共 18 个专业类别 65 个项目的技能大赛；大赛产生一等奖 184 个、二等奖 296 个、三等奖 400 个；指导学生参赛获二等奖以上的教师荣获优秀指导教师奖；潍坊商业学校等 10 所学校综合成绩突出荣获十强学校称号；安丘市职业教育教研室等 8 个单位认真组织比赛获优秀组织奖；潍坊工商职业学院等 9 所院校为承办比赛做出贡献，获特殊贡献奖。

2012 年潍坊市职业院校技能大赛学前教育声乐、钢琴、舞蹈项目比赛开赛

2012 年山东省职业院校技能大赛于 4 月 16 日在潍坊市开幕。4 月 16 日上午，由山东省教育厅、省经信委、省财政厅、省人社厅、省农业厅主办，潍坊市人民政府承办，山东省潍坊商业学校协办的 2012 年山东省职业院校技能大赛中职组"中行杯"会计技能比赛、"在水一方大酒店杯"烹饪技能比赛、"鑫汇杯"美发与形象设计技能比赛、"环众杯"现代物流技术比赛开赛式在潍坊商业学校隆重举行。山东省教学研究室主任王景华、山东省教育厅职业教育与成人教育处调研员姜玉亭、山东省教学研究室副书记胡振华、潍坊市教育

局副局长张法成等出席大赛开幕式。上海环众物流咨询有限公司、中国银行潍坊分行、苏州在水一方大酒店、潍坊鑫汇进出口有限公司等近 20 家企业的负责人,以及来自全省 17 个地市代表队的参赛选手和潍坊商业学校的师生代表共 1000 多人参加了开赛式。

潍坊市是 2012 年山东省职业院校技能大赛的主赛场。大赛中职组共设 14 个大项 43 个比赛项目,除 9 个比赛项目在济南、青岛、德州、济宁、泰安五地市举行外,其余 34 个比赛项目集中在山东省与教育部共建的潍坊国家职业教育创新发展试验区进行,而由潍坊商业学校牵头的潍坊现代服务业职业教育集团成员院校——潍坊科技中等专业学校、安丘职业中等专业学校和潍坊职业学院承担了其中 7 个大项 24 个小项的比赛。潍坊商业学校承办的 4 个大项 12 个小项的比赛,共有来自全省 17 个地市的 265 名选手参加角逐。经过激烈的竞争,最终决出 26 个一等奖、52 个二等奖和 79 个三等奖。

比赛期间,潍坊商业学校组织了校企合作论坛、专家报告会、人才招聘会、教材展示、实训设备展览等活动。在赛场内选手紧张比赛的同时,赛场外潍坊商业学校未参加比赛的学生也在进行技能展示,共有会计、烹饪、物流、形象设计 4 个专业的点钞、翻打传票、雕刻、面点、美发、化妆、商品陈列、物流设施设备 8 个项目的技能展示。另外,在潍坊商业学校就读的青海省玉树地区藏族学生为感谢潍坊商业学校和社会爱心企业、爱心人士的关爱,特地准备了一台精彩的文艺演出,献给社会爱心人士、潍坊商业学校师生和前来参赛的各职业学校师生。

2012 年山东省职业院校技能大赛潍坊商业学校赛区开幕式

2012 年山东省职业院校农业技能大赛于 4 月 24 日在潍坊市举行。来自全省 14 个地市、22 所高职院校代表队的 118 名参赛选手参加了农业类 8 个项目的比赛,大赛主题为"规范、精准、熟练、全面"。比赛分为中职组和高职组:中职组设种子质量检测、艺术插花、动物外科手术和农机具维修 4 个比赛项目;高职组设植物组织培养、园林景观设计、新城疫抗体测定和农机具维修 4 个比赛项目。其中,新城疫抗体测定、动物外科手术比赛在山东畜牧兽医职业学院举行;种子质量检测、艺术插花、植物组织培养、园林景观设计和农机具维修比赛在潍坊职业学院进行。比赛紧张激烈,但参赛选手冷静沉着应战,操作有条不紊,受到行业专家和前来观摩的用人单位的一致好评。

2012 年山东省职业院校农业技能大赛开幕式

2012 年全国职业院校技能大赛于 6 月 29 日在天津市开幕。大赛期间同时举办"2012年民族地区职业院校教学成果展演""2012 年全国职业院校学生技能作品展洽会""职业教育信息化教学展"等活动，超过 4000 支代表队和 10 000 名选手齐聚天津市。山东省作为2012 年全国职业院校技能大赛的分赛区，成功举办了中职组会计、中医药和高职组旅游、中医药 4 个项目的比赛。山东省代表队中职组获得 23 个一等奖、42 个二等奖、36 个三等奖，青岛市代表队获得 27 个一等奖、47 个二等奖、15 个三等奖；高职组获得 19 个一等奖、35 个二等奖、40 个三等奖，奖牌数量居全国前列，并在多个项目上蝉联冠军或创造了新的纪录。山东省同时获得"全国职业院校技能大赛优秀分赛区"荣誉称号。潍坊市中职选手在本届职业院校技能大赛中斩获 14 个一等奖、17 个二等奖和 7 个三等奖，并连续三年居全省地市之首。

2012 年全国职业院校技能大赛闭幕式

2012 年全国职业院校技能大赛中职组会计技能赛项于 6 月 10 日在潍坊商业学校举行。来自全国各省、自治区、直辖市、计划单列市及新疆生产建设兵团的 36 支代表队的领队、指导教师和 144 名参赛选手，以及台湾和春技术学院 3 名体验比赛选手、新闻媒体记者、潍坊商业学校师生代表，共计 1200 多人参加大赛开幕式。这是潍坊商业学校第二次承办全国职业院校技能大赛中职组会计技能比赛。比赛期间，潍坊商业学校周边的初中学校组织 400 多名学生前来观摩比赛和学生专业技能展示。

"2012 年全国职业院校技能大赛"中职组会计技能赛项开幕式

2013 年职业院校技能大赛回顾

2013 年潍坊市职业院校技能大赛于 10 月 19 日～11 月 9 日举行。全市有 27 所职业学校的 1362 名师生参加了现代农业、现代制造业、现代服务业等 18 个类别 69 个项目的技能大赛。潍坊商业学校等 10 所学校综合成绩突出，荣获"2013 年潍坊市职业院校技能大赛十强学校"称号；诸城市职业教育教研室等 8 个单位认真组织比赛，荣获优秀组织奖；山东省交通职业学院等 11 所院校承办比赛，荣获特殊贡献奖。刘爱超等 211 人荣获个人或团体一等奖，张少华等 330 人荣获个人或团体二等奖，孙浩田等 400 人荣获个人或团体三等奖；指导学生参赛获二等奖以上的教师荣获优秀指导教师奖。

2013 年潍坊市"捷飞杯"职业院校汽车维修与营销技能大赛在山东交通职业学院举行

2013 年山东省职业院校技能大赛由山东省教育厅、省经信委、省财政厅、省人社厅、省农业厅共同举办，大赛主题为"厚德精技，放飞梦想"。比赛分高职组和中职组：高职组设财经商贸、加工制造、交通运输、旅游服务、信息技术 5 个专业大类 10 个项目，比赛在

4 月举行，产生一等奖 45 个、二等奖 85 个、三等奖 134 个；中职组设财经商贸、加工制造、交通运输、旅游服务、农林牧渔、土木水利、信息技术、医药卫生、文化艺术、休闲保健 10 个专业大类 44 个项目，比赛于 11 月 16～26 日进行，产生一等奖 93 个、二等奖 177 个、三等奖 270 个。其中，潍坊市获得中职项目一等奖 33 个、二等奖 25 个、三等奖 11 个，总成绩居全省 17 地市首位。

2013 年山东省职业院校技能大赛中职组农业技能、电子商务比赛在潍坊市举行

2013 年山东省职业院校技能大赛电子商务赛场

2013 年全国职业院校技能大赛由教育部联合天津市人民政府、工业和信息化部（以下简称工信部）、人社部等 30 个部门、行业组织共同举办。大赛共设 14 个专业大类 100 个比赛项目，于 5 月 25 日～6 月 28 日举行，在天津主赛场和河北省、山西省、吉林省、江苏省、浙江省、安徽省、福建省、山东省、河南省、广东省、贵州省、甘肃省、广西壮族自治区、大连市和宁波市 15 个分赛区举行，其中在天津主赛场举办 34 场比赛，15 个分赛区举办 66 项比赛。大赛共设置 14 个专业大类 100 个比赛项目，决赛阶段的参赛选手 9840 人、指导教师 6630 人。大赛呈现五大亮点：顶层规划，加强总体设计；服务经济，紧贴产业实际；汇集资源，促进广泛参与；开放办赛，注意扩大影响；完善机制，管理规范有序。大赛期间，天津主赛场还举办了"全国职业院校技能大赛成果展"、"我的中国梦"主题演讲会、"全国职业院校学生技能作品展洽会""全国职业院校技能大赛获奖选手招聘会"和"第十一届现代职业技术教育装备展览会"等活动。

山东省作为 2013 年全国职业院校技能大赛的分赛区，成功举办了中职组会计技能、模具制造技术和高职组中餐主题宴会设计项目的比赛。中职组山东省代表队获得 28 个一等奖、37 个二等奖、31 个三等奖，青岛代表队获得 22 个一等奖、46 个二等奖、25 个三等奖；

高职组获得 17 个一等奖、23 个二等奖、38 个三等奖。其中，在中职组电子商务、建筑装饰技能赛项及高职组中餐主题宴会设计、计算机网络应用等赛项中，山东省选手取得一等奖第一名。

2013 年全国职业院校技能大赛中职模具制造技术比赛于 6 月 15～17 日在诸城市福田汽车职业中等专业学校①举行。本次大赛共有来自 35 个省市的 40 支代表队参赛。经过顽强拼搏，诸城市福田汽车职业中等专业学校选手逄金超、段树权勇夺全国中职模具制造技术赛项一等奖。获得一等奖的还有深圳代表队、江苏代表队、青岛代表队。大赛期间还举办了职业院校现代制造技术论坛和现代制造技术改革发展研讨会。

2013 年全国职业院校技能大赛中职组模具制造技术赛项开幕式

2013 年全国职业院校技能大赛中职组会计技能赛项于 6 月 22 日在潍坊商业学校举行。35 支代表队的领队、指导教师和 248 名参赛选手，以及各中职院校的观摩团成员参加了开赛式。本次大赛实行大赛过程全程网络直播的形式。本次比赛共有会计电算化和会计手工两个分赛项。会计电算化赛项为个人赛；会计手工赛项为团体赛。经过一天激烈的角逐，会计电算化赛项共产生 14 枚金牌、28 枚银牌、42 枚铜牌；会计手工赛项共产生 4 枚金牌、7 枚银牌、11 枚铜牌。山东省共获得 2 枚金牌、5 枚银牌、2 枚铜牌，其中潍坊商业学校会计电算化选手王海伦和于淑卉各获 1 枚金牌。比赛期间，潍坊商业学校还举办了中等职业学校会计专业技能教学论坛、中职组会计技能赛项研讨会、会计专业实训设备和教材展示、潍坊商业学校专业技能展示与体验等活动。

潍坊市在 2013 年全国职业院校技能大赛中取得参赛办赛双丰收。山东省中职学校共获得 26 枚金牌，其中潍坊市获得 16 枚，占山东省金牌总数的 61.5%。2010 年以来，潍坊市已连续四年蝉联全省、全国职业院校技能大赛冠军，累计夺得全国金牌 60 枚，占全省金牌总数的 65.9%。本年度全国职业院校技能大赛以现代服务业和现代制造业为主题，潍坊商业学校、诸城市福田汽车职业中等专业学校分别以 7 枚和 3 枚金牌，成为山东省中职学校现代服务业和现代制造业龙头学校。2013 年，潍坊市还成功承办了全国职业院校技能大赛中的模具制造技术和现代会计技术大赛，这也是山东省仅有的两个中职国赛赛场。

---

① 潍坊市工程技师学院、诸城市福田汽车职业中等专业学校、诸城市高级技工学校实际上是同一所学校，但成立时间不同，参加省市技能大赛时使用了不同的学校名称。本书以公布获奖名单文件上的名称为准。

2014 年职业院校技能大赛回顾

2014 年潍坊市职业院校技能大赛于 10 月 19 日～11 月 9 日举行。全市有 27 所职业学校的 1257 名师生参加了财经商贸、现代制造、旅游服务等 15 个专业类别 67 个项目的技能大赛。潍坊商业学校等 10 所学校综合成绩突出，荣获 "2014 年潍坊市职业院校技能大赛十强学校" 称号；寿光市职业教育教研室等 8 个单位认真组织比赛，荣获优秀组织奖；山东省交通职业学院等 12 所院校承办比赛，荣获特殊贡献奖。165 人荣获个人或团体一等奖，289 人荣获个人或团体二等奖，389 人荣获个人或团体三等奖；指导学生参赛获二等奖以上的教师荣获优秀指导教师奖。

2014 年潍坊市职业院校技能大赛学前教育专业声乐、钢琴、舞蹈项目竞赛

2014 年全省职业院校技能大赛于 11 月 18 日～12 月 2 日举办。本届大赛以 "展示高超技能 赢得出彩人生" 为主题，大赛设置涵盖 10 个专业类别 54 个项目。大赛分设中职、高职两个组别，其中高职组设 19 个比赛项目，中职组设 35 个比赛项目，来自全省 950 支代表队 2400 余名选手报名参赛。经过激烈角逐，中职组产生 81 个一等奖、158 个二等奖、241 个三等奖；高职组产生 48 个一等奖、95 个二等奖、149 个三等奖。

大赛期间，承办院校还组织了校企合作论坛、专业教学交流观摩、人才招聘、教材展示、实训设备展览等活动。

2014 年山东省职业院校技能大赛（中职组）会计技能赛项在潍坊商业学校举行

2014年全国职业院校技能大赛于5月31日～6月27日分别在天津主赛场和北京市、山东省等12个分赛区举行，其中天津主赛场举办35项比赛，12个分赛区举办60项比赛，逾万名选手参加比赛。山东省代表队在本次大赛中获奖丰硕，共有174支代表队480名选手参加了本届大赛92个项目的比赛，其中在天津市主赛场比赛33项。本届比赛山东省共获得金牌58枚，其中高职组27枚，比2013年增加10枚；中职组31枚，比2013年增加2枚。银牌89枚，其中高职组39枚，比2013年增加16枚；中职组50枚，比2013年增加23枚。铜牌80枚，其中高职组43枚，比2013年增加5枚；中职组37枚，比2013年增加6枚。潍坊市中职选手获得金牌18枚，第五次蝉联山东省17地市第一名。

2014年全国职业院校技能大赛在天津市开幕

2014年全国职业院校技能大赛中职组"冠泓数控杯"模具制造技术大赛在诸城市福田汽车职业中等专业学校举行，来自31个省市、46支代表队的300多名师生参加了角逐。此次比赛共产生金牌5枚、银牌9枚、铜牌14枚。诸城市福田汽车职业中等专业学校获得1枚金牌。这也是2014年山东省承办的唯一一个全国职业院校技能大赛中职组比赛项目。

2014年全国职业院校技能大赛中职组"冠泓数控杯"模具制造技术赛项开赛式

2014 年全国职业院校技能大赛中职组"冠泓数控杯"模具制造技术赛项现场

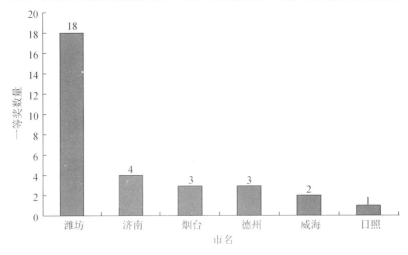

2014 年山东省各地市获全国职业院校技能大赛一等奖数量统计

2015 年职业院校技能大赛回顾

2015 年潍坊市职业院校技能大赛于 10 月 19 日～11 月 20 日举行。全市有 32 所职业学校的 1064 名师生参加了财经商贸、现代制造、旅游服务等 13 个专业类别 54 个项目的比赛。潍坊商业学校等 10 所学校综合成绩突出，荣获"2015 年潍坊市职业院校技能大赛十强学校"称号；寿光市职业教育教研室等 8 个单位认真组织比赛，荣获优秀组织奖；山东省交通职业学院等 10 所院校承办比赛，荣获特殊贡献奖。136 人荣获个人或团体一等奖，226 人荣获个人或团体二等奖，301 人荣获个人或团体三等奖。

2015 年山东省职业院校技能大赛由山东省教育厅、省经信委、省财政厅、省人社厅、省农业厅共同主办。本届大赛共有来自 1004 支代表队的 2700 余名选手报名参赛，共产生中职组 71 个一等奖、142 个二等奖、216 个三等奖；高职组 56 个一等奖、112 个二等奖、165 个三等奖。整体竞赛水平较 2014 年有较大提高。

本届大赛以"练就高超技能 赢得出彩人生"为主题，赛项设置涵盖 16 个专业大类 50 余个赛项，旨在展示职业教育改革发展成果，深化教育教学改革，促进职业院校与行业企业深度融合，进一步提高学生专业技能和就业竞争力，更好地服务山东省经济社会发展。大赛期间，各相关单位还组织了校企合作论坛、专业教学交流观摩、人才招聘、教材展示、实训设备展览等活动。

2015 年潍坊市职业院校技能大赛现场

2015 年全国职业院校技能大赛共设信息技术、装备制造、环保和气象安全、能源与新能源等 15 个专业类别 98 个项目。除天津主赛区之外，还设置了北京市、山东省、河北省等 16 个分赛区。山东省共有 654 名职业院校选手组成 115 支代表队参加了全部赛项。本届大赛山东省共获得金牌 95 枚、银牌 139 枚、铜牌 86 枚。其中，金牌数较 2014 年增加 17 枚。山东代表团在赛项参与数量和参赛人数方面双创历史新高，共计获得 333 个奖项，位居全国参赛省（直辖市、自治区）第 2 位，较 2014 年上升 1 个位次。潍坊市中职选手获得 15 个一等奖、10 个二等奖和 11 个三等奖，并承办了全国职业院校技能大赛中职组服装设计与工艺、电梯维修与保养、电气安装与维修、机电一体化设备组装与调试 4 项赛事。

天津主赛区同期还举办了"全国职业院校学生技术技能创新成果交流赛""职业学校德育工作交流会""全国职业院校技能大赛博物馆参观活动""现代学徒制国际研讨会""中华优秀文化传统艺术表演赛""职业教育现代技术装备及教材演示说明活动""全国大赛参赛选手就业洽谈会"等系列活动。

2015 年全国职业院校技能大赛中职组服装设计与工艺赛项于 6 月 16 日在潍坊工商职业学院举行，来自全国 33 个代表队的 228 名参赛选手、近 300 名领队和指导教师参加了开幕式。本次大赛执委会主任、中国纺织服装教育学会会长倪阳生主持仪式。参赛选手代表和裁判员代表分别宣誓，潍坊市委教育工作委员会副书记李广敬代表赛项承办地致欢迎词，诸城市副市长许传平致辞，浙江美机缝纫机有限公司王桂荣总经理代表企业讲话。最后，山东赛区执委会副主任、山东省教育厅职业教育处梁斌言处长讲话，倪阳生会长宣布开赛。代表山东省参赛的潍坊市经济学校、烟台经济学校和日照市农业学校选手各获一枚金牌。

2015 年全国职业院校技能大赛（中职组）"美机·富怡杯"服装设计与工艺赛项开幕式

2015 年全国职业院校技能大赛中职组电梯维修与保养比赛于 6 月 14~15 日在寿光市职业教育中心学校举行。来自全国 26 个省市的 92 名中职学生同台竞技。代表山东省参赛的寿光市职业教育中心学校的代表王乐林、刘宏坤两名同学密切协作，取得了团体一等奖。

全国职业院校技能大赛中职组电气安装与维修、机电一体化设备组装与调试两项比赛在潍坊职业学院举行。来自全国各省、自治区、直辖市及韩国、越南、新加坡、印度尼西亚等的 181 支代表队 362 名参赛选手同台竞技。安丘市职业中等专业学校选手以总分第一名荣获国赛金牌。

2015 年全国职业院校技能大赛"亚龙"杯电气安装与维修赛项 机电一体化设备组装与调试赛项开赛式

2016 年职业院校技能大赛回顾

2016 年潍坊市职业院校技能大赛于 10 月 10 日～11 月 26 日举行。全市共 736 名学生参加了现代制造技术、信息技术、旅游服务等 10 个专业类别 52 个项目的竞赛活动，136 人荣获个人或团体一等奖，226 人荣获个人或团体二等奖，301 人荣获个人或团体三等奖；指导学生参赛获二等奖以上的教师荣获"优秀指导教师奖"；潍坊商业学校等 10 所学校综合成绩突出，荣获"2016 年潍坊市职业院校技能大赛十强学校"称号；寿光市职业教育教研室等 8 个单位认真组织比赛，荣获"优秀组织奖"；山东省交通职业学院等 10 所院校承办比赛，荣获"特殊贡献奖"。

2016 年全省职业院校技能大赛以"弘扬工匠精神 练就一流技能"为主题，大赛设置装备制造、信息技术、财经商贸、文化艺术、旅游服务 17 个专业大类，全省 17 个地市 537 支中职学校代表队和 783 支高职院校代表队共计 3300 余名选手进行激烈角逐。中职组产生 81 个一等奖、160 个二等奖、244 个三等奖；高职组产生 95 个一等奖、177 个二等奖、270 个三等奖。大赛首次设立教师组比赛，赛项涵盖装备制造、交通运输、电子信息、医药卫生、自动化控制 5 个专业类别，比赛包括理论笔试、课件制作、说课答辩、实际操作等环节，来自全省 17 地市 88 所中职学校和 50 所高职院校的 305 名骨干教师参加比赛，共产生一等奖 46 个、二等奖 76 个、三等奖 106 个。

2016 年山东省职业院校技能大赛比赛现场

2016 年全国职业院校技能大赛由教育部联合天津市人民政府、国家发展和改革委员会（以下简称发改委）、工信部、人力资源和社会保障部（以下简称人社部）等 37 家部委（单位）共同举办。本次大赛于 5 月 8 日～6 月 8 日在天津主赛区和北京市、天津市、山西省、吉林省、江苏省、浙江省、安徽省、山东省、河南省、湖北省、广东省、重庆市、甘肃省、青岛市、宁波市 15 个分赛区分别举行。本次大赛具有"赛项设置紧贴产业转型，关注生活方式转变；比赛内容紧跟产业发展最新需求，关注对教学的引领；更加注重体现工匠精神，关注人才培养德技并重；运行机制与管理制度进一步完善，关注规范廉洁办赛"四大特点。共设 94 个比赛项目，涉及信息技术、智能制造、高端装备、新能源等领域。近 500 万名职业院校学生报名参加本次大赛，与上一届竞赛相比，竞赛参赛学生增加 54.7 万人，增长 23.9%；决赛作品数增加 1416 份，增长 20.5%，决赛参赛选手超过万人，指导教师近 8000 人。

5月8日上午，2016年职业教育活动周全国启动仪式暨全国职业院校技能大赛开幕式在天津市举行。职业教育活动周于2015年由国务院批准设立，每年5月第二周举行。这是"十三五"开局之年举办的第一个活动周。此次活动周以"弘扬工匠精神 打造技能强国"为主题，突出四个开放、为民服务、德技并重、职普通融、组织创新五大特色，以社会主义核心价值观为引领，通过多种形式和内容的职业教育展示、交流和服务活动，使社会了解职业教育、体验职业教育、参与职业教育、共享职业教育成果，持续传播职业教育正能量，弘扬时代风尚、营造社会氛围，提升职业教育社会影响力和吸引力。

山东省参加了中职组、高职组全部94个项目比赛，参赛选手为655人。作为全国15个分赛区之一，山东省潍坊职业学院、青岛市黄岛区职业教育中心等9所职业院校承办了中职组、高职组"电气安装与维修""计算机辅助设计（工业产品CAD）"等15个赛项。山东省（含青岛市）共取得一等奖120个（中职组77个、高职组43个）、二等奖160个（中职组110个、高职组50个）、三等奖82个（中职组46个、高职组36个），一等奖数量较2015年增加23个（其中一等奖第一名11个），创大赛开赛9年来最好成绩。潍坊市共有8所中职学校52名选手代表山东省参加了23个项目的角逐，共获得金牌18枚、银牌16枚、铜牌4枚，金牌总数连续7年居全省第一。其中，山东省潍坊商业学校获金牌7枚，寿光市职业教育中心学校获金牌6枚，安丘市职业中等专业学校获金牌3枚，潍坊市工程技师学院、潍坊市经济学校各获金牌1枚。

2016年全国职业院校技能大赛比赛现场

2016年全国职业院校技能大赛中职组电梯维修保养大赛于5月27～29日在寿光市职业教育中心学校成功举办。来自全国29个省（自治区、直辖市）的53支代表队、指导教师和领队、赛项相关机构的成员，以及合作企业、新闻媒体界近500人参加了开幕式。山东省选派两个团队参加比赛，来自寿光市职业教育中心学校的李鑫元、王良山团队经过奋力拼搏，荣获一等奖。

2016 年全国职业院校技能大赛中职组"亚龙杯"电梯维护保养赛项

　　全国职业院校技能大赛"亚龙杯"电气安装与维修、机电一体化设备组装与调试两个赛项于 6 月 1～3 日在潍坊职业学院滨海校区成功举办。来自全国各地 198 支代表队的参赛选手、指导教师和领队、两个赛项相关机构的成员，以及合作企业、新闻媒体界朋友近千人参加了开赛式。电气安装与维修赛项产生了 10 个一等奖、19 个二等奖和 29 个三等奖，机电一体化设备组装与调试赛项产生了 10 个一等奖、20 个二等奖和 31 个三等奖。山东代表队经过奋力拼搏，在这两个赛项中取得了 4 个一等奖、2 个二等奖和 2 个三等奖的优异成绩。其中，安丘市职业中等专业学校和日照市农业学校夺得机电一体化设备组装与调试赛项金牌，日照市农业学校和章丘职业中等专业学校喜获电气安装与维修赛项金牌。

2016 年全国职业院校技能大赛"亚龙杯"电气安装与维修、
机电一体化设备组装与调试赛项比赛现场

2016 年全国职业院校技能大赛中职组服装设计与工艺大赛于 5 月 25～27 日在潍坊工商职业学院举行。大赛评出一等奖 19 个、二等奖 38 个、三等奖 57 个。山东省取得 3 个一等奖和 3 个二等奖。其中，潍坊工商职业学院学生高彦荣获服装工艺一等奖，岳辉荣获服装设计二等奖。

2016 年全国职业院校技能大赛（中职组）"美机·富怡杯"服装设计与工艺赛项开赛式

2016 年全国中等职业学校电子商务技术技能大赛于 10 月 30 日在潍坊商业学校隆重举行。本次大赛属于团体赛项目，包括网店设计、网店建设、网络营销和在线交易 4 项竞赛内容。全国共有 26 支队伍、近百人参赛。经过 4 个小时的激烈角逐，大赛产生 4 个一等奖、7 个二等奖和 10 个三等奖，潍坊商业学校获得一等奖。

2016 年全国中等职业学校电子商务技能大赛赛场

2017 年职业院校技能大赛回顾

2017 年潍坊市职业院校技能大赛于 10 月 13 日～11 月 19 日举行。全市 28 所职业院校经过校级比赛的选拔，择优推选 1064 名师生参加信息技术类、加工制造类、新能源等 12

个专业类别 45 个项目的竞赛。娄逸群等 123 人荣获个人或团体一等奖,张聪等 205 人荣获个人或团体二等奖,梁增耀等 281 人荣获个人或团体三等奖;指导学生参赛获二等奖以上的教师荣获优秀指导教师奖。潍坊商业学校等 10 所学校综合成绩突出,荣获"2017 年潍坊市职业院校技能大赛十强学校";寿光市职业教育教研室等 8 个单位认真组织比赛,荣获优秀组织奖;潍坊科技中等专业学校等 8 所院校承办比赛,荣获特殊贡献奖。

2017 年潍坊市职业院校(中职组)农机维修赛项比赛现场

2017 年山东省职业院校技能大赛于 11 月 20 日圆满结束。本届大赛共设中职组、高职组比赛项目 64 个,由 48 所中、高职院校承办。全省共有 1355 支代表队 3700 余名学生参加了比赛。邀请来自省内外相关行业、企业、教科院所、高校等单位的专家 840 余人次作为大赛专家、裁判,参与竞赛命题、成绩评判等工作;派出监督仲裁人员 128 人次。本届大赛自 10 月 27 日开赛,到 11 月 20 日结束,历时 25 天。大赛的举办,对深化职业教育教学改革、展示职业教育改革发展成果、促进职业院校与行业企业深度融合、提高人才培养质量起到了积极的推动作用。

2017 年山东省职业院校技能大赛中职组电子商务运营技能赛项竞赛场地

2017 年山东省职业院校技能大赛中职组现代物流中心作业赛项比赛现场

2017 年全国职业院校技能大赛开幕式于 5 月 8 日在天津市举行。中共中央政治局常委、国务院总理李克强对大赛做出重要批示。批示指出：提升职业教育水平是我国教育事业发展的重要内容。当前，我国经济正处于转型升级的关键时期，迫切需要培养大批技术技能人才。希望技能大赛贯彻新发展理念，充分发挥引领示范作用，推动职业教育进一步坚持面向市场、服务发展、促进就业的办学方向，坚持工学结合、知行合一、德技并修，坚持培育和弘扬工匠精神，努力造就源源不断的高素质产业大军，投身大众创业、万众创新，为更好发挥我国人力人才资源优势、推动中国品牌走向世界、促进实体经济迈向中高端做出新的更大贡献。时任中共中央政治局委员、国务院副总理刘延东同志出席开幕式并讲话。

大赛于 5 月 8 日～6 月 29 日在天津主赛区和吉林省、江苏省、浙江省、安徽省、福建省、江西省、山东省、河南省、湖北省、湖南省、广东省、广西壮族自治区、重庆市、四川省、贵州省、云南省、陕西省、甘肃省、青岛市 19 个分赛区举行，共设有常规赛项 81 个（中职组 35 个、高职组 46 个）、行业特色赛项 4 个，参赛选手逾万人。

山东省选手共获奖项 344 个，连续 3 年在全国排名第一，2013～2016 年，山东省获得一等奖赛项数量平均每年增加 15 个以上，2017 年则以多出原第二名 35 个一等奖项的成绩，跃升为全国一等奖总数第二名。潍坊市中职学校代表山东省参加 26 个项目比赛，参赛项目与人数均居全省 17 地市首位，获得一等奖 14 个，一等奖数量连续八年居全省 17 地市首位。

2017 年全国职业院校技能大赛中职组现代模具制造技术赛项于 5 月 31 日～6 月 3 日在诸城市福田汽车职业中等专业学校举办。来自全国 25 个省（自治区、直辖市）和计划单列市的 40 支代表队共 80 名选手参加本项比赛。代表山东省参赛的诸城市福田汽车职业中等专业学校郭志鹏、刘浩男在比赛中表现突出，获该项目团体一等奖。

2017 年全国职业院校技能大赛中职组"机器人技术应用"赛项于 6 月 5 日在安丘市职业中等专业学校闭赛。本次比赛共有来自全国 28 个省（自治区、直辖市）的近百所中职学校共 600 多名师生代表参加角逐。安丘市职业中等专业学校首次承办全国职业院校最高水平的年度赛事，在该项比赛中一举获得团体一等奖。中央电视台对本项赛事进行了报道。

2017 年全国职业院校技能大赛获奖选手留念

全国职业院校技能大赛中职组"机器人技术应用"赛项在安丘市职业中等专业学校举行

名生培育

——大赛舞台上最亮丽的风景

　　大赛点亮人生，技能成就梦想。校赛、市赛、省赛、国赛，一级级技能大赛为职校学子搭建了展示自我、提升自我、成就自我的平台。

　　因为技能大赛，行业企业的需求与学生的努力方向实现了契合，很多选手受到企业青睐，接到企业抛来的"橄榄枝"；因为技能大赛，很多选手为自己赢得政策的支持，重拾升学深造梦；还有更多的职校学子则通过大赛选拔机制，提升了技能，收获了自信，增添了底气。随着一批批有着较高理论和知识素养、较强动手能力的高级技术技能人才从各级职业院校技能大赛中脱颖而出，技能大赛这一极具职业教育特色的重要制度设计越来越受到学校、企业的重视。

自 2008 年教育部牵头举办首届全国职业院校技能大赛以来，到 2017 年已有十年。十年来，全国职业院校技能大赛对接企业需求、紧跟产业升级，影响力越来越大，政府、学校、企业对大赛的重视程度不断提升。在这一大背景下，职业技能大赛对于中职学生的专业知识、专业技能、心理素质的培养都起到了积极的促进作用。

职业技能大赛促进了学生专业知识与技能的提升

职业技能大赛引入行业新技术、新设备。为保证选手熟练、准确、高标准、高质量地完成竞赛项目，职业院校关注行业的发展趋势、企业的发展动态和技术更新，主动联系行业、企业，制订培训计划，采用最有效的训练方法，以保证学生掌握足够的理论知识与专业技能。

备赛期间，学生经历强化集训，与兄弟院校学生的交流学习，班级、校级、市级、省级层层选拔，专业知识与技能水平持续提升。教师在培训学生的过程中，注重因材施教，根据学生的性格特点进行针对性训练，充分挖掘学生的潜能。例如，机电项目指导教师为了提升学生理解竞赛任务书的准确度和速度，对学生的阅读能力进行了有针对性的训练等。

职业技能大赛促进了学生自信心与心理素质的提升

由于有些人对职业教育持有偏见，认为进入职业院校的学生大多是中学学习成绩不理想的学生，这或多或少影响了学生的自信心和学习兴趣。然而每一名学生都有自己的闪光点，都有展示自我的需要，职业技能大赛为他们搭建了展示自我的平台。在一次次竞赛选拔中，他们把赢得参赛机会看作一种荣誉，把取得好成绩作为自己的奋斗目标，参赛在一定程度上成为学生学习的动力。随着他们在各级比赛中崭露头角，他们的自信心不断提升。

学校在组织学生参加技能竞赛的过程中，首先会进行校内初选，并对优秀选手进行精神上的表彰和物质上的奖励，有助于培养学生的荣誉感和进取心。

同时，随着职业技能大赛的影响力不断扩大，越来越多的知名企业关注并参与职业技能大赛。在竞赛中成绩较好的学生刚毕业甚至还没有毕业，就被企业高薪聘用，这使他们认识到社会对于技能人才的重视，体会到专业技能带给自己的成就感与自信心，从而进一步激发了他们学习技能、刻苦训练的热情。

职业技能大赛的比赛现场高度模拟企业实际工作场景，赛场上，学生需要独立或联合解决遇到的实际问题，这就要求学生不仅要有扎实的理论知识和高超的技能操作水平，还要有良好的临场应变能力，在承受竞赛压力的同时，根据比赛现场的情况不断调整自己，最终圆满地完成比赛任务。这就锻炼了学生的适应能力和心理素质。

职业技能大赛促进了学生综合素质与职业能力的提升

学生在参与职业技能大赛的过程中，要想取得好成绩，就必须不怕吃苦，坚持不懈地训练，付出更多的努力……所以，职业技能大赛引导学生形成认真务实、吃苦耐劳、拼搏向上的职业精神。

职业技能大赛有严格的操作规程，每一个步骤都要达到高标准、零缺陷。在许多项目中，学生以团队形式参加比赛，这就需要互相配合、分工合作，所以，团队协作精神对比赛结果意义重大。

在职业技能大赛中，高水平选手在技能方面往往不分伯仲，这时职业素养就成为决定胜负的关键。例如，操作台面整洁有序的选手必然会比竞赛材料、工具随手乱扔的选手获得更高的分数，绝缘鞋和安全帽佩戴整齐、操作规范到位的选手也会得到更高的分数，因为规范着装和操作反映了学生良好的安全意识。总之，职业技能大赛促进了学生规范、严谨、安全等职业素养的培养。

职业技能大赛促进了学生的就业与升学

在学生准备职业技能大赛的过程中，学校会有计划地安排他们到相关企业实习。在这期间，他们将实地观摩企业生产，体验企业的管理思想、管理方式、管理理论、群体意识，以及与之相适应的思维方式和行为规范。这对他们将来就业、上岗，尽快融入企业，更快接受企业的思维方式、共同愿景和价值观等具有积极的作用。

现在，越来越多的企业将挖掘人才的目光对准了职业技能大赛。参加全国职业院校技能大赛并取得奖项的学生往往具备较高的专业知识和技能、较强的心理素质和较高的职业素养，因而备受企业的青睐，成为职场竞争的佼佼者。

国家政策还为中职学生提供了升学的途径。例如，《山东省职业院校技能大赛奖励办法》规定："自 2010 年起，参加全国职业院校技能大赛获得三等奖以上及全省职业院校技能大赛获得二等奖以上奖项的中等职业学校选手，毕业时可以本人申请，经具有单独招生资格的高等职业院校按有关程序审核，省级教育行政部门备案，可免当年的省高职对口招生考试，进入我省具有单独招生资格的高职院校对口专业（专科）学习。以上获奖选手所学专业单独招生高职院校所设专业涵盖不了的，可参加全省高职对口招生考试，成绩达到高职对口相近专业最低录取控制线后，可进入高职院校继续学习深造本专业技能和理论；其他获奖选手有继续深造意愿，没有参加高职对口考试的，可参照省内'三二连读'攻读学习模式，参加有关学校组织的'转段'考试，成绩合格者，鼓励其继续深造本专业技能和理论。"这一政策，既为中职学生的未来发展树立了更高的目标，又圆了很多中职学生的大学梦。

职业技能大赛促进了学生开阔视野和积累人脉

在职业技能大赛的推动下，学校与企业联系密切，指导教师与选手走出校园，走进企业，了解行业前沿信息与技术，加强了校企之间的交流与联系。

准备职业技能大赛期间，职业院校聘请行业、企业技术专家开展讲座、培训、技术指导，不同职业院校之间进行交流学习，职业技能大赛期间选手之间高手对决，这既开阔了学生的眼界，也为他们未来在专业方面的发展积累了大量人脉。

金牌源自兴趣

山东省潍坊商业学校　徐祥峰

敢问路在何方

中考失利，让我梦寐以求的高中变得遥不可及，渴望读高中上大学的我，迷失了人生的方向。那段日子里，我感到迷茫，不知道自己的未来在哪里，不知道去哪里找寻出路。我想，也许自己确实不适合读高中，也许自己本就与大学无缘，可是就这样放弃吗？我不甘心！因为对设计类专业的喜爱，我来到了潍坊商业学校，成为室内设计班的一名学生。

三四个月后的一天，我和十多名同学被叫去办公室。原来系里正在为技能大赛做集训准备，要从我们当中选拔参赛选手。参加集训意味着要失去很多自由的时间，如周六、周日也要留下来参加培训，培训下课的时间会比正常下课时间晚得多等。那天，有七位同学选择留下来参加集训，我是其中之一。

找到未来方向

集训开始了，我们都很兴奋。我们每天学习新的 CAD 命令，不断地重复训练，提高熟练度和速度。一晃一个月的时间过去了，这一个月的集训，我们学习了其他同学一个学期也未必学完的内容。在一轮速度测试后，只有包括我在内的三名同学留了下来。

集训还在继续，而且训练的内容更多、强度更大了。我每天面对的就是计算机、图纸、切割机、地板、壁纸、踢脚线和工位，最想做的事就是睡觉。渐渐地，我开始心烦，并萌生了退出的想法。但我的恩师王庆平和谭主任挽留了我，他们一次次耐心的劝导和鼓励让我明白了训练的意义，使我更加明确未来要走的路。

踏上金牌之路

经过几个月的训练，我们和青岛市黄岛区职业教育中心进行了一场友谊赛，这是对几个月以来训练成果的第一次检验。赛后，我们进行了认真的分析和总结，发现了很多问题和不足，也学习到了很多好的方法。

那一年的国赛选拔赛上，在恶补了一个月的中望 CAD 软件后，2013 级的两位学长仅以 0.35 分之差与国赛资格失之交臂。看到照片中学长们略带失望的笑容，我暗下决心，一定要冲出省赛，在国赛赛场上替他们填补这块金牌的空缺。在队友、老师的鼓励下，我们化压力为动力，更加刻苦地训练。

又是一年春来到，我们首先迎来的是 3 月的国赛选拔赛。比赛并不顺利，先是气泵、钢材切割机接连出现故障，后来又出现了其他一些小失误，但我们按照平时的训练，尽最大努力完成了比赛。本来我们对比赛结果不抱希望，但听老师说因为比赛任务量大，其他队伍也有失误和未完成的情况后，我们又看到了希望。比赛结果出来了，我们是第一名，这让我们感到很意外，也很惊喜。国赛入场券拿到了，我们对自己更有信心了。

转眼国赛就到了。在国赛赛场上，我们按照老师说的"把每次训练当成比赛，把每次比赛当成训练"，有条不紊地进行比赛。"提前 20 分钟完成"，裁判说。其实我对比赛过程还是比较满意的，尽管没有争取到全部 5 个提前分（分值表规定每提前 5 分钟加 1 分，至多加 5 分）。比赛结果出来了，我们获得了一等奖。

当我捧着奖杯，看到台下的老师、同学为我们鼓掌时，我忽然想：如果自己当初退出了集训，如果当时老师没有挽留我，我可能永远无法体会获得金牌的感受了。

2017 年全国职业院校技能大赛（中职组）建筑装饰技能赛项

大 赛 感 悟

学校国旗下的石碑上，镌刻着多年来在职业技能大赛中取得优异成绩的学生和老师的名字。路过时，我曾无数次抬头仰望它们，现在我的名字也位列其中，回想过去的 3 年，一路走来，一路感动，一路感激。

在学校，老师就像我们的父母，在我们顶着烈日训练的时候，是他们一直在旁边陪着我们；到周六了，老师说"走，请你们吃饭"；石灰不够了，老师说"你们先准备，我给你们搬些来"；手腕扭着了，老师说"我给你揉揉，我可是练过的"……这些点点滴滴，我们都铭记在心，也成为我们争取金牌的动力。老师为我们付出了这么多，我们最好的回报就是获得金牌，证明自己的价值，也证明他们没有看错人。

以后的路还很长，明天是什么，后天是什么，我们都无从得知。我们所能掌握的，只有当下，把握好从现在开始的每一天！

（徐梓峰，山东省潍坊商业学校 2014 级信息技术系美术设计与制作专业室内设计班学生。2017 年 5 月，在全国职业院校技能大赛中职组建筑装饰技能项目中获得一等奖。）

教师点评

在徐梓峰从中考失利到获得全国职业院校技能大赛金牌的成长之路上，个人的兴趣和老师的支持与鼓励发挥了关键的作用，这也是支持他坚持下来的动力。

我要成为你的骄傲

山东省潍坊商业学校　殷梓皓

辍学的日子

曾经，我是一个"学渣"。初二下学期辍学，在家除了玩电脑，偶尔做做家务，其他什么事都不做。后来，在爸爸的劝说下，我又去上学了。但我发现自己根本不能融入学校的氛围，常常感到一种莫名的孤独。我又和以前一样，上课画画，甚至各种考试也用涂鸦来应对。结果，初三下学期我又辍学了。这次辍学后，我找了一份工作，每月工资只有600元。

商校的生活

后来，我跟着同学来到潍坊商业学校，选择了室内设计专业。在学习期间，我发现专业课和文化课不一样，专业课能激发我的兴趣。于是，曾经不爱学习的我开始寻找有什么东西可学。后来，我加入王老师的队伍，开始学习我以前特别想学的电脑绘图。集训一个暑假，CAD 的基本命令我已经能熟练掌握。虽然建筑装饰技能项目又脏又累，但我并没有后悔，因为我第一次体会到了努力和坚持的快乐。

第一次比赛，我非常紧张。比赛结果出来了，我们是第二名，与第一名只差了零点几分。虽然有些许遗憾，但我们还是非常高兴。我继续刻苦训练，衣服一天不知道被汗水湿透几遍，手上起了老茧，皮肤被石灰烧伤，这些都不足以让我退缩。正是因为不断地艰苦训练，在省选拔赛中，我们取得了第一名的好成绩。比赛结果让我更加自信了。国赛的时候，我一点也不紧张，反而自信满满。

胜利的喜悦

未来的拼搏

大赛归来，我开始准备参加春季高考。虽然我曾经 7 门功课成绩加起来才 200 多分，但我想拼一拼，不试试怎么知道自己能不能行？即使考不上，我也不会后悔，因为至少我已经试过了。

大 赛 感 悟

我有幸获得全国职业院校技能大赛的金牌，要归功于学校的支持、老师不厌其烦的教导，还有一个优秀的搭档。在这里，我想对他们说一声：谢谢你们！

潍坊商业学校重新塑造了我，改变了我的思想观念，让我有了提升自我价值的本领，让我的人生有了明确的方向。商校，现在你是我的骄傲，相信若干年以后，我也会成为你的骄傲！

（殷梓皓，山东省潍坊商业学校 2015 级信息技术系美术设计与制作专业学生。2017 年 5 月，在全国职业院校技能大赛中职组建筑装饰技能项目中获得一等奖。）

教师点评

荣誉感、获得感激发了殷梓皓的学习兴趣，让不爱学习的他有了坚持与努力的目标，并最终成长为全国职业院校技能大赛的冠军。

技能大赛改变了她

山东省潍坊商业学校　吴晓静

迷　茫

刘杏子同学的求学经历较为特殊，读完一年高中的她，因为父母工作原因，转学进入山东省潍坊商业学校五年一贯制会计大专班。对于已经初步习惯高中学习节奏和环境的她来说，一切都是陌生的，她接受不了来到一所职业学校的现实，原本活泼开朗的她变得郁郁寡欢。课堂上她很少发言，学校的活动更看不见她的身影，她排斥职业学校。

转　折

入学后的第二学期，学校组织技能大赛选拔，刘杏子因为好奇报了名。班主任与报名学生进行了一对一的沟通，介绍大赛的背景和意义，鼓励同学们树立信心，挑战自己，珍惜和把握每一个锻炼的机会。刘杏子听到这番鼓励后，重燃了信心，也想证明自己。经过层层选拔，刘杏子进入了大赛培训队。后来刘杏子回忆道："进培训队的那一天，是我学业的转折点。"

训练的过程是枯燥的，高强度的训练加上竞争的压力，让许多队员中途放弃了。刘杏子也曾想过放弃，幸运的是，最后她坚持下来了。老师的鼓励，队友你追我赶的竞争激励，自我加压和刻苦训练，尤其是代表学校参加市赛、省赛甚至国赛的荣誉感，时刻激励着她。

记得2010年参加市赛的时候，刘杏子没有被选上，那时候她心情很沮丧。不善表达的她选择了沉默，但骨子里不服输的她没有选择放弃，而是默默地告诉自己：想要超越，只有比别人付出更多努力！她意识到细节决定成败，态度决定一切！她放弃节假日休息时间，针对自己的短板反复练习，遇到难点主动和老师、队友探讨、演练。手指被点钞纸划破，就缠上创可贴继续训练。她总是第一个到训练室，最后一个离开。辅导老师也时常与她谈心交流，总结得失，针对她的弱点进行专项训练。为了帮助她克服对镜头和外界干扰的畏惧，老师特意安排她去人多嘈杂的地方训练。在后期的备赛中，她努力调整好心态，强化训练，精益求精。

收　获

"一分耕耘，一分收获"，凭借超强的毅力和刻苦拼搏的精神，刘杏子最终从市赛、省赛中脱颖而出，登上了国赛的舞台，收获了属于自己的鲜花和掌声。

大 赛 感 悟

技能大赛改变了我，这段经历终生难忘。通过大赛，我不仅学到了知识，收获了荣誉，还磨砺了心智，成为一名戒骄戒躁、懂得坚持、敢于挑战的学生。

毕业后，带着荣誉和自信，我击败了众多竞聘者，被汇源集团录用。如今，我的工作仍受益于技能大赛。我将大赛的实操经验运用到公司的财务系统和操作流程中，可以独立全盘负责公司账务凭证处理及会计报表的编制。凭借熟练的业务操作技能，我获得了领导们的一致好评。这一切都源于技能大赛，源于老师的教导，源于学校提供的平台！

刘杏子在工作岗位上

——刘杏子

（刘杏子，山东省潍坊商业学校 2009 级财会系会计电算化专业学生。2012 年 6 月获得全国职业院校技能大赛中职组会计实务项目一等奖。现就职于武汉汇源集团农业项目部，担任会计职务。）

教师点评

以刘杏子为代表的许多职校学生走出人生迷茫，重拾自信，实现梦想，走向成功，得益于全国职业院校技能大赛，得益于无数为大赛的顺利开展辛勤付出的各级领导和老师。

成 长

山东省潍坊商业学校 徐静

2014 年寒假，我们斗志高昂地开始了集训生活。刚开始我们没有感觉到压力，直至准备考核淘汰不合格的人选时，我们才有了危机感。暑假的集训比寒假严格了许多，因为我们知道暑假结束前的最后一次考核将关系能否被选中参赛，所以大家都在认真地练习。考核过后，我成为留下来的幸运儿，即将迎来人生中的第一次比赛。

市 赛

市赛那天，我早早地就起床了，因为心里没底，还去实训室练习了一会儿。比赛时我有点紧张，出了点意外，但很快解决了。这次的比赛让我认识到：没有人可以在最初尝试的时候永远成功绕开那些所谓"坏"的意外，恰恰是这些"坏"的意外让我发现了自己的不足。

省　赛

市赛后我们马上投入省赛准备。省赛是考验合作能力的团队赛，所以我必须学习热菜和面点制作，这让我有点力不从心。幸好有老师的指导，我慢慢适应了。省赛在其他学校进行，我的心情比在自己学校比赛更紧张了。比赛的前几天我感冒了，感冒好了又不小心伤了手。其间，康老师给予我无微不至的照顾。这次比赛我们拿到了第二名。面点比赛出现一些失误，赛场提供的食材与我们平常用的不一样，导致我们的面粘在案板上拿不下来，但我们沉着应对，及时想办法弥补了失误。这个小插曲既考验了我们的临场应对能力，又锻炼了我们的心态。

国　赛

接着我们迎来了国赛选拔赛，这次比赛是在自己学校进行的，我们的心态比前两次比赛平静很多，比赛结果也很令人满意。这次比赛让我真正认识到好的心态对比赛的重要性。

国赛要开始了，训练成果将在这一天得到检验，我不禁又有些紧张。这时我想起了康老师说过的一句话："我很羡慕你们，你们很幸运，可以通过这个舞台来展现自己，为什么要紧张，你不就是来展现自己的吗！你是来让大家看到你的光彩的，所以不要紧张。"我慢慢放松下来。比赛开始，第一项为蓑衣黄瓜，3 分钟时间切两根黄瓜，结束时自己感觉还可以，于是开始准备下一个项目——冷拼。冷拼的盘子一定要保持洁净，台面不能脏乱差，食材不能浪费。冷拼用时提前了 3 分钟，留给我充足的称重时间，结果有一点超重，必须马上改，我立刻将相关食材放少一点，重新称重，重量刚刚好，这时比赛结束时间也到了。做好的冷拼要放到自己案子的一侧，然后做雕刻的准备。雕刻的过程中一定要小心，不能把冷拼作品碰坏，还要保证不超时。结束比赛后一定要将台面和地面打扫干净再离场。在我看来，比赛时牢记大赛规程，前场一定不能扣分，不奢望自己能超常发挥，只要能把平时的水平发挥出来就好。

由于前一天理论考试出了一点问题，我决定重考。再一次踏进机房，我一点都不紧张，冷静地答完题目之后还仔细检查了一遍。理论考试结束，满分！这个满分一大半要归功于老师，是他每天帮助我们复习、出题、抽考。

感　恩

终于，我拿到了梦寐以求的国赛金牌。获得这个成绩首先要感谢康老师，是他把我从市赛带到国赛，比赛结果没有辜负他对我的期望。其次要感谢班主任，是她给了我进入集训队的机会。最后感谢所有为大赛辛苦付出的老师、同学。

大 赛 感 悟

国赛让我真正认识到人外有人、天外有天。来自全国各地的参赛选手让我见识到了很多优秀作品。我觉得，比赛有很大一部分比的是心态，只有调整好心态才能掌握好比赛的节奏，不需要超常发挥，只需要把自己平常的水平展现出来就好。

我们每个人都渴望成功。每个人的成功之路或许都不尽相同，但我相信，成功需要每个人去努力、去奋斗。每一条成功之路都是充满坎坷的，只有那些坚持目标、不断努力、不断奋斗的人，才能取得最终的成功。

（徐静，山东省潍坊商业学校 2014 级烹饪专业一班学生，2016 年获全国职业院校技能大赛中职组冷拼与食雕项目一等奖。）

教师点评

技能大赛带给每一位参赛选手的不仅仅是知识和技能，更重要的是在训练的过程中获得的心灵的成长、坚韧、自信……

春嫩不惧寒

山东省潍坊商业学校 宋军梦

无悔的选择

3 年前，我怀着憧憬与不安踏进商校的校园，开始了为期 3 年的商校生活。从决定学习烹饪开始，我就被很多人质疑。他们说："你一个女孩子，学烹饪？"其实我也不知道我为什么会选择这个专业，只是冥冥之中，觉得它适合我。怀着对烹饪的喜欢，我踏入了商校，成为潍坊商校烹饪专业的一员。

初来的时候，我不懂什么是技能大赛，也没有听说过。我只是一个热爱生活也喜欢凑热闹的女孩。当时听说大赛后可以上大学，我立即就报名了。因为我知道，仅仅以中专学历，以后的职业道路会很难走。报名之前，我并不知道等待我的将是长达一年半的紧张训练。

大 赛 信 念

暑假、寒假，每天早上一醒来就憧憬今天肯定能做得更好，然后开始一整天的训练。到了晚上，我又会想今天好充实啊！就这样日复一日地训练，从寒假到暑假，再从暑假到寒假，虽然觉得非常累，但我从来都没有想过放弃。这是我所谓的大赛信念之一——坚定信念。

我是一个非常恋家的人，从小到大很少离开父母。训练中我最烦恼的不是训练时的不足，而是要抑制对父母的想念。对于这一点，我的班主任孙老师非常了解。因为太想家，我哭的次数真的很多。我已经不是爸妈眼中的孩子了，我的恋家也给老师带来了不少麻烦，当下应全力以赴地为大赛做准备。经过反省，后来我很少因为想家而哭过，我把对父母的想念转化成训练的动力。这是我所谓的大赛信念之二——挑战自我。

训练中，印象最深刻的是去扬州前的一个星期。那个星期的时间根本不够用。早上六点五十分我们就开始背理论，开始一整天的训练，到了晚上十一点，我们才收拾东西回宿舍。到了扬州，一群人在宾馆背理论，我实在没有想到在宾馆也可以训练。比赛抽签我抽到了下午，老师一直安慰我说场次很好，其实我知道，下午天气热，包子容易发，酥容易化。但是我相信，以我自身的能力，可以解决这些问题。这是我所谓的大赛信念之三——顽强拼搏。

广阔的未来

国赛后，我决定参加春季高考，报考济南大学。这对我来说是一个新的机遇，也是一个新的挑战。因为我深知，走出去，世界就在眼前；如果走不出去，眼前的这些就是我的世界。面对这次挑战，我再次拿出大赛信念，我也希望且相信自己不会辜负自己的努力。

在我这个年纪，生活还没有撞疼我们，我们敢于看，敢于听，敢于笑，敢于惊讶，也敢于做梦。我辈虽年少，春嫩不惧寒。

大 赛 感 悟

大赛教会了我三点：一是永远不要忽视小错误。2016 年 10 月末，我参加了潍坊市职业学校技能大赛，赛前我是自信满满的，但是最后比赛发挥失常，那是因为在比赛中有一些小问题，我没有及时解决。二是努力和付出真的很重要。我们从开始集训，就没有放过寒暑假，周六、周日也基本不休息。我在想，如果这些节假日我们都休息了，那么我们还会拿金牌吗？三是团队精神很重要。古代军事家孙子说过"上下同欲者胜"，意思是只有上下有共同的信念，齐心协力，才能取得胜利。我们努力不仅仅是为了自己，更是为了烹饪专业这个团队。刚开始，我总觉得我是出来历练的，比赛无所谓，可渐渐发觉，比赛投入了太多的东西，到最后，我必须通过取得好成绩来证明自己，这样也不辜负大家的期望。

（宋军梦，山东省潍坊商业学校 2014 级烹饪专业二班学生，2016 年获全国职业院校技能大赛中职组中西餐面点项目一等奖。）

── **教师点评** ──

"不经一番寒彻骨，怎得梅花扑鼻香。"每一位参赛选手的背后都有着浸透汗水与泪水的努力与坚持。

汗水铸就金牌

山东省潍坊商业学校　李敏

吴琼在校期间是一位品学兼优的学生，每年都被评为三好学生，也深受老师和同学们的喜爱。2012 年，在酒店服务专业老师的引导和鼓励下，吴琼抱着试一试的心态参加了系里的大赛选拔，最终顺利进入旅游系酒店服务集训队，成为一名中餐摆台大赛选手。

进入集训队后，作为一个十六七岁的孩子，她还不完全理解技能大赛对于自己的意义，也不知道技能大赛会给自己以后的人生带来怎样的改变，只是日复一日地进行着枯燥的训练。在她最迷茫的时候，作为她的指导老师，我及时给予了疏导和鼓励，让她明白大赛会让她体会到前所未有的成就感，也会让她的未来有更广阔的发展空间。

备赛中的吴琼

在找到努力的方向后，吴琼更加刻苦地训练，训练从早上七点半持续到晚上九点半，没有节假日，没有寒暑假，每天不是背理论就是练习实操。训练过程中，我给她制订了详细的训练计划，每天除了要完成规定的练习内容外，她还需要进行专项强化练习。她每天认真琢磨老师所教的每一个细节，反复练习。实训结束，她还经常和大家反复讨论训练中出现的问题。

中餐摆台女参赛选手一般穿旗袍，为了让自己显得更苗条，她瞒着大家偷偷在腰上缠上了保鲜膜，时间一长腰上冒出了红色的疹子。作为指导老师，我看在眼里，疼在心里，多好的孩子啊，为了比赛能吃苦、敢拼搏。为了她的健康着想，我立即让她放弃了这种不健康的瘦身方法，建议她从饮食、运动等方面进行调节。一段时间后，她成功瘦身，以健康、美丽的形象出现在赛场上。

但是，比赛的过程却不像想象的那么顺利。在 2013 年的国赛选拔赛上，她因经验不足，加上压力大，最终无缘国赛。比赛结束后，她因比赛成绩的遗憾而泣不成声。成功路上的荆棘不仅会刺痛人，还能让人更加清醒。失败后的吴琼并没有灰心，而是以更加积极乐观的心态面对训练和比赛。在接下来的训练中，吴琼的训练以提高标准为主，在骨碟间距、餐具间的 1 厘米、杯子间的 1 厘米、折花的美观度等方面都进行了强化练习。

终于，在 2014 年的国赛选拔赛中，她顺利晋级，获得参加国赛的资格。2014 年 6 月的广州，骄阳似火，这是吴琼中职毕业前最后一次参赛，她决定放手一搏，为自己，也为学校争取最高的荣誉。安静肃穆的赛场上，吴琼表现沉着冷静，动作优雅得体，最终一举夺金，为自己和学校赢得了荣誉。同时，她获得免试进入山东省高职学校继续深造的资格，圆了自己的大学梦。

升入大学的吴琼，在逐梦的路上继续前行着。在校期间，她继续参加学校组织的高职组酒店服务大赛的训练，并在 2016 年全国职业院校技能大赛高职组中餐主题宴会设计赛中获得一等奖。

大 赛 感 悟

一旦确立了自己的人生目标，就要全力以赴地为目标的实现而努力。只有这样才能无愧于自己，无愧于支持自己的人。

——吴琼

（吴琼，山东省潍坊商业学校 2011 级旅游系酒店管理班学生，2014 年获全国职业院校技能大赛中职组酒店服务赛项中餐宴会摆台项目一等奖。）

教师点评

吴琼用她的大赛经历告诉我们，青春的辛劳和汗水一定会在未来的某一天变成收获与财富回馈于我们。

努力终有回报

山东省潍坊商业学校　潘晓丽

　　刘佳佳是因为会计专业课成绩优异而被选入集训队的。开始，刘佳佳并不属于能力十分突出的队员，技能属于中等水平，但她凭借自己的努力，顺利通过层层考核，留在了集训队，成为我们重点培养的选手。刘佳佳没有过人的学习天赋，却有比常人更强的忍耐力和意志力，心理素质过硬，遇到困难能做到不急不躁。

　　在 2014 年 10 月举行的潍坊市职业学校技能大赛会计实务项目中，刘佳佳稳健胜出。她于 2014 年 11 月代表潍坊市参加山东省职业院校技能大赛会计实务项目，获得一等奖。这份荣誉不仅仅凝聚了她本人和指导老师的辛勤付出，更是学校对于技能大赛全力支持的最好回报。

　　对于刘佳佳同学的成长之路，我作为指导老师之一，有如下感受：

　　1）有针对性的培养很重要。选手的先天素质在选手培养中只占一小部分，更多需要的是我们根据选手应具备的素质进行有针对性的培养。刘佳佳就属于这种类型，虽然她对专业知识的接受理解不是很快，但她会根据老师的要求把题目重复练习，直到做会为止。在集训过程中，她能按照老师的安排进行训练，从不懈怠。

　　2）心理素质是关系成败的重要因素。心理素质，不仅包括比赛时选手对于环境等外在因素的处理方式，还包括平常训练时对于困难的处理方式。有一部分中途被淘汰的选手，一开始可能各方面条件都很好，但在训练过程中遇到困难、遇到瓶颈期就选择放弃了。遇到问题就放弃对于集训队员是非常危险的。因为训练周期很长，且随着大赛难度逐年加大，训练难度也随之加大。在这种条件下，遇到问题和困难是经常性的。最后胜出的选手通常具备良好的心理承受能力，能很好地度过瓶颈期。他们常常充满正能量，遇到挫折会主动寻求老师的帮助。

　　刘佳佳在校期间还积极参与学校组织的各项技能展示活动，包括到潍坊市人民广场技能展示周上进行技能展示，快速而准确的点钞技能让广大市民叹为观止。

　　现在，刘佳佳进入小海豚口才学校做了一名老师，虽然专业不对口，但她在集训队练就的苦学精神、团队精神让她在众多同事中脱颖而出。她不断钻研新的岗位知识，本职工作完成得十分出色，受到领导和同事的一致好评。

大 赛 感 悟

　　我不是一个聪明的孩子，但我从不偷懒，我凭借加倍的努力为自己赢得了人生的机会。

——刘佳佳

　　（刘佳佳，山东省潍坊商业学校 2012 级财会系会计专业大专会计一班学生，2014 年获山东省职业院校技能大赛中职组会计实务项目一等奖。）

教师点评

也许，有的学生在选择未来职业时不能做到专业对口，但他们的参赛经历与体验仍然成为他们成长道路上的宝贵财富。

拼出属于自己的人生路

山东省潍坊商业学校　尹倩倩

面对质疑，奋勇向前

袁俊俊是 2015 年 10 月加入国赛队的，而且是以后备队员的身份加入的。身高一米六四的她并不出众。身高没有优势，摆台的侧摆动作很多做不来，加上身形瘦弱，老师担心高强度的训练和重物端托她未必能吃得消。但袁俊俊是一个聪明的孩子，学东西快，且善于思考，喜欢钻研。她一面认真学习师兄师姐的动作技巧，一面琢磨将其改造成适合自己的方法。在老师的帮助下，她终于确定了属于自己的手法，不仅摆姿美观，而且精准度高，能力提升很快。此时，她感受到了来自家庭的压力。因为父母只想让她有一技之长，以后能找到一份稳定的工作，不是很支持她参加大赛训练。袁俊俊经历了短暂的犹豫，最终她说服了父母，并全身心地投入训练。

在坚持下来的学生中，袁俊俊的能力得到了老师的认可。她在 2016 年 5 月全国旅游饭店服务技能大赛中职组中餐服务项目中表现优秀，获得了一等奖。在 2016 年省赛团体赛中，袁俊俊所在的团队斩获了团体赛冠军。

不忘初心，坚定信念

训练是枯燥的，特别是进入技能提升的瓶颈期，内心会充满焦虑、犹豫、彷徨，很多选手经不住考验退出了集训队，袁俊俊坚持了下来。在瓶颈期，她曾急得大哭，边哭边练，让人心疼。袁俊俊对自己要求严格，自主训练意识很强。每当遇到问题和困难，她想的从不是逃避，而是想办法克服。每一次挫折都是磨炼。斟酒是中餐项目的难点，要做到不滴不洒、酒量合格非常不容易。袁俊俊捏着酒瓶反复练习，练到拿酒瓶的手和端托的手都发抖了还不休息，一次次调整手势、流速，滴洒逐渐控制，但白酒还是有几滴控制不好，酒量不稳定，她凭着一股倔劲，不断强化训练。功夫不负有心人，很快她就做到了不滴洒。这时，她又开始给自己出难题，尝试用不同的瓶子练习。到了国赛前夕，她可以做到不滴不洒，酒量达标。她还把这股韧劲用在中式铺床项目上。在得知 2017 年国赛中餐及中床合项比赛时，时间已经很紧张了，而袁俊俊中式铺床还没有系统练习，对于中式铺床三线训练她也付出了很大的努力，最终做到三线稳定、床面完美。队友都被她的韧劲所折服，她的拼劲也带动了队友，鼓舞了团队士气。

阳光总在风雨后

两年的历练，袁俊俊换了三位指导老师。在大赛训练团队教师的合作指导下，袁俊俊的水平也在稳步提升，中餐摆台的标准很烦琐，但是她的所有餐具间的 1.5 厘米、1 厘米摆放总是完成得很好。袁俊俊的折花，精致度、精细度都很高，因此获得了有多年大赛经验的老师的肯定。经过两年的历练，袁俊俊信心满满地走上了国赛赛场，发挥平稳，成绩优异，为自己的中职比赛经历画上了完美的句号，为酒店服务团队争得了掌声，为学校赢得了荣誉。她用自己的努力为自己铺就了一条新路：她作为特招生被山东旅游职业学院录取。祝愿她在坚定的信念、积极的心态的陪伴下，走向更加美好的未来。

2017 年全国职业院校技能大赛上获奖的选手与指导老师

大 赛 感 悟

爱因斯坦说过，跟着别人的脚步走路的人，永远不会留下自己的脚印。在众多的道路当中，应该选择属于自己的道路。

——袁俊俊

（袁俊俊，山东省潍坊商业学校 2015 级酒店服务与管理专业学生，2017 年获全国职业院校技能大赛中职组酒店服务项目一等奖。）

教师点评

主动训练、积极思考、耐得住寂寞、正视挫折，是许多大赛获奖选手的共同特点。

我的未来不是梦

山东省潍坊商业学校 张强

机会是留给有准备的人的

来商校报名时，看到奖牌榜，我就想自己什么时候也能登上去。入校之后，班主任说：

"这是公平竞争，都有机会的。"听到这句话，我就想去努力争取。学校餐厅需要馒头，我就和学长去蒸馒头，把蒸完之后剩下的面拿来练习基本功。就这样，我的基本功比班里的其他同学要好些，这让我在2014级基本功比赛中取得了第一名。那时，我深刻懂得了"机会总是留给有准备的人"这句话的含义，我更加努力了。

后来我进入集训队。刚开始集训队有16人，寒假都在实训室训练，后来只剩下6人可以参加市赛，我是其中一个。我当时就想，既然老师选中我，我就不能让他们失望，一定

刻苦训练

要尽自己最大的努力做到最好。老师每天给我们计时，为我们做饭，他们的教导与陪伴成为我努力训练的动力。

付出和回报是成正比的

从市赛到国赛，集训总共一年半的时间，和队友一路走来确实很辛苦，但是我们成长了、收获了。老师不但教会我们做菜，还让我们对职场有了更多准备。

好事多磨，在省选拔赛上，我的鱼茸菜品做得不够理想，但有惊无险地取得了参加国赛的资格。老师与我一起总结了失误的原因：一是过度紧张导致没发挥好；二是鱼茸菜品训练的时间相对少一些。在备战国赛的训练中，我做了针对性的练习。熟能生巧，训练多了，我也能快速高质量地完成作品。

差之毫厘，失之千里

大赛不仅是技术上的较量也是心理上的较量。选手不仅要技术过硬，还得心理素质过硬。如果在比赛时紧张，就可能打乱整个比赛的节奏。老师为了训练我们的心理素质专门制订了计划，还经常叫其他同学来观看我们的比赛，使我们的心理素质有了很大提升。我们即使面对很多人，也能很好地发挥自己的水平。

比赛的每一个环节都很重要，必须做到最好。老师要求我们理论考试必须做到不能丢分。我们疯狂地背书，范主任每天晚上都来看我们背书、背题，定时检查。我私下也找同学帮忙，把书给同学让他随机选题，然后我回答。前场要做好随手清理卫生等步骤，不能有任何差错。集训一开始，老师就要求我们保持台面整洁，动作快速而不慌乱，做到沉着稳重。老师经常说失去0.1分，你就可能与金牌无缘了。在老师的严格训练下，比赛前场我没有失分。

不忘初心，方得始终

获得金牌，我最想感谢的是老师，感谢他们的陪伴与付出。范主任为了给我们想到好的菜品点子，每天搜索图片，经常到半夜。大赛让我付出了很多，也学会了很多，我也得到了自己想要的。

我的目标是成为中餐烹饪大师。我以后要走的路还很长，获得国赛金牌只是一个起点，现在我已经完成迈向成功的第一步。集训的生活，让我收获了可以受用一生的财富，那就是拼搏、努力、进取的精神。这种精神我会一直保持下去。不管人生的路走了多远，我都

会不忘初心。

大 赛 感 悟

比赛，因为有竞争所以残酷，但也因此成为最锻炼人的一种方式。在层层选拔中，我也在不断学习，不断成长，不断进步。训练的日子，我们每天都在学习新的烹饪技巧，学习菜品的多样变化，这让我们深刻体会到了烹饪文化的博大精深。训练的日子，酸甜苦辣咸五味俱全，每一天都异常充实。训练的日子，是我一辈子最珍贵的回忆，也是我受益终身的财富。

（张强，山东省潍坊商业学校2014级烹饪专业一班学生，2016年获全国职业院校技能大赛中职组中餐热菜项目一等奖。）

教师点评

比赛的结果重要，准备比赛的过程更重要。而比赛准备过程中的收获，才是让每一位选手真正受益终身的财富。

一分耕耘，一分收获

山东省潍坊商业学校　刘旭彬

2014年冬天，我被挑选进入集训队，那时面点组共6人，因为人多，压力没有那么大。到了暑假，6个人变成4个人。在这些人当中，我不是手艺最精湛的。有时，我觉得自己特别笨，看到老师教给我们做的东西，就觉得好难啊，心想自己得多久才能练出来呢。学习是一个漫长而艰苦的过程，不能靠一时激情，也不是熬几天几夜就能速成的，必须养成平时努力学习的习惯，就像爬坡，要一步一步来。

暑假开始我就有压力了，因为我们4人中只有两个人能参加比赛。市赛到来了，当时我的酥开得不好，但是做的包子还可以。我知道肯定是挑选最好的选手去参加市赛，所以在商老师宣布参赛名单之前我已经猜到了结果。当时，我是笑着听老师说完的，我想让老师觉得我没有那么脆弱。我告诉自己，刘旭彬，眼光要长远。但是大道理我都懂，小情绪难控制。回到教室，同学问我是谁参赛时，我还是哭了。我想，就是从那个时候开始，渴望参加比赛的信念激发了我不甘落后、努力向上的斗志。

国赛选拔赛之前，我特别紧张，对于我们4个，我不知道班主任会做什么样的决定。当知道班主任选择我时，我有点难以置信。当时我就想，不能让她失望，再苦再累也要坚持，只为那期待的眼神。

寒假，我们正月初八就来到学校训练，老师也是，来的那天刚下了一场大雪，特别冷，而学校暖气刚好又坏了。训练的时候，手冻得直不起来，我们就拿电磁炉烧水暖一下手继续训练。那时真是挺苦的，手脚都冻僵了，我觉得最幸福的事就是训练完后跑去烧水暖手，这一切我们都熬过来了。

国赛选拔赛前，班主任告诉我："刘旭彬，你不要紧张，咱们平时怎么训练的你就怎么比赛，不用在意其他选手。"我之前没有参加过比赛，虽然是在自己的学校比赛，但我还是很紧张。选拔赛的前一天，我失眠了。

选拔赛当天，我因为紧张，也怕时间来不及，包子包得特别着急。包子蒸出来的效果不是特别出众，酥开得也不是特别理想，但是因为品种新，所以成绩还不错。

临近比赛，我们经常进行模拟比赛。那时我的酥总是在中间出现一道特别粗的水油面，每次炸出来都会有特别粗的一道，有时酥层也不均匀，老师一直帮我寻找原因，换手法，换工具。5 月，我们提前去了江苏，向宾馆借桌子训练。比赛抽签结果出来了，队友宋军梦抽到了第一天的第三场，我是第二天的第一场。那天下午，老师陪宋军梦去比赛，我开始莫名地紧张起来。我自己一个人训练，什么都想要干，想开酥，想包包子，想做蛋糕，却无从下手。到了晚上紧张地失眠，第二天早上起来又开了一遍酥。

进入赛场之前，我一直很紧张，但是真到了赛场，反而没有那么紧张了。比赛做包子和开酥时，做包子时间很宽裕，但酥是卡着时间完成的，我知道一定是什么地方我耽误了时间，做东西，一定要手脚麻利些才好。整理完工具，我就去了西点的赛场，蛋糕也是卡着时间完成的。

大 赛 感 悟

能拿到金牌，是在我意料之外的，我从来没想过我会取得这么好的成绩。因为比赛前我把对手想得太强，所以我就特别没有自信。这次比赛给我带来了太多，我要感谢班主任给我机会，感谢指导老师给我的帮助，还有集训队的同学和其他老师的帮助。大赛让我可以有更多选择的机会，可以向更高的目标发展，我会一步一个脚印走下去！

（刘旭彬，山东省潍坊商业学校 2014 级烹饪专业一班学生，2016 年获全国职业院校技能大赛中职组中西餐面点项目一等奖。）

教师点评

刘旭彬同学能拿到国赛的金牌不是偶然的，从她对自己比赛过程的描述中，我们可以读出她的反思、努力和成长。

今日技校生，明天栋梁材

高密市高级技工学校　杜启明

2014 年中考落榜后，带着立志"技能成才"的梦想，我来到了高密市高级技工学校机电专业就读。经过一段时间的学习，我发现自己对钳工技术专业比较感兴趣，教钳工技术的老师说学钳工必须不怕累、能吃苦。我说："我是一个农村孩子，脏点、累点、苦点没关系，只要能学到一门过硬的技术，能养家糊口就行。"在专业理论课方面，我对"机械制图""机械基础""钳工工艺"等课程勤奋学习、刻苦钻研，遇到不会的地方积极请教老师和同学；在"钳工技能训练"等实训课上刻苦训练，有时周末或节假日也在校学习和训练。第一学期期末考试，我取得年级第一名。在全校钳工专业技能比赛中，我获得了"全校技术能手"称号。

第二学期开学后，我发现自己与获得过潍坊市职业院校技能大赛荣誉的同学相比还有很大差距，于是投入了比别的同学更多的时间来学习、训练。经过坚持不懈的努力和层层选拔，我获得了 2017 年 6 月代表山东省参加国赛的资格。

取得参加国赛的资格后，学校迅速为我制订了训练计划。除在本校训练外，我还到济宁、菏泽、济南等地的学校进行交流学习，经过充分的准备与刻苦的训练，我在浙江省机电职业技术学院举行的全国职业院校技能大赛中职组机械装配技术项目中取得一等奖第六名，这也是山东省在此项目上获得的唯一一个一等奖。

"一花独放不是春，百花齐放春满园。"我在提高自身技能的同时，还积极帮助一起训练的同学，和他们一起学习、共同提高。2017 年，我们训练小组包揽了"全市第七届职业技能竞赛"钳工项目学生组比赛前十名，受到了学校的隆重表彰。

大 赛 感 悟

当得知自己获得国赛一等奖时，我不知道如何描述自己的感受，既有兴奋更有感激。兴奋的是，自己的努力得到了肯定，我没有辜负学校领导及老师对我的期望，而且以后我可以通过自己的努力减轻父母的负担；感激的是，学校老师的辛苦教导、同学的无私帮助和亲友的支持与关爱，是他们给了我学习的动力，激励我再接再厉，争取实现更高的目标，争取毕业后成为一名合格的"金蓝领"技术工人。

（杜启明，高密市高级技工学校 2014 级机电专业四班学生，2017 年获全国职业院校技能大赛中职组机械装配技术项目一等奖。）

教师点评

杜启明同学最棒的不只是他的技术，还有他对其他学生的引领、带动与辐射作用。

知识改变命运，大赛实现梦想

潍坊市高密中等专业学校　李星

2012 年 9 月，我踏入了高密中等专业学校，选择了数控技术应用专业。因为知道上学的机会来之不易，所以我特别珍惜在学校的每一天，时刻提醒自己坚守最初的梦想，做一名优秀的中职生。在校期间，我自觉遵守校规校纪，尊敬师长，与同学们和谐相处，上课认真听讲，认真完成作业，学业成绩优异。在老师、同学眼中，我是一名品学兼优的学生，"勤学、努力、踏实"是老师对我的评价。

在师兄师姐的学习经验交流会上了解到挑战和机遇并存的技能大赛后，我决定加入学校的电工电子技能训练提高社团。在社团活动中，我对电子装配充满了兴趣，见到老师就有问不完的问题："老师，您有常用集成电路的材料吗？""老师，您看我这个板焊得怎么样？""老师，您看这段文字都是英文的，能帮我翻译一下吗？"社团活动期间，在老师的指导下，我完成了流水灯电路、电磁感应加热电路、控制直流电机正反转调速的 H 桥电路、灯的遥控开关、光立方、电机控制器等电路的制作。制作光立方时，从电路设计到印制电路板的制作，再到元件的购买和最后光立方的完成，经历了将近一个月的时间。其间在老师的帮助下，我解决了无数疑问："这个原理图转换到 PCB 电路的时候怎么丢了一条线？""这个电阻功率需要多少瓦的，怎么计算？""锁存器应该选什么型号的？""焊接发光二极管的时候应该制作一个什么样的模板？""这一排发光二极管为什么不亮？"我已经记不清查找了多少资料，只记得我总是最后一个离开实训室的。当印制电路板时，我先用细砂纸打磨，再用橡皮擦，然后细细地刷一层松香酒精溶液，每一步都用心细致地完成，这使制作完成的电路板像一件完美的工艺品。恰逢节假日休息时，我跟老师申请把光立方带回家，因为还存在没有检查出来的问题。就这样废寝忘食直到光立方 256 个发光二极管都点亮。记得当时我跟老师说："老师，谢谢您！从这个过程中我真正体会到了您常说的那句话——'用心是态度，精心是过程，细心会让过程更加完美'的意义。如果有机会能参加技能大赛我一定会全力以赴的。"

经过不懈努力，我被学校选为国赛选手，参加了 2014 年全国职业院校技能大赛中职组城市轨道交通车辆运用与维修项目比赛，并在比赛中获得了团体三等奖。

大 赛 感 悟

技能大赛让我证明了自己的优秀，也让我获得了继续深造的机会，改变了自己的人生轨迹。

（李星，山东省潍坊市高密中等专业学校 2012 级数控班学生，2014 年获全国职业院校技能大赛中职组城市轨道交通车辆运用与检修团体项目三等奖。）

教师点评

功夫不负有心人。只要确定了明确的目标，并为之不懈努力，就会获得人生出彩的机会。

一切皆有可能

昌乐县高级技工学校　张晓明

2015 年年底，闫中旭、周文波因扎实的基础、灵敏的头脑和勤奋被赵新江老师选中备

负责装配的选手周文波

战机电一体化项目比赛。这是一个需要两人配合的比赛项目。周文波负责装配，闫中旭主要负责编程调试，同时要协助周文波。这种配合方式对很多选手来说都是挑战。虽然是配合装配，但闫中旭没有降低对自己的要求，在练习完编程调试任务后，经常和周文波一起进行装配训练。在老师的指导下，闫中旭稳扎稳打，他每天除了完成基本项目的训练，还在老师的安排下进行大量小题目的训练，在训练中将常见的问题各个击破，这也使闫中旭的专注力、逻辑思维能力和发挥

稳定性得到有效的提升。除了在校加班加点训练，两个星期一天半的休息时间闫中旭也舍不得浪费。为方便在家训练编程，他请求父母按照大赛的设备要求为自己购买了一台笔记本电脑，使自己即使在家也可以练习。面对儿子的请求，朴实的父母选择了支持。

周文波主要负责机械装配。这项任务需要将设备拆解，再按技术要求组装起来。周文波每天的任务就是拆螺丝、测量、检测、上螺丝、扎线，每个动作重复无数次。为了提高速度，周文波苦练基本功，让师弟梁会磊帮忙计时，提高螺丝装卸速度。装、拆之间的枯燥乏味可想而知。师弟梁会磊说："两位师哥总是最早到实训室，最晚离开。每次和周师哥计时训练，看他满头大汗让他休息会儿，他总说再练一遍。"随着训练的深入，辅导老师对周文波的要求也越来越严格，而这时周文波遇到了问题，做事不够细致成为他技能提升的绊脚石。他主动找到赵新江老师，请他帮助自己改掉做事不够细致的缺点，赵老师找来摄像机，将他每次训练的过程录下来，从每个动作、每个环节分析纠正、查漏补缺、完善技能。训练结束，别人休息了，他还请赵老师和闫中旭一起帮他找问题，从扎带间距、气管的弧度到导线的安排，不放过任何细节。正是凭借这股不放弃、不气馁的劲头，周文波逐渐改正缺点，在装配技术和工艺上又上了一个新台阶。

为了争取训练时间，他们的午饭和晚饭都在实训室里简单解决。在冲刺阶段，闫中旭和周文波更是整天待在实训室，每天从早上6点练习到晚上11点，因为模拟比赛时间，常常错过午饭、晚饭，但他们从未抱怨过，他们相互配合、相互鼓励。2016年6月5日，在世界技能大赛山东省选拔赛机电一体化项目的赛场上，闫中旭和周文波配合默契，两人提前一个小时高质量地完成比赛，争取到宝贵的时间分，并最终以严谨、规范的工艺获得金牌。

大 赛 感 悟

金牌的获得不是个人的功劳，它离不开搭档的配合，也离不开学校、老师的培养。我们离真正的高手还差得很远，还要继续努力。

——闫中旭、周文波

（闫中旭，昌乐县高级技工学校2013级电气工程系电气自动化设备安装与维修专业5班学生；周文波，昌乐县高级技工学校2013级电气工程系机电技术应用专业6班学生。两人在2016年获得世界技能大赛山东省选拔赛机电一体化项目比赛金牌，被授予"潍坊市技术能手"的称号，2017年被潍坊技师学院聘为教师，荣获2017年度"山东省技术能手"称号，同时入选第45届世界技能大赛山东省集训队。）

── **教师点评** ──

技能大赛的舞台锻炼了闫中旭和周文波，也成就了他们，正是有了这样突出的成绩和过硬的技能，他们才得以在就业形势严峻的今天，华丽转身成为潍坊技师学院的教师。现在，他们已经向新的征程出发，迎接新的挑战。未来有多远，谁也不知道，但是只要找到适合自己的轨迹，不遗余力地去奋斗，一切皆有可能。

责任，让他做出不悔的选择

寿光市工贸职业中等专业学校

2012 年，在全国职业院校技能大赛上，马繁茂再次获得建筑 CAD 项目中职组一等奖。第一时间得知喜讯，他的喜悦溢于言表。

国赛金牌选手马繁茂

师恩永难忘

在马繁茂的金牌之路上，付出更多的是隋晓敏老师。从年初到国赛的几个月里，指导建筑 CAD 项目大赛训练的隋晓敏老师花费了很多的心血，她从原本就安排得紧锣密鼓的日程中挤出时间备课，熬夜整理各种习题资料，总结了很多宝贵的绘图经验和技巧。隋老师给集训队培训完了，又小跑着赶去给高考班学生上课。记得练习隋老师创立的"单手键盘法"时，因为用一只手操作键盘很不习惯，马繁茂刚开始很抵触，训练时只是装装样子，练了几天速度也没有提高。后来隋老师和大家坐在一起练习，马繁茂看到隋老师用单手操作键盘，绘图速度比大家快很多，才下定决心要好好练习，把速度提上去。后来马繁茂成为小组成员中绘图速度最快的一个。

临近比赛，马繁茂内心很紧张，害怕发挥失常，成绩不好对不起老师的付出，对不起家中年迈的爷爷。隋老师好像发现了马繁茂的"秘密"，她没有找马繁茂单独谈话，而是带着马繁茂和团队成员去操场玩，跟他们唠家常，把电话借给他们，让他们给家人打电话，放松心情。直到现在，他们还记着隋老师说的那句话："只要努力过，就不后悔。"是啊，他们的努力老师和同学都看在眼里，没有什么可后悔的！

坚持才能胜利

在对建筑制图有了更深的了解之后，马繁茂从漫无目的的探索和琢磨，转入系统的学习和研究。为了掌握中望CAD软件的应用及建筑制图等相关知识，他购买了20多本教材，复印的练习题摞起来足足有20厘米厚。临近比赛，他和团队成员放弃了所有的休息时间，进行"魔鬼式"集中训练，挑战自我。在连续作战、极度疲惫的情况下，他一直咬牙坚持，他相信坚持就是胜利！

大赛比赛时间是4个小时，加上入场时间，需要5个多小时坐在电脑前操作，思维还要高度集中。所以，比赛比的不仅仅是智力，更是耐力和毅力，只有真正坚持下去才能够取得成功。参赛团队能有这样的"坐功"，得益于平时的强化训练。平日训练，只要坐到电脑前就是五六个小时，不休息，不上厕所，精神还要保持高度集中。适应的过程是艰难的，连着几天下来，队员脖子和腰疼得都不能打弯，眼睛熬得红红的。老师让队员去室外活动一下，不到两分钟大家就蹲着睡着了！在学校领导、老师的关心和帮助下，马繁茂坚持住了。他曾说："比赛别说是4个小时，就是6个、8个小时，我们也不怕！因为我们练过！"

技能大赛让马繁茂一点点成长、成熟。他在日记中写道：人生如大赛，要想成功，就要有认真的态度，加上百分之百的努力！作为职校生的我们，只有不断提高自己的专业知识和专业技能，始终保持不畏艰难、越挫越勇的拼搏精神和充分的自信，才能在人生的路上扬起锦绣前程之帆。

毕业之后，很多企业想要高薪聘请马繁茂，但是出于对家庭的责任，他放弃远行，最终选择了离家较近的寿光市第二建筑公司。凭借在学校尤其是大赛中打下的坚实基础，马繁茂迅速成长为单位的骨干人才。

大 赛 感 悟

大赛带给我的不仅仅是荣誉，更有面对困难的信心和勇气。工作后，有时会遇到一些困难，但想到大赛期间的点点滴滴，我就觉得那都是小事情，心中永远充满希望和力量。

——马繁茂

（马繁茂，寿光市工贸职业中等专业学校2009级建筑工程专业学生，2011年、2012年连续两年参加全国职业院校技能大赛中职组建筑CAD项目并获得一等奖。）

教师点评

马繁茂背负着对家庭的责任走进职校，背负着学校领导和老师的信任走向技能大赛舞台。他是值得大家学习的，不仅因为他连续两年在全国职业院校技能大赛中夺冠，还因为他不因高薪而远离家庭的那份担当。

在大赛绽放光彩

寿光市职业教育中心学校

王良山：技能大赛圆了大学梦

王良山曾经一度自卑，是国赛让他找回了自信，为他搭建了展现自我、参与竞争的平台。

2015年9月，王良山、李鑫元入选电梯技能小组。从踏入电梯车间的那一刻起，王良山就决定一定要去参加国赛。通过半年的训练，他了解到，国赛不仅仅考验选手的专业技能，更考验选手的心理素质，而心理素质恰恰是他的短板，这让他非常担心自己在赛场上不能正常发挥。在比赛前的几个月，因为太重视比赛导致心理压力过大，加上训练强度大等因素的影响，他失眠了。老师为了将他的竞技状态调整到最佳，请来了心理辅导老师帮助他纾解压力，增强自信。老师还带领他和李鑫元到江苏等地的学校进行强化训练，锻炼他们的抗压能力。王良山深知，要战胜对手，首先要战胜自己。于是他要求自己：每一场比赛下来，不管比赛成绩如何，都要勇敢地面对大家唱歌。在以前这是他想都不敢想的事情。几场比赛下来，他心情放松了很多。在国赛的赛场上，他展示出从未有过的从容。成绩公布了，王良山和李鑫元以团体第二的成绩获得一等奖。这次大赛让王良山更加自信，也让他学习到了其他参赛选手的长处。这些将使他在未来的学习和工作中更有竞争力！

王良山（左）和李鑫元（右）

王良山现在就读于东营职业学院。他不仅和本班同学相处得很好，与其他班级的学生也相处得十分融洽。由于专业技能水平和职业素养高，大学一年级时王良山就被选为交换生到台湾黎明技术学院学习。他一直严格要求自己，并以乐观、积极、向上的生活态度影响身边的人。

李鑫元：成功源自老师的榜样作用

紧张的技能大赛已经结束，备战过程的艰辛让李鑫元感触颇深。参加这次比赛，他最大的感触就是老师太辛苦了！电梯维修保养这个赛项的比赛内容包括理论知识、电气维修、日常保养3个部分。无论是理论还是实操，涉及的知识面都非常广泛，裁判每年出的题目变化都很大，内容更新也很快，这就增加了老师的辅导难度。杜桂芹老师和张玉刚老师作为指导老师，不断为他们出赛题、搜资料，给予他们细心的指导，尽职尽责，并且尽一切可能为他们解决各种困难。工作严谨、做事细心是老师给他留下的最深刻的印象。为了提高他们的理论成绩，老师利用休息时间把裁判长编写的厚厚的一本电梯习题集整理为电子版，在电脑上打乱题号、打乱选项，一遍遍地整理打印，让他们做，做完再给他们讲解。老师不厌其烦的讲解使他非常感动，他在提升专业潜力之外还收获了一份珍贵的师生之情。

辅导老师的每一个举动都激励着李鑫元必须做到最好。电梯钢丝绳的更换是 2016 年新增加的项目之一，为了使这个项目做得更规范、速度提得更快，指导老师给他们请来了生产厂家的杨鹏远工程师，为他们做了详细、规范的点评。指导老师说他们的速度太慢，在规范的前提下让他们加快速度，把操作时间控制到 10 分钟之内。他们只好加强练习，不断挑战自己的极限，尽量把每一个项目做到完美。在训练期间，不断出现新的问题，又不断被解决，这不仅提升了他们的专业技能，还激发了他们的斗志。国赛前夕，虽然指导老师常跟他们说，不要有太大的压力，正常发挥就好。但是想到要代表学校

电梯维修保养项目获奖选手

参赛，不能辜负老师的期望，那种使命感就油然而生。最终，他们在 2016 年的全国职业院校技能大赛中职组电梯维修保养赛项中获得一等奖。

现在李鑫元就职于通力电梯有限公司，从事他热爱的电梯维修保养工作，成为了一名优秀的电梯维修保养师。师傅每次带他出去，都夸他工作努力、认真。回顾过去，他觉得自己最大的收获就是更加成熟了，有了责任感，有了生活的目标。他由于有责任心，办事能力强，得到同事的一致认可。现在他已当起了别人的师傅。希望在今后的人生道路上，他能走出一片更宽广的天地！

大 赛 感 悟

能够参加这次比赛并获奖，我们感到非常荣幸。感谢学校，感谢老师，为我们搭建了展示自我的舞台，创造了建立自信的机会。

——王良山、李鑫元

（王良山，寿光市职业教育中心学校 2013 级机电技术应用专业秋季班学生。李鑫元，寿光市职业教育中心学校 2014 级机电技术应用专业春季班学生。他们在 2016 年 5 月获得全国职业院校技能大赛中职组电梯维修保养项目一等奖。）

教师点评

一个人找到适合自己成长的学校至关重要。王良山、李鑫元两位同学，虽然选择在春季、秋季两个不同时期到寿光市职业教育中心学校就读，但他们都找到了技能大赛这个成长进步的平台。他们战胜自卑、克服困难，不断挑战自己，最终实现了华丽的变身，迎来了新的人生起点。

冠军源于喜欢

寿光市职业教育中心学校　朱瑞娟

勇敢的追赶者

起初，刘杨怀揣上大学的梦想来到了寿光市职业教育中心学校。后来，她因为喜欢实验，参加了工业分析与检验技能大赛训练小组。

刘杨

刚加入训练小组的时候，别人的理论都背了好多了，她却一点没有背。刘杨为了弥补之前落下的，她比其他同学更早起来背理论，中午休息的时间也在背，成绩慢慢地赶了上来。渐渐地天变冷了，别人都待在有暖气的教室里，而她和训练小组的同伴只能待在阴冷的实训室里，本来天气就特别冷，做实验的时候又必须用凉水，碰到凉水的一瞬间，真的是透心凉啊。为了充分利用训练时间，洗手后她也不抹护手霜，久而久之，手都裂开了口子。由于做实验经常接触带有腐蚀性的化学试剂，加上冻裂的伤口，疼痛感每天伴随着她。当时她真的很想给家人打电话诉诉苦，但最终因为不想让爸爸妈妈担心，忍住了。她告诉自己不能放弃，如果放弃了，之前的努力就白费了。咬着牙，她们熬过了一个冬天。

在技能大赛的"马拉松"中磨炼

刘杨参加的技能大赛比赛持续时间长，仅实验就需要 7 个多小时，加上理论仿真，一共要 9 个小时，所以她每天练习的时间长达 10 个小时。在"马拉松"式的长时间训练中，虽然特别苦、特别累，但是她心中有梦想，她坚信一分耕耘一分收获，只有付出才有回报。

训练期间，刘杨给大家讲过一个笑话。一次回家，奶奶让她和妈妈去吃凉面，妈妈让她往蒜和醋里面倒香油，她问妈妈倒多少，妈妈说倒一滴就行，结果她就真倒了一滴。就像做实验一样，表情特别严肃，一本正经地完成。这一举动让母女两人都笑了。妈妈说，你在学校里是怎么训练的啊，让你在家都改不过来了。刘杨说，她本身是一个很粗心的人，耐不住性子，但是通过训练改变了很多。是啊，如果不细心，准确度、精密度就做不好，为了国赛，她只能逼着自己静下心来、耐住性子，每天反复训练、反思、总结。

工业分析检验赛项参赛选手与指导老师

国赛不仅有准确度、精密度的要求，还有很严格的时间要求，到了哪个时间就应该完成哪个环节。因为谁也不知道比赛过程中会出现什么问题，一旦出了问题，就需要时间解决，所以她和同伴不仅要做得准、做得好，还要做得快，以争取修正时间。而且比赛过程中必须注意细节，每个地方都要做到位，不能有丝毫的差错。临近比赛，大概是因为太紧张了，仿真总是出现问题，她们就利用中午休息的时间待在仿真室里反复练习。功夫不负有心人，最终她们站到了国赛的领奖台上。

国赛让刘杨明白，竞赛是激烈而残酷的，要取得好成绩就必须付出更多的努力。比赛是短暂的，新的人生目标在前方等着她，相信刘杨同学会"百尺竿头，更进一步"。

大 赛 感 悟

技能大赛，不仅仅是比技能，更是综合素养的比拼。回想起来，大赛的结果并不是最重要的，重要的是在准备大赛过程中学到的东西，以及在大赛过程中发现自身的不足，获得新的认识和经验。

——刘杨

（刘杨，寿光市职业教育中心学校海洋化工教学部 2015 级工业分析与检验专业学生，2017 年 5 月代表山东省参加了全国职业院校技能大赛中职组工业分析检验赛项，获得团体一等奖。）

教师点评

因为兴趣，刘杨同学参加了技能大赛训练小组。因为兴趣，她甘愿品尝大赛备战的酸甜苦辣。因为兴趣，她最后站在了国赛的领奖台上。刘杨的经历恰当地诠释了"兴趣是最好的老师"这句话。

大赛成就梦想

潍坊市科技中等专业学校　李爱海

为考上大学而奋斗

刚入校时，柴浩明是下定决心要好好学习的，现实却是，他给自己塑造了一个爱旷课、迟到、打架的叛逆少年形象。但柴浩明的"机械制图"功课成绩相当出色，每次考试都是满分，也正是因为"机械制图"这门课，他与技能大赛结缘。

学校要进行技能大赛参赛人员的选拔，他当时突然冒出一个想法，那就是他不能再这样下去了，否则上大学的梦想就会成为泡影。经过选拔，他成功进入技能大赛集训队。他还记得刚进入集训队时，老师把 CAD 的操作界面给他们介绍了一遍并做了演示，然后让他们对着一份 Word 图纸进行抄画。他瞬间呆住了，什么是 Word 啊？老师和同学为他讲解之后，他才知道 Word 是一个文字处理软件，计算机课上学习过的。经过这一次教训，他认识到自己此前的行为是多么愚蠢。那一年有一款游戏特别流行，班级里很多同学在玩。他当时就想，连 Word 都不知道的人还好意思玩？基础差就只能比别人更加努力！于是他的学习态度发生了很大的转变，他对待技能大赛的集训也更加专注了。通过层层考核，最终他留在了集训队。

中专 3 年，他连续两年获得潍坊市职业院校技能大赛一等奖、山东省职业院校技能大赛一等奖，并连续两年获得全国职业院校技能大赛一等奖。这样的成绩，让他获得了保送进入大学的机会。

在大学知识的海洋里徜徉

升入大学后，柴浩明不仅通过竞选成了班干部，还不断加强政治学习，积极向党组织靠拢。大学一年级就向党组织递交了入党申请书，后来光荣地成为一名中国共产党党员。学习上，他始终遵从"学习是学生的天职"原则。作为学生干部的他，从没有因为工作繁忙、参加活动多，就放松了自己的学习。学习上，他比别人付出了更多的努力，不断提高自己的文化素养和专业水平。在校学习的两年多时间里，他成绩优异，各科平均成绩保持在 85 分以上，大赛成绩也很显著：参加山东省职业院校技能大赛（高职组）工业产品数字化设计与制造项目，荣获三等奖；参加东营市第四届"黄河口"杯技能大赛，荣获二等奖；在学校技能比赛中荣获"机械产品三维造型与创新设计"竞赛项目二等奖。此外，他先后获得了综合奖学金和国家励志奖学金；连续两年获得校级"优秀学生"荣誉称号，并先后荣获校级"优秀学生干部""优秀团干部"等荣誉称号。学习之余，他主动申请到学生工作处办公室勤工助学，积极参与学生工作处各科室工作，从 2015 年 6 月开始在学生工作处顶岗实习。2016 年 1 月 1 日，大学生自我管理与服务委员会成立，他担任自管委副主任，负责协助老师做好日常办公、征兵、学生资助信息统计汇总等工作。

在广阔的社会天空中展翅翱翔

2017 年 2 月，柴浩明应聘到上海神农节能环保科技股份有限公司（上海神农机械有限公司）工作。这是一家专业从事工业废水废气治理以及众多过程生产领域中的蒸发结晶、干燥、过滤、传热等技术及装备研发与制造的企业，主要服务于环保、化工、冶炼、发酵、食品、制药等行业，在行业内具有广阔的发展前景。这使他非常兴奋和激动，他表示将一如既往地严格要求自己，为社会创造更大的价值。

大 赛 感 悟

科技中专的求学经历成就了我后来的人生。我不敢想象如果没有参加大赛集训，现在的我会是什么形象。大赛让我有了改变自己的机会。感谢大赛，感谢陪伴我的父母、老师、同学，是他们的信任与鼓励让我一路走到现在。

——柴浩明

[柴浩明，潍坊市科技中等专业学校 2009 级计算机应用专业学生，2011 年和 2012 年连续两年获得全国职业院校技能大赛中职组计算机辅助设计（工业产品 CAD）一等奖。]

教师点评

柴浩明曾是一名叛逆、不爱学习的学生，是大赛唤醒了他，磨砺了他，成就了他。如今，他正在平凡的工作岗位上书写着属于自己的人生华章，并将为社会创造更大的价值。

从中专生到华为工程师

潍坊市科技中等专业学校　刘双超

初中时，我是一个不爱学习、调皮的孩子，成绩平平，毕业后我选择到潍坊市科技中等专业学校学习。在校期间，由于动手能力强，我顺利通过了潍坊市技能大赛队员选拔。

初入集训队，我很不适应。由于我的英语和数学基础较弱，老师讲的网络原理听着就像天书。针对我的个人情况，辅导老师索性先教我网络英语，再教我理论知识。经过一番"恶补"，天书般的网络课程，我竟然可以入门，甚至驾轻就熟。后来，经过长时间的、高强度的技能训练，我开始参加各级比赛并收获了一系列的荣誉，如 2010 年潍坊市园区网建设比赛一等奖，2011 年潍坊市园区网建设比赛一等奖、企业网搭建比赛一等奖，山东省网络搭建比赛一等奖，2012 年全国技

刘双超

能大赛企业网搭建比赛三等奖。通过技能大赛，我获得了荣誉，学到了过硬的本领。

技能大赛后马上面临就业，因为技能大赛的锤炼，我有了一定的网络搭建技能，通过努力，我顺利通过了华为认证互联网专家（Huawei Certified Internetwork Expert，HCIE）考试，这是网络世界最高级别的网络认证。面试的当天，华为公司当场就和我签约。我成了一名自豪的华为人！

初入北京华为总部，看到同事大多是各大名牌高校的毕业生，这让中专毕业的我有点自卑。但随着时间的推移，我逐渐重塑自信，因为我坚信，在这个竞争白热化的时代，要获得别人的认可和尊重，靠的不是学历而是实力。在华为，我学到很多，提升了很多，我深深地认识到，如果没有技能大赛，我不会进入华为，更不会结识这些高水平的同事。

大 赛 感 悟

技能大赛让我从一个普普通通的中专生成为华为工程师，让我在 20 岁时就获得了丰厚的收入，更重要的是，大赛定位了我的职业角色，改变了我的人生，让我对未来充满憧憬！

（刘双超，潍坊市科技中等专业学校 2010 级计算机应用专业学生，在 2011 年、2012 年全国职业院校技能大赛中职组企业网搭建与应用赛项中两次获得三等奖。现就职于华为技术有限公司。）

教师点评

"技能改变人生"这句话在刘双超同学身上得到了验证。技能大赛的磨砺，让他坚定了人生的目标与希望。

火焰上的"刺绣"

诸城市福田汽车职业中等专业学校　朱利强

2010 年，我的中考成绩没有达到普通高中录取分数线，摆在我面前的只有两条路：要么外出打工，要么进入中职院校学习一门技术。最终我选择进入诸城市福田汽车职业中等专业学校，学习被誉为"金属裁缝师"的焊接专业。

焊接，可谓火焰"刺绣"，焊接者需要对温度、电流和技巧等有准确的把握。作为焊接技能大赛的选手，更需要具备超强的稳定力、超高的手法技巧和对细节精益求精的态度。我的性格沉稳，这恰好是我在焊接上的优势。

2012 年 11 月，我省 8 名选手进入了山东省集训队，最终将在我们之中选出 3 人代表山东省参加国赛。我明白，要想获得参加国赛的资格，就必须在技艺上力求完美，不断超越自己。从 2013 年年初，我校焊接集训基地就进入了全面备战状态，教练和专家组也开启了"8 选 3"的选拔工作。全国职业院校技能大赛焊接项目竞赛试题为组合件、压力容器；焊接方法包括焊条电弧焊、实心焊丝二氧化碳气体保护焊、钨极氩弧焊。因此，对 8 名选手的选拔标准完全依照以上项目要求进行。

每天早晨 6 点，完成体能训练后，我就开始长达 10 小时的实操训练，晚上还要对焊接工艺、机械制图等理论知识进行学习。刚开始，面对如此大的训练量和不断变化的焊接方法，我压力很大，成绩提升不理想。"不要怕出问题，出了问题我们想办法解决，这才是我们进步的方向"，教练的话，让我意识到必须从细节入手，在自己的弱项上寻求突破。于是，在练习过程中我放慢训练节奏，以发现手法和技巧方面的不足。焊缝的厚度、焊枪的温度，甚至每一次呼吸，我都反复练习，用心去焊接每一条焊缝。

5 月的校园，到处洋溢着勃勃生机，身在集训车间的我却无暇感受外面的风景。最后 20 天的较量已经白热化，每天都要完成 12 条焊缝的焊接，每天都要进行探伤、评分。为了争取参加国赛的机会，为了心中的梦想，我始终以严苛的标准要求自己，以近乎完美的作品与对手过招。最终，经过 3 次综合评分后，我成功取得了参加国赛的资格。

2013 年 6 月，集训车间的倒计时牌已经归零。在出发前 20 分钟，我还在集训车间训练，老师还在检测我制作的模块，这样的努力和坚持，为的就是最后一战。在长达 5 个小时的焊接项目比赛结束前，我都处于高度紧张的竞赛状态。完成比赛后，走出赛场的我深深地吸了一口气，留给在场外等待的教练一个淡定的表情。经过 40 名裁判的压力测试、射线探伤评判后，我以总分第三的成绩获得国赛一等奖。

朱利强

大赛结束后，有两所职业学校聘请我前去任教，也有几家企业向我发出聘书。我觉得应该把自己所学用于实际生产中。中专毕业后，我入职高密豪迈科技股份有限公司，现在已成为公司的焊接技术骨干。

大 赛 感 悟

通过大赛的磨炼与积累，我无论是在焊接技术上还是在思考问题、解决问题的思维方式上都有了新的变化。从刚入学的迷茫到毕业时的坚定自信，技能大赛让我超越了自我，成就更好的自己。

（朱利强，诸城市福田汽车职业中等专业学校 2010 级焊接技术应用专业学生，2013 年获得全国职业院校技能大赛中职组焊接赛项一等奖。）

教师点评

优秀的焊工，犹如高超的刺绣艺人，用一把焊枪，在钢铁的火焰中"刺绣"。为了能够参加国赛，朱利强同学在平时的焊接训练中以严格的标准要求自己，甚至每一次呼吸都反复练习。他之所以能够夺得国赛焊接项目金牌，正是因为这种精益求精的精神。

十年磨一剑

诸城市福田汽车职业中等专业学校　李世光

2008 年 9 月 1 日，我考入诸城市福田汽车职业中等专业学校。和大多数新生一样，我对新的校园生活充满憧憬、期待，但同时感到些许迷茫。刚走入校门，映入我眼帘的便是学校宣传栏上历届大赛获奖者的照片。看到照片里学长激动的笑脸、高举的奖杯和指导老师们为之自豪的表情，我的心灵被深深地震撼了。从那时起，我就萌生了一个想法：有一天我一定要像这些优秀学长一样，站在领奖台上，拿到属于自己的荣誉，成为学校的骄傲，为学校增光添彩！

我知道，要想代表学校参加比赛，要想出类拔萃，就必须有过硬的操作技术和扎实的理论基础。于是，我严格要求自己，勤奋学习、刻苦钻研，不懂的地方虚心向老师和一起学习的同学请教。"世有伯乐，然后有千里马"，经过个人的努力和老师的推荐，我有幸参加了学校的技能比武，成绩名列前茅。这次历练，让初出茅庐的我自信心有了很大提升。2009 年，我代表学校参加了潍坊市和山东省职业院校技能大赛，分别取得了潍坊市一等奖和山东省一等奖。正是这些比赛带给我的锻炼和机遇，让我获得了 2010 年代表学校、代表山东省参加全国职业院校技能大赛的资格。我珍惜、重视每一次参加比赛的机会，不放弃每一次获胜的希望。

第一次参加全国性比赛，面对众多高手，我压力很大。为了能取得好成绩，我在老师的指导下，白天刻苦训练，一丝不敢懈怠；晚上别人休息的时候，我还在车间继续练习机械装调技能。这种高强度的训练，使我的技能突飞猛进。回想起来，比赛恍如昨日，一幕幕情景浮现在我脑海中：赛场里，裁判员穿戴整齐，表情认真严肃。赛前说明、抽签，一步步有序进行。拿到比赛试题后，我认真阅读技术要求，及时与裁判员沟通，规范地装配机械装调设备，现场确认时，我谨慎地回答裁判员的每一个问题。时间一点点过去，比赛也渐渐接近尾声，我顺利地完成了比赛的所有项目。走出大门的时候，我深吸了一口气，这时才发现自己的额头上满是汗水，衣服也是汗涔涔的。最终我如愿拿到了全国职业院校技能大赛中职组机械装调技术赛项一等奖，并且由国务院副总理刘延东为我颁奖，我感觉无比光荣和自豪。

后来我又多次参加各种级别的大赛，2011 年获得全国职业院校技能大赛装配钳工项目一等奖，2012 年获得全国职业院校技能大赛数控车床装调与维修项目团队二等奖，在 2011 年和 2013 年两次获得"潍坊市技术能手"荣誉称号。

在这里，我要感谢我的指导老师。其实比赛累的不仅仅是参赛选手，指导老师更是辛苦，他们每天和我们吃住一起，放弃了陪伴家人的时间。至今，我与指导老师依旧保持着密切联系，在我的心里，他们永远都是我尊敬的老师。

毕业后，因为基本功扎实、成绩突出，我获得留校任教资格，担任实习指导教师。在校期间，我积极参加学校组织的教研活动，认真完成教学任务，掌握了理论结合实践的综合教学方法和技巧，熟练掌握了钳工的各种操作技能，并在钳工实践教学中推广模块式教学。在钳工实践教学中，我强调节约、高效、快速，使学生在有限的时间内掌握更多的技能，获得了很好的效果。经过不懈努力，我带领学生在 2012 年潍坊市职业院校技能大赛中获得了潍坊市装配钳工项目一等奖，得到了学校领导的好评。

李世光

2014 年，我被学校推荐到诸城威仕达机械有限公司从事汽车模具 CNC 编程工作，我的技术水平又上了一个新台阶。2016 年，我有幸获得了"潍坊市首席技师"的荣誉称号。这些成就的取得离不开我在诸城市福田汽车职业中等专业学校的学习，更离不开大赛的历练。十年磨一剑，大赛带给我的，不仅仅是荣誉，更是一种精神。一次次比赛的磨砺，让我在工作、生活中能更好地表现自己，在遇到挫折、面对困难时，不畏艰难，一路向前！

大 赛 感 悟

技能大赛改变了我，给了我极大的鼓励，让我在工作和生活中获得了满满的成就感和幸福感！

（李世光，诸城市福田汽车职业中等专业学校 2008 级模具钳工专业高级班学生，2010 年获得全国职业院校技能大赛中职组机械装调技术赛项一等奖，2011 年获得全国职业院校技能大赛中职组装配钳工项目一等奖，2012 年获得全国职业院校技能大赛数控车床装调与维修项目团队二等奖。现为钳工技师，潍坊市首席技师，在诸城威仕达机械有限公司从事汽车模具 CNC 编程工作。）

教师点评

技能大赛带给选手的，不仅仅是荣誉，更是一种精神，一种敢于挑战、坚持到底、勇夺第一的精神。人生不能只做旁观者，更要有勇气走上舞台，演绎自己的精彩人生。技能大赛就是职业院校学子展示自我的广阔舞台。

青春的逆袭

诸城市福田汽车职业中等专业学校 封海松

我选择职业学校的目的是学习一门技术，拥有一技之长，以便将来可以找到一份好工作。入校一段时间后，我发现学校的宣传栏上有许多往届优秀毕业生的照片，他们参加技能大赛取得好成绩后，都被比较好的单位录用，有了一份稳定的工作。当时我就下定决心要学好数控技术，也要像他们一样去参加比赛，取得优异成绩，将来找到一份有前途的工作。

心中埋下这颗朴素的种子，我对自己的专业学习要求更加严格，上课时认真学习专业理论知识，按要求完成老师布置的作业；进入车间实训时，我专心听讲，不浪费在车间技能实训的每一分钟。我主动学习，遇到不明白的知识点就去请教老师和同学。后来通过实习老师的推荐和全校技能选拔，我进入了数控车工专业技能小组集训队。我感觉距离自己参加比赛的目标又近了一步。进入集训队后，我就过着三点一线的生活，每天除了吃饭、睡觉，剩下的时间都在车间进行训练。

我从 2010 年开始参加各级技能大赛，先后获得了市赛、省赛、国赛一等奖，也被评为"诸城市技术能手"和"潍坊市技术能手"。这些成绩的取得离不开自己刻苦的训练，更得益于学校的支持和老师的辅导。

封海松

2013 年从诸城市福田汽车职业中等专业学校毕业后，我顺利通过了日照市科技中等专业的事业编制数控专业教师招聘考试，成为一名教师。那一刻我的内心是激动的，我通过努力改变了自己的命运，可以跟本科院校的毕业生一样进入学校教书育人。参加工作以来，我一直从事学校技能大赛的辅导工作和数控专业的实训教学，在教学过程中，我向学生讲述自己的个人成长经历，用以鼓励和我当年一样迷茫的学生，让他们相信自己可以成才。"普通教育有高考，职业教育有大赛"。我们中职生以技能大赛为舞台，通过单招考试一样可以升入本科院校，成为掌握技术的大学生。

通过这几年的努力，我也培养出了许多优秀的学生，他们像我一样通过参加技能大赛，实现了青春的"逆袭"。他们有的升入大专院校继续学习，有的进入上市公司工作，不少人已经成为企业的技术骨干。

我时常想，我能有现在这么好的工作，继续在自己热爱的数控加工行业工作，得益于国家对职业教育的重视，得益于技能大赛的锻炼，得益于学校、老师对我的培养。在今后的工作中我会更加努力，去培养更多技术技能型人才。

大 赛 感 悟

只要心中有目标，有梦想，就要趁着青春年华拼一把！

（封海松，诸城市福田汽车职业中等专业学校 2008 级数控技术应用专业学生，2011 年 6 月获全国职业院校技能大赛中职组数控车工项目一等奖。）

教师点评

青春不惧挫折！中考的失利，让很多学生在选择职业学校时更多的是无奈。但是国家给职业学校学子搭建了技能比武的广阔舞台。"普通教育有高考，职业教育有大赛"，正是在技能大赛这方舞台上，封海松同学不仅让自己的青春逆袭，绽放绚丽的光彩，从一名职校生成长为职业学校优秀的专职教师，还让这励志故事在自己的学生心中生根发芽，带领自己的学生挺进国赛的赛场，让青春逆袭的故事再次开花结果！

大赛，我人生道路的起点

诸城市福田汽车职业中等专业学校 胡文耀

最初，我选择数控技术专业是出于兴趣。后来，我在美丽整洁的校园中第一次看到大赛获奖项目宣传栏，被学长们的事迹深深地震撼了，仰慕和敬佩之情油然而生。他们为我指明了一条不同的成才之路，"普通教育有高考，职业教育有大赛"，条条大路通罗马。当时我便暗下决心，一定要参加国赛并为之一搏到底。

正式开课之后，我全身心地投入学习之中。数控技术专业的课程不像初中的文化课那样枯燥，这也是我第一次对学习真正产生兴趣。特别是实训课，实践与理论相结合，学习更加高效。后来，通过实训老师的推荐和全校的选拔考试，我进入了数控车工集训队，向我的国赛目标迈出了第一步。

集训队是一个与普通班级截然不同的集体，这里是强者的聚集地。每天，我们仿佛有学不完的拓展知识，有练不完的实操技能。这里激烈的竞争氛围，紧凑的时间安排，将原本认为学习无所谓的我带到了另一片天地。在集训队的那段时间，我充分认识到目标和努力的重要。强大的动力源于高远的目标，我在集训队的唯一感觉就是"天才本身并不可怕，可怕的是他比你还要努力"。

从 2012 年开始，我陆续参加各级技能大赛，先后获得了市赛、省赛、国赛一等奖，同时也荣获了"诸城市技术能手"和"潍坊市技术能手"称号。一路走来，有泪水，有汗水，有欢笑，有收获。今天成绩的取得离不开学校的支持和老师的辅导，离不开自己日复一日的刻苦训练和队友的支持。

2013 年，我从诸城市福田汽车职业中等专业学校毕业。毕业至今，我从事过测绘制图、生产、加工技术、质量管理、技术营销等多个工作，并自学了 AutoCAD、UG、Solidworks 等设计软件。从技术到营销，从技术到管理，我深刻体会到在学校期间学到的东西不仅仅是专业技术，更重要的是掌握了学习的方法，提高了自主学习的能力。

大 赛 感 悟

世间成才的道路有千条万条，总有一条适合自己。选定了一条路，就要坚定地走下去，拼搏到底。万事开头难，要敢于跨出第一步。如果迈不出第一步，人生永远都会停滞不前。

（胡文耀，诸城市福田汽车职业中等专业学校 2010 级数控技术专业学生，2013 年获得全国职业院校技能大赛中职组数控车工项目一等奖。）

教师点评

经过中职三年的学习，经过技能大赛的集训，经过市赛、省赛国赛的洗礼，胡文耀同学发自内心的感慨：在校期间学到的东西，不仅仅是专业技术，更重要的是掌握了学习的方法，提高了自主学习的能力。让学生学会学习，这正是学校教育的终极目标。

厚积薄发，勇夺金牌

诸城市职业中等专业学校　王昊

我是诸城市职业中等专业学校 2010 级机电专业的学生，曾多次参加各级技能大赛并取得优异的成绩。2011 年 11 月参加潍坊市职业院校技能大赛中职组农机维修赛项获二等奖；2012 年 4 月参加省赛获二等奖；同年 6 月参加全国职业院校技能大赛中职组农机具维修赛项获一等奖。2013 年，我免试进入潍坊工商职业学院汽车工程系学习，于 2014 年参加全国职业院校技能大赛高职组农机维修赛项，获团体三等奖。

每当看到获奖时的照片，我都感慨不已。在我们年轻的脸上流露的，是成功的喜悦，是坚忍不拔的意志；在奖牌的背后凝聚的，是指导老师辛勤的指导和殷切的希望，是参赛选手无数的汗水和伤痛、劳累和坚持。赛场上，我们挥洒汗水，奋力拼搏。每一块奖牌的背后，每一位参赛选手的身后，都有一段由弱变强、厚积薄发的经历。

比赛集训过程中，我们不仅要接受全面的理论知识培训，进行高强度的基本操作技能、安全文明生产规范、操作规程的训练，还要接受与他人交流、团结协作的培训，以及分析问题、解决问题、现场应变能力的训练，而且这些训练要在短短的 40 天内完成。在这 40 天中，我们没有休息日，除了睡觉，其他时间都在训练场上度过。经过集训，我们理论考核成绩由 30 多分上升到近 90 分，技能操作时间稳定在 45 分钟。

农机具维修比赛项目总时间为 60 分钟，每个分项都有严格的时间要求，超时就会影响比赛成绩。为了把控时间，我们要对每个动作进行无数次练习和优化。例如，供油提前角的调整，在正常维修考核中，我们需要 30 分钟完成，但为了加快速度，只能不断地练习和琢磨技巧。从单手松紧螺栓到双手同时操作，从蹲着操作到跪在地上操作，直到双手磨出老茧、双膝跪得红肿。功夫不负有心人，最终，从拿工具到开始工作的时间由 50 秒缩短到 7 秒，几乎是拿到工具后转身跨一步，跪在地上依靠惯性滑到工作位置，总用时由 21 分钟缩短到 6 分 19 秒。这都为比赛赢得了宝贵时间。

在正式比赛时，理论考试出现了失误，为了不影响后续的实操比赛，我们及时调整状态，将平时的训练水平正常发挥了出来，最终赢得了金牌。

大 赛 感 悟

赛场犹如战场，选手应具有很强的自信心，有自己独立的见解，有足够的应变能力，要有不怯场、不服输、吃苦耐劳、拼搏到底的优良素质。

（王昊，诸城市职业中等专业学校 2010 级机电专业学生，2012 年获得全国职业院校技能大赛中职组农机具维修赛项一等奖；2013 年免试升入潍坊工商职业学校汽车工程系，2014 年获得全国职业院校技能高职组大赛农机维修赛项团体三等奖。）

教师点评

俗话说，台上一分钟，台下十年功。赛场上近乎完美的表现背后，都有一段辛酸苦楚不为人知的训练史。没有刻苦的训练，哪来厚重的积累，又如何在赛场上自如地挥洒？只有练就了过硬的技能，才能有自信应对考场上的失误。

为了心中那个美丽的梦想

潍坊市经济学校　侯亚楠

2014 年全国职业院校技能大赛早已结束，但从训练到选拔赛，并最终入围国赛的过程，现在回想起来，我仍然记忆犹新。

服装设计师的梦想

我从小就有成为服装设计师的梦想，初中毕业后选择到潍坊市经济学校学习服装设计。我对自己所学的专业充满执着的追求和热爱，课上认真学习专业理论知识，课余广泛涉猎相关资料，并积极探索，如去商场、面料市场、创意小街寻找灵感，开拓思维与视野。因为有梦，所以热爱，并将其化作参加服装设计大赛的强大动力。

从基本功开始真刀真枪地训练

经老师推荐和自己的努力，我顺利进入集训队。刚开始，集训是在学校实训室进行的，由指导老师组织集训队的同学进行训练，但因缺乏氛围，整体效果不佳。后来，我们来到本地以西服加工为主的工厂。先是参观学习。当我们看到一条条忙碌的作业流水线时，每个人都被眼前的景象震撼了。工厂规模很大，机械设施保持着与世界同步的水准。接下来就是训练了。我们一批五六个人被分到技术部门。第一天先剪纸板，由版师指导。版师是一位很有经验的老师傅。我们拿着大大的剪刀和厚厚的牛皮纸，按照版师画的线慢慢地剪，一剪就是一天。这是基本功之一，最容易被忽视。但如果基本功不扎实，设计就达不到理想效果。所以，基本功其实是最不应该丢弃的东西，这是赢得比赛的根本。

在后来的基本功磨炼过程中，每每遇到问题，我们都会和指导老师、版师一起沟通交流，共同解决难题。

细节决定成败

我们从电脑绘图学起。每个造型图都要画成实物图，因为后面将根据它做不同的服装造型。每个版形都有它独特的变化，每个细节都有它内在的表达方式。我在学校只是简单接触过制版软件，电脑绘图对于我来说是一件比较新颖的事情。现在很多服装公司需要设计师使用电脑绘图，一是绘图简单方便，二是方便保存留档。参加技能比赛的主题是女上衣，主要还是靠款式细节赢得关注。我们边学习电脑制图，边练习手绘，努力掌握其中的技巧，这样无论是手绘还是电脑绘图都能够得心应手。每一步训练都与最后的比赛成品息息相关，越是细节，越不容小觑，因为细节决定成败。

我思故我在

从市赛到省赛，经过层层筛选，我终于入围国赛。经过几个月的努力，我心里也有了几成把握，不再惧怕赛场。可就在我胸有成竹时，国赛突然改了规则，由原先的打版改成了立体造型。这一消息让我和老师都措手不及，我之前并没有重点训练过立体裁剪，近几年的比赛也一直都是打版制衣。那一刻我脑中一片空白，临近比赛，我以为之前所有的努力即将化为乌有，难过地哭了。我真切地感到拿金牌是不可能了。在我最伤心难过的时候，是王建梅老师鼓励我重整旗鼓，开导我说，只要肯改变，时间来得及。就这样我在剩下的时间里重新开始训练立体裁剪，这时，扎实的基本功发挥了很大的作用，我逐渐喜欢上立体裁剪，重拾信心。笛卡儿说，"我思故我在"。只要我们敢于挑战自我，敢于突破固有思维，就会发现一片新天地。

侯亚楠

在比赛中，我学到了很多。最重要的是，我深刻地意识到，所有的事情，只要你认真了，努力了，就没有做不好的。努力、勇气和追逐梦想的热情将帮助我赢得属于自己的掌声与喝彩。虽然在一开始可能会有抱怨，有压力，有无奈，但时间久了就会发现这一切都只是成长的过程，走过就会发现一切都是值得的。

大 赛 感 悟

参加技能大赛是我难得的人生经历，让我受益匪浅，我从中学到了很多在课本上学不到的东西，真正体会到只有真心付出，才会收获丰硕的果实；只有经历过耕耘的辛劳，才会理解收获的喜悦。指导老师的敬业精神是一盏明灯，为我们人生导航，照亮我前进的路。未来的路上，我还需要不断学习，不断提高自身素质和修养，只有这样才能够适应竞争激烈的社会，才能够实现自身的价值。

（侯亚楠，潍坊市经济学校 2012 级服装设计专业学生，2014 年获得全国职业院校技能大赛中职组服装设计一等奖。）

--- **教师点评** -------------------------------

技能大赛，对每位参赛者来说都是一个学习和提高的过程。摘取大赛奖牌也是一种动力，鼓舞着有梦想的青年学子不断努力，不懈追求，实现心中的梦想。

耕耘与收获

安丘市职业中等专业学校 宿海龙

遇到毛森明老师

军训期间，班主任通知可以报名学校中心队参加更系统的技能培训，那时候我还不知道中心队是干什么的，思想上也不够积极，私下了解到中心队能够提高我们的专业技能，慎重思考后我选择了报名。军训没结束我就到了焊接中心队，当时焊接中心队的指导教师是毛森明老师。中心队里老队员有 10 个人。刚去时，我看到他们穿着工作服，专心学习，认真训练，这引发了我的思考，他们为什么这么努力啊？在中心队，经常听到毛老师说：你们是要平平淡淡地过完自己的人生，还是要在自己的人生中拼一拼，闯一闯？听到毛老师这句话，我感触良多，最终决定开始认真训练，把握这次难得的机会，这样在焊接中心队一待就是三年。

2009 年，为了准备安丘市技能比赛，我们假期加班训练。那时正值流感高发期，我们大多在感冒发烧，但在毛老师的带领下坚持训练。2010 年和 2011 年，通过师生共同努力，在潍坊市职业院校技能大赛中，我获得了一等奖。然后参加省赛，取得山东省一等奖。这使我的自信心大增。经过国赛选拔赛，我终于获得代表山东省参加全国职业院校技能大赛的资格。

每当回想起这些经历，我都会对学校领导的大力支持和毛森明老师的无私指导充满感激。那时我们中心队早上六点半开始训练，晚上九点半结束，如此高强度的训练，一天下来已是精疲力尽，有时真的想放弃，但一想到毛老师，我又斗志昂扬地投入到刻苦训练中。他每天陪着我们，放弃了休息和与家人团聚的时间。老师都不怕苦不怕累，我们还怕什么。

2012年全国职业院校技能大赛中职组焊接比赛题目是一个组合件，要求五个半小时焊接完成。为了达到国赛状态，毛老师要求我每天训练两个组合件，在炎热的天气里一做就是五个半小时，每次结束都感觉身体不是自己的了，胳膊都快要抬不起来了，高温加高强度训练让我再次退缩。我向毛老师要求休息，毛老师总是严肃地对我讲，难道你到了国赛也不焊了吗，我陪着你干完。最后在毛老师的陪伴下，我咬紧牙关完成了所有的操作。每完成一次模拟训练，衣服就湿透一次。就这样，在毛老师的陪伴下，我们闯过了一道道难关。记得有一次，毛老师带我到泰安电力培训机构培训，在那里，毛老师像家长一样照顾我，我们在那里待了整整10天。回来的路上，我听到毛老师打电话才知道，他的孩子在姥姥家住着，感冒发烧已经好几天了。但是我们回到安丘后，毛老师并没有直接回家，而是把我们安顿好以后才走。想到毛老师，我的心里总是暖暖的，眼泪在眼眶里直打转，心想毛老师像父母一样守护着我，爱护着我，我还有什么理由说苦呢？

成为一名实训指导老师

2012年国赛我获得二等奖，毕业时接受学校的留校建议，成为焊接中心队指导教师和实习指导教师。我非常感激学校和老师的辛勤培育，更高兴自己成为一名教书育人的教师。在工作中，我始终保持着积极向上的心态，时时处处以一名人民教师的标准严格要求自己，为学生树立榜样，踏踏实实，任劳任怨。在这四年的时间中，多次被评为潍坊市优秀指导教师，两次被学校评为优秀教师。我指导的学生也在省市技能大赛中取得优异的成绩。

大赛感悟

人生能有几回搏，此时不搏待何时！拼搏了，才能青春无悔。大赛经历使我坚信：不管多苦多累，不管遇到什么困难，都不能退缩，不能放弃，结果总是好的。

指导学生训练

（宿海龙，安丘市职业中等专业学校2009级机电专业六班学生，2012年获得全国职业院校技能大赛中职组焊接赛项二等奖。2012年留校担任焊接实习指导教师和焊接大赛指导教师，多次被评为潍坊市优秀指导教师。）

教师点评

树高千尺不忘根，水流万里总思源。学校的培养、老师的关爱、技能大赛的平台成就了宿海龙同学。宿海龙同学更是感恩学校和老师的培育，留在母校做了一名实习实训教师，并以自己的老师为榜样，关爱学生，指导学生。这也是技能大赛的成果延伸。

"丑小鸭"到"白天鹅"的蜕变

安丘市职业中等专业学校　邵宝祥

"丑小鸭"到"白天鹅"的蜕变，让人看到了生命经历苦难洗礼之后的神圣光辉。这个过程，需要的是对未来的憧憬和信心，改变命运的希冀与奋斗。安丘市职业中等专业学校就有这样一批学生，经过不懈努力，实现了从"丑小鸭"到"白天鹅"的艰难蜕变……

王大海，2011 年进入电气安装与维修中心队训练。在老师的指导下，王大海经过一年的努力，在 2012 年山东省职业院校技能大赛中获电气项目一等奖第一名。同年，入选参加该项目全国职业院校技能大赛，并获得三等奖。但王大海同学对这个成绩并不满意，他要向着更高的目标奋斗。有了目标，就有了动力。有了第一次国赛的经验，在后面的学习和训练中，在指导老师胡乔生的精心指导下，他更加刻苦训练，仔细钻研，经过不懈努力，熟练学会了中心编程及触摸屏组装。2013 年，王大海参加全国职业院校技能大赛，勇夺一等奖，实现了新的跨越。

王大海同学在加强技能训练、提升技能水平的同时，不忘思想理论知识的学习，在校学习期间，个人综合素质不断提高，得到了在校老师与同学的交口称赞。

孙雷，安丘市职业中等专业学校 2010 级机电专业学生。他在初中时就是出了名的"小淘气鬼"，学习成绩不理想。到安丘市职业中等专业学校上学时，父母让他报了高考机电班。因为在父母的眼里，只有上大学才是"正道"。

入校后的第一次考试，孙雷成绩依旧不理想。这时的他，坐立难安，似乎是出了"刀山"又入了"火海"。开学还不到两个月，他就萌生了退学的念头。恰好在这个时候，学校的机电技能训练中心队从各班招募人选，孙雷报了名。当时，学校刚刚投资 150 多万元购置了 40 台电工实训设备，而且辅导老师胡乔生在全省已小有名气。进入中心队后，从小爱动手的孙雷找到了感觉，在这里，他踏踏实实，每天都参加训练，他的认真引起了胡老师的注意。

整整 3 个学期，一年半的时间，孙雷每天待在实训室里训练。面对如此努力的学生，胡老师是既喜欢又心疼，于是给了孙雷更多的关爱与支持。同时，在学校的安排下，胡老师多次带着孙雷到温州、青岛、成都、杭州等城市参加培训和模拟比赛。功夫不负有心人，2013 年 6 月，在全国职业院校技能大赛中，孙雷与王大海以优异成绩勇夺团体一等奖。当胡老师把这个消息告诉孙雷的父母时，一直不太满意孙雷的选择的他们，竟然激动地流下了泪。是的，有谁能够想到，对求学几乎不抱希望的学生，仅用一年半的时间就实现了华丽转身，以强大的实力站到了全国职业院校技能大赛最高领奖台上，捧回了金灿灿的奖杯。

毕业后，经教育局批准，安丘市职业中等专业学校聘请在全国职业院校技能大赛中获一等奖的王大海、孙雷作为技能教学指导教师。其中，王大海留校担任电工技能实训指导教师，参与电气安装与维修、通用机电设备安装与维护两个国赛项目的指导。2015 年，他参与指导的电气安装与维修大赛项目获省赛一等奖、国赛二等奖第一名。孙雷留校担任机电专业机械装配项目的指导教师，指导的学生成绩逐年提升，从最初的市赛三等奖，到后来的市赛二等奖，并向着国赛的目标继续努力着。2015 年和 2017 年，孙雷参与指导的通用机电设备安装与维护项目获国赛三等奖。

参赛师生

"丑小鸭"到"白天鹅"的华丽转身，既有个人的努力拼搏，也有学校和老师的全力支持。在学校及老师的培养下，王大海和孙雷的技能操作水平突飞猛进，他们指导的学生也取得了一个又一个优异的成绩。我们相信，今后的路，他们一定会走得更好。

大 赛 感 悟

大赛不仅提升了我们的技能、磨炼了我们的意志与自信，还帮助我们实现了由学生到教师的人生跨越。

——王大海、孙雷

（王大海，安丘市职业中等专业学校 2010 级机电专业学生，2012 年获得全国职业院校技能大赛中职组电气安装与维修项目团体三等奖，2013 年获得全国职业院校技能大赛电气安装与维修项目团体一等奖。孙雷，安丘市职业中等专业学校 2010 级机电专业学生，2013 年与王大海一起获得全国职业院校技能大赛中职组电气安装与维修项目团体一等奖。）

教师点评

正如一首歌所唱："曾躲墙角隐藏自己，曾因冷落默默哭泣，期盼雨后彩虹无比绚丽，渴望星星带来阳光升起，迎着不断的风雨，闯过无数的崎岖，丑小鸭摇晃着身体，追寻着自己的美丽……"进入中职学校的学生，心中往往蒙着中考失利的阴影，仿佛自卑的"丑小鸭"，但是技能大赛为他们搭建了自我蜕变和自我展示的舞台，重拾自信，梦想启航，使他们从"丑小鸭"变成"白天鹅"。

名师风采

——奖牌背后的奉献与成长

技能大赛成就职教名师。

十年磨一剑。金牌路上，不分年龄，不分性别，一路走来，指导教师从普通教师到职教名师，经历了常人所不曾经历的，感知了常人所不曾感知的：从照本宣科到行家里手，放弃了节假日，苦熬了不眠夜；洒下的是汗水，收获的是硕果；经历了打磨，收获了坚韧；舍小家顾大家，尝尽艰辛，成就了金牌选手；精钻细研，传承了工匠精神，绘就了职业教育百花园"百行争展，百技竞现"的理想蓝图。

全国职业院校技能大赛是教育部发起，联合相关部门、行业组织和地方政府共同举办的一项全国性职业院校学生技能竞赛活动。大赛作为我国职业教育工作的一项重大制度设计与创新，在深化职业教育教学改革、推动产教融合和校企合作、促进人才培养和产业发展等方面发挥了重要作用。技能大赛是对职业教育教学成果的检验，是职业院校人才培养成果的集中展示，对于职业教育的改革与发展具有重要而深远的意义。技能大赛既可以使学生提高自身的专业水平，增进职业技能，创造升学就业的机会，也促使教师在教育教学方面快速成长，成为专业领头羊——职教名师。

回眸十年，从一位位金牌指导教师的故事里，我们深切地感动于他们不计得失的付出，我们更加深刻地体会到，大赛给职业院校教师带来的催人成长、促人奋进的力量。

大赛带给了教师主动学习的动力

　　随着技能大赛组织筹备越来越完善，考查内容越来越全面，大赛要求指导教师不仅要对本专业知识了如指掌，还要了解和掌握更多专业外的知识。比赛时间短、任务量大、涉及面广，这就要求指导教师不仅要熟练掌握赛项规章制度，了解赛项的方方面面，还要加强自身建设，不断学习，适时添加训练内容，改进训练方法，提高自己的业务水平。

　　最让编者感动的是指导学生屡获全国职业院校技能大赛一等奖的金牌指导教师刘彦明、王琰琰老师。他们是第一批敢跟大赛叫板的指导教师，一个是烹饪专业出身，另一个是实验室管理员。大赛来了，他们主动把握机会，挑战众人眼中的不可能，因为跨行业跨专业参赛，难度之大可想而知，但他们为大赛而拼搏，不仅自学成才，凭着爱好改行成为行业领军人物，而且一战就是十年。他们成功了，而且一发不可收，越战越勇，成为人尽皆知的金牌专业户。

　　美容美发项目的金牌指导教师毛晓青老师从硬着头皮带队参赛到慢慢摸索技术要领，再到主题创意的设计和整体造型的国际化打造；从德国法兰克福 OMC 世界杯大赛、中国台湾亚洲杯大赛到北京中国美术协会大师培训班，再到上海的教育部师资培训、宁波的评委培训、北京的评委培训，到处都有她蜕变的身影。她获得过世界杯的团体冠军、亚洲杯的单项冠军，取得过国家级裁判的资格。一路走来，在备赛、参赛的过程中逐渐历练的精湛业务、技术水平让人们注目，从潍坊走向世界，大赛成就了"麻雀变凤凰"的神话。大赛以点带面的辐射效应、名师效应，在毛老师的成名之路上得到了很好的诠释和体现。

大赛带动了教师队伍的整体水平

　　技能大赛，促进了教师队伍的整合，助力年轻教师成长，催生了一大批"上了讲台能讲课，进了车间能操作"的"双师型"教师，他们成为本专业"艺不压身"的技术能手、生力军；同时，促进了教育教学改革，进一步提升了人才培养质量。

　　郑金萍老师与她的团队第一次参加全国职业院校技能大赛虽然取得了第一名的成绩，但也让她明白了这样的道理：要想在全国职业院校技能大赛中一直保持领先水平，就要付出百倍的努力。参赛经历让她看到了自己以后努力的方向，她知道这是教育部给予职教教师的一个实现梦想的机会，她要抓住这个机会，让自己的梦想从技能大赛中起航。

　　十年大赛，让众多从事职业教育的教师有了郑老师一样的感受：照本宣科式的理论传授已不能满足现代职业教育的需要，职业学校教师只有掌握一项或多项实用操作技能，才能满足教学的需要。所以，他们本着对知识的渴求，对学生的负责，对实现自身价值的渴望，不断对自己进行重新定位，寻找完善自我的路径：开始反思，开始学习，开始参与大赛，努力成为一名合格的职业教育者。

在各类备赛项目组中，出现了邹敏老师口中的"傻子"和"疯子"！但正是这群"傻子"和"疯子"，改变了职业教育，让职业教育在社会上扎稳了脚跟，带动了整个教师队伍的观念改变和能力提升，促进了教学相长。

大赛为教师提供了与社会交流合作的机会

技能大赛推动了校企合作的深入发展，促使很多指导教师利用节假日主动走进企业学习深造。通过校企合作举办技能大赛，引进企业先进设备支持技能大赛，用企业标准引导技能大赛的考核标准，促使职业教育满足企业对技能型人才的需求，进一步推进深层次的工学结合和顶岗实习，从而达到规范职业教育实践技能教学的目的，也为专业教师创造了与企业交流学习的机会。

技能大赛让教师学会了以行业标准作为技能大赛标准促进技能型人才的培养。借助技能大赛这一平台，校企实现了在课程体系、教学模式等方面的融合；引进现代企业的先进理念，使职业学校的技能教学更规范、更标准；学校实训条件不断改善，实训基地更贴近企业真实的生产环境，设备设施更先进，学生实践操作能力不断增强，教师的专业能力和水平不断提高，真正实现了校企双赢。

同时，技能大赛促进了"双师型"教师的培养进程，使专业教师更快地向"双师型"教师转化。以胡乔生老师为例，作为职业学校的教师，除了做好技能教学，还要加强自己的专业知识学习，积极参与产品改造和研发。胡老师参与同济大学普通焊条自动焊接装置的设计与制造，他设计的单根焊条的送出和焊条夹持机构得到同济大学教授、博士生的好评，并申请创新型专利和发明型专利两项，开创了所在学校发明型专利申请的先河。

李增辉老师先后在多家企业的电子产品和电控设备生产管理岗位接受锻炼，对电工电子类企业的生产和管理流程非常熟悉，具有丰富的企业实践经验。企业实践反过来为他的大赛工作指引了方向，将他对职业教育的认识引入更深的层次，使他在思想上得到了全面的提升。

王开良老师因为参与大赛指导，专业技能越来越娴熟，技术越来越精湛，不但在校内指导学生，还承担了诸城市义和车桥有限公司、潍坊青特车桥有限公司等多个企业的员工培训任务。他深入生产车间，结合企业产品，给工人师傅和企业技术人员做系统的专业培训，深受欢迎。

技能大赛给职业学校的专业教师提供了施展才能的平台，使专业教师的专业理论和专业技能得到充分展现，提升了教师的自信心。

大赛促进了师生间的深度交流

技能大赛增进了师生感情，使师生关系变得更加融洽、和谐。因为大赛，师生吃住在一起，每天待在实训室，看书、做题、背题，一边研究理论知识，一边进行实践操练，老师手把手进行大战前的指导和演练。学生生病了，老师给他们买药；学生上火了，老师帮他们买水果；学生缺乏营养，老师为他们加餐。老师把学生当作自己的孩子，关心他们，照顾他们，学生也把老师当作亲人，当作知心朋友。吴晓静老师与学生结下了深厚的感情，一声声的"老吴"成为孩子们的专属，让她们的师生情中多了些许姐妹之情，使融洽的关系更有味道，也促进了训练成绩的提升。杨萌萌老师看到孩子们好久没回家了，训练缺乏热情了，就自费给孩子们买水果、买牛奶，甚至买烤鸡来犒劳她们，鼓舞她们的士气。张娟老师忍着疼痛，拖着病腿，却不忘赛前训练紧张时回家给选手做饭……这种师生情不是凭空建立起来的，更不是靠说教增进的，而是在训练中一点一滴积累起来的。共同的目标、长期的并肩作战逐渐拉近彼此的距离。

大赛带给我们的思考

技能大赛促进了职教名师的快速成长，为职业教育的快速发展带来了推动力，为工匠精神的传承和弘扬提供了土壤。但是，技能大赛也带给了我们一些思考。

1）走出为大赛而大赛的误区。技能大赛比的是学生的临场发挥，考的是教师的知识储备。每位教师都希望在教学上有突破、有创新，事业上有收获、有成功。技能大赛为广大教师提供了一个展示自我的平台。如何利用好这一平台历练自己，提升自己，是值得大家思考的问题。

2）厚植工匠文化，恪守职业操守。古往今来，"工匠精神"一直都在改变着世界。《周礼·考工记》有言"匠人营国"。中国自古就有精益求精的传统，有"差之毫厘，谬以千里"的说法。中国是一个不缺乏工匠的国家，四大发明的发明者都是了不起的工匠。工匠对自己的产品精雕细琢、精益求精，他们持之以恒，甘于为一项技艺的传承和发展奉献毕生的才智和精力。质量之魂，存于匠心，借大赛平台，培育工匠，打造工匠，正是十年大赛不辍的初心。崇尚精益求精，将工匠精神扎根于每个职教学生的心中，才是每位大赛指导教师的本分。

3）让大赛真正成为引领，让大赛成果惠及所有师生。不可否认，目前的大赛还是少数人在参加，而且参赛对象相对集中，年年有大赛，指导教师年年人相同，这样得到锻炼的教师就会有限。我们必须让更多的教师参与进来，让更多的教师成为名师，让大赛常态化，让参赛选手随机化。

技能大赛促进专业团队建设

山东省潍坊商业学校　刘彦明

近年来，潍坊商业学校立足于"打造现代化精品职业学校"的目标，始终坚持"质量为本、技能领先"的教学理念，在全国职业院校技能大赛制冷与空调设备组装与调试赛项中多次获得一等奖。这主要得益于各级领导的高度重视与大力支持，以及参赛团队成员上下齐心、扎实抓好技能训练，一丝不苟、顽强拼搏的精神。

各级领导的指导与支持，坚定了我们夺金的信心

各级领导对本次技能大赛高度重视，对人员、经费、场地等方面给予了大力支持。训练之初，潍坊市教育局、学校领导及时研究部署技能大赛工作任务及推进措施，并对如何选拔选手、提升学生兴趣、调动训练积极性、开展科学有效的训练、实现技能大赛夺金等问题给出了建设性指导意见。训练过程中他们又多次亲临训练现场，具体指导集训工作，对备战技能大赛提出如下意见：应组织专业教师制订科学有效、切实可行的技能训练方案；团队教师应发扬不怕苦、不怕累的精神，扎实抓好技能训练，进一步提升技能训练的质量；应加大投入力度，改善训练条件；应全面考查、优中选优，组建相对稳定的技能大赛集训学生梯队；应做好参赛学生的思想和心理工作，充分调动学生自觉训练的积极性、主动性；应加强与兄弟学校、相关企业的合作交流；专业教师应加强学习，增强信心，争做金牌教练，在全国职业院校技能大赛中创造辉煌；应及时送参赛团队去外地集中培训。各级领导无微不至的关爱给了我们无穷的力量，进一步坚定了我们大赛夺金的信心。

成立专门的备赛团队，搭建了展示技能的训练平台

学校高度重视技能大赛，并将参赛工作列为学校年度的重点工作之一。根据潍坊市教育局统一工作要求，学校的备赛工作周密细致。学校成立了制冷技能竞赛项目团队，包括竞赛组、协调组、保障组，各组分工负责、各司其职，做了充分的准备，制订了详细而科学的备赛方案。

学校还按照全国职业院校技能大赛的要求，积极改进实训条件，为参赛做好设备及相关硬件设施的准备。为了准备此次比赛，在备战省赛之际，学校领导筹集资金及时购进一批比赛专用的设备，作为平时训练设备使用。根据竞赛项目与就业岗位深度融合，比赛项目综合性强，对参赛选手职业技能、身心素质、职业素质要求高的特点，学校及时送参赛团队去南方考察学习，在那里我们接受了技术专家的指导。通过培训，选手开阔了视野，增长了知识和技能，提高了操作水平。特别是电控故障维修项目的学习培训，为我们参加省赛取得优异成绩奠定了良好的基础。备战国赛之际，学校在从天煌科技有限公司购置新设备的同时，派参赛团队前往天煌科技有限公司培训学习，使团队的整体水平进一步提升。在日常训练中，学校提供了大量的耗材，并外聘技术专家亲临实训现场进行指导，保证了训练的质量。为了使参赛选手展现出良好的精神风貌、职业形象，旅游系的礼仪专业教师专门为他们讲授了礼仪知识，进一步增强了选手的自信心，取得良好的效果。

为了检验参赛团队的专业训练水平,李升全副校长组织并带领系主任、专家教师观摩模拟赛,提出改进意见和措施。

制订了完善科学、切实可行的技能训练方案

参赛团队制订了严谨的训练方案,因为制冷与空调设备安装与调试赛项覆盖的知识面较广,涉及机械、化学、电工电子、单片机及制冷等专业,对基本功训练要求较高,涉及的安全问题也很多。因此,我们的原则首先是安全意识的培养,其次才是专业技能的提高。根据这一原则,我们细化了专业技能教学中每一个环节涉及的安全与专业问题。

焊接是制冷专业的基本功,我们先从焊接做起。我们的训练要求严格、规范,首先对氧气瓶的压力表安装步骤要点、液化气瓶的压力调节阀安装步骤要点一一做出严格规定。针对氧气管和液化气管的选用这一不可忽视的环节,我们让参赛选手学会鉴别、掌握选择方法。焊枪及管路装配接口处要使用管卡,目前大多数人习惯采用铁丝捆绑,既不规范,又不安全。训练时我要求学生杜绝此类行为,必须掌握安全的操作方法。对于氧气压力表的调试及氧气和液化气的分装,要求学生能严格按操作规程进行熟练操作,预防焊具回火。焊接过程中火焰的调节、焊料的使用、助焊剂的应用严格按操作规程进行。在焊接工艺方面我们做得仔细而认真,尽管前几次比赛没有焊接项目,但我们始终将其作为制冷技能课的重点来训练。在训练钢管与铜管之间的焊接方面,为了保证焊接的密闭及耐压,保证外观圆滑与美观,我们反复试验,探索出最佳的焊接方案。在专业工具的使用方面,指导教师手把手地传授,让学生慢慢熟悉、慢慢掌握。胀管器的使用学生一看就会用,但是要保证喇叭口的圆滑和杯口的垂直和均匀需要花费很大的精力去训练。真空泵的使用及维护常识都必须熟练掌握,维修双表的使用要规范,顶针及橡胶垫的安装及调节要细致,维修双表连接维修工艺阀时操作速度要快,保证制冷剂不排放。制冷系统的装配既要保证部件的完好性,又要保持系统密闭不泄漏,强调工具和管路完好无损。这些都需要过硬的基本功,因此需要反复操作,反复体会。

对于电器部件的性能检测和故障判断,我们力求精益求精,对各种型号的电器部件进行对比测试,积累了大量不同品牌和不同型号的电器零部件。把这一资源应用于日常训练教学,优势明显。在备赛训练中,对电气布线的训练,我们制订了十几套方案,足以应对各种比赛。我们对导线焊接要求很高,对绝缘套管、热缩管的使用都做了严格的规定。训练初期,个别选手在焊接时为求速度而忽视焊接规范,我发现后立即要求其改正,并教授他正确的焊接技巧,大大提高了他的焊接质量。制冷系统管路设计制作方面,我们强调在横平竖直的前提下要用粗线条设计方案,以缩短设计时间,灵活应对各种比赛。

上下齐心、倾力配合,打造敢打硬仗的团队

备赛期间我和专业教师精心组织,反复研讨比赛方案,只为做到精益求精,确保比赛过程万无一失。我们使用数码摄像机对每次的模拟比赛进行全程录像,事后组织团队成员反复观看、仔细琢磨,以"没有最好只有更好"的原则严格要求自己。为了解决比赛中的接线问题,整个团队反复实践、探究,最后确定了"强电弱电分开,分段整理线数,接头牢固美观"的训练思路,并沿着这一思路反复训练,直至做到最好。为了将管路做到横平

竖直，我们反复思考，制订了 5 个不同的实训方案，做出多个管路，仔细比较后，最终理出了室内外分离的思路，这成为比赛夺冠的关键点。

备战期间，团队成员取消一切节假日，指导教师和学生直接将生活用品搬到实训室，不分昼夜，刻苦训练。每天早上 5 点半至晚上 11 点，全部心思都放在训练上，因为我们始终相信一分汗水一分收获！我们深知比赛就是真枪实战，要不得半点虚假。为了鼓励学生达到更好的训练效果，我与学生同台竞技，4 个小时的比赛全程操作，为学生做好表率。训练初期，正值寒冬腊月，在寒冷的实训室里，为了训练方便我们不能穿太厚的衣服，学生的手脚多处冻伤，仍然坚持训练。训练后期，又值炎炎夏日，酷暑高温、蚊虫叮咬再次对我们提出新的挑战。训练过程中，手时常受伤，于是在我们的常用医药箱里，创可贴成了必备品。训练时为了把每一个细节做到最好，不知要重复多少遍。但是为了不辜负学校的支持及家人的关心和厚望，选手从不抱怨，依然默默坚持，刻苦训练。大赛进入倒计时，选手身心经受巨大的考验，作为指导教师，我们看在眼里疼在心里。为了保证选手的身心健康，我们在保证训练的同时，积极做好后勤工作，为学生及时准备必要的生活用品。为了给学生补充营养，我制订了食谱，准备可口的饭菜。就是这样，事无巨细，我们为技能大赛做好了全面准备。

大 赛 反 思

1. 设备资源共享，促进了"双师型"教师队伍的建设

"双师型"教师与传统意义的教师有着本质的区别，既要言传，又要身教，在课堂上是一名优秀的教师，在实验室里又是一位能工巧匠。学校通过参与技能大赛，让教师利用实训设备加强动手能力的训练，与选手共享设备资源。年轻教师也从最简单的基本功做起，无论是在工具的使用规范、仪器仪表的调试方面，还是在设备的组装与调试维修方面，都有了实质性的提高，并且根据企业需求开发了新的实验课题，为成为一个名副其实的"双师型"教师打好基础。

2. 专家现场指导，教师专业技能进一步提升

从全国职业院校技能大赛的竞赛内容来看，竞赛项目与就业岗位实现了深度融合，题目综合性强，技能大赛明显体现出职业特点，各行业专家积极参加大赛的相关工作，将行业的前沿技术信息和人才需求带给学校，加深了学校与行业、企业的交流与合作，促进了学校专业建设。通过技能大赛，请行业专家来学校指导，我们进一步开阔了视野，从职业的角度去审视我们的专业，为今后专业课整合提供了思路，对学校的专业建设、师资队伍和学生培养乃至学校品牌提升，都产生了积极的促进和推动作用。

举办职业学校技能大赛，是提高职业学校技能教学水平、培养高素质专业技术人才、促进学生高质量就业的重要举措。"普通教育有高考，职业教育有大赛"，参加技能大赛也是对职业院校教育教学质量的有效检验。通过参加全国职业院校技能大赛，推进教学改革向纵深发展。展望未来，任重而道远，我们会以大赛为契机，及时总结大赛经验，再接再厉，争取各项工作再创佳绩，为职业教育事业的发展贡献自己的力量。

（刘彦明，山东省潍坊商业学校教师，全国职业院校技能大赛制冷与空调设备组装与调试、户式中央空调安装与调试金牌指导教师。）

专家点评

技能大赛制度是职业教育改革发展的重要推手。对职业学校教学与课程改革、师资与学生培养、学校与专业品牌打造等都起到了积极的推动作用。而技能大赛品牌的建立最终依靠的是无数人的共同努力，有领导、专家、教师、学生，还有来自企业、行业、社会的诸多热心人士。

为了学生明天的辉煌

潍坊市对外经济贸易学校　王琰琰

在英国伦敦举办的第 41 届世界技能大赛中，我国选手裴先峰在焊工项目获得银牌。裴先峰是一名毕业于技校的学生，经过刻苦的训练，登上了世界技能大赛的舞台。中职学校学生经过勤勤恳恳、刻苦努力的训练能够登上世界技能的巅峰，这更加坚定了我们开展大赛训练的决心。

领导支持，保障有力

这些年大赛优异成绩的取得首先源于领导的重视。潍坊市职业教育教研室的领导、学校领导、机电系领导，从上到下，一直将技能大赛作为重点工作之一。潍坊市职业教育教研室的领导为我们搭建了各种平台，提供了各类学习培训机会，让我们与专家及高水平的指导教师交流。学校领导举全校之力做好备赛工作，并从机制、政策和制度上保证各项工作的落实，为大赛资金申请开放绿色通道，保证大赛设备和耗材及时到位，不耽误学生大赛训练。2011 年市赛，学校在 4 个电工电子项目中投入了设备和耗材款 10 多万元，为市赛训练和参赛提供了保障，使指导教师和参赛学生没有后顾之忧。

团结协作，群策群力

学校在这几年的各级各类技能大赛中，打造了一支配合默契的大赛团队，从学校领导到各项目指导教师、参赛学生，相互之间没有项目与项目的隔阂，只有相互信任，虽然在训练中也有争执，但也是为了能够更好地训练。在这个团队中，指导教师和学生平等交流、相互帮助、彼此负责，当项目出现困难时，一起想办法解决；当临时有事时，指导教师相互照看学生训练。

2011 年 9 月，学校再次启动大赛训练，由于新的工作安排，对指导教师团队成员进行了调整。这次增加了新的比赛项目。但是指导教师团队比较成熟，既分工明确又配合默契，相互交流合作。整个团队不畏困难，刻苦训练，积极总结上一次技能大赛的参赛经验，认识到自己的不足。从内部看，指导教师相互之间非常信任，取长补短。有的老师计算机水平很高，有的老师对学生心理掌握好，有的老师思维严谨，有的老师思想成熟。从外部看，既有各级领导的支持，为我们提供各种优质的大赛资源，又有其他教师的支持及鼓励，使所有指导教师都能够全身心地投入辅导大赛训练中。

科学训练，事半功倍

叶圣陶先生曾经说过：凡为教者必期于达到不须教。我们谨记这一教导，于是一个"让学生学会，更让学生会学"的教学方案形成了，即"领、引、放"三步走的程序。第一步，由教师领着学生练，教给学生解决问题的方法，指出训练项目的重点、难点，帮助学生在已有知识的基础上探求解决问题的路子。第二步，逐渐强化训练难度，教师引导学生发现问题并解决问题，提高学生解决问题的能力。第三步，让学生自己解决问题，采取"将问题交给学生"的方法，让学生自己思考并解决训练中出现的问题，加深学生对各种知识的理解，掌握训练要领，提高自觉训练、自我学习的能力。我们鼓励学生标新立异，求异思维，各抒己见。另外，中职学生普遍基础文化课基础薄弱，为了提高参赛学生分析问题、解决问题的能力，徐刚老师每天晚上 9:00～9:30 给学生辅导数学，提升参赛学生的逻辑思维和综合素质。

大赛训练是艰苦的，为了增强学生体质、保证学生健康，我们利用课间教学生武术、打羽毛球，并自费给他们购买食品来补充营养，保证参赛学生的健康。

大 赛 反 思

中职学生普遍对理论知识的学习积极性不高，但喜欢动手操作。通过参加技能大赛，参赛学生变得敢说敢做，自信心及探索新知识的能力普遍提高，职业技能也获得了很大提升。参赛选手杨金龙曾经骄傲地和我说："老师，今天中午我给一个大学生解答了一个问题。他要写毕业论文，但有一个问题一直没有解决，我帮助他解决了，他说以后要多向我请教呢！"他说话时，我能感觉到他的那份自信和骄傲。如今，参赛选手谭智军、赵志勇、李学明、李广民、马虎宝、王志虎等都已在各自的工作岗位上成长为技术骨干。参赛选手杨金龙、李林、韩彬、王文辉、张骊华等进入大学继续深造。

回想四年以前，指导教师团队的专业技能水平还不高，知识体系与实践严重脱节。在备战技能大赛过程中，兄弟学校间的交流学习及史雪奎等专家的指导提升了我们的专业技能水平，开阔了我们的视野，拓展了我们的思路。每一轮大赛辅导，都使我们的专业水平迈上了一个新的台阶。

（王琰琰，潍坊市对外经济贸易学校教师，全国职业院校技能大赛单片机控制装置安装与调试项目金牌指导教师。）

──── **专家点评** ────

支撑老师和学生忘我训练，争取大赛优异成绩的，有领导的支持，学校的期望，更重要的是职教人和职校生渴望证明自己的那份坚持。技能大赛为他们提供了一个人生出彩的机会。

梅花香自苦寒来

山东省潍坊商业学校　吴晓静

2013 年 6 月 22 日，是普普通通的一天，但对于我来说，却永生难忘。我辅导的两名选手在 2013 年全国职业院校技能大赛中职组会计实务技能赛项中夺得两枚金牌！当选手登上领奖台的那一刻，我再也无法按捺自己的情绪，喜悦的泪水夺眶而出。"宝剑锋从磨砺出，梅花香自苦寒来"，我仿佛嗅到梅花的阵阵清香……

初接重任——惊喜中带着忐忑与压力

我每每回忆起备赛、比赛的那些日子，自信、坚持、辛苦、喜悦等词汇便一一浮现在脑海中。时光在不经意间流逝，而我与选手同甘共苦、励志苦练、勇夺金牌的历程，却在心里越扎越深。我接手会计电算化比赛辅导这份工作时，是在一个初冬的下午，空中飘着零星雪花，却没有凛冽的寒冷。初选通过的几名选手都只有十六七岁，她们眼中充满了对成功的期盼。看着孩子们的笑容，我的心底突然涌上了一股莫名的压力：未来的日子里，我要带领这些孩子一起经历披星戴月、废寝忘食的艰辛战斗，这不是心血来潮就能轻而易举完成的事情，必须有充分的思想准备和艰辛的付出。

在开始的两周里，除了把近几年大赛的比赛规程分析透彻外，我把工作重点放在了和选手的交流上。做班主任的工作经验告诉我，要更好地辅导学生，就必须走进学生心里，了解学生的性格特点。通过吃饭谈心，说笑娱乐，很快我就熟悉了她们的一切，和她们相处融洽。她们也大胆地和我讨论起大赛的重要性，对自我成长的重要意义，以及如何合理地安排集训时间以达到最佳效果等话题。看到孩子们的积极性如此高涨，我也自信了许多，我坚信自己一定能带领她们夺得金牌。

摸爬滚打——激情中探索知识与进步

比赛是一项综合性的考核，基础知识水平、专业技术技能、心理素质无不影响比赛成绩。会计电算化的比赛内容更为复杂，它不像其他比赛项目那样单纯，这个项目集会计学科和计算机软件操作于一体，是一门交叉学科。它对选手的要求非常高，选手不仅要熟悉企业的整个会计处理流程和会计处理方法，还要熟练地进行软件操作。要想从繁乱的理论、复杂的操作中提炼出一套行之有效的操练技术，并不是一件容易的事情。

为了提高选手的综合能力，我采用了分项训练、逐个突破的方法。首先，强化理论基础。我通过各种途径搜集了上千套试卷，从中精选出有代表性的题目，编辑成册。对学生训练时，既兼顾整个会计流程，又突出会计电算化的特点。这一阶段加强了学生对会计基础知识的掌握，做到了重点训练，以点带面，分类整理，不留空白，使选手在熟知整个框架的前提下，优先突破重要环节。其次，提高软件操作的正确性和熟练程度，这是会计电算化比赛的关键。作为指导教师，我要做的是对软件研究透彻，绝对不能抱有侥幸心理。我利用课余和晚上的时间仔细研究软件的每一个功能，从开始的一知半解到后来的熟练操作，有时为了处理一个题目研究到深夜，第二天再去学校和孩子们讨论。功夫不负有心人，经过我们的苦心钻研，选手的软件操作水平有了质的飞跃，就连软件公司的工作人员都对我们的选手赞不绝口。最后，是针对计算机操作的速度和准确率的训练，这是必不可少的训练项目。比赛争分夺秒，要想在有限的时间内脱颖而出，必须依靠速度和熟练程度，因此在训练内容的安排上以文字和数字的录入为主。

除了要制订训练方案和计划之外，交流学习也是训练中必不可少的。随着训练的深入，遭遇瓶颈是常有的事情，突破起来更是困难重重，这时埋头苦练是不会解决问题的，必须走出去多学、多看、多交流。学校领导非常支持我们与校外专家进行沟通交流，多次聘请专家来学校交流指导。每当吸收到有价值的东西，我都如获至宝。然后结合选手实际情况修正改进，以使训练方案更加完善，训练效果更加有效。经过刻苦训练和不断努力，选手的业务知识和操作水平飞速提高，看到一笔笔业务被她们处理得得心应手，我感觉再苦再累也是值得的。

砥砺前行——朝夕相处中体会真诚与友情

在艰苦而漫长的训练中，要同时兼顾多种因素，除了持之以恒，最重要的是合理安排选手的日常饮食、体育健身、休闲娱乐，使她们张弛有度，规律作息，以保持充沛的体力和愉悦的心情。每隔一段时间，我就让选手放下紧张的训练来一次彻底的放松，或操场漫步，或品街头美食，或看影院大片，或野外郊游。在山野的清新中，采摘芬芳的野花，品尝美味的农家菜，孩子们的欢歌笑语在山野中回荡，那一刻她们好似早已忘却平日的紧张，但返回学校，她们马上就会进入状态，以更加饱满的热情投入训练。

漫长的集训生活，无论是对指导教师还是对选手来说都是一次考验。我早起晚归，无暇顾及家事，有时家人难免有所抱怨，但我只好一笑而过。尤其是学校放寒假，师生陆续离校，我便不自觉地焦躁起来。而此时此刻的选手又何尝不是归心似箭？她们想的不再是训练的内容和质量，而是回家的时间。在谅解她们的同时，我故作平静，然后正言厉色地对她们说教，选手在沉默中低下了头，又开始她们的训练。想想她们也都是孩子，天性好动活泼，现在能坚持在这里刻苦练习，作为指导老师的我又怎能有一点私心？于是我调整好心态和选手一起奋战。为保证训练质量，保证选手每日所需的营养，隔上几日我便给她们做一些营养丰富的饭菜带到学校，我们围坐在一起吃着可口的菜肴，谈论着这样那样的问题，窗外北风呼啸，室内却温暖如春。

在一起训练的日子，我与选手产生了深厚的感情，"老吴"成了孩子们的专属，让我们的师生情又多了些许姐妹之情，使融洽的关系更有味道，也激励着我们在艰辛中获得更多的快乐。记得那是一个初夏的周末，我走进实训室，一阵花香飘来，看到桌子上摆着一个大大的蛋糕，几朵鲜花也在微笑着向我点头，孩子们高兴地站起来，齐声喊道："老吴，生日快乐！"伴随欢快的歌声，我们紧紧地抱在了一起，孩子们的用心把我感动得热泪盈眶。这份感动又化为无穷的力量和必胜的信心，让我带领孩子们奋战在夺金的道路上。

收获满满——喜悦中回味感恩与成长

集训是艰苦的，但后期的选拔赛更是残酷得令人难以面对。平时的艰辛拼搏，只为选拔赛能顺利通过。但因比赛人数有限，究竟谁能代表山东省参加国赛牵动着我们每个人的心。想到她们之中有人要止步于此，我的心里就酸酸的，惋惜、遗憾、恋恋不舍……按捺住心中的五味杂陈，做好选手的心理疏导才是选拔赛前的重中之重。看得出孩子们的紧张和不安，我就给她们讲我高考的故事，讲着讲着我就看她们的神情放松了，眼神坚定了……目送孩子们进入赛场，我却坐立不安，3 个小时真的是分分秒秒熬过来的。选拔赛结果公布的那一刻，决定了选手的去留，4 名选手中有两人被淘汰了，那一刻我不敢看她们的眼睛。而她们表现得异常坚强，泪花在眼睛里来回打转，终究没有落下来，反而微笑地祝贺同伴。看着此景我的心都碎了，上前拥抱她们，任眼泪不停地流淌……虽然这两名选手止步于最后的选拔赛，但她们同样是成功的，同样值得我骄傲。在接下来的训练中，她们成了我的小助教、监督陪练、后勤保障，并积极帮助两名国赛选手更好地备赛。每每看到 4 名选手亲如姐妹，和谐融洽地相处，我打心眼里为她们高兴。比赛只是暂时的，而这份姐妹深情却是一辈子的！她们的这段集训生活将是她们人生中一笔宝贵的财富，历练了自己，培养了坚忍不拔、大度平和的心态。

终于，在大家的期盼中，国赛如期举行。我校的两名参赛选手不负平时的艰辛训练，不负全校师生的厚望，沉着应赛，一举夺得两枚国赛金牌。我们的努力终于有了回报，所有的辛苦，所有的劳累，都随着金牌化为无比的荣耀。

金牌的荣耀

大 赛 反 思

我要感谢走进我生命中的这些学生，是她们告诉了我什么是坚持，什么是忍耐，什么是真情；是她们促进了我的技能教学水平的进一步提高，成就了我的名师之路。我还要感谢默默支持我的家人，正因为有了他们的支持和关爱，我才能有今天的成绩。我也要感谢自己，带比赛的那几年总是感觉愧对幼小的孩子，但时间已经见证，因为我的坚持，我的身教是赠予孩子最好的礼物。我更要感谢给予我莫大帮助的学校领导和同事，荣誉的取得，得益于商校领导的大力支持，得益于商校多年积淀的大赛"土壤"，得益于各科老师间的团结协作。

（吴晓静，山东省潍坊商业学校教师，全国职业院校技能大赛中职组会计技能赛项金牌指导教师。）

—— 专家点评 ——

"宝剑锋从磨砺出，梅花香自苦寒来"，大赛就如人生，都需要慢慢地成长。成长的过程是艰辛的、曲折的，只要不迷失航向，终究会到达彼岸。朝夕耕耘，图春华秋实；勤学苦练，为修成正果。

大赛引领教师的专业成长

山东省潍坊商业学校　毛晓青

斗转星移，我在教育岗位上已经工作 20 余年。自 1996 年任职于山东省潍坊商业学校以来，我一直从事形象设计专业的教学工作，通过学习，不断地汲取理论知识并提升专业技能，在专业领域中实践创新，取得了较好的成绩。尤其在 2008 年，全国职业院校技能大赛设立美发与形象设计赛项之后，我在备赛、参赛的过程中获益良多。

美容美发大赛项目组在各级领导的支持帮助下，在各位同事的配合下，从 2008 年的 1 枚银牌、6 枚铜牌到 2009 年的 2 枚银牌、2 枚铜牌，再到 2010 年的 2 枚金牌、6 枚银牌，终于在 2011 年的赛场上，我指导的选手拿到了新娘化妆盘发和晚宴化妆发型的大满贯。4 枚金牌，加上美发项目的 1 枚金牌，5 枚金牌助力山东省在国赛中排名第二，仅次于北京。接下来是 2012 年三金、2014 年四金……回顾国赛经历，我指导的选手共获得 6 枚金牌。在这 7 年间，备赛、参赛的道路上经历的点点滴滴历历在目。

国赛现场创新高

2008～2010 年，我们一直没有实现金牌零的突破，但积累了 3 年的参赛经验。从硬着头皮参赛到慢慢摸索技术要领，再到主题创意的设计和整体造型的打造，直至 2011 年我们在市赛和省赛中取得了绝对的优势。记得在省赛现场，外地市的兄弟学校对我们的参赛作品交口称赞。再次去天津，国赛的气氛紧张激烈。我印象最深刻的是，在比赛现场听到上一场的裁判打分下来后评论说，"去年的一等奖拿到今年只有三等奖的水平"。最终结果出来了，我们拿到了晚宴化妆发型、新娘化妆盘发和男士无缝推剪的 5 枚金牌，7 名选手参赛，我们取得了五金二银的成绩，而我指导的 4 名化妆选手全部获得金奖。那年我们的成绩在 36 个兄弟省市代表队中仅排在北京之后，我们所有选手的成绩均在二等奖以上，这充分说明了我们的技术和创作水平在国赛中均已达到一流水准，老师和选手的汗水都没有白流。

方法得当定乾坤

大赛指导采取项目负责制，确保各个参赛项目都有专人负责。我在赛前制订了详细的训练计划，并利用一切正课及课余时间进行技术指导。从市赛结束到国赛，老师和选手放弃了所有的节假日，尤其是赛前一个月，集训到凌晨是常有的事情。新娘化妆盘发选手褚月由于长期站立导致脚部水肿，但为了达到更好的效果，她依然坚持训练，从不叫苦叫累。国赛赛场上，她制作的发片的平滑度和纹理效果、妆面效果近乎完美，迎来一片喝彩声。量变达到质变，大量的基本功训练保证了学生技能水平的稳步提高，为高质量完成作品打下了坚实的基础。

近几年，我带领选手获得过世界杯的团体冠军、亚洲杯的单项冠军、省级专业比赛的冠军，个人也荣获全国职教名师、省特级教师、省教学能手、省技术能手等称号，并取得国家级裁判的资格。一路走来，我在备赛、参赛的过程中逐渐历练得业务精湛、技术水平过硬。举办技能大赛，受益的不仅是参赛选手，也包括广大指导教师。大赛以点带面的辐射效应，使教师的业务水平明显提高。

获奖选手与指导老师

大 赛 反 思

在教学中应注重对优秀学生的培养；对选手的选拔要以技术为基础，佐以心理素质和潜质的考查，选拔相对稳定的参赛队伍；赛学生就是比老师，名为学生的比赛，实际上是在考查教师的技术和水平；学校的支持与投入是大赛取得成绩的关键；选手的坚持与锲而不舍是取得成绩的保障。

（毛晓青，山东省潍坊商业学校教师，全国职业院校技能大赛中职组美发与形象设计赛项金牌指导教师。）

专家点评

上下齐心，其利断金。金牌的取得离不开团队的合作和主管部门的支持。技能大赛表面上是在考查参赛学生的能力，但深层次反映的是专业教师的教学理念、教学经验、教学方法和技能水平。

一场经历，万分收获

山东省潍坊商业学校　董学敏

紧张而漫长的2016年全国职业院校技能大赛结束了，但我们前行的步伐却不曾停止，明天依然要继续奋斗。旧赛季终结，新赛季的征程马上开启。为了迎接更好的自己，准备更好的下一次，我落笔写下努力过的经历及收获，既是提醒，又是勉励。

每一战的胜利，都是刻苦训练、出色发挥的结果。

正所谓"山外有山，人外有人"，虽然我们在比赛中有赢有收获，但是我们更要吸取经验教训。

"沉舟侧畔千帆过，病树前头万木春。"挫折使人进步，很多时候过程比结果更重要，一次有成绩、有不足的经历，也许恰是珍贵的财富！

每一次紧张的国赛结束后，我们会发现需要学习、改进的地方还有很多。那些争妍斗艳的作品，那些层出不穷的创意让人眼前一亮，而思想或者说灵魂交流碰撞出的火花更容易激发灵感，这就是团队沟通的重要性。"你有一种思想，我有一种思想，我们彼此交换后都有两种思想。"我们的作品与众不同，是因为在确定参赛作品之前，我们就开始从国画、刺绣、简笔画等其他艺术创作中寻求借鉴、寻找灵感，以此创造我们的专属作品。借鉴学习，这也是成功必不可少的条件之一。然后是思考如何将我们的想法转换成完美的作品，并以完美的形式进行展现。经过反复的论证、改进，参赛作品终于在大家不懈的努力下诞生了。这给了我们很好的启示，那就是要学会拓宽思路、举一反三、学习借鉴、寻找灵感，只有这样才能创造独一无二的作品。

每一次比赛的成绩，都来源于日常训练的积累。千里之行，始于足下，只有长年累月的积累，参加比赛的时候，才能做到冷静面对、正常发挥。因此，在以后，我们将对日常训练提出更高更严格的要求，既要整体把握，又要细节分解，反复推敲、不断优化，力求使每一个环节细化、精准，定型后加强训练，使整体达到最佳效果。同时，我们还要加强对创作作品过程中良好习惯的培养，进一步做到全方位把控。

大 赛 反 思

在为每次比赛胜利喝彩的同时，我们要保持清醒的头脑，一次成功本不容易，一直成功则更加艰难。因此，我们既要分析自身的优势和不足，又要学习兄弟学校的优点，取其精华，不断提升自己。只有让自己变得强大起来，一切困难才会在我们面前低头。

（董学敏，山东省潍坊商业学校教师，全国职业院校技能大赛中职组烹饪赛项金牌指导教师。）

专家点评

任何经历都是一种积累，积累得越多，人越成熟。每一种经历，都是一笔财富；每一次的失败，都是成功的伏笔；每一次的考验，都有一分收获；每一次的泪水，都有一次醒悟；每一次的磨难，都会迸发生命的火花。有了丰富的经历，才会有金牌的熠熠生辉，才会有圆满的人生。

他山之石，可以攻玉

山东省潍坊商业学校　张建彬

我凭借在北京中关村海通证券有限公司工作和在潍坊爱尔达技校从事计算机专业教学培训工作的经验，2002年进入潍坊商业学校，从事计算机专业的教学工作。扎实的计算机专业功底和丰富的教学经验促使我在2006年叩开了职业院校技能大赛辅导的大门。2014年6月，我指导的参赛团队获得全国职业院校技能大赛中职组物联网技术应用与维护赛项的团体一等奖。

2017年，学校增设了轨道交通运营与管理专业，我凭借计算机专业知识和参赛经验，成为轨道交通运营与管理专业的学科带头人，负责轨道交通专业课程标准的制定和专业教学方案的开发。我带领专业教师组建团队，选拔学生，进行全国职业院校技能大赛中职组通信与控制系统（高铁）集成与维护赛项的训练。2017年6月，我带领学生参加全国职业院校技能大赛中职组通信与控制系统（高铁）集成与维护赛项，获得二等奖。

裁判员证书

获奖证书

从动画片制作、物联网技术应用与维护赛项到通信控制系统（高铁）集成与维护赛项，跨学科、跨专业，我从头学起，利用业余时间查资料、看视频，努力学习专业知识，认真钻研专业技能。学生训练时，我紧盯学生操作的每一个细节，及时发现学生暴露的问题，及时整改。针对学生存在的问题，我与同事们反复讨论验证，制定更好的教学方法或工作流程，提高了训练水平。

我与专家讨论研究，制定每一个工作流程的标准，严格分步骤、分时间段训练，使学生达到训练标准。通过不断的学习，认真的钻研，我的教学水平不断提高。

大 赛 反 思

大赛的成绩凝聚了指导教师的心血。通过反思，我认为要做好职业院校技能大赛训练工作需要做到：

1）思想上有高度。在实际工作中，贯彻学校和系里的指示精神。在训练过程中，发扬不怕苦、不怕累，敢打硬仗、能打胜仗的作风，凭借扎实的专业基础、高超的专业技能去完成各项训练任务。

2）科学的训练计划、高标准的训练要求是决定训练效果的关键。大赛指导教师必须认真研读大赛规程，根据知识点和技能要求制订科学的训练计划。

（张建彬，山东省潍坊商业学校教师，全国职业院校技能大赛中职组物联网技术应用与维护赛项金牌指导教师。）

专家点评

学然后知不足，教然后知困。向金牌项目学习，学习训练的流程化、标准化。向金牌老师学习，学习指导学生的方法。向金牌学校学习，学习大赛训练的经验。知不足，然后能自反也；知困，然后能自强也。

从大赛新人到职教名师的蜕变

山东省潍坊商业学校　姜晓晨

记得四五年前刚到学校工作的时候，恰逢学校承办全国职业院校技能大赛会计技能项目，作为服务人员，我被安排到酒店负责 3 个参赛队伍的接待工作。赛前老师、选手为每一个细节而反复琢磨，赛后因夺得一枚奖牌而露出激动的笑容，这些场景都给我留下了极其深刻的印象。正是那一年，我校夺得国赛 7 金 3 银 3 铜，蝉联金牌数全国第一。

我作为指导教师参加技能大赛时还是新人。我在刚到学校时虽然也曾跟随参赛团队参加潍坊市技能比赛教师组比赛，但仅仅是体验了一次比赛，并没有真正参与选手的指导。

2016 年，经过岗位调整，我第一次进入大赛集训队。加入大赛集训队就意味着要放弃很多休息时间，要花更多的精力去学习新的知识和技能，钻研更好的教学方法。那时我告诉自己，既然选择了就必须努力做好。

在这一年的训练中，我就像一个刚入学的新生，理论上遇到难题我就查阅资料，参照装饰行业施工规范，虚心请教老教师；训练时技术上遇到障碍，我就请企业专家来示范指点。多少个日子里，我带领学生在实训室挑灯夜战，钻研工具的使用、材料的性质。不记得一个小小的刮板在手上改了多少次，瓷砖镶贴的墙面贴了多少遍。训练中我与学生共钻研、共学习、共成长，这些付出都被学生们看在眼里，记在心上，落实在行动上。当我们感受到学生对老师的感恩、对知识的追求时，身上的疲惫瞬间就消失了。为了实现自己最初设定的目标，为了让学生学好知识、练好技能，为了把他们带到国赛的领奖台上，我付出得再多也是值得的。

2017 年全国职业院校技能大赛（中职组）建筑装饰技能赛项在青岛市黄岛区职业教育中心开赛，这次我作为指导教师带领团队参加国赛，最终获得一等奖。

大赛这个平台让我从一个默默无闻的教师成长为国赛优秀指导教师。大赛训练的指导过程不仅是指导学生的过程，也是教师努力学习和钻研的过程。训练过程中，操作的不规范和工艺原理的模糊不清都会使训练结果达不到行业规范标准。作为指导教师，我们将赛项设置、比赛设备、工艺要求等与企业的生产实际接轨，将书本知识与企业最先进的工艺相结合，融会贯通，钻研合适的教学方法来引导学生对新知识、新技能的理解与掌握。通过这个过程，我不仅在知识和技能上获益匪浅，还对教学研究的方法和态度有了新的认识。

大 赛 反 思

技能大赛不仅为职业教育提供了一个高水平的技能竞争和切磋平台，也将职业教育取得的成绩向社会进行了展示，扩大了职业教育的社会影响力，还推动了校企合作的进一步融合。

技能大赛不仅培养出大批掌握娴熟技能的专业人才，还从根本上对专业教学改革起到了引领和推动作用。

在训练和参赛的过程中，我们发现了专业教学的许多不足，认识到很多课程已脱离行业的要求，这促使我们不断调整办学思路，更新专业设置，改革课程结构和教学内容，不断适应职业教育面向市场、服务区域经济和社会发展的需要。

（姜晓晨，山东省潍坊商业学校教师，全国职业院校技能大赛中职组建筑装饰技能赛项金牌指导教师。）

专家点评

技能大赛促进了教师队伍的整合，助力了年轻教师的成长。它催生了一大批"上了讲台能讲课，进了车间能操作"的"双师型"教师，使他们成为本专业"艺不压身"的技术能手、生力军，同时也促进了教育教学改革，进一步提升了人才培养质量。

技能大赛只会垂青有准备的人

山东省潍坊商业学校　王庆平

我从参加工作以来一直在一线从事教学工作，至今已经有二十多年了。刚参加工作时，我还是一个毛头小伙，比学生大不了几岁，有的学生甚至比我年长。前几年除了上课当班主任外没有其他琐事。1996 年 10 月，学校派我去中央美术学院学习三维动画，去了才知道三维动画为何物，就这样懵懵懂懂地开启了我的专业转折点。学成回来之后本想大展拳脚，可是现实给了我重重的一击，当时在学校根本就没有我施展才华的条件：没有专业机房，现有计算机陈旧落后，所有这些根本不能用来做三维动画。到了 2000 年，在多方努力之下三维动画课终于开起来了，我也由以前的专业基础课教师转变为专业教师。

2008 年，全国职业院校技能大赛开始举办，我的所学有了用武之地。2010 年、2011年，在潍坊市职业技能大赛室内设计项目中，我指导的学生共获得了 3 金 3 银，我也在教师组获得 1 金 1 银，由此开启了我的大赛之旅。即便没有项目参加的年份，我也没有放弃过努力。2013 年，建筑装饰技能项目上马，我因在广州参加国培错过了第一届。后来我很快投入该项目的训练，2015 年以 0.35 分之差和国赛失之交臂，但我没有气馁、没有抱怨，只有努力。在此后的一年多时间里，我更加努力，因为我懂得机会只会垂青有准备的人，只有比别人更加勤奋才能在国赛中占有一席之地。集训开始，没有寒暑假，没有周六日，没有五一、十一假期，学生没怨言，老师没抱怨。没有训练工位，自己焊接；没有训练场地，自己搭建帐篷。我们克服重重困难，终于在2016年的省赛中取得了第二名的好成绩，在2017年的省选拔赛中一举获得第一名。国赛入场券稳稳地拿到手了。大家在欢呼雀跃之余并没有被一时的胜利冲昏头脑，回来之后总结经验，马上投入国赛的备赛训练中去。获得省选拔赛第一名并不意味着能拿到国赛金牌，在高手如林的竞争对手面前，我们不能有半点马虎，特别是江苏、浙江两省，是上一届的金牌大省。学校各级领导高度重视备赛训练，请专家、找高手、到兄弟院校开展对抗赛，磨炼选手意志，培养选手比赛临场感。经过一个半月的魔鬼式训练，我们来到了美丽的海滨城市青岛。5月26日，在青岛市黄岛区职业教育中心的赛场上，我们的两位选手徐梓峰、殷梓皓，以自己的实力取得了我校建筑装饰技能项目的第一枚金牌！

认真训练

金牌是对选手努力训练的肯定，是对老师辛勤辅导的肯定，也是对领导重视支持的肯定。第一次参加国赛就拿到了金牌，学校领导和同事无不对选手在赛场上出色的发挥和平时的辛勤训练发出赞誉。

大 赛 反 思

通过这次比赛，我深深地体会到团队的重要性。以比赛选手为例，作为团体项目，两个人的合作非常重要，平时的训练交流、赛时的分工合作，取长补短、相互配合；对于指导团队来说，时间、技能、外联、内训等缺一不可，成绩的取得不是哪个人单打独斗得来的，是上至领导、下至选手，每个环节相互配合、相互帮助，大家合力得来的。

（王庆平，山东省潍坊商业学校教师，全国职业院校技能大赛中职组建筑装饰项目金牌指导教师。）

———— **专家点评** ————

机会只会垂青有准备的人，金牌只会留给有准备的人。我们也期待，在金牌指导老师的带动下，有更多的教师加入，带着工作激情，带着精湛的专业技艺，以服务大赛、服务选手的理念，以自信、睿智的形象出现在大赛舞台上，为职业教育的繁荣做出贡献。

我的 N 个第一次

〜山东省潍坊商业学校　李静〜

记不清是 2012 年 3 月的哪一天，我与技能大赛有了第一次接触，接下来一连串的第一次，成就了我的名师之路。

第一次省赛试水

当时酒店服务的比赛内容为综合项目，包括中式铺床、中餐摆台及西餐摆台，一人要比三项且带主题设计。对于擅长导游方向教学的我来说，中餐课都没上过，谈何西餐？况且当时的实训条件只有几张圆桌和几张床，西餐设施为零，幸运的是学校领导及系主任统筹调配，为大赛训练提供了保障。

接到省赛任务后，我们没有盲目地开始埋头苦练，而是按领导的要求先学习。去哪里学呢？星级酒店！我们和选手一起把潍坊市的四星、五星级酒店全部考察了一遍，我们认真学习最新的做床和摆台方式，做了大量的笔记，并录制了相关视频。学习归来，我们开始研究适合自己的方式，最后各自琢磨一套训练方案，开始练习。在训练中我们发现，职业院校的比赛标准和行业的训练标准是不同的。这时领导再次指明方向：既然是省赛，又是职业院校的，我们要再找师傅！"我们要想达到什么样的水平，就要向什么样的人学习"。如果我们要达到国赛水平，那就要向国赛金牌院校学习，我们不会可以先模仿，但一定要模仿高水平的。也正是出于这样的考虑，我们决定南下学习。为期一周的学习，我们和学生一起住学生宿舍，吃学生食堂，乐在其中。其间，真的大开眼界，原来选手的操作是这样的，老师是这样教的。我们学到的不仅仅是操作，更是程序化、标准化、服务化的理念！那次的学习让我们受益匪浅，甚至影响到我们生活的方方面面。

学习回来后，我们的训练目标、训练方案更加成熟，很快有了自己的模式，当然中间也是一波三折。经过短短一个月的准备，在 2012 年的省赛上，我们的两名选手分别以第二名和第三名的成绩取得了一金一银的好成绩！那一刻，潍坊，让全省酒店人刮目相看！

第一次国赛失利

依据省赛的成绩，我们顺利通过山东省国赛选拔，舞台更大了。也许我们的努力还不够，第一次"试水"国赛，成绩不是很理想，但两铜的成绩足以证明我们付出了，只是付出的还不够！

第一次国赛夺金

第一次国赛失利，我们的团队没有被打败，短暂休整后，带着越挫越勇的斗志，我们开始备战 2013 年国赛。

新的一轮备赛是要从头开始的，不论是教师队伍还是学生队伍。这次我们进行了调整和完善，组成阶梯式团队。教师组有主要指导教师和辅助教师，辅助教师是下一年指导教师的备选教师。学生团队同样如此。首先，我们组建了专业兴趣小组，在课余时间进行训练，大赛选手的选拔采用公开竞争方式，入选后我们统一采用教师及老选手一对一指导训练的方法，然后阶段性层层筛选，这样最后筛选出来的选手无论是在思想上还是在学习能力上都是比较优秀的。

这一次我有幸成为备战国赛的中式铺床指导教师，经过一个寒假的努力，中式铺床的训练技巧和方法我已经基本掌握，本觉得应该继续指导学生备战国赛选拔赛，领导突然把我安排到中餐摆台项目。中餐摆台非常复杂，比中式铺床难得多。中餐摆台对姿态、标准、时间等方面都有严格要求，只训练几个月是很难完全掌握的，同时我是导游方向的，从来没有教过餐饮课。在这种情况下，我没有慌乱，没有气馁。我自己先学习，把之前的学习视频找出来，同时搜索网络视频等资料进行一一研究。因为我一向认为要想让学生信服，自己的本领就得过硬。

训练标准、要求我已经基本掌握了，接下来要通过实践来进行检验调整。可在训练中我发现形象、气质较好的李文比较懒散，在训练时经常迟到。于是我给她妈妈打电话询问情况。通话中我了解到李文是家中的独生女，父母对其比较关切，对于她参加比赛这件事非常支持，希望能通过大赛训练提升孩子的能力，以后能读大学。对于迟到这件事情，她妈妈说李文早上起得也不晚，但实习时养成了化妆的习惯。与李文妈妈沟通后，我深切意识到父母对她的期望还是很高的，于是我就和李文沟通，告诉她迟到这个问题必须解决，万一比赛迟到呢？而且我们每天训练的时间都是有限的，必须按时到。沟通后，起初李文还是比较自觉的，按时训练，但是没坚持几天，便故态复萌。我生气地责备了她几句，没想到她负气离开了。我没有马上追上去劝她回来，因为我相信强扭的瓜不甜。在备战国赛的路上，我和她还有很长的路要走，如果从一开始就不配合，那么后面可想而知。李文走后，我先向领导做了汇报，然后和她父母再次进行了沟通。大约过了两个小时，李文回来了，也没有说什么，自顾自地开始训练。我想孩子已经意识到大赛的重要性，父母的教导也听进去了，我也像往常一样开始指导。经过这一次"斗争"，我与李文的心靠得更近了。

训练过程中我遇到了第二个问题。训练到了关键时刻，晚上必须增加训练时间，到9点半才能结束。但作为走读生，李文在训练时间上无法保证。为了保证训练质量，我与李文协商住校。她起初不同意，因为从来没有住过校，而且老校区的住宿条件相对较差，特别是夏天洗澡一直很成问题。我只能做她的思想工作，无奈劝说无果。我知道随着训练的深入，她也不想放弃。于是，我吓唬她说，如果不住校，就暂停训练；但是住校的话系里可以单独安排大赛宿舍，即单独腾出一间宿舍供大赛选手入住。在李文的内心深处，她也不想放弃，那就得做出必要的牺牲，于是她答应了。

一波未平，一波又起，某天中午，我外出时竟然看到请假"回家"的李文和一个校外朋友在逛街。这次我没有批评她，而是更加关心她的训练和生活。一次畅谈后我了解到李文的训练压力很大，特别临近比赛的时候，因为她之前参加国赛没有拿到好的成绩，这次又是付出整整一年，看似轻松的她承受着巨大的压力，所以那天中午请假找朋友聊聊天。李文能向我敞开心扉，我很受感动，我想她是真正认可我了。

慢慢地我们的训练步入正轨。早上7点半学生到校，首先站墙根背英语、背理论。这墙根可不是轻松站的，要求头、背、臀、腿和脚跟5点贴墙，且双膝之间还要夹纸，目的是训练学生的身形。同时礼仪训练方面，包括坐姿、走姿、蹲姿取物等，由专门的礼仪老师负责训练。形体老师通过教选手舞蹈、瑜伽等，增强选手身体的柔韧性，提升其内在气质。除了礼仪、形体老师外，我们的团队还有专门的英语教师，辅导选手的口语发音，有时也会找其他系的外教进行辅导。这就是团队的力量。校领导重视大赛，帮我们调度资源，做好后勤保障工作。到了省赛、国赛冲刺阶段，校领导让烹饪专业师生给大赛师生做可口的饭菜，保证大赛师生在训练关键阶段能吃好、休息好，集中精力备赛。可以说，金牌融入了全校很多师生的汗水。教学设施其实很简陋，没有专门的形体房，我们就找形象设计专业不用的镜子。我们甚至曾经在实训室的四个角落都摆上一面镜子，目的就是让选手在操作时能注意自己的姿态，随时调整。没有符合高度的训练床，我们就找学校维修师傅做一个床板，用砖垫起来。没有专业的测量工具，我们就自己做，我们的邹主任更是精于研究各种测量"小神器"。同学们训练很辛苦，老师常自费给她们买水果、牛奶……2013 年的国赛，我们一举夺得酒店服务大赛 2 金 1 银，为山东省酒店服务项目争得了前所未有的荣耀。李文也以总分全国第四名荣获金牌。

精益求精

大 赛 反 思

每次比赛，我们都深深感受到集体的力量。备战大赛不仅有来自各级领导的信任、鼓励和鞭策，还有来自同事的支持和帮助。可以说，大赛获得成功，不仅仅是指导教师的心血凝结，更是集体智慧的结晶。

把握人生中的每一次机遇，不要错过第一次。只有真心付出，才会有丰硕的果实；只有经历过，才会懂得其中的辛苦，也才会理解收获的喜悦。

（李静，山东省潍坊商业学校教师，全国职业院校技能大赛中职组酒店服务项目金牌指导教师。）

专家点评

人生的辉煌就是由很多个偶然和很多个第一次开启和铸就的。相信自己，人的潜能是无限的，只有全身心投入，心无旁骛，向着高标准看齐，才可能会走向成功。

用心打造专业

山东省潍坊商业学校　杨萌萌

自 2009 年进入商校工作至今，我一直在形象设计专业任教。学校十分重视专业教学，为专业教师搭建了良好的发展平台，使我有机会参加各级专业培训，并在各类技能大赛上进行指导。指导技能大赛的过程是教学相长的过程，指导教师需要付出大量的时间和精力，反复地操作，以便更好地对学生进行有针对性的指导。

从容应对突发情况，全身心投入指导

大赛的成绩是耀眼的，但其中的辛酸和疲惫不是局外人能够体会的。记得在距离 2011 年全国职业院校技能大赛还剩一个月时，一名参赛选手临时退出造成了选手短缺的状况。虽然找到了替补选手王媛媛，但因缺少训练，其化妆及盘发技术还远远达不到参赛水平。残酷的事实摆在面前，只能克服。所以，我和王媛媛在剩余不多的训练时间里只能刻苦、刻苦、再刻苦：每天早上 5 点开始训练，中间除了吃饭、上厕所以及短暂的休息，一直训练到晚上 12 点；在最后冲刺阶段，训练结束时间更是延迟到第二天凌晨。

训练确实很辛苦，好在功夫不负有心人，王媛媛取得了全国职业院校技能大赛新娘化妆组金奖。这次比赛，我校化妆项目的 4 名选手共取得了 4 枚金牌。那一刻，我觉得总算对得起学校的培养，很累却很值得。

手把手地教，心对心地交

参与集训的选手都是经过指导教师层层选拔后留下的综合素质较好的学生。接下来，就是对选手进行循序渐进的教学：从最基础的粉底和发型梳理开始，慢慢地教会她们新娘妆、晚妆、生活日妆、中老年妆等各式妆面。经过刻苦的练习，孩子们从一个对化妆完全不懂的稚嫩学生，变成能化、能悟、能主动提出问题并自我修正的优秀选手。记得选手刘海松第一次学习妆面时，我讲的是化妆基础，她从第一步开始就很认真地听。但等我演示完毕让她操作时，她的手却不停地颤抖。我很清楚原因。这是因为她第一次拿起化妆工具，从来没化过妆的她过于紧张了。为了消除她的紧张感，我手把手地教她化了一遍，一步步地完成了整个妆面。虽然那次化妆的效果不理想，但是我明显感觉到刘海松特别有成就感，毕竟那是她的第一个妆面。我由衷地表扬了她一番，她脸上洋溢的笑容让我看到了她对国赛的憧憬。不久之后，她就可以很轻松地应对一些普通比赛了，各种常见妆面也是信手拈来。

2015 年 10 月，我们参加了全国化妆发型大赛。我们的选手虽然是第一次参赛，但取得了一个二等奖、一个三等奖和两个优秀奖。

为了取得好成绩，让青涩的新生迅速进入比赛状态，备赛时，集训队训练时间从每天早上 7 点开始，中午 12 点结束；下午 1 点半开始，5 点结束，休息一小时后再训练到晚上

9 点。临近比赛，时间会延得更长，晚上到 12 点。没有单独的休息时间，饭都是轮流去买，在集训室里吃，吃完接着练。孩子们说："每次看到其他同学玩的时候，心里就会很不服气。同样是一起来学习的同学，为什么我们集训的同学就得这么累呢？""我们之间互相练发型，头发打毛喷胶梳不开，每次整理完，桌子上、地上都是自己的头发，疼得掉眼泪。"这时，我就会耐心地劝慰她们，用行动告诉她们，要想成功就必须付出比常人更多的努力，也要忍受常人受不了的辛苦。

在集训队的日子，我们建立了战友般的师生感情。学生也改变了很多，变得比以前更能吃苦了，脾气也没以前那么急躁了，学会了怎样跟别人和睦相处，愿意帮助别人。她们也常常跟我说："以后我们一定会好好努力，好好训练。比赛的时候，我们一定要取得好成绩，为学校、老师、父母争光！"

2015 年距离市赛还有两周的时间，学生模特头计时还不能在规定时间内结束，真人发更是没有摸过，训练时间极其紧张。而选手全部是 2013 级刚选拔的学生，只有一名学生有一定的基础，其余全部从零开始，所以操作出现了很多问题。技术这个东西只能多加练习，老师的指导只是助力。在基础都没打好的情况下，学生只能先尽力练习基础。可比赛时间实在紧张，白天站着练习一整天，晚上也要训练到很晚，因为只有这样才能赶上应有的进度。所有人在那段时间都特别疲劳。比赛时是需要真人模特的，因为经费限制，在训练的最后一周模特才安排到位。选手一方面要进行紧张的练习，另一方面要照顾模特的感受，因为练习的过程中模特难免会因疼痛产生小情绪。虽然训练又累又苦，但是每个孩子都在实训室里渐渐地成长起来，无论是个人技术还是心理素质都得到了很大的提升。

大 赛 反 思

专业技术类的学习，没有捷径，想要优秀，只有反复不断地练习。学习使人进步，工作使人自信，相信我们在不断的学习和工作中会变得更加自信、成熟。

（杨萌萌，山东省潍坊商业学校教师，全国职业院校技能大赛中职组形象设计项目金牌指导教师。）

专家点评

"认真做事只能把事做对，用心做事才能把事做好。"作为大赛指导教师，其工作具有长期性、复杂性、重复性和艰巨性的特点。这就要求教师在工作中不仅要认真，还要用心。只有耐得住寂寞，吃得起辛苦，才会有未来，金牌不是随便可以取得的。只有付出别人所不能付出的，承受别人所不能承受的，全力以赴，才有机会拥有你想要的。

有志者事竟成

山东省潍坊商业学校　邹敏

　　"成功的花，人们只惊羡她现时的明艳，然而当初她的芽儿，浸透了奋斗的泪泉，洒遍了牺牲的血雨。"我经常读到这首诗，初时只觉得文采很美，现在回想自己二十多年的职业生涯，尤其是指导技能大赛训练的 4 年历程，却有了一种从未有过的真切体会。1996 年 7月，我怀揣着对教师这个岗位的憧憬，踏上了神圣的讲台，成了一名中职老师。这二十多年来，有欢笑，有泪水，有汗水，有收获，然而最多的是感动。

　　刚刚成为中职教师的我深知自己空有满腹理论却缺乏实操技能，要想成为优秀的中职教师，必须有过硬的技能。为了弥补自己的不足，我积极向从企业调入学校的教师请教，并利用课余时间苦练技能，先后取得高级服务员、高级调酒师和高级茶艺师的资格证书，成为名副其实的"双师型"专业教师；非师范类学校毕业的我，为了能够更好地依据学生认知规律进行课堂教学设计，主动参加心理学知识的培训，并取得国家心理咨询师资格证书；作为一名普通教师，为了更好地适应教学改革的需要，我不断完善自己的知识体系，并利用课余时间攻读了山东大学的经济学硕士学位。

　　2012 年 3 月，我接到参加全省中职学生技能大赛的通知，当时距比赛时间只有短短的一个月，比赛规程却要求参赛的每名选手同时参加中餐主题宴会摆台、西餐主题宴会摆台和中式铺床 3 个项目的比赛，并最终根据加权平均成绩排定名次。任务的紧急与艰巨让我感到了莫大的压力。有压力才有动力，在学校领导的帮助下，我们成立了校系领导带领、专业教师指导、后勤教师保障的教师团队，集团队的智慧与力量于一身，全马力开动，最终在 2012 年的全省中职学生技能大赛中取得 1 枚金牌、1 枚银牌，在 2012 年的全国职业院校技能大赛中取得 2 枚铜牌。回顾大赛历程，我们组建了由专业教师、英语教师、形体教师和普通话教师全方位合作的教师团队，坚持实施了备赛选手的校内层层选拔制度，使整个参赛和备赛队伍保持了较高的水平和连续性。2012～2015 年，我们酒店服务项目团队已经取得了国赛 7 枚金牌、2 枚银牌、3 枚铜牌，省赛 4 枚金牌、2 枚银牌的优异成绩。而我作为获得国赛 3 枚金牌、1 枚银牌，省赛 1 枚金牌、1 枚银牌的指导教师，更是从这几年的大赛历程中收获颇多。

滴水难成海，独木不成林

　　酒店服务项目的比赛，对参赛选手的理论知识水平、技能水平、英语口语水平和形体礼仪方面都提出了很高的要求。我们意识到，单凭一人之力是难以取得理想成绩的，只有团队的合作才能达成我们的目标。从 2012 年接到参赛任务开始，我们齐心协力，不去计较个人得失，一切为了荣誉而战。你会看到在实训室中手把手教授动作、指导选手的身影；你会看到与选手促膝谈心、了解学生心态的身影；你会看到夜已深却仍在研究方案和选手存在问题的身影；你会看到清晨校园里带领选手朗读英语的身影；你会看到实训室中陪伴选手压腿、练习瑜伽的身影。但也许更多的是你看不到的：实训室的灯坏了，有人悄悄地换好以便不影响选手的训练；校系领导节假日来看望选手，又默默离开；选手已入睡，老师仍在准备第二天的授课内容；老师在一遍遍示范指导后，抬不起胳膊来；天还没亮，房间内化妆老师已在为选手的训练进行准备……这些都证明，成绩的取得并不是偶然的，它汇集了太多的辛劳和汗水！

我成功，因为我志在成功

曾有人说过，世界上最容易成功的有两种人，一种是"傻子"，一种是"疯子"，"傻子"是会去相信的人，而"疯子"是会去行动的人。所以，在酒店服务备赛项目组中，就出现了这样的一群"傻子"和"疯子"。有的老师为了完成大赛的训练任务推迟个人的生育计划，有的老师怀孕了仍挺着沉重的身躯指导学生，有的老师没有时间照顾生病的孩子，只能把孩子托付给父母，有的老师自己身体状况不好却仍咬牙坚守在训练一线，也许只有"傻子"才会这样去做吧？在某些人眼中，我们团队的老师也像"疯子"，因为他人休息时我们在训练，他人休寒暑假时我们在训练，他人旅游度假时我们仍在训练；他人睡觉时我们或许因为一个动作的更改而冥思苦想无法入眠，他人就餐时我们在逐字研究讨论规程中的细节，他人戏耍时我们在与选手交谈以抚慰选手紧张的情绪……在他人眼中，我们就像是不知疲惫的"疯子"！只因在我们的信念中，教师不仅仅是谋生的职业，更是实现人生价值的事业。古人讲：势必有坚韧不拔之志，才有坚韧不拔之力。我们坚信，只要我们像"傻子"一样相信，像"疯子"一样付诸行动，认真对待，用心去做，就能够成功！

身兼多职的"女汉子"

"女汉子"，这不仅仅是同事对我的称呼，更是同事对我能力的认可。在酒店服务项目的训练中会用到各种测量工具，有些是市面上买不到的，只能自己动手设计制作，我便化身"设计师"制作了这些测量工具，如间距测量工具、切线测量工具、水平面/线测量工具、斟酒量的测量工具等，保证了训练的标准化。实训物品因长期使用产生耗损，为降低训练成本，自己能维修的便不更换，我又成为"维修工"。熨斗、秒表等经过拆卸、修理又延长了使用寿命。在集训中为了节省开支，也为了缩短物品洗涤的周期，所有棉织品（如床单、被罩、枕套等）的洗、浆、熨烫、缝补，甚至参赛服装的简单修改大多由我与选手完成。这时，我便又成了"洗涤工"和"缝补工"。就连平时在家饭来张口、衣来伸手的"少爷"们也都被培养成了洗、浆、熨、补全能的"暖男"。比赛中使用的棉织品规格与平时潍坊酒店使用的棉织品规格差别很大，而床品生产厂家不成批量不予生产，我们只是为了备赛需要三四套，没有厂家愿意接单，这时我便成了"外交官"，四处寻找毕业后在酒店工作的学生帮忙，最终通过学生找到一家厂家，以床品打版的名义生产出来应急使用。在去广州参赛的路程中，我又成了参赛团队的"管家"，买车票，安排食宿，关注选手的身体状况，考虑长途旅程的各种问题，为广州参赛全程做好后勤保障。为模拟真实的比

穿针引线的小帅哥：高永磊

赛环境，我制作了"倒计时器"；因训练物品数量有限，为缩短洗涤时间，我制作了"快速上浆工具"；比赛中为计算选手成绩的排名，我学会了在 Excel 中制作去除最高分和最低分求平均分的函数；为了研究省赛选手的录像，我学会了将三次抽签之后只看到出场序号的加权平均成绩倒推回原始序号……教师的职责之一是言传身教，但身教更胜于言传。教师团队严谨的治学态度和勤奋的工作作风使选手耳濡目染，受益匪浅。

"人惟患无志"，人若无志，人生就失去方向，失去前行的动力。而大赛给予我们契机，给予我们提升自己的动力，给予我们实现人生价值的机会！

大 赛 反 思

教师团队兢兢业业的工作态度、甘于奉献的工作精神和昂扬向上的工作斗志激励了学生，成为学生成长道路上的楷模。只要有大赛，我们就没有完成时，只有进行时。只有总结以前的经验，改进存在的不足，才能力争百尺竿头更进一步！

（邹敏，山东省潍坊商业学校教师，全国职业院校技能大赛中职组酒店服务项目组金牌指导教师。）

专家点评

"有志者，事竟成，破釜沉舟，百二秦关终属楚；苦心人，天不负，卧薪尝胆，三千越甲可吞吴。"任何事情的成功与失败，"我"是决定性的因素，用心去做，坚持去做，多一些付出，多一些勤勉，平凡也会筑就辉煌！

雨霁凝露春笋出，云销飞虹朝霞霓

山东省潍坊商业学校 商亚博

也许是受爷爷的影响，在求学时，我就憧憬日后能成为一名教师。2010 年，我结束大学生活进入潍坊商校，成为一名烹饪教师。从单步负笈到诲人不倦，我慢慢脱去学生时代的稚气，渐渐变得成熟、稳重。

经学校领导推荐，我有幸成为烹饪大赛集训队的一员，与李忠山老师搭档指导中式面点项目。起初，我是一个学习者。李老师经验丰富，他教会了我很多东西，使我在短时间内有了很大的提升。我很享受每天和同事、选手一起研究创新作品的过程，这源于我对烹饪的热爱。

2013 年，我第一次指导学生参加山东省选拔赛及全国职业院校技能大赛，我

金牌团队

很珍惜这次机会。除了完成日常教学外，我绝大多数的精力和时间用在了指导大赛上，并不断地尝试创新，只为让参赛作品更完美。最终，我们以山东省选拔赛第一的成绩入围国赛。选拔赛结束后，没有片刻停歇，我们继续备战国赛，最终以第五名的成绩获得全国职业院校技能大赛中职组面点赛项金牌。

技能大赛是一场持久战，每年会有市赛、省赛、国赛，只有2015年国赛停赛了一年，所以我们的备赛是常年的。我们利用2015年没有国赛的空当，对选手队伍进行了调整。所有选手从2014级学生中选拔，经过三次选拔最终确定大赛选手，之后进行为期一年半的训练。为了参加2016年的全国职业院校技能大赛，我们利用所有的课余时间来提升选手的理论及技能水平。在2016年全国职业院校技能大赛中，我们取得了4金2银的好成绩，其中我指导的面点项目斩获2枚金牌。比赛结果再次证明：只要付出足够多的努力便会有收获。

一路走来，训练的点点滴滴我都历历在目，所有成绩的获得都不是偶然的，老师和选手都付出了泪水和汗水。烹饪比赛共4个赛项，分别是中餐热菜、中西式面点、冷拼与雕刻、西餐热菜。

杨帅，最初是面点项目的一名预备选手。但面点的参赛名额只有2个，必须从4名选手中挑出2人参赛，经过分析和商议，我们最终做出一个艰难的决定——淘汰她。之后她跟我谈了很多，周末回家还在网上与我交流，希望能争取继续跟着一起训练。最终，我被她的执着感动了，让她继续跟着集训队一起训练。后来比赛新加了一个西餐热菜项目，经过商讨，我们决定将她转到西餐项目。杨帅非常配合，很快投入一个完全陌生的新项目。她很努力、很认真地去研究、去训练，并在孙老师的带领下慢慢走上正轨。

通过层层选拔，面点项目最终留下了宋军梦、刘旭彬两名选手。我们在一起经历了断断续续一年半时间的训练，每天的内容都是相同的和面、开酥，从左支右绌到熟极而流，个中滋味只有经历过的人才能体会。

刘旭彬，在7名选手中算不上反应快的，也算不上动作快的。比赛经验也很欠缺，唯一的比赛经验就是选拔赛，而且比较容易紧张，但相对比较踏实，肯努力。在训练中，她的作品一直不稳定，切片掌握得不好，成形也容易出问题，找了很多解决办法，但酥层仍然时好时坏，一度让我们很头疼。作品不理想，她主动提出来："老师，我再做一次吧，我晚点吃饭没关系。"量变的积累最终会产生质变的效应，在无数次的重复后，她突破了自身的瓶颈，水平实现了飞跃性的提高。她的故事再一次告诉所有人——熟能生巧。

宋军梦，一个非常阳光的学生，选入集训队的初期，我其实是有一点担心的，觉得她不像是很能吃苦的学生，怕她坚持不到最后，但她用实际行动证明了自己是一个能吃苦、有目标、有理想的学生。选拔赛的自选作品最先定下的是萝卜酥，所以初期让她和刘旭彬一起练习萝卜酥。通过一段时间的练习，刘旭彬做这个品种发挥得比较稳定，所以作品定给了刘旭彬，我决定让宋军梦做小鸟酥。因为临近选拔赛，做了几次后我发现她在时间上和作品的造型上都很难完成，做了多次的内心挣扎，既想让作品体现一些难度，又得让她能在规定时间内完成，最后为了体现酥的两种颜色搭配，给她定下了桃子酥。其间因为作品初试的效果不好和作品的调换，让她感到很迷茫，但她还是努力去练习，认真地按照老师的要求做。她选择相信老师，这一点我很欣慰。选拔赛结束后，我们第一时间把桃子酥换成小鸟酥。因为小鸟酥难度大，而且是两种颜色搭配，所以必须抓紧一切时间训练。训练初期，超时半个小时是常有的事情。成品效果差，这让好强的宋军梦难以接受，其实老师很清楚，作品的形态只会越做越好，前期做得不好很正常，只要基本功扎实，我们对作品的完成就很有信心。结果也是这样，在临近比赛半个月左右，通过反复的调整，她做的小鸟酥的形态已经很稳定，手法的处理也很熟练。在赛前冲刺的那段时间，她们每天的训练都是最高强度的，即使这样，她们也没有喊苦喊累。

辛苦的付出没有白费，这一段难忘的日子给我们带来的不仅有满满的回忆，还有今后前进的方向。我们不再迷茫，因为我们有了更加明确的目标；我们不再迟疑，因为我们有了更加光明的希望！

大 赛 反 思

所有成绩的获得都不是偶然的，奋斗过程中会有无尽的泪水和汗水相伴；只有加倍努力付出，才会收获自己想要的！

（商亚博，山东省潍坊商业学校教师，全国职业院校技能大赛中职组面点赛项金牌指导教师。）

专家点评

熟能生巧，勤能补拙。金牌路上，没有捷径，只有不懈地努力才能抵达巅峰。

青春激情飞扬，共铸大赛辉煌

山东省潍坊商业学校　范守才

2008年4月，我第一次带队参加在山东商业职业技术学院举办的山东省职业院校技能大赛。十年来，作为旅游系主任，我组建的烹饪、美容美发、酒店服务、职业英语4个项目团队，为学校夺得了24枚国赛金牌、63枚省赛金牌，培养了11位国赛金牌指导教师。这些骄人的战绩，凝聚着各个项目团队师生的心血，浸透着大家的汗水与泪水，诠释着学校领导和参赛师生对学校诚挚的感情。

2010年6月初，我第一次带队参加了烹饪国赛，地点是天津青年职业学院。选手是马骁、于子洵、付胜杰3位同学。他们最终获得1枚银牌（面点项目）、1枚铜牌（冷拼项目）。记得当时为了给同学们鼓励和信心，老师分别送他们入场。我搬着付胜杰同学30多斤重的工具箱从检录处到了二楼赛场。我鼓励他正常发挥，放松心情。虽然我对他有些担心，但从他坚定的眼神里我看到了信心和韧劲。

6月的天津，天气非常炎热，可是赛场外仍有很多学校的老师在等待着本队的选手。看到付胜杰时，我连忙跑到二楼赛场，帮他搬东西，并询问他比赛的情况。他自我感觉还可以。但是，由于他的作品设计创新不足，没有突出特点，因此没有获奖，但是他从中积累了宝贵的国赛经验。

2011年学校组建国赛队，我和教练组一致认为付胜杰同学的基本功扎实、刀法精湛，有不服输的精神，而且他本人也非常愿意参加比赛，最后我们确定付胜杰同学为 2011 年国赛的核心选手，全力指导他训练。

冬季训练时实训室温度比较低，选手的手都冻肿了，但是他们的训练热情都很高，坚持训练。尤其是付胜杰，训练时格外刻苦，发挥了表率作用。针对他的特点、优势，我们研发设计了一套作品《雀珠戏》，以两只黄鹂鸟在丰茂的葡萄藤中嬉戏、鸣叫为主题，突出了和谐自然、相映成趣的主题，能充分展示他精湛的刀法。后来此比赛作品得到国赛评委的一致好评，付胜杰同学获得了我校第一枚烹饪专业冷拼项目的金牌。同时，我们设计的面点项目作品《鸽子酥》、果蔬雕刻项目作品《一枝一叶总关情——郑板桥》等也匠心独具，充分体现了潍坊地区餐饮文化特色和技术技艺，获得了 4 枚银牌。我校以 1 金 4 银的优异成绩，成为全省国赛成绩最好的学校，山东省烹饪国赛队也获得了历史最好成绩。在天津比赛驻地酒店的庆功会上，我们哭了，多少艰辛和困难都化为荣耀，鞭策着我们继续前进。

2012 年，我校 3 名选手参加扬州烹饪国赛，获得了 1 金 2 银的好成绩。其中，果蔬雕刻项目获得金牌，作品是《放飞梦想》。教练组研发设计作品的思路是：充分展现潍坊的风筝文化，以龙头蜈蚣风筝、天真的孩童为主要元素，勾画出潍坊人民"鸢飞鱼跃"的幸福生活情景。作品展出后，得到了国赛评委和国内同行的好评。2013 年的扬州烹饪国赛上我们获得了面点金牌，这个金牌背后的故事更是感人肺腑。

2012 年扬州国赛时，面点选手张梦鸽同学辞去了在潍坊泛海大酒店面点组长一职，心甘情愿返校参加集训。本来她有实力获得 1 枚金牌，但赛前一个月发生了意外，她突然患上急性疱疹性皮肤病，腰疼得厉害，难以站立。但是她坚持训练，带着病痛来到扬州赛场。6 月的扬州，天气湿热高温，对她的身体损伤极大。看着张梦鸽同学坐在椅子上坚持训练，疼得汗流浃背，我们心疼不已。为了她的身体健康，我想向组委会申请让她弃权退赛，可是她个人坚持要参加比赛，为校争光。比赛中，她发挥出色，获得银牌第一名。在 2013 年的扬州国赛上，张梦鸽同学的参赛作品《燕子酥》，再次以娴熟的技艺、精致的造型征服了评委与观众，荣获金牌。

我们项目团队 4 年获得酒店服务项目国赛 7 金 2 银 3 铜，获得省赛 4 金 2 银，成为全国当之无愧的一流强队。

2012 年 6 月初，我校第一次参加全国职业院校技能大赛酒店服务项目比赛，2010 级旅游班李文、2009 级旅游班任莉两名同学夺得两枚铜牌。两名同学的个人能力都是出类拔萃的，没有获得金牌的主要原因是训练时间短、训练方法有偏差。这次参赛，我们最重要的收获是看到了自己与强队的差距，找到了正确的选材标准、训练方向、训练标准。此后，秣马厉兵，刻苦训练，备战 2013 年广州国赛。在 2013 年广州国赛上，李文同学以中餐摆台项目第四名的成绩获得金牌，2011 级旅游班学生高欣宁以中式铺床项目第五名的成绩获得金牌，韩林桐同学获得中式铺床项目银牌。

取得了优异成绩，是值得庆贺的，但是我更担忧的是后备选手的选拔与训练问题。由于当时旅游专业在校生比较少，部分同学担心训练强度大，尤其是中餐摆台项目对个人形象要求很高，很难选出合适的选手。经过反复挑选，有 5 名学生进入中餐摆台项目集训队，我对她们寄予了厚望。可惜的是，训练了一个月后，有 3 名同学提出不想参加训练和比赛了。我及时与她们进行沟通，做思想工作，给她们深入讲解大赛对个人成长、对学校、对省市职业教育的重要推动作用，但只有 2011 级旅游班吴琼同学向我表态要继续参加集训。虽然她的综合条件不是最好的，但是她的坚持让我感到很欣慰。选手内心强烈的责任心、荣誉感是非常重要的，这是前进的强大动力。

2014 年国赛集训队确定由中餐选手吴琼、李佳丽和中床选手韩林桐、高永磊组成，除韩林桐参加过 2013 年国赛，其他选手还没有参加省级以上大赛的经验。针对当时的情况，老师们为每个选手量身打造了训练计划，开展针对性训练。其中，吴琼同学是核心选手，但是她参加过的市赛和省赛，成绩都是第二名，对她个人情绪影响比较大，指导老师也非常着急。2014 年 4 月初，我带队参加在山东商业职业技术学院举办的国赛选拔赛，4 名选手全部获得广州国赛资格。吴琼同学发挥得不够理想，返程路上一直在流泪，她的指导老师也很难过。回校后，我和指导老师全面分析了吴琼同学的情况，一致认为她处在状态调整期，教练组要鼓励她、信任她，她会是全国最好的中餐摆台项目选手。果然，吴琼同学不负众望，以全国第二名的优异成绩获得中餐摆台项目金牌，整个团队获得 3 金 1 银（2012级旅游班学生李佳丽获得银牌第一名）。2012 级旅游专业学生高永磊也是第一次参加国赛中式铺床项目比赛，他不畏强敌，稳定发挥，以总分第五名获得金牌。韩林桐同学以总分第六名获得金牌。广州比赛尚未结束，我冒雨从广州赶回，准备带领山东省国赛队参加扬州烹饪国赛。当我得知高永磊获得金牌的消息后，特别兴奋。这是我们赛前既定的夺金目标，保二争三，超额完成任务的重担落在了高永磊身上。他实力超群，夺金也在预料之中。这些优秀的学生是我们酒店服务项目国赛队的"黄金一代"，他们创造了 2014 年中职组酒店服务项目国赛单所学校获得 3 枚金牌的纪录。

作为一名中餐摆台选手，李佳丽同学的形体条件不占优势，但是她苦练技能，塑造形象，综合实力超群，在 2014 年省赛上以中餐摆台、中式铺床两个项目第一名的成绩晋级国赛。经过一年的刻苦训练，李佳丽同学作为新的领军人物，带领团队在苏州国赛上获得了 2 金 1 铜。后来，她顺利通过单招方式，免试升入了青岛酒店管理职业技术学院，成为洲际国际订单班的优秀学生。我经常与李佳丽通过微信、QQ 交流。有一次，我在 QQ 空间上传了关于 2012～2014 年三年广州国赛的照片，并附感想："努力就有回报，谢谢项目团队，感谢所有的同事，感恩大家的支持与付出！广州，5 金 2 银 2 铜，带来好运的城市，胜利之城，再会！"后来她给我发了条短信："亲爱的范主任，一定要注意身体，今天看了您的空间。里面有几张 2014 年国赛的照片，特别辛酸。老师真的都很辛苦，一直默默守护着学校的荣誉。范主任，我们商校一定可以站在最高领奖台上，我也要以一名商校人在今后生活中继续努力。"在 2015 年的市赛前夕，她也给我发过短信："感谢您和老师为大赛的辛勤付出，谆谆教诲，祝愿有更多优秀的学弟学妹进入酒店服务集训组，继续延承我们宝贵的经验，祝愿市赛取得优异成绩。""范主任，明天的比赛希望以最好的状态展现给大家，展现商校人的风采。母校一直是我的骄傲。又是一年比赛季，望您及老师们在比赛之余好好注意身体。"

多么优秀的学生，多么敬业的同事，作为系主任，我为他们做得还不够。我会永远记住这些优秀同事们的名字：邹敏、林勇、李静、李敏、于丹、邵媛媛、徐欣欣、韩磊、黄小洁、林群、陈健等。同甘共苦，荣辱与共，他们是潍坊商校优秀的教师团队之一。

这么多年过去了，我仍要感谢领导的信任和支持，让我有幸和团队的同事一起拼搏，历经风雨，纵情欢笑，一起站在领奖台上享受成功的喜悦。再次深深感谢我可爱的学生，他们聪明刻苦，品德端正，为校争光，创造了青春人生中一次次的辉煌。作为指导他们的老师，拥有他们的信任和尊敬，我感到人生无悔，无上光荣。

大 赛 反 思

职业技能大赛的目的是以赛促教，以赛促学，抓好专业常规教学；团队齐心协力，并为每个选手量身打造训练计划，因人而异开展针对性训练是取胜关键；选手内心强烈的责任心、荣誉感是前进的强大动力。比赛是选手综合素养的竞争，只有全力以赴、科学训练，才会取得好成绩。

（范守才，山东省潍坊商业学校旅游系主任，2011 年、2012 年山东省职业院校技能大赛中职组中餐热菜项目金牌指导教师，2016 年全国职业院校技能大赛中职组中餐摆台与服务项目金牌指导教师。）

—— **专家点评** ——

每一枚闪光的金牌背后都有一个强大的团队支撑着，每一次训练与比赛的故事背后都有一段感人至深的曲折经历，每一个选手的灿烂笑容都经历过无数泪水与汗水的洗刷。

我的大赛指导经验

高密市高级技工学校　王亭佳

2017 年全国职业院校技能大赛中职组机械装配技术赛项，共 34 支代表队 162 名选手参加。我带领的团队经过提前筹备、认真总结、精心选拔、科学训练，再经过市赛、省赛的层层选拔，最终站在了 2017 年国赛的舞台上。山东省队由来自济南、潍坊、日照、泰安、济宁、聊城的 6 名优秀学生组成。经过紧张的角逐，我省共获得一等奖 1 个、二等奖 4 个、三等奖 1 个，我辅导的学生获得山东省在该项目上的第一个一等奖，同时实现了我校金牌零的突破。

指导教师要不断学习，扩充知识，熟知大赛规程

技能大赛组织筹备越来越完善，考查内容越来越全面，要求指导教师不仅对本专业知识了如指掌，还应了解和掌握更多专业外的知识。

就机械装配技术项目来说，选手要在 4 个小时内完成计算机绘图、机械部件的拆装与调整、机械设备的装配与调试、产品加工、机械装配技术工艺知识考核及职业素养 6 项任务。比赛时间短、任务量大、涉及面广，这就要求指导教师不仅要熟练掌握赛项规章制度，了解赛项的方方面面，还要加强自身建设，不断学习，实时增加训练内容，改进训练方法，提高自己的业务水平。

指导教师要具备熟练的动手操作能力，能制订科学的训练计划

大赛会提前公布样题或任务书，指定实验实训设备。在指导学生之前，指导教师必须

亲自动手拆装实训设备，反复装配调试，并结合任务书，理清训练的重点难点及相关检验检测方法。

指导教师要改变传统训练方式，制订科学的训练方案。方案要目标明确、重点突出、方法得当、组织严密；要考虑学生的思想状况、知识基础、学习态度和学习习惯，结合赛项及设备的重点难点，根据训练目的、内容及学生特点来选择最佳的训练方法等。

训练计划执行时应灵活机动，要根据实时情况去调整，还要有大局观、全体意识。当学生跟不上训练计划、达不到训练要求时，应先分析查找原因，再考虑计划是否需要调整。

指导教师要善于运用问题锻炼学生能力

训练过程中会遇到各种问题。当学生请教时，指导教师不要立即解答，以防他们产生依赖心理。教师可给予适当的引导，鼓励学生自己解决。若学生能通过自己的努力解决问题，他们的自信心会得到提升，并逐渐形成主动解决问题的思路和习惯。这样，在大赛中若遇到问题，学生能以更好的心态积极应对。

当遇到不能及时解决的问题时，指导教师要做好记录，查资料，请教专家，用最快的速度想出解决问题的办法，及时教给学生。指导教师一定要在训练过程中解决掉遇到的所有问题，让学生满怀信心走向赛场。

指导教师必须是一名出色的心理辅导师

国赛选手的操作技能都较强，为何比赛用时、比赛成绩和赛前练习有较大出入？原因有多个方面，我认为主要原因是学生的情绪。赛场如人生，过程中有顺境也有逆境，让学生学会进行自我情绪调节，在顺境中把握机会，在逆境中从容应对才是取得好成绩的关键。

训练过程中，指导教师要始终贯穿心理辅导。在训练的不同时期，指导教师要给学生不同的心理暗示。训练初期，要给学生更多的包容和鼓励，要让学生在进步中增强成就感，激发学习兴趣。训练中期，学生经验还不足，处理问题时仍有很多疑惑，担心出错，效率不高。对此，指导教师要以增强学生的自信为主，以创造紧张环境为辅，以巩固学习成果为目标。训练后期，选手技术水平已经比较稳定，情绪调节训练成为重点。这时，可以给学生创造一种过渡性情景，即从不紧张到较紧张，再到更高一级的紧张，使学生体验各种情景下的情绪，锻炼竞技情景下的自我调整能力，保证学生在大赛中处变不惊、稳定发挥。

大 赛 反 思

付出才会有收获。作为竞赛指导教师，从精心选拔选手到系统科学的训练，从技术技能的传授到贯穿始终的心理疏导，再到大赛紧张激烈的角逐和取得成绩后的笑逐颜开，无处不浸透着我们辛勤的努力和勤恳的付出。

（王亭佳，高密市高级技工学校教师，全国职业院校技能大赛中职组机械装配技术赛项金牌指导教师。）

专家点评

技能大赛某种程度上比的是学生的临场发挥，考的是教师的知识储备。每位教师都希望在教学上有突破、有创新，在事业上有收获、有成功。技能大赛为广大教师提供了一个展示自我的平台。如何利用好这一平台历练自己、提升自己，是值得大家思考的问题。

弘扬工匠精神，铸造职教名师

山东省民族中等专业学校　王义鹏

重塑培养模式，厚植工匠文化

国务院印发的《关于加快发展现代职业教育的决定》中明确提出，要推进人才培养模式的创新和强化以育人为目标的实习实训考核评价。为此，我校在大赛选手的选拔培养上通过不断探索逐渐建立了"选、培、赛、带"的培养模式，以"一种技能两种素养"（一种技能：有职业道德的技能人才；两种素养：职业素养和人文素养）为教学目标，在教育中深化文化育人的理念，将职业道德、人文素养教育贯穿人才培养的全过程，营造工匠精神的氛围，让学生获得知识和技能之外的职业素养和精神。具体做法如下：一是通过课程教学、专题讲座、实习实践等形式，让学生了解工匠精神及其对经济建设和社会发展的重大意义。二是通过传授系统的知识与技能，让学生了解产品的改革和产业发展的动向，感受工艺形成的历史文化，体会工艺的价值和工匠的地位。三是拔高评价标准，完成一项任务不以合格作为标准，而以完美为要求，纠正追求"速成"的浮躁心理，培养专注持久的定力。

我们正是运用了这种培养模式，使参加本次大赛的两位选手在更加贴近企业生产实践、更加考查参赛选手职业素养的"辰榜杯"全国机械行业职业院校数控铣加工技术技能大赛中分别取得了一等奖和二等奖的好成绩，我也因此获得了优秀指导教师的荣誉称号。

遵循以赛促教，践行工匠精神

技能大赛促进了校际交流，推动着相关专业不断的向前发展。而技能大赛的成绩在一定程度上反映职业院校的整体办学水平和指导教师的专业水平与教学水平。

通过指导选手参赛，我弥补了专业知识结构不完善、实践能力不足的缺陷，也促使我将生产实践中获取的新知识应用到课堂教学中，提高了自身专业水平，进而将专业技能的提高迁移到教学水平的提高上。例如，在一次赛前训练中，几名学生拿着他们的千分尺和加工的零件对我说："老师，为什么这个零件在不同的高度上尺寸相差这么大？"我的第一反应是他们的测量方法有问题。而当我接过学生手中的千分尺将这些零件从头到尾仔细测量了几次后就否定了我的判断。在分别检查了刀具的装夹、机床的运行情况后，我发现这是我之前从未遇到过的问题——机械加工中应力释放后的

王义鹏老师（后）与他指导的选手

变形问题。为了能给学生一个满意的答复，我翻阅了大量关于数控加工工艺、机械制造与金属切削方面的书籍，并到车间进行现场试验，最后攻克了这个专业方面的难题。为此我写了论文《机加工后薄壁件应力与变形的探究》并发表在《职业技术教育》上。

通过参与和指导学生参加技能大赛，我从原来的单纯完成教学任务转向及时掌握行业发展动态，及时了解企业相关岗位技能要求，及时更新教学理念、改进教学方法，个人的教学能力与教学水平都得到很大提升，真正实现了"以赛促教"。

质量之魂，存于匠心。作为职教老师，我们要以身示范，大力弘扬工匠精神，厚植工匠文化，恪守职业操守，崇尚精益求精，通过教师的言传身教，将工匠精神扎根于每个职教学生的心中。

大 赛 反 思

闭门造车是难以冲刺金牌的，要想在技能大赛中获得好成绩，就需要了解行业动态，紧跟时代步伐，加强学习交流，总结经验教训。"请进来，走出去，沉下去"不失为一个好办法。"请进来"，即请专家现场指导；"走出去"，即到名校去拜访学习；"沉下去"，即沉下心去刻苦训练，并认真总结经验教训。只有平时勤学苦练，我们的选手在赛场上才会游刃有余、稳定发挥。

（王义鹏，山东省民族中等专业学校教师，全国机械行业职业院校中职组数控铣加工技术技能大赛金牌指导教师。）

专家点评

质量之魂，存于匠心。借大赛平台，培育工匠，打造工匠，正是十年大赛努力不辍的初心。厚植工匠文化，恪守职业操守，崇尚精益求精，将工匠精神扎根于每个职教学生的心中，是每位职教老师的本分。

只为花盛开

潍坊市工业学校　张德华

插花艺术以花为主要素材，以瓶、盘、篮、碗、缸、筒六大花器为载体，变化无穷，颇为雅致。在与大自然长期接触中，我领悟到花草的许多本性与人性是相通的，在中国人眼中，许多花不是单纯的花，而具有人的气质、品格，有许多美好的寓意和象征。

张德华老师

要真正展示插花艺术的魅力，让学生自觉走进插花艺术的殿堂，需要老师不断改进教学方法，精炼教学理论，增加实验内容，强化实践操作技能，实现人才培养与市场需求接轨。我通过自学、外出培训，提升了自己的插花知识和技艺水平，并努力将自己的知识与技能传授给学生。平时教学中，我积极组织学生观察、欣赏插花艺术作品，注重言传身教，注重学生心灵和肢体语言的塑造。对于实践教学的每个环节，我都努力加强实践过程的指导。为使学生在有限的时间内获得最大收益，每次实践前我都要求学生有艺术构思，准备好必要的材料。为保证每个学生都有动手机会，我在课上要求学生分组练习，课下组织插花兴趣小组，让学生互相协作完成作品。在学生实际的操作过程中，我巡回指导，随时掌握学生的实验动态，提醒他们应注意的问题。我经常带领学生游园采枝，教他们辨别、修剪花材，亲手制作插花，体验自在的快乐。我向学生讲中国传统插花艺术的素养与观念，让他们认识到爱花者不仅赞叹花颜，还珍惜生命的契机，懂得生命的珍贵。

在平日教学中，我用理论分析与实践示范相结合的方式，逐渐教会学生如何根据主题利用规定的花材、花器去表现寓意，表达自己对美的追求。学生经过作品的构思，花材的造型、搭配及器皿的选择等一系列实践，提高了学习主动性和创新能力，在设计、创新、审美和动手等方面得到了培养和锻炼。

2015 年 12 月，在潍坊市职业院校技能大赛中，我指导的史晓雪同学获得了潍坊市艺术插花项目一等奖，并取得省赛资格；我指导的李家平同学获得了潍坊市中职组艺术插花项目二等奖。参赛前，我带着史晓雪同学到济南等地参加蔡仲娟教授、袁乃夫讲师的集中培训，我们在学习插花的过程中学习中国传统文化，在源远流长、博大精深的传统文化里寻找中国插花的灵魂所在。2016 年 5 月，史晓雪获得全国职业院校技能大赛艺术插花项目三等奖。

2015 年 12 月，我获得潍坊市职业院校技能大赛艺术插花项目二等奖；2016 年，我获得潍坊市教学成果三等奖；2017 年，我获得昌邑市教学成果二等奖；2015 年 9 月，我获得昌邑市人民政府颁发的"昌邑市优秀教师"荣誉称号。

大 赛 反 思

通过参加技能大赛，我深深地体会到，要想在教育教学工作中有一番出色的表现，没有捷径，只有脚踏实地、认认真真地去学习、去探索、去实践、去思考，不断提升自己的专业素养。

（张德华，潍坊市工业学校教师，全国职业院校技能大赛中职组艺术插花项目指导教师。）

专家点评

不为名利，只为花盛开；不图一枝独秀，只为满园芬芳。技能大赛既让我们领略到了名师的教学风采，也让我们看到了青年教师的新秀本色。"一枝独秀不是春，百花齐放春满园"，职业教育需要名师名生的引领，期待百花齐放的职业教育春天。

技能大赛与双师型教师的培养

安丘市职业中等专业学校　胡乔生

全国职业院校技能大赛已连续举办十届，作为一名中职机电类专业教师，2010～2017年，我连续 7 年指导学生参加电工电子类电气安装与维修、电机监测与运行、通用机电设备安装与维护项目的比赛，并取得了比较满意的成绩。

荣誉证书

作为技能大赛指导教师的这 7 年，我见证了技能大赛对教师个人能力提升及教学改革等方方面面的巨大影响。

1）技能大赛促进了教师专业理论水平和专业技能水平的提升。技能大赛促使大赛指导教师广泛涉猎更多的相关专业知识，研究多方面的专业技能。

电气安装与维修赛项涉及电机及电力拖动、PLC 编程控制、触摸屏、变频器、照明电路安装、三相配电线路桥架安装、低压电器元件选择、建筑识图、电气识图、常用机床电路电气原理分析、安装工艺规范与标准等。这些是指导教师必须掌握的内容。

通用机电设备安装与维护赛项增加了机械装调内容，要求指导教师不仅熟悉电气知识，还要对机械基本知识、工量具的使用、公差与配合熟练掌握。普通的电工电子专业类教师在平常的授课中不需要了解这些内容，但技能大赛指导教师必须具有更综合的知识体系。

2）技能大赛促进了教学方法的改革。技能大赛各赛项试题均以工作任务书的形式呈现给参赛学生，通过工作任务对参赛学生的知识、技能、素养进行考核，凸现职业教育的特色和本色。这对专业教学工作起到了引领作用。指导教师要想让学生在技能大赛中取得好成绩，就要对传统教学理念和教学方法进行反思，积极探索科学有效的教学方法。科学的教学方法有利于激发学生的学习欲望，调动学生的积极性、主动性和创造性，培养学生独立思考、综合分析和解决问题的能力。

3）技能大赛促进专业教师更快地向"双师型"教师转变。技能大赛能否取得成功，指导教师起关键作用。技能大赛涉及范围广、难度大。因此，指导教师只有具备全面的理论知识和较强的实践操作能力，才能全方位指导学生的学习和实践。这就要求指导教师必须成为真正的"双师型"教师。

在指导大赛的过程中，我除了做好技能教学，还积极参与产品改造和研发。2015 年，根据学校安排，我和陈华安老师参与同济大学普通焊条自动焊接装置的设计与制造。经过多次实验，2016 年下半年我们终于设计完成，为同济大学下一步的研究提供了技术支持。

4）技能大赛促进了实训基地的建设。在技能大赛训练中，实训基地是开展技能训练的重要场所。没有基本的实训条件，学生技能训练将是一句空话，要在技能大赛中争金夺银更是无从谈起。所以实训基地的建设就显得尤为重要。根据教学需要和大赛需要，学校加强了实训基础建设，同时不断增加实验实训工位，更新实验实训设备，优化实验实训环境，为教师和学生进行技能教学和技能训练提供了有力保障。

这7年，我指导学生400多人，社会培训200多人，到企业授课多次，指导参赛学生20多人次。从2011年至今，我指导的学生多次在省级、国家级技能大赛中获奖。在全国职业院校技能大赛中，2011年、2012年各获三等奖1项，2013年获一等奖1项，2015年获二等奖1项、三等奖1项，2016年获二等奖1项，2017年获三等奖1项。

2014年9月，我被教育部授予"全国优秀教师"荣誉称号。2016年，我获得全省教师机电类项目技能教学二等奖，并先后获得安丘市名师、潍坊市教学能手等荣誉称号。

大 赛 反 思

十年的大赛历程，是教学相长的过程。通过参与技能大赛，学生的技能得到了飞跃式的提高，而我在指导学生、辅助青年教师的过程中也受益匪浅。

（胡乔生，山东省安丘市职业中等专业学校教师，全国职业院校技能大赛中职组电气安装与维修赛项金牌指导教师。）

专家点评

技能大赛给职业学校的专业教师提供了发挥才能的平台，让专业教师的专业理论水平和专业技能水平得到充分展现。

以匠心致初心

潍坊市经济学校 王建梅

这几年，技能大赛如火如荼地进行，激烈的竞争使指导教师和参赛学生的综合实力逐年提升。我校已连续十年参加全国职业院校技能大赛。这不仅考验着师生的毅力和斗志，也考验着师生的持续创新能力。我作为服装专业大赛指导老师，要传授学生技艺、经验和技巧，更要提升学生的综合素质。这既是一个能力活又是一个良心活。

近两年全国职业院校技能大赛及省技能大赛的考查项目，主要涉及女衬衣、夹里西服等女上装，因此我们先从单个技能点（如服装局部部件的制图与制作）开始训练，逐步强化训练过关后，再进行整套服装的制图制作。即实施模块化培训，按先局部、再整体的思路开展。在每个培训模块中，我都明确工作任务，并通过工作任务对学生提出执行相关技术标准和规范，以及履行工作职责，完成工作任务的综合能力、专项能力要求，全面提升学生的综合素质。在整个过程中，我严格按照技能大赛的规定时间来要求，并仔细做好培训记录。

在培训过程中，我积极探索科学有效的教学方法，综合运用启发引领法、示范教学法、

王建梅老师（右）与获奖选手

任务驱动法等多种教学方法，增强了培训效果；我注意发现学生在制作过程中存在的问题，并及时纠正；我由传统的知识传授者转变为学习辅导者，突出学生的主体地位；当学生遇到疑问时，我不会立即给出解答，而是引导学生进行深入分析，找出解决问题的正确方法，从而逐步培养学生的自主学习能力和创新能力；我注意营造大赛的氛围，以培养学生的抗压能力和应变能力。

竞争是激烈的，培训是辛苦的，但是全力付出了，便无怨无悔。对于大赛结果，我们要坦然面对。我常对学生说：过去，我们取得了很多一等奖，不是因为我们太强，而是对手太弱了；今天，如果我们没有取得一等奖，也不是因为我们的技术不够好、退步了，而是因为别人更快地进步了。

大 赛 反 思

为了更好地指导大赛，专业教师要及时转变职业教育教学观念，更新教学方法和教学手段。同时，要主动学习理论知识，提高技能水平。

（王建梅，潍坊市经济学校教师，全国职业院校技能大赛中职组服装设计与立体造型项目金牌指导教师。参加工作以来主要从事服装专业教学，多次获得潍坊市、山东省优秀指导教师及潍坊市教学成果奖。自 2008 年开始指导技能大赛，2014 年指导的学生参加全国职业院校技能大赛服装设计与立体造型项目获一等奖。2014 年被评为诸城市特级教师、潍坊市职业教育服装专业教学能手。）

专家点评

技能大赛如逆水行舟，不进则退。我们要有看潮起潮落的坦然心态，更要有再创辉煌的勇气。

"剧本" 是表演的基础

潍坊市经济学校　杨建宁

农机维修项目是综合维修项目，比赛内容广，不确定因素多，对选手的综合素质要求高，指导教师备赛难度较大，需要指导教师从多个方面做好准备。

明确比赛目的，做好心理准备

各级技能大赛，目的是检验和展示职业教育的发展水平，检验专业教师的教育教学能力，检验指导教师对比赛规程的解读和细化情况，检验指导教师对比赛预案的设计是否准确、全面，检验指导教师对本专业安全生产及操作规范的掌握程度。从本质上讲，参赛学生的表现是对指导教师教育教学综合能力的集中展示，是对指导教师编排预案的展示。从这方面讲，技能大赛具有很强的表演性。

设计比赛预案，编排好"剧本"

既然技能大赛具有很强的表演性，那么就必须有好的"剧本"供选手使用。虽然每次技能大赛开赛之前，各赛项都给出了竞赛规程，但只是比赛的大致内容，更多的内容需要指导教师通过设计比赛预案来实现。例如，农机维修项目，比赛前仅给了工具清单和不到500字的比赛规程，对于如何去操作，只给出了大致的方法。

在此情况下，指导教师只有通过查阅资料，结合操作规范解读工具清单和比赛规程，才能对每项比赛操作进行优化，实现各项比赛操作的合理过渡，减少重复性工作和多余动作。为了合理设计选手的工作过程，对于农机维修项目，我分项制订了操作规程，并在学生训练的过程中根据实际情况不断修正，逐渐形成一万多字的比赛训练预案。在预案中，对大到操作过程，小到工具的摆放与使用，甚至选手的站位，都做了明确规定，使选手的训练有章可循；对操作过程中可能出现的突发问题，逐一进行分析解决，做到有备无患，为比赛取得好成绩打下了基础。

杨建宁老师

梯队培养选手，挑选好"演员"

目前，职业教育学校的学生厌学情况比较严重，挑选选手的难度较大，尤其是综合类的比赛项目。选手不仅要有很强的动手能力和丰富的理论知识，更要有足够的应变能力和良好的体能。在比赛过程中，比赛预案是由选手来实施的，选手的选择和训练直接影响比赛成绩。对于选手的挑选，在组成梯度的同时，要侧重选择比赛型选手，因为这类选手的特点是不怯场，自信心强，有自己的见解，有较好的应变能力，但可能存在不服从管理的情况。比赛型选手如果管理不好，可能使比赛一败涂地，这就要求指导教师想办法对学生进行全面的教育管理。这一过程也将有效锻炼和提升指导教师的教育管理能力。对于比赛型选手的管理，最有效的方法是师生对抗。为此，对每一项比赛我都进行操作体验，做到心中有数。为了保证预案的权威性，在确保安全的前提下我也允许选手脱离预案进行体验，并针对脱离预案产生的问题进行分析，使学生能主动接受并严格执行预案。

提高自身实力，做合格"导演"

在整个备赛过程中，竞赛规程对指导教师提出了很高的要求。对比赛用设备、整个操作流程，指导教师都要烂熟于心，对每一个零部件的功能原理、易出故障、解决方案都要做到心中有数，确保对选手进行高质量的指导。在训练中，指导教师要及时发现选手存在的问题，并根据实际情况随时对比赛预案进行调整。每一场精彩的演出，都离不开高水平的导演。每一名金牌选手的身后，都有一个优秀的指导教师团队。

大 赛 反 思

打铁还需自身硬。要想更好地指导参赛选手，提高教师自身的实力是关键。指导教师只有努力使自身能力远超参赛选手，才能成为一名合格的教练员。

（杨建宁，潍坊市经济学校教师，全国职业院校技能大赛中职组农机维修项目金牌指导教师。2012 年 6 月指导的学生参加全国职业院校技能大赛，为山东省农机维修项目摘得首枚金牌。）

专家点评

技能大赛这场好戏需要指导教师能导、能编、能演。每一种角色的转换都需要指导教师的辛苦付出。

坚持不懈，努力拼搏

潍坊市工程技师学院　付忠平

2007 年参加工作后，我一直工作在焊接教学一线，并连续十余年负责焊接技能大赛的指导工作。

我校焊接专业起步较晚，与省内兄弟学校的差距较大。为了能尽快缩小差距，我主动放弃休息时间，吃住在学校，扎根在车间。在训练方法方面，制订详细的训练计划，科学辅导，按照由易到难、由分项到综合、由普遍到个别、由技术到心理的原则开展训练，循序渐进地提高学生的综合职业技能。在训练过程中，我不断强化学生的基础，包括识图、试件打磨、装配、点固和焊接工艺参数的确定等，如层次安排、层高、层宽、焊条（枪）角度、运条（枪）方式、焊接电流、电弧电压、焊接速度、整体结构件焊接顺序等应严格、规范地进行，使学生能够焊好每一条焊缝。

焊接属于纯手工项目，平时的训练很枯燥。学生每天面对的就是焊机、焊条和试件，每一套动作都需要进行反复训练。在天气炎热的时候，枯燥、高温的焊接训练更成为学生意志力的考验。在指导过程中，我主动走近学生，经常与学生沟通，耐心倾听学生的诉说，消除学生的心理压力和困惑，帮助他们树立自信心，使他们在精神上得到鼓励，增添积极向上的力量。

另外，我在训练中还采用"走出去，请进来"的方法。2013 年，我利用周末从济南、北京等地邀请了"金牌教练"王奇峰、国家级裁判吴定国来校给予技术指导，使我们的选手提高了技能水平，积累了经验。同时，赛前多次组织选手与安丘市职业中等专业学校、山东轻工职业学院等院校进行校间竞赛，有效地提高了参赛选手的心理素质和适应赛场的能力。

通过多年的努力和积累，我指导的学生在各级职业院校技能大赛中多次获奖。2013 年在全国职业院校技能大赛中职组焊接赛项中，朱利强同学获得一等奖第三名。2014 年，在潍坊市职业院校技能大赛中，高守建、王海飞同学分别获得一等奖第一名和一等奖第二名；在山东省职业院校技能大赛中职组焊接赛项中，他们又分别获一等奖和二等奖。2015 年 6 月，王海飞同学代表山东省参加全国职业院校技能大赛，获得第七名。2015 年 10 月，张涛同学获得潍坊市职业院校技能大赛中职组一等奖。2016 年 11 月，赵东强同学获得潍坊市职业院校技能大赛中职组一等奖。朱利强同学毕业后被高密市豪迈科技股份有限公司以每月 1 万多元的工资聘请为埋弧自动焊操作员；王海飞同学毕业后在潍坊市工程技师学院担任焊接指导教师。

大 赛 反 思

训练过程中，指导教师要积极引导选手的成才观与就业观，肯定他们的优点和长处，用身边的例子告诉他们：凭借自己的一技之长同样可以找到好工作，赢得尊重和相应的社会地位。只有这样，才能提高选手的训练积极性。

（付忠平，潍坊市工程技师学院教师，全国职业院校技能大赛中职组焊接赛项金牌指导教师。2007 年以来，曾获得全国职业院校技能大赛焊接专业"优秀指导教师"、第 44 届世界技能大赛山东省选拔赛"优秀指导教师"、山东省职业院校技能大赛"优秀指导教师"及"潍坊市技术能手""潍坊市有突出贡献技师""潍坊市优秀指导教师""诸城市技术能手""诸城市首席技师"等荣誉称号。）

专家点评

成功需要坚持不懈、努力拼搏，要有机遇，更要有努力。这样，即使失败了也问心无愧。因为，我们一直没有放弃拼搏。

为有源头活水来

潍坊市工程技师学院　王开良

中等职业学校的培养目标是培养高素质的技能型人才，作为一名数控技术专业教师，我多年来始终处在教学一线，积极推行学校要求的"理实一体化"教学模式，探索职业教育教学规律，改进职业教育教学方法。

以大赛促教改

1. 教学设计贵得法

让每一位教师都成为教学设计的主人，与学生建立的真挚情感。这是我的教学思想。

对于不同的教学内容、不同的教学对象，要采用适当的教学模式，不能以一概全。对于相同的教学内容，也不能采用固定的教学模式，因为"教无定法，贵在得法"。根据不同情况采用不同的方法去实施教学，是我们做好教学工作的前提。

王开良老师

2. 教学任务要明晰

专业课教学最忌照本宣科，实训教学最忌课题任务不明确、评价不到位和不具体。如果在小组中每个学生的任务分工不明确，学生的能力得不到充分的展示，一定程度上就会打击他们的积极性。在教学中，我首先根据设备状况分组，通常按照操作员、编程员、检查员、记录员进行分工，并及时给予督导、检查、评价，让学生每天都有新的收获。

3. 大赛命题做引领

技能大赛的引领作用不可忽视。当前，各级各类技能大赛如火如荼地进行，特别是国家级、省级、市级的大赛。大赛为学生的训练指明了方向。因此，对大赛命题的研究成了指导教师每天的必修课，我们试图将试题中的考点走向和命题关键点融入日常教学。最近两年的技能大赛融入理论考试和个人素养的考核，让我们对技能大赛又有了新的认知——技能要突出，习惯要养成，素养要展现。所以说，实时关注全国职业院校技能大赛，研究其命题走向，研究每年新增的比赛项目，可以让我们紧跟时代步伐不落伍，寓大赛所要求的素养于日常教学。近年来，我一直担任大赛指导教师，指导的学生获得全国大赛一等奖一次、省赛一等奖三次。

团队教研力量大

为造就一支师德高尚、业务精湛、结构合理、充满活力的高素质教师队伍，努力提升教学水平，为打造高素质技能型人才提供保障，诸城市教育局把名师培养作为人才工作的重点工程，组建了由全国优秀实习指导教师、山东省教学能手、山东省优秀实习指导教师、山东省优质课一等奖获得者组成的专业教学团队，确立了以年轻骨干教师为培养对象、以名师为引领、以学科为纽带、以先进的教育思想为指导的教学模式，搭建了促进中青年骨干教师专业成长及名师自我提升的发展平台，力争通过3年工作周期，培养一批教育理念先进、教学风格鲜明、教学水平高超的学科领军人物和优秀骨干教师，打造一支在潍坊市职业教育领域中有成就、有影响力的优秀教师团队。

每学期，我至少举办一次公开课教学，以提升教育教学能力。我在新生开学之初，做"数控技术应用介绍"专题讲座；在学期中段，做"感恩从心开始 让爱温暖彼此"专题讲座，以优秀的案例为切入点，加深学生对本专业的了解；陪同学生观看《感动中国》等专题片，将思想教育融入日常生活。同时，我积极参加山东省机械加工专业、数控技术应用专业教学指导方案的编写；带领团队成员根据《山东省数控技术应用专业教学指导方案》修订了适用于我校的《数控技术应用专业教学指导方案》；和团队成员合作，开发了《数控车床加工工艺与编程》《数控车床加工工艺与编程工作页》《车工技能训练》等校本教材。

在技能大赛的带动下，我一步步走进了教育科研领域：在《基础教育》《中国教师》等刊物上发表了《依托数控技能大赛 探索实训教学模式》《项目教学法在数控一体化教学中的应用》等文章；参编《车削加工技术》《金属加工与钳工实训》《模具数控加工》等多本教材。

我积极参加社会实践活动，在潍坊市职业技术教育教学研究室（简称潍坊市职教室）的安排下，我两次负责潍坊市中职学校数控技术应用专业教师的培训工作，和教师们一起分享了指导技能大赛的感想，一起分析大赛，商讨加工工艺、选手选拔流程及训练方案等；同时，我承担了学校安排的企业员工培训任务，深入诸城市义和车桥有限公司、潍坊青特车桥有限公司等多家企业，进入生产车间，结合企业产品，对工人师傅和企业技术人员进行系统的专业培训。

<h2 style="text-align:center">大 赛 反 思</h2>

"名师"不仅仅是一种认可和鼓励，更多时候，看似顺利而辉煌的成长历程往往缺乏一种底气和根基，必须在真实的学习环境中实现个人隐性经验的持续积累和知识的不断更新，只有这样才能实现个人的真正成长。

（王开良，潍坊市工程技师学院教师，全国职业院校技能大赛中职组数控车床类项目金牌指导教师。1995 年 7 月参加工作，车工高级技师，山东省首届中职学校"齐鲁名师"，潍坊市首席技师，获得全国优秀实习指导教师、山东省第六批教学能手、潍坊市政府成果特等奖、潍坊市政府成果一等奖、潍坊市有突出贡献技师、"富民兴潍"劳动奖章、诸城市首席技师等；自 2008 年以来，多次荣获"山东省优秀指导教师"称号。）

专家点评

大赛只是给教师一个平台，对新知识的学习永远在路上。名师的交流探讨是催人奋进的号角，激励着勇于探索、不断创新的职教人不断追寻自己的梦想。

<h1 style="text-align:center">我的大赛训练经验</h1>

潍坊市工程技师学院　徐金友

普通教育有高考，职业教育有大赛。全国职业院校技能大赛是检验职业学校综合实力的重要平台，是提高人才培养质量的有效途径，更是检验教师综合水平和能力的重要标准。日常对选手的训练要全面系统，从发现问题、整理流程到制订解决方案，具体有六点。

1）时间安排要精准。时间是第一要务。一是要把选手的时间安排妥当，每天的作息时间制订精准。当天的任务当天解决，反复练习。让选手在训练时就有紧张感。二是及时关注大赛动态，及早做出反应。一旦比赛样题公布，就要在第一时间形成一套完整的备赛预案，为比赛争取更加充分的时间。

2）平时注重应变能力训练。工件装夹与找正、加工工艺制定、切削参数选择、软件编程、程序传输、文明生产都是日常训练的内容，但学生到赛场往往发挥得不理想，会出现尺寸控制问题或者在装配时出现装配精度不理想的情况。这是心理素质差和赛场经验不足的表现。因此，在集训过程中做每套试题时都要按照比赛要求来进行，让选手在练习中就训练应变能力，灵活运用各种方法及解决方案，确保在比赛时万无一失。

3）赛前选手训练的提升。这几年的数铣比赛以工艺的分析和工件变形的处理为重点。工作量并不大，但精度要求较高，只有控制在合理的公差范围内才能保证装配精度及形位公差。保证各配合面的间隙在 0.03 毫米左右，才能达到性能要求，这是较难控制的部分。因此，进行赛前提升训练就显得十分重要。首先，研究样题材料材质的弹性变形、塑性变形及切削性能。根据提供的材料选择合适的刀具，制订几套可行的工艺方案，通过不断的加工训练，优化测量方法，选择合理的工艺。其次，制订突破难点的方案，如表面粗糙度的控制、尺寸的变形等。最后，通过试题的变化训练，从工装、夹紧、测量等多个细节来提高选手比赛时的应变能力。

4）优选合适的软件。自动编程加工工件的要求是准确性，快捷键的正确使用、刀路的优化、后置处理的修改与设定在比赛中表现得比较突出。学生要系统地练习，并根据试题选择软件。CAXA 制造工程师比较容易掌握，加工轨迹简洁，但在粗加工时不具优势，会出现满切现象，并且易断刀，效率不高。而 MasterCAM 软件能解决这一问题，在加工返回起始点时刀具会通过微量的抬刀来保护刀具，并始终保持刀具等量同方向加工。指导教师要了解各种软件的优点与不足，以提升对自动编程难点的解决能力。

5）由浅入深系统学习理论。这几年大赛中加了理论考试，但学生对理论知识学习缺乏兴趣。因此要采取有效的措施来提高学生的兴趣。大赛理论考试涉及机械加工等内容。虽然考试难度不是很大，但由于学生的理论基础较弱，难以系统地掌握，所以我们在这方面要多下功夫。画图方面也是如此。训练时让选手要由感性认知过渡到抽象认知，使其易于掌握。读画零件图的要求是识图、读图、改错、画图、标注，学生需要系统地练习。

6）五步训练大赛状态：一听、二摆、三看、四定、五干。"一听"是刚进入赛场时，要认真听大赛裁判的讲话，重点听大赛的流程、安全要求、注意事项；"二摆"是把工卡量具按要求摆放整齐，拿放方便，保证在加工过程中用后放回原处，不出现乱放现象及不必要的辅助动作，养成良好的职业习惯；"三看"是要仔细看图纸的细节，分析图纸的变化及要求的重点内容；"四定"是根据图纸制定安全、合理的加工工艺，保证工件的变形、形位精度、尺寸精度、装配精度等，确定相对合理的工艺；"五干"是正常加工，先轻加工后正常加工，由小进给到正常进给，根据机床的刚性选择合适的切削用量，确保加工过程正常顺利，最终按图的要求加工试件。

总之，技能大赛为学生和教师提供了一个展示自己的舞台，造就了众多的优秀学子和职教名师。他们凭借优异的教学成

徐金友老师（中）

果成为同行的学习榜样。而充分发挥优秀指导教师的引领示范作用，将很好地促进职业院校师资队伍的建设。树立"比技能、促质量、谋发展"的竞赛观和"以赛促教、以赛促学、以赛促改"的教学观，将助力优秀的教学名师团队的打造。

大 赛 反 思

技能大赛，无论是对选手还是对教师，都是一次难得的经历。它对师生提升职业技能水平，助推个人职业成长等，都有重大意义。

（徐金友，潍坊市工程技师学院教师，全国职业院校技能大赛中职组数控铣工技术项目金牌指导教师。1998 年 7 月参加工作，2004 年 4 月到潍坊市工程技师学院从事数控一体化教学工作。2012 年，指导的学生参加全国职业院校技能大赛中职组数控铣工技术项目比赛获一等奖；2013 年，指导的学生参加全国职业院校技能大赛中职组模具技术项目比赛获一等奖；2014 年，指导的学生参加全国职业院校技能大赛中职组数控铣工技术项目比赛获一等奖。）

专家点评

从精准的时间安排到五步训练大赛的状态，细节之处见功底，工匠精神蕴含其中。

目标是引领我们走向成功的灯塔

潍坊市工程技师学院　沙建礼

2008 年，我在无设备、无选手、无经验的条件下组建了钳工集训队。此后，多少个日日夜夜，我与学生并肩作战，有苦也有乐。

回顾十年参赛历程，我们取得优异成绩的原因主要有以下几个方面。

高度重视，计划周密

各级领导对经费、工具、设备、材料、场地等方面的大力支持是前提。精心组织，周密计划，明确目标，制订详细的工作计划，并根据计划有条不紊地展开各项工作是关键。学院领导、教练和队员一起召开赛前动员会，明确了各自承担的责任，参赛的选手不仅仅代表个人，更代表学院的形象。

我根据规程中的相关内容指导选手进行了有针对性的理论学习和实践练习，还针对选手的个人情况与选手一同制订了个人理论学习与实践训练计划，并对选手在训练中遇到的问题进行认真的分析、讲解，利用业余时间进行一对一辅导。我通过各种途径了解兄弟学校参赛选手的备赛情况，努力做到知己知彼。严格的训练，使选手们在理论和实操水平得到提高的同时，自信心也得到了明显的增强。

作风扎实，积极稳妥

优异成绩的取得，与领导的重视、学院的认真协调、教练和选手的紧密协作、选手的刻苦训练是分不开的。比赛时我们代表队规范的着装、整齐的装备、严密的组织和队员们昂扬的斗志，成为大赛的一个亮点。每次比赛，结果虽然比较圆满，但过程充满了艰辛，从场地的确定到设备的协调、装配与调试，每一个细节都让选手付出了超乎寻常的努力。只有发扬扎实的工作作风，做到不遗余力，才能保证每场比赛的胜利。

大赛成绩的取得及选手的技能风采，都极大地激发了学生的实训热情，促进了良好的学习氛围的形成。

目标准、训练狠、有信心

每次大赛的成功，都离不开赛前我们制定的拼搏与奋斗的目标。国赛赛场上，各省参赛选手水平不一，竞争激烈，考试内容每年都有新变化，题多、量大，精度要求高，需检测项目多，但是我们始终抱定必胜的信念。

沙建礼老师（中）与参赛选手

"宝剑锋从磨砺出，梅花香自苦寒来"，我们的选手之所以能取得今天这样的成绩，与他们平时的努力是分不开的。选手只有在日常的训练中练就一身扎实的基本功，才能在大赛舞台上坦然应对。为了控制装配速度，提高装配精度，做到技艺娴熟，他们关注自己与他人的差距，并暗中努力，在超越中寻找乐趣。这成为选手立足岗位、积极进取、奉献自我，以一种积极向上的人生态度去面对每一天枯燥训练的动力。

大 赛 反 思

每一场比赛的胜利，都离不开一支素质优良、作风顽强、团结协作、敢打敢拼的战斗团队。选手和指导教师视差距为目标，视压力为动力，创新训练方法，更新训练理念，把奋斗、挑战、艰难当作人生的磨炼，在超越中寻求乐趣。

（沙建礼，潍坊市工程技师学院教师，全国职业院校技能大赛中职组装配钳工技术赛项金牌指导教师。1998 年至 2002 年在北汽福田汽车股份有限公司工作，2003 年至今在潍坊市工程技师学院担任钳工一体化实习指导教师。2008 年至今担任学生实训及装配钳工技术赛项大赛指导教师，指导的学生先后获得潍坊市一等奖 6 个，山东省赛一等奖 4 个，国赛一等奖 2 个、二等奖 2 个、三等奖 1 个。个人获市、省、国家级优秀指导教师荣誉称号。）

专家点评

我们怎样才能在技能大赛中立于不败之地？这是优秀指导教师应不断思考的问题。只有不断总结大赛的经验和教训，不断改进、提高，才能应对越来越高的大赛要求。

大赛开启了通往美好未来的另一扇窗

寿光市职业教育中心学校　简未平

　　早在 2014 年年初，我就参与了化学工艺专业实训室建设与技能大赛指导工作，但因个人原因不得不于 2015 年暂时停止该项工作。当 2016 年重新回到工作岗位时，我也多了一个全新的身份——妈妈。也正是这个身份的转变，让我在开始的工作中有些力不从心，但在领导的关心和同事的帮助下，我很快适应了当时的工作节奏。技能大赛的指导工作与之前的教学工作不同，专业不对口、学生管理经验匮乏、长期加班……这些对于我来说都是严峻的挑战。但是，抱着为学生负责、为学校争光、挑战自我的心态，我就这样一步一个脚印地走了下去。尽管其中辛酸难以向他人诉说，但对于年轻的我来说，这无疑是成长路上的助推器。

指导学生

　　化工生产技术作为全国职业院校技能大赛石油化工类技能大赛常规赛项，旨在通过竞赛，考核与展示石油化工类专业学生的典型化工装置知识与操作技能；推进石油化工类专业建设与教学改革，实现专业与产业对接、课程内容与职业标准对接、教学过程与生产过程对接；培养适应石化产业发展需要的高素质技术技能人才，提高职业教育的社会认可度。

　　该赛项参照《中华人民共和国国家职业标准》规定的化工总控工高级工相应的理论知识和操作技能要求设置竞赛项目，具体包括化工专业知识考核、化工仿真操作考核和精馏操作考核 3 个项目。其中，化工专业知识考核、化工仿真操作为个人项目，精馏操作为团体项目。竞赛时，以院校为单位组队，团体计分评奖，每支参赛队由 3 名选手组成。

　　2017 年 6 月，全国职业院校技能大赛化工生产技术赛项在江苏常州举行，经过激烈的角逐，我指导的选手最终以第二名的成绩获得中职组一等奖，实现了该项目山东省零金牌的突破。

获奖选手与指导老师

　　我忘不了孩子们走出赛场时的喜极而泣，更忘不了与他们并肩作战的日日夜夜。付出就会有收获，这份沉甸甸的获奖证书是最好的见证。获奖的学生，也获得了免试专业课保送本科院校的资格。两年前，中考失利的他们，还在为学业成绩不理想而苦恼，还在为找不到前进的方向而迷茫。然而，技能大赛为他们开启了通往美好未来的另一扇窗，让他们看到了努力就会有进步，拼搏就会有希望。对于年轻的我来说，这是职业生涯中难忘的经历。

　　回顾备赛经历，以下几点值得与大家分享。

1. 领导的支持与重视是大赛成功的助推器

2017 年的技能大赛从备战到比赛，我们得到了学校各级领导的大力支持。从校赛、市赛、省赛选拔到国赛前集训，领导多次亲临现场指导工作，共同商议集训计划，点拨训练方法，解决训练中遇到的困难，为参赛选手树立信心、鼓劲加油。

2. 分阶段训练，合理利用时间

为在比赛中取得好成绩，指导教师根据比赛方案和规则，分夯实基础、专项训练、综合提升、模拟现场 4 个阶段对学生进行针对性训练。同时，指导教师根据前一阶段的训练情况及问题，进行总结分析，动态修订训练计划，保证参赛选手完全掌握比赛需要的知识与技能。从 2016 年 7 月起，参赛选手和指导教师全身心投入集训，保证训练质量和进度。

获奖选手及指导老师

近一年的训练，几乎没有双休日和假期，参赛师生心中想得更多的是如何提高训练成绩，实现技能大赛成绩的突破，为学校争得荣誉。

3. 既要"请进来"，又要"走出去"

在竞争激烈、竞赛难度加大的情况下，学生们仍能突出重围，在国赛中勇夺金牌，这与赛前请专家指导与带队外出训练有很大关系。专家指导，帮助我们打破常规思维，及时了解国内本项目的新进展；走出去与其他兄弟院校切磋技艺，更有助于知己知彼。

大 赛 反 思

参赛学生在平时的训练中已经掌握了相关的知识和技能，大多数院校的仿真操作技巧已趋于成熟，因此，速度与心态成为比赛取胜的关键因素。

（简未平，寿光市职业教育中心学校教师，潍坊市教学成果一等奖获得者，全国职业院校技能大赛中职组化工生产技术赛项金牌指导教师。2016 年，作为石油化工类技能大赛化工生产技术赛项的指导教师，参与了该项目潍坊市赛、山东省选拔赛的筹备与赛务工作。指导的学生在潍坊市赛中获得一等奖，个人获得"优秀指导教师"荣誉称号。2017 年 6 月，辅导的 3 名学生代表山东省在全国职业院校技能大赛化工生产技术赛项中获得一等奖，个人也获得"优秀指导教师"荣誉称号。）

专家点评

获奖学生获得了免试专业课保送本科的资格。大赛为莘莘学子开启了通往美好未来的另一扇窗，让他们不再为找不到青春的方向而迷茫，这再一次证明了"付出就会有收获"。

国赛工业分析检验赛项体会

寿光市职业教育中心学校 李伟

在指导大赛选手的这 3 年里，我不断从训练中总结经验，并向兄弟院校老师虚心求教，全面提升个人能力。我指导的学生连续 3 年在全国职业院校技能大赛工业分析检验项目中获奖，其中一等奖两项，二等奖一项。这对学生起到了很大的激励作用，获奖学生也成为用人单位争抢的对象。回顾参赛过程，有以下认识与大家分享。

<h3 style="text-align:center">要正确理解竞赛目的和意义</h3>

工业分析检验项目是依据职业教育工业分析技术相关专业教学改革与发展的需要，以培养学生职业能力、提升学生分析岗位实际操作能力为目标而设置的。通过技能竞赛促进学生的学习内容与企业岗位对接。通过理论与仿真考核、化学分析操作考核、仪器分析操作考核，考查学生产品质量监控的意识及现场分析与处理样品的能力；考查学生工作效率、文明生产、安全生产的职业素养和学生执行国家质量标准规范的能力。通过竞赛实现专业与产业对接、课程内容与职业标准对接，展示教学"紧跟市场、贴近行业、依托企业、对接岗位"的教学成果；增强职业教育在社会中的影响力，培养适应产业发展需要的技术技能专门人才，提高毕业学生满意率和优秀率。

<h3 style="text-align:center">要注重操作细节</h3>

工业分析检验项目包括理论考试、仿真考试、仪器分析操作和化学分析操作 4 个部分。每天晚上我们都在仿真实训室训练到 10 点多，一次又一次地测算试验数据，寻找提高仿真成绩的办法。为了缩短操作时间，提高训练效果，我严格要求操作中的每一个细节，如仪器校正、溶液配制等。学生们不怕苦、不怕累，认真训练，每天早上 5 点半开始背理论题。因为两项操作都需要 3 个半小时，所以白天只进行操作训练。为了使训练时间和比赛时间相吻合，上午从 7 点半开始训练到 11 点结束，中午休息，下午从 1 点到 4 点半。学生操作时，老师在旁边进行指导，及时记录学生出现的问题，并在学生操作结束之后进行总结点评，分析原因。备赛期间，双休日和假期与我们无缘，我们只有争分夺秒的训练。

获奖选手与指导老师

为了让学生拥有良好的心态，我在临考前会对学生进行心理辅导，重点讲授临场解题技巧和调整应考心态的方法。

<h3 style="text-align:center">大 赛 反 思</h3>

备战技能大赛需要正确理解竞赛的目的和意义，并根据竞赛内容进行针对性的训练。备赛过程中需要关注每一个细节，并从实践中不断总结经验。

（李伟，寿光市职业教育中心学校教师，全国职业院校技能大赛中职组工业分析检验项目金牌指导教师，寿光市优秀教师，潍坊市教学成果特等奖获得者，全国职业院校技能大赛优秀指导教师。指导的学生参加全国职业院校技能大赛中职组工业分析检验项目技能大赛，获得两金一银的佳绩。）

专家点评

借大赛平台，给自己定位，只有超越自我，才能赢得掌声。训练是辛苦的，过程是残酷的，但是迎接挑战的心是甜的。

正如"溶液多半滴或少半滴，容量瓶中有一个小气泡等细节都会对结果造成很大的影响"，细节往往决定一项大赛的成败，谁关注了细节，谁便会赢得比赛。

我与技能大赛的那些事

寿光市职业教育中心学校　刘超

我初次指导智能家居安装与维护赛项时，是寿光市职业教育中心学校自成立以来首次参赛。当时国内大部分院校处于起步阶段，如果指导到位且训练得当便可能取得好成绩，这对于我个人的成长是一个很好的机遇。领导出于信任把这一任务交给了我，我想一定要抓住这个机遇，但是也面临着诸多挑战。

1）个人经验缺乏。2013 年 10 月，我刚参加工作，缺乏教学经验，专业技能水平与赛项要求差距很大。

2）家庭因素影响。当时妻子怀有身孕，需要人照顾，而我需要投入更多的时间去训练。

3）学生基础差。众所周知，中职学生学习基础相对较差，编程更是零基础，这进一步加大了辅导的难度。

但是困难没有压倒我们，反而激发了我们的斗志。在接受这个任务后，我们先是从 2013 级中挑选了 10 多名学习认真、吃苦耐劳、头脑灵活的学生，然后又进行层层筛选，最终选定 6 名学生参加训练。虽然这些学生与其他学生相比优势明显，但是参加技能大赛，不仅需要具备很强的数学逻辑思维，还需要具备扎实的英语基础，因此在短时间内提高他们这两个方面的能力尤为重要。

"打铁还需自身硬"，为了更好地训练学生，我自己先摸透比赛需要的知识和大赛的基本规程，然后根据学生的特点制订相应的训练方法。我们师生同心，积极备赛，从开始到结束 5 个多月的时间，我们没有休过一次假。训练很辛苦，但功夫不负有心人，在 2014 年的技能大赛中，我指导的隋腾飞、刘乃瑞、常玉凤第一次参加比赛便获得了一等奖。

2015 年，我们开始了新一轮的备赛，因为已经参加过大赛的学生不能继续参加，所以我们只能从头开始。好在有了去年的经验，学生也很配合，我们一起加班加点训练，放弃周末与假期，最终付出的努力也得到了回报，取得了优异的成绩。

2017 年，由于特殊原因，承办方更换比赛设备，比赛内容也做了相应的调整。面对这种情况，我们顶住压力，对比赛项目内容及比赛规程进行了一遍又一遍的研究，并刻苦训练，最终获得了技能大赛一等奖。"只要练不死，就往死里练"这句口号是对我们刻苦训练过程最好的写照。

获奖选手与指导老师

回眸指导大赛选手的经历，我有以下心得体会。

1）备赛需要耐心的教导。智能家居安装与维护赛项需要大量的编程工作，但是学习编程对于零基础的中职学生来说非常困难，一个小的知识点往往要反复讲解。这个时候需要指导教师耐下心来慢慢地教，甚至是手把手地教，让学生记下来，然后反复训练。

2）大赛需要科学的训练。首先做到"心中有数"，要对国赛规程进行细致的研究，制订科学合理的训练方案；其次"请进来"，就是要聘请国赛专家和高校教师到校进行指导，提高操作的规范程度；最后"走出去"，要去那些之前有过比赛经验的院校进行参观学习，汲取精华。另外，平时不仅要训练学生的操作技能，还要加强学生心理素质的训练。

3）大赛促进学生的成长。参加技能大赛的学生除了学会编程、取得成绩之外，其他方面的素质也得到了明显的提升。在艰苦的训练过程中，他们学会了坚持。在长期的小组训练中，他们学会了团队合作。在取得优异成绩的道路上，他们学会了主动迎接挑战、克服困难。

大 赛 反 思

在训练过程中要多观察学生的心理变化，对于出现问题的学生要给予积极的开导，必要时邀请心理老师与其交流。另外，在高强度训练的同时要注意保证学生的休息时间，劳逸结合，提高效率。

（刘超，寿光市职业教育中心学校教师，全国职业院校技能大赛中职组智能家居安装与维护项目金牌指导教师。2010年毕业于青岛大学电子信息工程专业，2013年10月成为教师，并负责物联网教学部智能家居安装与维护技能小组的指导工作。2014～2017年，指导的学生参加全国职业院校技能大赛，获得3次国赛一等奖、1次国赛三等奖、3次省赛一等奖。）

---- **专家点评** ----

"早起的鸟儿有虫吃"，面对中职学校优质学生资源不足的现实情况，我们要提前做好准备工作，尽快选好参赛选手，提前培养，提前训练。

技能大赛助我成长

寿光市职业教育中心学校　邱续东

2009年11月，我刚参加工作便被领导派去参加当年12月举行的潍坊市单片机赛项教师个人赛，并取得一等奖的成绩。此后我便一直负责此赛项技能小组的指导工作。2013年开学，学校领导找我谈话，说学校准备参加当年6月举行的全国职业院校技能大赛中职组电梯维修保养赛项。当时学校还没有电梯专业，没有电梯设备，我也不懂电梯知识，更何况婚期定在当年的5月份，什么东西都没有准备，连婚纱照都没有拍摄。但我明白这次是为荣誉而战，压力可想而知。

由于学校没有相关设备，需要到浙江亚龙教育装备有限公司去培训，3月的山东，天气比较寒冷，我匆忙与妻子拍了婚纱照，便带着3名学生踏上去温州的火车，在温州一待就是将近两个月。我与学生同吃同住，没有周末和节假日，白天在车间学习，晚上回到宿舍继续模拟训练，在最短的时间内掌握了电梯的有关知识并获得了参与国赛的资格。从温州回来后的第三天就是我的婚礼，由于父母年事已高，家里的一切东西都是靠妻子一个人准备的。婚后第二天我就离开妻子带着学生赶赴50公里外的羊口新建校区训练，当时设备还没有安装好，我带着学生同安装工人吃住在一起，边学习边帮忙安装。功夫不负有心人，在当年的国赛中，我指导的学生获得了二等奖。

2013年，学校成立的电梯专业被确定为山东省十大品牌专业，省财政专门拨款450万

获奖选手

元用于学校电梯专业建设，我被聘为电梯专业带头人，负责电梯专业建设。2014年，学校筹建电梯实训室，我带领同事和学生全面参与到建设当中去，从设备的入校、安装、调试到实训室的规划、建设都有我参与的身影。实训室刚一建成，我便带着学生投入紧张的备赛训练中。在我们眼中，已没有周末与假期，每一次的训练都是比赛。2015年，学校成功申办中职组电梯维修保养赛项比赛。我一边辅导学生，一边准备赛场，调试设备，联系专家。每天早出晚归。

2015年6月14～15日，全国职业院校技能大赛中职组电梯维修保养赛项在我校隆重举行，全国机械职业教育教学指导委员会、山东省教育厅、潍坊市人民政府、潍坊市教育局的领导和国内其他中职院校的同仁、国内电梯维修保养方面的专家和浙江亚龙教育装备有限公司的技术代表共同观摩比赛。共有来自全国26个省、自治区、直辖市的46支代表队92名选手参赛。经过两天的紧张比赛，我校最终获得一等奖的好成绩，承办的赛项得到上级领导部门与参赛选手的肯定和表扬。这次竞赛，展示了我国职业教育教学改革与创新的最新成果、参赛学生高超的电梯维修保养技能及良好的精神面貌；促进了专业设置与产业需求对接、课程内容与职业标准对接、教学过程与生产过程对接；引领了电梯维修保养

高技能人才培养和加快工学结合教学改革与创新的步伐。我校的电梯专业也因此得到社会的普遍认可，周边的电梯公司纷纷到我校招工，毕业生供不应求。在2015年的招生工作中，学生踊跃报名电梯专业。

指导技能大赛是辛苦的，要想取得好的成绩，就要全身心地投入与付出。指导技能大赛又是快乐的，自己得到了迅速成长。通过参与技能大赛，学校积极开展教学改革，专业建设取得长足进步，毕业生也成为用人单位争抢的对象。

大 赛 反 思

学生要达到金牌选手的水平，指导教师就要达到金牌教练的水平。没有教师的指导，学生的训练只能是盲目的；没有肯埋头苦练的学生，金牌就只是梦想。每一次训练都要有总结与反思，每一次点评都要有改进与提高，要在有限的时间内全面提升技能水平，这就是备战大赛的精髓。

（邱续东，寿光市职业教育中心学校教师，全国职业院校技能大赛中职组电梯维修保养赛项金牌指导教师。寿光市教学能手，寿光市优秀教师，现任机电教学部副主任。自2009年参加工作，便负责单片机控制装置安装与调试技能小组指导工作，在潍坊市赛中成绩显著。自2013年起担任电梯维修保养赛项指导教师，指导的学生取得2013年国赛二等奖、2015年国赛一等奖。2014年参加全国机电类专业教师教学能力大赛获得二等奖，被评为"全国机械职业院校实践教学能手"。）

专家点评

勤学苦练，敢于亮剑。狭路相逢勇者胜。要想赢得比赛，取得好成绩，就必须有拼劲、狠劲。没有平日的刻苦训练，没有辛勤的付出，即使具备再好的条件，也不能取得好的成绩。

技能大赛成就职教名师梦

寿光市职业教育中心学校 隋晓敏

2010年年底，学校领导决定参加第二年的全国职业院校技能大赛中职组建筑CAD赛项。当时我正负责高考辅导班的机电理论课程，工作量很大，高考压力更大。学校领导找到我，说明学校现今面临的困难，鼓励机械专业出身的我攻克难关，承担建筑CAD赛项小组的指导工作。在领导的鼓励下，我欣然同意了。

回想起来，我为自己有那么大的勇气接受挑战而自豪。刚开始我很焦虑，因为没有接触过建筑专业，知识储备不足，辅导经验缺乏，生怕辜负了学校领导及学生对我的信任，但既然接受了任务，唯有奋力一搏。

我面临的第一个难题是选拔学生，因为没有相关专业的学生，只能从相近的机械专业中选拔，在鞠连友主任的全力支持下，经过笔试和面试的层层选拔，最终确定了10个人选。

其中，张邦玺同学给我的印象很深刻，他是计算机专业，但是听说我们在选拔参加技能大赛的选手，就主动找到班主任报名。笔试时，他的成绩不够理想。面试时，考虑到他是计算机专业的，没有接触过制图这门课程，我们专门出了一个考查制图空间思维能力的题目。他的思维很敏捷，思路也很清晰，当时我们就决定留下他。当然，他需要比其他学生付出更多的努力来学习专业知识。后来，我单独给他制订了学习计划，并利用指导间隙给他补习制图知识。事实证明，我们的判断没有错，他在第二年的全国职业院校技能大赛中职组建筑CAD赛项中就斩获了二等奖。

学生的问题解决了，第二个难题就是没有教材，我连夜在网上搜集了很多资料，归纳整理后先打印一部分应急，然后抓紧时间购买相关教材。我一边自学，一边教学生，在摸索中前进。由于是第一次接触建筑专业，我必须提前几天备好课，才能去教学生，熬夜备课也是家常便饭。

第三个难题是不了解建筑CAD赛项的方向。在学校领导的帮助下，我带领学生到处"取经"，只要是与建筑相关的我们都学习，全面准备，只为不遗漏任何一个知识点。马桂利主任带领我们去寿光市住房和城乡建设局学习，了解实际建筑图的绘制；鞠连友主任带领我们到各大建筑公司实地体验，到济南等地的高校学习建筑CAD教学经验。

一个个难题，一次次攻克，我指导的建筑CAD小组连续两年在全国职业院校技能大赛上获得一等奖。这对学生起到了很大的激励作用。

在强化练习时，我遇到了又一个难题是学生的绘图速度难以突破。速度跟不上，就意味着比赛时会做不完。那段时间我很着急。后来，我突然想到如果单手操作键盘，不就可以解放另一只手去控制鼠标了吗？我马上从床上爬起来，试了两个多小时，刚开始很不习惯，到后来速度明显加快。"单手键盘法"推广应用后，学生的绘图速度加快了很多。在后来的全国职业院校技能大赛中职组建筑CAD赛项中，我校参赛的两名学生在题量相当大的情况下，全部做完了题目，并留有少许的检查时间。

获奖选手与指导老师

技能大赛不仅促进了我个人能力的提升，也给我带来了荣誉。2012年，我成为山东省首届职教"齐鲁名师"人选。经过几年的努力，我顺利通过了潍坊市及山东省的考核，于2017年正式成为"齐鲁名师"。

大 赛 反 思

"尽我所能，授我所有"，这是我作为一名教师的职责，我要让学生树立"努力了，就不后悔"的信念，应对人生路上的每一次挑战。

（隋晓敏，寿光市职业教育中心学校教师，全国职业院校技能大赛中职组建筑CAD项目金牌指导教师，"齐鲁名师"，全国职业院校技能大赛优秀指导教师，潍坊市教学能手，潍坊市教学成果特等奖获得者。2004年毕业于西安交通大学，之后一直任教于职业教育第一线。指导的学生参加全国职业院校建筑CAD项目技能大赛，获得两金一银。）

专家点评

大赛不仅需要付出汗水，还要善于创新。隋晓敏老师独创的"单手键盘法"提高了学生的绘图速度，为赢得比赛争取了宝贵的时间。

追 梦 路 上

寿光市职业教育中心学校　徐荣娟

寿光是蔬菜之乡，蔬菜嫁接技术走在全国的前列。乘全国职业院校技能大赛的东风，我开始了我的追梦之路。

担任蔬菜嫁接赛项的指导教师，对我来说，充满了机遇和挑战。2015 年，我参加工作不满 3 年，教学经验不足，而且专业也不对口，从没学过蔬菜嫁接。为了更准确掌握大赛要求，我逐字逐句地研究国赛规程，对规程上的标准理解不透的，就咨询相关专家；为了掌握蔬菜嫁接技术要领，我从网上搜索蔬菜嫁接的视频进行学习，并到当地育苗场请教技术人员。

2015～2017 年，我指导的学生连续 3 年斩获国赛一等奖。

获奖选手与指导老师

2017 年，对于我来说是最辛苦的一年。2017 年春节刚过，参与技能大赛的相关人员便进入了紧张的训练阶段，恰巧我查出怀上二胎。为了更方便地指导学生，我把办公室搬到了训练场地。后来由于工作劳累，我出现了先兆流产的迹象，医生建议我卧床休息一周，但考虑到大赛在即，我在家休养了一天，便又投身到学生的训练指导中。训练期间我孕吐比较厉害，只能靠输营养液补充营养。令我欣慰的是，学生很懂事，都能够认真训练。当年的赛项，在保留西瓜劈接和黄瓜插接的基础上，又增加了营养液的配制。由于没有学习过相关知识，新增加的项目又比较困难，我们只好借助网络查找相关仪器的操作规范，并请高校教师和以往国赛裁判到校指导。当年大赛的赛场设在长春，考虑到我的身体情况，领导建议我不去现场。但为了让学生更有信心，我决定陪学生参加比赛。历经近 30 个小时的车程后，我们终于到达了长春，一路很辛苦，但我感觉值得。

刻苦训练

大赛不仅成就了我，也成就了参赛的学生。我们获得能力提升的同时，也赢得了荣誉。

大 赛 反 思

选拔参赛选手，要注意选拔有上进心、学习认真、能吃苦、头脑灵活、动作利落的学生。在训练过程中要严格要求，同时多关心多鼓励。

（徐荣娟，寿光市职业教育中心学校教师，全国职业院校技能大赛中职组蔬菜嫁接项目金牌指导教师，负责现代农艺教学部"蔬菜嫁接"技能小组的指导工作。2015～2017年，指导的学生参加全国职业院校技能大赛中职组蔬菜嫁接项目并获得一等奖，个人连续3年获"优秀指导教师"的称号。）

专家点评

徐荣娟老师在孕吐比较厉害的时候只能靠输营养液补充营养，但为了大赛能取得好成绩，她仍然夜以继日地辅导学生；为了给参赛学生增加信心，她历经近30个小时的车程陪学生参赛。这就是大赛精神！

一片丹心育英才

寿光市职业教育中心学校 朱文华

记得最初接触模特表演赛项是在2012年担任校团委书记的时候，当时团市委要组织一场大型走秀活动，点名由我校承办此次活动，从那时开始，我就踏上了训练和指导学生的征程。

在普通人眼里，模特是光鲜亮丽的职业。在聚光灯下，风光无限，背后的辛苦却鲜有人知。每届服装专业的学生来学校报到时，对模特表演都一窍不通，此时的第一课就显得尤其重要。作为教师，我不仅要让学生从内容上了解专业，还要让她们从思想上接受专业；

朱文华老师与获奖选手

不仅要独具慧眼，还要有过硬的实力让学生折服，要让学生打心底爱上这门艺术。"台上十分钟，台下十年功"，我觉得这句话很恰当。因为老师授课的时候，想要给予学生一碗水，自己就要有一桶水。这就要求我们不断地学习、总结、反思，并及时将自己的经验记录下来，在整理中思考，在行动中检验。

多少个不眠的夜晚，为了做好训练中的每一个环节、每一个细节，我都要在学生训练结束后查阅资料，观看视频，反复推敲，因为我知道，细节决定成败。

从学生入学那天，我就陪伴着她们一起训练，练礼仪、形体、台步、表情……陪着学生压腿、走台步、摆造型，纠正不到位的动作，成了我每天的必修课。为了备战大赛，从拿到比赛资格到敲定选手，每年的训练时间都很紧张。在每天的训练过程中，除了指导学生常态化的8个小时的高强度训练之外，更让我费心的是每个队员如何在赛场上展示每一个细节，因为不仅需要充分尊重选手的个人风格，还要充分考虑竞赛的规程和要求。训练过程很辛苦，但我们始终保持了良好的心态。

在训练场上，我是一名指导老师；在生活中，我更像是一个父亲，既要关心孩子们的生活，还要关注她们的思想变化。

大 赛 反 思

教育学生需要真心的投入，需要我们不断地提高自身修养，给予学生更多的爱、理解和尊重。

（朱文华，寿光市职业教育中心学校教师，全国职业院校技能大赛中职组模特表演赛项金牌指导教师，寿光市教学能手，寿光市优秀教师，寿光市优秀班主任，潍坊市教学成果一等奖获得者。在连续两届的全国职业院校技能大赛中职组模特表演比赛中，指导的学生均获国赛金奖。）

专家点评

朴实的外表下，朱文华老师有一颗学习美、观察美、思考美、实践美的心，借助大赛，他让学生在青春路上绽放美丽，让自己业精技强、德艺双馨。

甘做学生眼中的"魔鬼"

寿光市职业教育中心学校　辛超

2017年的化工生产技术赛项聚集了全国职业院校化工生产技术专业最顶尖的选手。大赛考核内容与化工行业实际岗位接轨，通过对理论知识、仿真操作、精馏操作等项目的考核，全面考查参赛选手在化工生产技术方面的基本知识、操作技能、生产问题判断与解决的能力，以及团队的协作精神和职业素养等。

精馏操作为集体项目，需要3名选手共同操作，这也是3项考核中最难的一项。温度变化、参数变化……时刻充斥着整个操作过程。选手对各种工艺指标的理解、判断、控制，直接影响精馏的产品质量与浓度，选手要根据参数变化趋势随时调整操作方案。这需要较好的临场应变能力。为了提升选手的临场水平，除了高强度的训练，我们还不定期地外出交流，学习取经，曾先后到东营、天津、上海等地的兄弟院校交流学习。通过实地操作设备，根据比赛环境的差异、设备摆放空间位置的差异、设备尺寸的差异，灵活设置操作参数，参赛选手的随机应变能力不断增强。

辛超老师（左一）、简未平老师（右一）与获奖选手

2017年5月，在精馏操作比赛当天，我校三名参赛女选手精神抖擞，英姿飒爽，让全场选手和裁判耳目为之一新。标准的站姿、标准的工装穿戴、清晰嘹亮的操作指令……使人眼前一亮，成为全体裁判员关注的焦点。"巾帼不让须眉"，梅翠翠、李灿珠、刘新英最终以全国第二名的优异成绩荣获一等奖。

从参赛小组组建到参赛名单确定，中间的过程是残酷的。从组建小组的那天起，我们就时刻提醒选手一定会有人离开。省级选拔赛的时候参赛小组还是6个人，省级选拔赛后剩下4个人。这给参赛选手带来了很大压力，同时也激发了她们的拼劲和斗志，锻炼了她们的心理承受力。回顾夺冠之路，指导教师时常要充当"坏人"，成为学生眼中的"魔鬼"，而也正是指导教师的变相激励和良苦用心，才让她们夺取了这枚沉甸甸的金牌。

大赛反思

在训练工作中，我们一定要及时优化训练方法，统一模式、统一要求、统一步调，才能如期完成培训任务，创造更大的辉煌。

（辛超，寿光市职业教育中心学校教师，全国职业院校技能大赛中职组化工生产技术赛项金牌指导教师。）

专家点评

为了激励参赛选手，指导教师甘愿成为她们眼中的"魔鬼"，可谓用心良苦。赛场上，她们英姿飒爽，操作指令清晰嘹亮，并最终以"浓度90.15%、质量16.01kg"的结果一举夺魁，这是对"严师出高徒"最形象的阐述。

借大赛平台传工匠精神

寿光市职业教育中心学校　朱瑞娟

工业分析赛项由理论与仿真、化学分析、仪器分析三个竞赛单元组成。理论与仿真单元，理论部分要求学生理解并记忆3000道题目（1000道单项选择题、1000道多项选择题、1000道判断题），其中很多是计算类题目；仿真部分要求学生电脑操作特别熟练、流畅。化学分析单元，要求学生在三个半小时内测定某一物质成分的准确含量，要求精确到小数点后五位。学生在实验操作过程中若有丝毫的分心、点滴的失误，就可能会导致比赛完全失败。仪器分析单元，同样要求选手在三个半小时内运用紫外分光光度计测定某一物质成分的准确含量，对参赛选手的要求非常高。国赛前夕，我校的两名参赛选手技术水平已经比较稳定了。但由于她们是首次参加国家级比赛，越到赛前越感到压力大、紧张。其中一名选手因为压力过大而变得急躁，在训练中频

朱瑞娟老师（中）与参赛选手

频出现失误。为了稳定选手的情绪，我搬入位于教学楼的学生临时宿舍，与学生吃住在一起，一起分析出现的各种问题，一遍又一遍地训练基本功，称量、移液、定容、滴定……三个半小时下来，腰疼得站不住，但仍然咬牙坚持。

工作和家庭在这种情况下无法兼顾，当学生在训练中出现问题时，我就带着儿子去实验室。我辅导学生训练，孩子就在旁边写作业，困了就趴在实验室的讲台上睡觉。等和学生做完实验分析，准备回家时，孩子已经睡熟了。看着熟睡的儿子，我心里有种说不出的滋味，总觉着亏欠孩子太多了。和别人谈起来，我总是说："我是一个孩子的妈妈，但我更是一群孩子的老师！他们都需要我。"

获奖选手与指导老师

一分耕耘，一分收获，我们辛苦的付出得到了丰厚的回报。2016年5月，在天津市举行的全国职业院校技能大赛工业分析赛项中，我指导的两名学生凭借过硬的基本功和扎实的技能，一路过关斩将，最终站在了最高领奖台上。2017年5月，我指导的两名学生取得了全国第二名的优异成绩！

我经常说："既然选择了教师这一个职业，我将无怨无悔地做好教学工作，将每一位学生当作自己的孩子去培养；既然选择了备战技能大赛，我将尽自己最大的努力指导每一位学生，提升他们的技能，培养他们的工匠精神，这样才能无愧于心！"

大 赛 反 思

完善以老带新、以练促学的团队理念，让更多的年轻老师参与到技能大赛中来；让有经验的学生将自己的体会、感悟和精益求精的精神传递给自己的师弟师妹，弘扬工匠精神。

（朱瑞娟，寿光市职业教育中心学校教师，全国职业院校技能大赛中职组工业分析项目金牌指导教师。从教10余年，用爱和责任诠释了教育的真谛。2014年指导的学生荣获山东省工业分析技能大赛一等奖，2015年指导的学生荣获全国职业院校技能大赛中职组工业分析项目二等奖，2016年指导的学生荣获全国职业院校技能大赛中职组工业分析项目一等奖，2017年指导的学生荣获全国职业院校技能大赛中职组工业分析项目一等奖。个人获全国职业院校技能大赛优秀指导教师奖，并多次被评为技能大赛先进个人。）

专家点评

美国畅销书作家亚力克·福奇在《工匠精神》一书中说：古往今来，工匠精神一直都在改变着世界。热衷于技术与发明创造的工匠精神是每个国家活力的源泉，中国的创新驱动发展呼唤工匠精神。朱瑞娟老师和她的学生以大赛为契机，忘我投入、精益求精，全力践行工匠精神。

辛勤结硕果，青春谱华章

临朐县职业教育中心学校 蒋友磊

2008 年，我开始担任技能大赛指导教师。我深知作为指导教师，要与时俱进，密切关注专业技术发展的新态势，同时要不断学习，丰富自己的知识储备，提升自己的技能水平。为此，我常到图书馆或网络中心查阅资料，并利用闲暇时间到济南、青岛等地的企业、高校、培训机构观摩学习。

备赛期间，我把全部精力都投入到学生的训练和生活中。学校离家二十多公里，为了抓好技能训练，我坚持每天晚上和节假日到学校指导学生训练。尤其是临近比赛的时候，我和学生一起吃住在学校，争分夺秒地进行训练。我兢兢业业、吃苦肯干的精神，也感染、激励着我的学生。

多年的带队经验，使我具有敏锐的比赛感知力，掌握了独特而科学的训练方法。在平

蒋友磊老师（中）与获奖选手

时的训练中，我注重学生的基本操作能力和心理承受能力的训练。我注重细节，尤其是基础操作。同时有意识地培养学生的团队协作精神和自我解决问题的能力。在备赛过程中，重复的操作、枯燥的训练、单调的生活方式对学生的心理承受能力是极大的考验。为了预防心理问题，我请学校的心理老师定期对学生进行辅导。另外，我常常与学生进行羽毛球、乒乓球等比赛，激发他们的训练热情，提高他们的抗挫折能力、抗压能力。

2013 年，临朐县整合县内 3 所职业学校，组建了临朐县职业教育中心学校，我承担了新学校计算机应用专业的管理工作。在专业建设和发展中，制定相应的管理制度和措施，以技能大赛为抓手，积极推进实践教学改革。有效的专业管理，提升了我校计算机应用专业的办学水平。

近年来，我校计算机应用专业师生在技能大赛中取得了骄人的成绩，其中国赛一等奖 2 个、二等奖 8 个、三等奖 2 个；省赛一等奖 7 个、二等奖 5 个；市赛一等奖 51 个，为学校连续 6 年荣获"潍坊市职业院校技能大赛十强校"做出了突出贡献。

大赛反思

作为大赛指导教师，只有自己技术过硬，才会带出优秀的学生。

（蒋友磊，临朐县职业教育中心学校教师，全国职业院校技能大赛中职组计算机检测维修与数据恢复赛项金牌指导教师，山东省职业教育青年技能名师、山东省优秀教学团队带头人。）

专家点评

　　备赛的过程枯燥单调，怎样才能激发学生的训练热情，稳定学生情绪，提高学生的抗挫折能力、抗压能力？蒋友磊老师采用的请心理老师进行辅导、与学生进行体育比赛等方法值得借鉴。

心血汗水浇灌，终结丰硕成果

临朐县职业教育中心学校　王太岗

　　2008年，教育部举办了首届全国职业院校技能大赛，提出了"普通教育有高考，职业教育有大赛"的口号，号召从国家到地方积极举办多层次的技能竞赛。在这样的大环境下，学校对备战技能大赛提出了较高的要求和期望，并组建了电子装配与调试、机电一体化、网络搭建、数字影音制作等赛项的参赛队伍，我加入了电子装配与调试项目组。由于当时学校软硬件设施相对落后，要想在全市、全省甚至全国成为佼佼者，教师和学生的压力都相当大。我和侯孝勤老师克服困难，共同研究国赛规程，制订备赛方案，设计训练项目和任务。为了提高教师和学生技能的水平，在学校领导的大力支持下，我们多次请专家到学校指导，同时带领学生先后去厦门、成都、济南、青岛、潍坊等地学习。功夫不负有心人，在2010年潍坊市职业院校技能大赛中，我们取得了教师组一等奖2个、学生组一等奖2个的好成绩。

　　2013年，临朐县对县内3所职业学校进行整合，根据学校安排，我进入计算机硬件检测与数据恢复技能大赛备赛项目组，并担任该项目的实训指导教师。计算机硬件检测与数据恢复对于物理学专业的我来说是新鲜事物，为了尽快掌握相关知识和技能，我自费购买了《数据恢复技术深度揭秘》《数据恢复方法及案例》《数据恢复高级技术》《计算机主板维修原理》等教材。由于时间紧、任务重，只能晚上加班加点学习。自学了一段时间以后，我们带着疑问先后去山西、济南、北京、福建等地向名师求教。2014年12月18日，我带领学生备战2015年国赛，开始了长达数月的"魔鬼训练"。学校领导高度重视国赛备战，为避免其他事务干扰备赛，为我们租了一处房子作为训练基地。为了保证训练时间，我们舍小家顾大家，一天24小时与学生吃住在一起。在指导学生训练、出题组织考试的同时，我们还抽时间自己做饭，既保证了学生一日三餐的营养，又节省了学生外出吃饭的时间。

　　备赛的过程是忙碌而充实的，我们制定了详细的作息时间表：早上5点半开始理论知识的学习；上午是模拟考试，老师负责出题、点评，并及时将学生在考试中出现的问题向学校领导汇报，或与行业专家沟通，请他们提出意见；下午修改存在的问题，反复训练；晚上先进行焊接训练，10点开始对当天的学习进行总结，并安排部署第二天的学习计划和训练任务，直到11点才回去休息。这样的训练持续了6个月。长时间的高强度训练，学生难免出现情绪波动。此时，我们及时联系学校领导和学生家长，对学生进行心理疏导和情感教育，以稳定学生的情绪。

大 赛 反 思

技能大赛，为教师和学生提供了良好的交流和学习平台。在备战技能大赛的过程中，教师要严格要求，全面提升学生的专业技能水平。只有用心血与汗水灌浇，美丽的花朵才能结出丰硕的果实。

（王太岗，临朐县职业教育中心学校教师，全国职业院校技能大赛中职组计算机硬件检测与数据恢复赛项金牌指导教师，全国职业技能大赛优秀指导教师，多次获潍坊市职业技能大赛电子产品装配与调试和计算机硬件检测教师组一等奖。2009 年以来，指导的学生多次获得山东省职业技能大赛计算机硬件检测与数据恢复赛项一等奖，2015 年指导的学生获得国赛一等奖。）

专家点评

"凡事预则立，不预则废"，王太岗老师和他的团队制定了详细的作息时间表，安排得当、科学合理、切实可行。他们能取得丰硕的成果，这份作息时间表功不可没。

病腿擎起金牌梦

临朐县职业教育中心学校　张娟

从 2009 年起，我一直担任技能大赛数字影音后期制作项目的实训指导教师，每年备战市赛、省赛、国赛，循环往复。回首往事，真是感慨万千。

张娟老师（左）与获奖选手

刚刚担任指导教师时，我被确诊为右腿股骨头缺血性坏死，已经坚持吃了 3 年中药，未见任何好转，医生建议手术置换人工关节。但当时学校计算机专业老师只有 5 人，且要分成两个项目参赛，师资力量严重不足，我只好推迟手术时间。医生说暂时不做手术的话只能拄着拐杖行走或者骑自行车，尽量减少股骨头和髋臼之间的摩擦。从此，自行车就成了我的腿。虽然我家离办公室不到 200 米，但每天都是骑着自行车上下班。即便是骑自行车，上下楼对我来说也是不小的考验，每上一级楼梯，就是一阵钝痛。那一年老师也要参加比赛，使用的软件是英文版的 AE，当时我们连软件名都没听过，经过简单的自学后，就四处联系外出学习。我不好意思拄着拐杖出去，只能吃止痛片，并尽一切可能少走路，因为活动量越大吃的药就越多。备战国赛的 6 个月，我从开始的每 3 天吃一片止痛片，到后来一天一片，最后两个月甚至一天两片才能止痛。因为药物的副作用，6 个月我整整胖了 20 斤，肝肾功能也受到严重损害。直到现在，我还是上下班靠自行车，上下楼靠拐杖，且已经对止痛片产生依赖，两天不吃，腿就痛得上不了楼。由于年年备赛，我的手术至今也没有做成。

2012 年，我带领学生备战 2013 年国赛。从 2012 年 12 月 10 日起，我和学生开始全封闭训练。每天早上 5 点起床，开始一天的学习；上午是模拟考试，我负责出题、点评，然后请学校领导审查学生的作品并提出意见，下午对存在的问题进行修改，反复训练；晚上进行理论学习，欣赏优秀电视作品，直到 11 点才回去休息。这样的高强度训练一直持续到国赛前一天，算来整整有 6 个月。这种模式现在已经成为备战省赛、国赛的常规模式。

在备赛过程中，我早出晚归，在技术上和自信心上对学生进行有针对性的训练，运用讲练结合等多种理论与实践相结合的方式方法实施教学，最终学生们取得了骄人的成绩。

大 赛 反 思

砥砺前行，不畏风雨，在技能大赛的道路上我们才会越走越好。

（张娟，临朐县职业教育中心学校教师，全国职业院校技能大赛中职组数字影音后期制作项目金牌指导教师。2009 年以来连续 8 年蝉联潍坊市职业技能大赛数字影音后期制作项目教师组一等奖，2012 年被评为潍坊市教学能手。2013 年，指导的学生获得国赛一等奖，个人被评为全国职业技能大赛优秀指导教师。）

专家点评

读完这篇文章，我脑海中循环播放着一帧帧画面：在深夜，一位女教师下班归来，她拖着疲惫的因病致胖的身躯，一瘸一拐，艰难地爬着楼梯……

金灿灿的奖牌背后是张娟老师砥砺前行、不畏风雨的坚持。

技能大赛让技能人骄傲

潍坊市科技中等专业学校　李炳吉

2008 年，我初次参加潍坊市职业院校技能大赛，获得了二等奖。2009 年，学校让我到陕西西安学习网络综合布线。学成回来后，我组建了网络综合布线技能集训队。2008 年我校参加技能大赛网络综合布线项目的比赛成绩不理想，刚成立的网络综合布线技能集训队只有 5 名选手，主力队员是刘慧志、梁国兴、刘晓龙。那段训练时光至今难忘，我们和队员同吃同住，一起训练，建立了深厚的师生感情。我们和队员相处的时间，远远多于和家人相处的时间。我们每天拿着秒表计时，经常为了攻克一个技术难关彻夜加班。冬天，训练基地没有暖气，大家都穿着棉服训练。一次，我和刘慧志去济南参加专项培训，梁国兴留在训练基地练习墙体布线。出门前，我安排梁国兴完成一面墙体综合布线施工。等我们从济南返回训练基地，走进训练室的那一刻我震惊了：梁国兴的棉服挂在工位墙上，他穿着被汗水浸透的背心在忙碌着，三面墙体的网络综合布线施工几乎全部完成！在后来的国赛中，梁国兴用完美的墙面施工弥补了光纤熔接的失误，可以说是以一己之力拯救了整个团队，使团队最终获得了国赛一等奖。

在强化训练时，队员们无论是体力还是脑力都有极大的消耗，人也容易变得暴躁。记得在一次训练中，我转到刘慧志身后时，看到他正在浏览一个无关的网页。比赛将近，我有点着急，就拍了他的后背加以警示。结果他竟站起来和我对峙，还振振有词地说他累了……当时我气得走出机房，围着电教中心楼不停地转圈。我放弃陪伴刚刚出生的孩子，放弃陪伴父母的时光，夜以继日地指导他学习和训练居然得到这样的"回报"。后来，刘慧志认识到了自己的错误，主动向我道歉，我安慰他不要放在心上，要全力为荣誉而战。在我的指导下，他在2010年6月荣获全国职业院校技能大赛中职组网络综合布线项目一等奖，为学校赢得潍坊市政府100万元专业建设奖励资金。这是山东省首次在全国同类比赛计算机项目上获得一等奖。我也荣获了"全国优秀指导教师"称号。

通过参加技能大赛，我获得了很多荣誉。2010年9月，我获得由潍坊市人民政府颁发的"第八届潍坊市人民政府优秀教学成果特等奖"。2010年12月，获得寿光市教育局授予"寿光市教学能手"称号；2011年4月，获得首届"寿光市能工巧匠"称号；2012年3月，获得潍坊市教育局授予的"潍坊市教学能手"称号。2017年，我取得国家一级职业资格证书，成为网络高级技师。同年，我被潍坊市评为"计算机网络首席技师"称号。

大 赛 反 思

在备赛过程中，指导教师不仅要关注学生技能水平的提升，更要关注学生情绪的变化，并及时给予疏导。

（李炳吉，潍坊市科技中等专业学校教师，全国职业院校技能大赛中职组网络综合布线项目金牌指导教师。）

专家点评

紧张的大赛让原本亲如父子的师生变成了"剑拔弩张"的对立方，幸亏及时的沟通和对大赛的坚持让他们握手言和。透过大赛，我们不仅要看到指导教师的汗水，还要看到他们承受的压力和委屈。

技能大赛点亮人生路

潍坊市科技中等专业学校　张旭东

技能比赛带给我与学生的深层变化

记忆中有无数个刻苦钻研的日子，我与学生常常因为解决一个小问题、发现一种新方法、驾驭一种新思维、提前完成一分钟而激动不已。这些就像流淌在心间的涓涓细流，欢快地、无休止地簇拥着我们一路向前。那时我常想，谁说中职学生不愿学习、不愿思考？备战技能大赛，让他们在思想上给自己做了重新定位，他们重新审视自己，他们的学习状态有了质的飞跃。更重要的是，这一点点的变化起到了以点带线、以线带面的作用，他们对待生活和工作的态度也发生了质的转变。作为教师的我又何尝不是如此呢？

作为新时代的教师，我认为，要想学生学得会，更有兴趣学，教学手段必须与时俱进，顺应信息社会发展。以机械制图课程为例，在平面图形与立体零件之间，仅通过讲述，中职学生很难建立对应的关系；但如果他们掌握了 CAD 软件，通过立体建模，则很容易建立对应关系，而且能把抽象的平面图形变成可视化的立体零件。特别是零件间的运动仿真模拟了真实的机械运动，学生非常有兴趣，也就愿意去学，甚至不用教师刻意教，学生自己都能学会。正所谓：教是为了不教。

参赛团队

技能比赛让我们学会制订并执行学习计划

凡事预则立，不预则废。如果学生不为自己安排一个周密的学习计划，反而完全由别人督促才学习，他就不可能大幅度地提高成绩。针对技能大赛内容深、考查知识面广、难度大等特点，我让学生分多个阶段制订学习计划，每一阶段都突出一项重点训练内容，并通过该重点内容的训练充分发散思维。在训练中，不宜采用题海战术，而要减轻学生的负担，否则学生会在重复操作中逐渐丧失学习热情。指导教师要严格要求学生按学习计划进行训练，使其形成富有条理、踏踏实实的工作作风。

细节无处不在，细节决定成败。不管是学生情绪上的点滴变化还是学习中的每一个细节，教师都要及时洞察。特别是学生的学习效果直接受情绪的影响，教师一定要与学生多沟通，了解原因，帮助学生顺利渡过难关。

大 赛 反 思

喜悦伴着汗水，成功伴着艰辛，遗憾激励奋斗。通过参与技能大赛，我们知道只有艰辛地付出，才有可能取得理想的成绩；只有争取每天进步一点，才能以更佳的状态来迎接未来的挑战。

（张旭东，潍坊市科技中等专业学校教师，全国职业院校技能大赛中职组工业产品设计赛项金牌指导教师。）

专家点评

"因为解决一个小问题、发现一种新方法、驾驭一种新思维、提前完成一分钟而激动不已。这些就像流淌在心间的涓涓细流，欢快地、无休止地簇拥着我们一路向前。"乐观向上的张旭东老师让我们领会了"苦中作乐"的情怀。

名专业锻造

——职业人才成长有一片热土

　　弹指一挥间，全国职业院校技能大赛已走过十年。这十年，技能大赛历经风雨，逐渐成为职业院校学生竞技专业技能的舞台，成为职业院校交流办学经验的平台，也成为职业学校展示专业建设成果的重要窗口。

　　"好风凭借力，送我上青云。"可以说，全国职业院校技能大赛走过的十年，正是潍坊市职业院校以大赛为引领，不断加强专业建设的十年。十年间，潍坊市职业院校抓住大赛机遇，以大投入、大改革的魄力和勇气，在师资、实训、教改等方面加大力度，促进专业由小到大、从弱到强，不断发展壮大，满足了经济结构调整和新旧动能转换对紧缺专业技能人才的需要，有力支撑了潍坊市经济社会发展。

技能大赛助力会计专业成长

山东省潍坊商业学校　隋玉亮

大赛的促进作用

潍坊商业学校是山东省最早开办会计专业的学校之一，从 2009 年承办山东省职业院校技能大赛首届会计技能比赛至今，已经连续 7 年承办潍坊市、山东省职业院校技能大赛中职组会计技能赛项。2011 年，潍坊商业学校首次承办全国职业院校技能大赛中职组会计技能赛项。这是全国职业院校技能大赛首次在天津之外的学校举办。2012 年、2013 年，潍坊商业学校又连续承办两届。几年来，潍坊商业学校会计专业学生共取得全国职业院校技能大赛金牌 5 枚，山东省职业院校技能大赛金牌 16 枚、银牌 6 枚，潍坊市职业院校技能大赛金牌 35 枚、银牌 2 枚。学生 3 人次刷新 30 秒单指单张和 30 秒多指多张点钞吉尼斯世界纪录。技能大赛对专业建设的促进作用十分显著，主要表现在以下几个方面。

1. 沉淀生成特色校园文化

潍坊商业学校在参与技能大赛过程中形成的"团结奋进、超越自我、永争第一、成就幸福"的金牌文化，在日常教学中得以沉淀巩固，形成了独具特色的校园文化氛围，对专业建设产生了巨大的推动力。在会计专业建设过程中，学校着力打造反映职业教育特征、专业特点和行业企业要求的、具有专业吸引力的会计专业教学环境，营造浓厚的会计专业文化氛围；根据现代职业教育思想和专业特质，确定了为学生"会生存、懂管理、能发展"奠基的教育理念，"守诚、求精"的系训，"严教、善创、以德为先"的教风和"勤学、乐究、全面发展"的学风。先进的专业文化成为会计专业生存、发展、壮大最宝贵的精神财富。

2. 大赛造就专家型师资团队

通过参与技能大赛，教职工的潜力被有效地挖掘出来。几年来，专业教学团队培养了一批专家型教师。全国优秀教师、全国师德标兵李丽被推荐为《中国教工》2009 年第 1 期封面人物，入编《2007 年全国教育系统先进个人名录》，成为 2010 年"全国教书育人楷模"候选人。国赛金牌指导教师、"齐鲁名师"魏亚丽老师在 2012 年参与制订山东省会计专业教学指导方案，2013 年参与制定全国会计电算化专业教学标准，2013 年执笔山东省"3＋4"贯通教育会计专业人才培养方案，2014 年参与制定全国课题职业院校会计专业顶岗实习标准，2015 年主持全国行业指导职业院校专业改革与实践项目"出纳岗位实际教学案例库"的建设，于 2016 年 10 月通过教育部验收并得到高度评价。省赛金牌指导教师赵中泰老师多次主持并承担潍坊地区会计职称考试的培训辅导任务；受潍坊市财政局和山东省财政厅委托，多次主持完成潍坊市、山东省乡镇财政工作人员考试的出题和评卷任务；2015 年 6 月作为全国职业院校技能大赛（高职组）会计技能赛项裁判组成员中唯一的中职教师，承担了在太原举办的全国职业院校技能大赛（高职组）会计技能大赛的裁判工作。2013 年，会计专业教学团队女教师团队被山东省总工会授予"山东省女职工建功立业标兵岗"称号。

2016 年,会计专业教学团队被评为省级职业院校教学团队。2018 年,我校主持完成的"基于私有云平台的中职会计专业混合式教学模式研究与实践"荣获职业教育国家级教学成果二等奖。

3. 招生就业工作日益顺畅

技能大赛展示了职业院校的办学水平与教学质量,为学生成长成才搭建了广阔的舞台。前些年,职业学校招生工作一直很困难,学校领导和教师为招生殚精竭虑,但收效甚微。随着学校在全省、全国技能大赛中屡获金牌,学校知名度不断提升,对招生就业的促进效应日益凸显。在中职学校招生日趋萎缩的严峻形势下,潍坊商业学校招生逆势而上,招生人数逐年递增,使学校完全从"全员招生、全年招生"的怪圈中摆脱出来,得以集中力量抓质量,聚精会神搞改革,形成了良性发展态势。2013 年,学校在山东省中职学校中率先试点"3+4"中职本科分段培养。在就业方面,学校不受单纯就业率的束缚,努力培养有责任、有知识、有技能、有经验的"四有"新型职校毕业生,对口就业率不断提高。目前 70%以上的毕业生实现高质量就业,毕业生受到用人单位的广泛好评。

4. 学生的精神面貌大为改观

帮助学生树立正确的成才观念,重塑学生的自信心,让他们积极主动地学习,是职业教育的首要任务。技能大赛为学生学习技能提供了很好的平台。自参与大赛以来,会计专业学生的学习主动性明显提高,"缺课逃学"的现象基本消除,多年不见的"书立"又回到了教室,回到了学生的课桌上,学生自发地购买专业书籍的现象又出现了。获奖选手更是体验到了上职业学校同样能实现人生价值,自信心、自豪感油然而生。

经验与不足

近几年,会计专业在各级技能大赛中取得了优异的成绩。成功的经验总结如下:①领导的高度重视;②制定了切实可行的大赛制度,为学生取得优异成绩提供了保障;③选择专业技术能力、业务能力强又能吃苦耐劳和责任心的教师辅导大赛,是大赛取得好成绩的关键;④刻苦训练、科学训练、创新训练、普及训练,是大赛取得好成绩的基础;⑤加强校企合作,争取行业、企业的大力支持。

当然,还存在很多不足,如参赛选手的心态需要进一步调整,理论基础知识亟待加强,综合职业能力有待进一步提高等。怎样把技能大赛的成果转化为教学效果,怎样处理好日常教学与竞赛的关系,怎样让更多的学生掌握技能大赛涉及的会计专业知识和技能,这是全体会计专业职教人员应共同关注的问题。

今后,会计专业要加强师资队伍建设,重视专业教师培养,走出去,请进来,为教师提高教学技能搭建平台;在日常教学中重视学生基本功的训练,提高学生的专业技能水平;把大赛规程融入课堂教学,积极推进教学方法改革和课程设置改革,让更多的学生享受大赛成果。

(会计专业是潍坊商业学校开办历史最久的专业,是学校的重点专业。2011~2013 年,潍坊商业学校连续 3 年承办全国职业院校技能大赛中职组会计技能赛项,先后获得全国职业院校技能大赛会计赛项金牌 5 枚、省级技能大赛金牌 16 枚。2012 年、2014 年,会计专业两次被评为潍坊市特色品牌专业，2013 年被山东省教育厅确定为首批"3 + 4"中职本科贯通培养试点专业，2015 年入选山东省特色品牌立项建设专业。2016 年，会计专业教学团队被评为省级职业院校教学团队。）

专家点评

"普通教育有高考，职业教育有大赛"，是国家政策层面对职业教育的特别关爱。潍坊商业学校抢抓机遇，以大赛促进专业建设，形成了先进的专业大赛文化，促进了师资队伍建设，带动了广大专业教师投身教学科研的积极性，促进了教育教学质量的提高，为学生解决了就业问题，为地区经济社会发展输送了大批合格人才。

技能大赛打造专业品牌

潍坊市工程技师学院　张佃伟

通过参加和承办各级各类职业技能大赛，自 2010 年至今，我校获山东省一等奖 29 个，全国一等奖 12 个、二等奖 12 个、三等奖 10 个。2014 年，我校成功承办了全国职业院校技能大赛中职组模具制造技术赛项和山东省职业院校技能大赛中职组现代制造技术类赛项，并获模具制造技术赛项一等奖；2015 年和 2017 年先后成功承办了山东省职业院校技能大赛模具制造技术赛项比赛，并获一等奖。通过参加各级职业技能大赛，我校全面改革模具制造技术专业办学，努力实现培养目标、培养方式和评价模式的"三个转变"，人才培养水平、服务经济社会发展的能力持续提升，得到了社会的高度认可。

加强专业调研

模具制造技术赛项引入行业前沿技术，大赛指导教师在全面把握大赛赛项设计的基础上，在全市范围内进行广泛调研，了解当前制造技术的发展水平、企业对模具制造技术人才的需求现状、企业对技术人才理论素质及专业技能的要求，获取了翔实的一手资料。在此基础上，认真分析我校模具制造技术专业的办学现状和存在的问题，为确定专业培养目标、课程设置、教学内容，推行理论实习一体化、"做中学、做中教"教学模式，以及建立工作过程导向、典型工作任务引领的新型课程体系提供了依据。

完善人才培养方案

我校在规范使用国家和山东省公共基础课程教学标准和已有专业技能课程教学标准的同时，联合行业、企业共同开发其他的专业技能课程教学标准，并将技能大赛标准适当渗透到专业人才培养方案中，专业技能课程和职业标准实现了有效对接。

强化课程建设

我校参照模具制造技术赛项试题，结合模具制造业的典型工作任务，按照相关职业岗位的能力要求，设置专业技能课程，使课程内容紧密联系生产实际和社会实践，强调应用性和实践性，把专业技能训练摆到更加突出的位置，科学安排教学内容。

我校按照模具制造企业的实际工作任务、工作过程和工作情境组织课程设计，形成以任务引领型课程为主体的现代职业教育课程体系。课程体系以就业为导向，以培养学生综合职业能力为本位，打破传统的文化基础课、专业基础课、专业实训课三段式学科课程体系，依据《中等职业学校专业目录（2010 年修订）》要求的专门化方向和生产组织过程，建立公共基础课程、专业基础课程、专业技能方向课程、素质拓展课程的全新课程体系。

加强教学团队建设

我校加快"双师型"教师队伍建设，组织大赛指导教师参加全国培训和省市相关专业技能大赛，锻炼提高其指导能力。参照大赛模式，每个模具班由两名教师包班，负责该班的理论和实习教学。通过外出进修、顶岗实习等措施，加强教师的实践锻炼，促进教师掌握新技术、新工艺。同时，选拔综合素质高、实践能力强、工作态度好的专业教师担任技能大赛指导教师。为加强模具制造技术专业教师队伍建设，我校于 2014 年 10 月邀请企业模具专家李宗刚担任模具制造技术专业建设顾问及专家教师。

加强教学管理

近年来，我校以参加、承办各级技能大赛为契机，紧紧围绕国家转方式、调结构的一系列战略部署，以创办全国中职示范校为目标，按照"宽基础、活模块、一体化"的思路，努力实现培养目标、培养方式和评价模式"三个转变"，全面深化教育教学改革，切实转变教学模式，大力推行企业冠名、工学结合和顶岗实习，改变以学校和课堂为中心的培养模式，积极探索"一年学基础，一年学技能，一年顶岗实习"的三段式培养模式，提高了学生的综合职业能力，逐步实现了基础理论教学"多媒体化"、技能认知"仿真化"和技能形成"生产化"。

改善教学设施条件

2012 年，我校坚持科学与创新的理念，以有利于师生发展和推动校企合作为出发点，与山东冠泓数控装备有限公司承办了山东省职业院校技能大赛中职组现代制造技术赛项，与冠泓数控共同投资 1500 多万元，制造、采购设备 120 多台（套）。在 2014 年、2015 年和 2017 年，我校又成功承办了全国职业院校技能大赛中职组模具制造技术赛项和省职业院校技能大赛中职组现代制造技术赛项，为进一步充实模具制造技术实训设备，先后投资近 646.3 万元添置高速高精立式加工中心 19 台、数控车床 2 台及其附件，使模具制造技术专业的实训教学资源实现了质的提升。

我校先后与冠泓数控、北汽福田、义和车桥、外贸集团和新郎公司等 20 余家大中型企业开展了冠名合作，企业冠名班招收学生 800 余人。2011 年以来，我校与冠名企业冠泓数控联合承办山东省职业院校技能大赛现代制造技术赛项，开创了全省技能大赛在企业举办的先河。我校大力推广冠名培养，按照企业的需求设置专业，按照企业的用人计划和技能要求，校企共同制订定向培养计划，做到招生和就业同步进行，"招生即就业，入校即入厂"，先行解决学生的就业去向。学生在校期间，企业选派专业技师和高管人员定期对学生进行岗位和职业道德教育，增强了人才培养的针对性，实现了高质量育人、高质量就业。毕业生就业率达到 99%，有效拉动了招生工作。技能大赛获奖学生被电视台、报纸等媒体报道以后，"技能人才也是人才"在老百姓心目中得到认可，许多家长主动将孩子送到我校学习技能，我校每年招生都突破 2000 人。

通过参加职业院校技能大赛，我校加强了重点专业建设，加大了设备投入力度，优化调整了师资队伍，培养了一批职业教育名师，打造了数控技术和模具制造技术等 6 个山东省重点名牌专业、11 个潍坊市重点名牌专业，在全省乃至全国都有了一定的知名度，毕业生深受各大企业欢迎。

2016 年山东省职业院校技能大赛（中职组）模具制造技术赛项赛前领队会议

第 44 届世界技能大赛山东省选拔赛数控铣赛项获奖学生

（潍坊市工程技师学院先后荣获国家级重点技工学校、国家首批中职改革发展示范学校、全国职业教育先进单位、国家技能人才培育突出贡献单位、山东省职业教育先进集体、山东省技工教育先进集体等称号。）

专家点评

"宽基础、活模块、一体化"的教学改革思路，以及努力实现培养目标、培养方式和评价模式"三个转变"是潍坊市工程技师学院实现华丽蜕变的法宝。当前，社会对技能大赛的认同感逐步提高，越来越多的企业把寻求人才的目光投向了技能大赛。大赛的项目内容、技能要求、考核标准，市场、企业、行业的标准等也成为职业学校培养技能型人才的重要参考。虽然不能人人都参赛，但人人都可以感受大赛的魅力，体验大赛带来的转变。

海洋科技，点亮寿北"蓝色经济"

寿光市职业教育中心学校　辛超

有人说，寿北就是一个"聚宝盆"，蕴藏着丰富的海洋渔业资源。滨海（羊口）经济开发区是潍坊沿海产业带的重要支撑，海洋化工已成为寿光"蓝色经济"发展中的一大亮点。寿光市职业教育中心学校依托化学工艺、工业分析与检验、化工仪表与自动化、环境监测技术、机械与设备维修、有机化工生产技术、精细化工等专业成立了海洋科技教学部，以品牌专业带动专业群发展。

大赛彰显专业实力

在2014～2016年举行的潍坊市化工类职业院校技能大赛中，我校包揽了4类8个项目的全部一等奖。2015年，我校夺得了山东省职业院校技能大赛分析检验技术赛项团体一等奖。2015年，我校代表山东省参加了全国职业院校技能大赛中职组仪表自动化、分析检验技术、设备维修、生产技术4个赛项的比赛，荣获1金、2银、1铜的佳绩，是历年来山东省国赛最好成绩。参赛的9名选手全部获得本科保送资格，并获得国家资格鉴定中心和中国石油化工协会联合颁发的高级技工资格证。2016年，化学工艺专业学生参加全国职业院校技能大赛获得了工业分析检验赛项团体一等奖的好成绩。2016年，化学工艺专业学生参加山东省职业院校技能大赛获团体第二名。2017年，化学工艺专业学生在全国职业院校技能大赛中获工业分析检验赛项团体一等奖、化工生产技术赛项团体一等奖。

2015年，化学工艺专业教师获得了潍坊市教学成果奖一等奖2个、二等奖4个、三等奖2个。2016年，化学工艺专业教师获潍坊市教学成果奖一等奖2个，2017年再获潍坊市教学成果奖一等奖4个。2015年，化学工艺专业教师自编的《工业电器与仪表》《生产技术》等6部教材由北京理工大学出版社出版发行。

大赛成就彰显了化学工艺专业雄厚的办学实力，使该专业成为中央财政重点支持的国家级示范专业、山东省品牌示范专业。

品牌专业建设促进教学与人才培养模式改革

近年来，我校不断以品牌专业建设为引领，加强海洋科技专业群教学和人才培养模式改革，成效显著。

化学工艺专业建设指导委员会研讨会

1. 以订单培养为基础，实施"校企共育、学做一体"人才培养模式

我校以服务为宗旨，以就业为导向，坚持走"教产结合、校企一体"之路。校企双方共同制订人才培养方案，共同组建专业教学团队，企业工程技术人员全程参与课程改革、专业建设，以订单培养为基础，共建"校企共育、学做一体"人才培养模式。

2. 全方位推进以项目课程为主体的模块化专业课程体系建设与校本教材开发

在行业、企业专家指导下，我校从企业需求和实际出发，结合职业资格标准，整合原有的课程内容，将"工业电器""工业仪表及自动化"两门课程整合为"工业电器与仪表"；将"化工原理"课程内容和实验课教学内容设计成便于项目教学的"化工单元过程及操作"

教师团队

和"化学实验技术"两门课程；校企合作编写了《合成氨及尿素生产技术》《卤水加工利用生产技术》专业技能方向课程教材；以化工企业岗位典型工作任务为导向，将"化学实验技术""化工生产工艺""化工单元过程及操作"3门课程设计成项目，实现课程与岗位任务的无缝对接；修订了14门专业课程的教学标准。

我校全力搭建信息化教学资源平台，创建化学工艺仿真和模拟教学系统，加快教学软件开发；组织教师制作化工工艺教学课件、编写电子教案，基本实现了专业教学内容网络化；与企业合作，共建专业技术资料库，广泛搜集专业教学案例、文献资料；将"化工生产工艺""化工单元过程及操作"等核心课程数字化、多媒体化。

3. 实施"学练一体、教训融合"教学模式，提高了学生学习积极性

化学工艺专业结合课程设置，进行了适应"教、学、做一体化"教学的环境布局，以

实例教学

校企合作作为基础，以生产性实训基地为依托，构建了"学练一体、教训融合"的教学模式，真正实现理论（学）与技能（练）有机结合、讲授（教）与实训（训）有机融合。教学中，充分利用化工仿真实训系统，采用项目式教学；以岗位工作过程为导向，以岗位工作任务为载体，参照职业资格标准，在行业、企业专业技术人员共同参与下，把化学实验技术、化工单元过程及操作、化工生产工艺等课程设计成项目，实现课程与岗位任务对接。

4. 发挥校企合作办学优势，共建潍坊职业教育化工类专业实训基地

通过校企共建、引企入校、设备捐赠等方式，整合专业现有实训基地和设备，拟订实习、实训教学合作方案，逐渐实现校企融合的"准双元化"。通过多岗位、多工种顶岗实习，学生的职业技能得到充分锻炼，能力得到大幅提高。校内实训室共有17个，设备总值达711.5万元。作为潍坊市职业教育化工类专业实训基地，我校开展了两个工种的职业技能培训和鉴定工作，两年内完成职业技能鉴定700多人次，完成企业员工培训3000多人次，学生双证书获取率达到100%。

5. "订单"培养学生，校企互惠互利

除常规办学外，学校还与企业联合招收定向班。例如，与默锐化学、鲁清石化等企业签订协议进行订单培养。一方面，充分利用校企双方资源，使学生学有所用，就业更有针对性；另一方面，订单培养的学生能更好地满足企业需求，有利于企业的持续发展。为深化校企合作，校企双方还联合制订并完善了《校企合作实施方案》，着重建立校企顶岗实习学生共管体系。

6. "过程渗透式"职业素质培养

学校开设职业道德、法律、安全、礼仪等系列课程，突出对学生"吃苦耐劳的工作精神、规范严谨的工作作风和创造性能力"的"三大基础职业素质"的培养。开展丰富多彩的刺绣、羽毛球、乒乓球、读书等社团活动，丰富了学生的课余生活，凝聚了学生的团队精神。开展"公路环保行"等主题教育活动，号召大家树立低碳理念，践行低碳出行。通过"过程渗透式"职业素质培养，学生素质获得了全面提升。目前，海洋科技教学部学生的自我管理的习惯已经形成，各项成绩居于前茅。该教学部先后获得了课程改革先进集体、质量管理工作优秀部门、示范校建设先进集体等称号。

7. 对其他地区和学校产生示范、带动和辐射的作用

海洋科技教学部积极打造教学培训、产品研发、人才共育平台，在全国同类中职院校中处于领先地位。先后有鲁中职业学院、东营市河口区职业中等专业学校等10多所院校同仁来校学习化学工艺专业课程体系建设、校企合作等经验。2014年，学校承办了潍坊市技能大赛化工类3个赛项，2015年承办了潍坊市技能大赛化工类4个赛项以及山东省技能大赛化工类4个赛项。学校是山东省职业院校高水平技能训练协作组，是工业分析检验、化工设备维修、仪表自动化及生产技术4个项目的牵头院校。2017年4月，学校成功承办了2017年山东省"工业分析检验"专家培训班，得到了上级领导及兄弟院校的一致认可。

多年来，学校海洋科技教学部以"尊重差异、因材施教、德能双修、服务社会"为主题，突出立德树人与提高教育教学质量的目标，建立特色鲜明的校企合作、工学结合的"校企共育、学做一体"人才培养模式；构建"以工作岗位及过程为导向"的模块化课程体系，利用多媒体、网络等教学手段，以"宽基础、高素养和长技能"的理念打造全国领先的精品专业、精品课程；强化校企融合，建立多元评价的人才质量评价模式；打造一支综合素质高、专业能力强的职业教育师资队伍，实现"教、学、做"的统一。

（化学工艺专业属于寿光市职业教育中心学校海洋科技教学部的骨干专业，2016年被评为潍坊市品牌专业、山东省特色品牌专业。该专业与山东科技职业学院联合办学，采用"3＋2"培养模式，学生毕业后获得大专学历。）

专家点评

借助大赛平台，建立大赛机制，狠抓技能训练，以大赛促进师资队伍建设、教学模式改革、人才培养模式改革，引领专业及专业群成长壮大，服务地方经济社会发展。这是寿光市职业教育中心学校专业建设的重要经验。

以大赛促进新兴专业发展壮大

寿光市职业教育中心学校 刘超

物联网专业是我校的新兴专业，大赛在该专业的建设和成长中功不可没。

大赛送来专业建设标准和经验

2013年，我校参加了在无锡市举办的"企想杯"智能家居安装与维护技能大赛并获得一等奖。通过此次大赛，物联网教学部收获颇丰：一是掌握了物联网行业的相关国家标准；二是在参加比赛过程中结识了许多行业专家，通过邀请他们来校对专业建设进行指导，收获了他们针对我校现有教学设施提出的许多宝贵意见；三是针对缺少物联网专业相关教材的现状，专家提出了学校应结合国家标准、企业要求编写校本教材的建议。

大赛促进了专业建设

1）强化了"走进来的是学生，走出的是能手"的人才培养核心理念。参加全国职业院校技能大赛，展示了我校学生扎实的理论知识，异常娴熟的操作技艺，善于解决问题的能力，勇拼搏、能吃苦、善合作的精神面貌。赛后，广大教师以获奖的指导教师为榜样，增强质量意识、竞争意识，坚定"一技之长、匠心品质"的育人目标，积极投身专业建设之中。

2）推动了人才培养模式的改革。我校结合各级、各类技能大赛，制定了以职业能力培养为目标、"教、学、做一体化"的人才培养模式，建立了"理实一体化"的教学模式。

3）促进了实训基地建设。通过与企业合作，物联网专业建设了智能家居安装与维护实训室、综合布线实训室等专业实训室，企业积极参与并提供大力支持，实现了校企双赢。

4）提高了教师的技术水平和教学能力。中职学生就业面向的是企业的生产一线，技能大赛的题目也来自于行业、企业的生产实际，这就要求指导教师必须具有丰富的实践经验和过硬的技术能力。由于要指导学生参加技能大赛，指导教师主动通过各种途径和方法，不断地学习，提高自己的技术水平和教学能力，从而提升了技能教学质量，实现教师和学生共同进步。

5）扩大了该专业的办学影响力。声誉是最响亮的广告。我校4年来在各级各类技能大赛中取得的成绩，使物联网教学部成为一块极具吸引力的磁石，吸引着众多学生。当他们望着校园内一张张手捧奖杯、脸上洋溢着笑容的获奖学生的大幅照片时，心理憧憬着自己的明天，他们愿意选择物联网教学部，相信进入这所学校会成就美好的人生。

专业获奖学生

"酒香不怕巷子深",我校物联网专业毕业生得到了企业的普遍认可和好评。截至2018年6月,共有100多家企业来校洽谈用人事宜,有6名毕业生免试进入中国科学院下属单位工作,部分企业与物联网教学部签订了在校生顶岗实习合作协议。

此外,我校于2014～2016年连续3年成功承办山东省智能家居安装与维护技能大赛,进一步促进了物联网专业的团队建设、专业建设、实训条件建设、课程建设。

我校以技能大赛为抓手,引领专业建设,改革教学模式和人才培养模式,锻炼了教师队伍,人才培养质量和办学水平得到大幅提升。

校企合作深入开展

专业获奖学生与指导教师

（物联网专业是寿光市职业教育中心学校物联网教学部的骨干专业，2015 年被评为潍坊市品牌专业。截至 2017 年 6 月，累计获得全国一等奖 3 个、三等奖 1 个，山东省一等奖 3 个。）

专家点评

利用大赛提供的平台，通过信息交流，学习借鉴先进的办学理念，推动新兴专业的建设和发展，实现弯道超车，实现专业及专业群的成长壮大。这是寿光市职业教育中心学校物联网专业建设的重要经验。

借大赛东风，创品牌专业

山东省民族中等专业学校 张宏喜

我校汽车运用与维修专业的迅速发展，与积极参加技能大赛密不可分。通过积极参加技能大赛，与行业同仁进行广泛深入的交流学习，我们的视野变得更加开阔，办学水平不断提高。

山东省民族中等专业学校现设有民族中专、山东-德国巴伐利亚国家级汽修专业师资培训中心、潍坊广播电视大学青州分校、潍坊市青州技工学校、青州市教师教育中心等办学单位，是国家级重点中等职业学校、全国职业教育师资培训重点建设基地、中央广播电视大学"人才培养模式改革和开放教育试点"项目学校。

我校先后获得全国电教实验先进单位、全省职业教育先进集体、山东省职业教育先进单位、山东省职成教优秀科研基地等二十几项国家和省级荣

山东省民族中等专业学校

誉称号。2015 年 12 月，我校被评为山东省规范化中等职业学校。2017 年 4 月，我校被山东省教育厅确立为省级示范性中职学校立项建设单位。

为充分展示职业教育改革的丰硕成果，集中展现职业院校师生的风采，努力营造全社会关心、支持职业教育发展的良好氛围，促进行业企业与职业院校的产教融合，更好地为我国经济建设和社会发展服务，自 2008 年起，教育部联合有关部门举办全国职业院校技能大赛。

此时，我校汽车运用与维修专业的发展也走到了十字路口：一是师资力量匮乏，且专业教师多为农机、机电专业教师转行而来，专业技能薄弱；二是实训设备少，实训工位严重不足；三是学生动手能力差，不能满足社会需求；四是招生人数不稳定，专业发展前途不明朗。

汽车运用与维修专业实训教学

在此状态下，职业技能大赛的举办给汽车运用与维修专业的发展带来了机遇，我校领导意识到走出去参加技能大赛可以更好地把握汽车运用与维修专业的发展方向，了解兄弟院校的办学情况。因此，学校及时抽调精干教师和优秀学生组成参赛小组，认真训练、积极备赛，希望以此为突破口，促进汽车运用与维修专业健康发展。

2010 年，安徽江淮汽车股份有限公司在青州市设立山东分公司，每年急需大量汽车运用与维修专业人才。这吸引了大批学生报考我校汽车运用与维修专业。而我校建有山东-德国巴伐利亚国家级汽修专业师资培训中心，这为汽车运用与维修专业的持续发展提供了有力支持。

自 2008 年山东省及全国职业院校技能大赛举办以来，我校汽车运用与维修专业师生多次在省、市级大赛中取得优异成绩。成功的经验主要有以下几个方面。

1）领导重视，大力支持。随着大赛的持续举办，社会影响力越来越大。我校领导对大赛高度重视，克服困难投入资金购买大赛设备，抽调骨干教师、选拔优秀学生组成参赛队伍，邀请大赛专家到校指导，为备赛提供大力支持。

2）深入调研，确定项目。根据比赛内容，结合我校汽车运用与维修专业设置情况和师资现状，深入合作企业、兄弟院校进行调研，分析了本专业的优势与不足，并最终确定二级维护、基本技能、汽车营销等作为参赛项目。

3）以赛促学，全员参与。为让大赛效益惠及每一个学生，学校每年都组织校内技能比武等活动。所有专业课程都设置比赛项目，比赛内容有选择地向大赛内容靠拢。学校要求所有汽车运用与维修专业在校生根据自己的兴趣选报一至

技能大赛现场

两项比赛项目，并安排专业教师定期对参赛学生进行专项指导。

4）层层选拔，优中选优。首先，通过校内比武选拔出理论扎实、技能过硬的优秀学生，组建技能大赛参赛小组；然后，通过强化训练和 3～5 轮的技能比武，优中选优，参加市赛，进而向省赛、国赛挺进。

5）交流学习，专家指导。比赛前后，安排参赛师生到兄弟学校观摩训练情况，交流经验。同时，邀请大赛专家到校指导，明确比赛要点和注意事项。

专业建设

认真训练

自 2008 年参赛至今，从一开始的潍坊市优秀奖到二等奖、三等奖，再到后来的省级二等奖，比赛成绩不断提高。这极大鼓舞了全体师生的斗志。学校的社会声誉不断提高，招生规模不断扩大，在社会上引起了较大反响。大赛对专业建设与发展的促进作用主要有以下几个方面。

1）技能大赛促进了教学内容和教学标准的完善。技能大赛比赛项目源于企业实际作业项目，比赛流程、操作标准来源于企业实际。这为确定汽车运用与维修专业的教学内容和教学标准提供了依据。据此，我校积极开发了多部汽车类校本教材，对教学内容及时进行补充和更新。

2）技能大赛促进了教学模式的升级。传统教学模式侧重理论教学，实践教学以教师演示、学生观看讨论为主，不利于学生实操能力的培养；而技能大赛检验的重点就是实际操作是否快速、标准。因此，我校在汽车运用与维修专业教学中大力推行"理实一体化"教学模式，积极采用项目教学法、任务驱动法、情景教学法等先进教学方法，重视"教、学、做"的统一，学生的实操能力得到了普遍提高。

3）技能大赛促进了专业教师技能水平的提高。理论强于实践是大多数专业教师的特点，而技能大赛要求师生共同参与方能取得优异成绩，这就要求指导教师只有提高自己的技能水平，才能指导学生圆满完成比赛项目。我校充分利用技能大赛的倒逼体制，督促专业教师主动加强技能训练，全面提高职业素养和专业技能，打造了一支团结向上、业务精湛的"双师型"教师队伍。

校企合作

4）技能大赛促进了校企合作的深化。职业教育的培养目标和职业导向决定了职业学校必须走"产教融合、校企合作"办学之路。随着我校技能大赛成绩的不断提高，社会声誉越来越好，汽车运用与维修专业毕业生深受企业欢迎。为获得源源不断的后备人才，安徽江淮汽车集团股份有限公司、北汽福田汽车股份有限公司、上海大众汽车有限公司、一汽-大众汽车有限公司等知名企业纷纷赞助我校备战技能大赛,派出专家观摩指导。中德诺浩汽修班、江淮汽车班、汽车服务联盟班等订单班纷纷成立,校企合作不断深化。

5)技能大赛促进了学生就业质量的提升。技能大赛促进了学生技能水平的提高,培养了学生吃苦耐劳的精神和愈挫愈勇、敢于争先的优良品质,使学生的职业素养和岗位适应能力不断增强。实践证明,参加过技能大赛的学生进入企业后备受欢迎,许多学生已经成为企业技术骨干或走上领导岗位。

6)技能大赛促进了本专业的发展壮大。参赛至今,我校汽车运用与维修专业已从创建汽车维护实训室之初的一两个班、三五个教师、两三辆汽车发展到目前的在校生近千人、51名专业专任教师、23个理实一体化实训室、21辆实训整车、设备总值1300余万元的规模。

汽车维护实训室

技能大赛的组织与开展,极大地推动了我校汽车运用与维修专业的发展,使该专业被评为山东省示范性专业、山东省中等职业教育品牌专业、潍坊市职业院校现代学徒制试点专业。

但是,我们也应该看到,参加技能大赛的学生毕竟是少数,而这部分学生占用了相当多的优势资源。因此,我校应该充分利用技能大赛带来的积极效应,将大赛的初选、复选作为调动学生学习积极性的有力武器,使大赛惠及更多的学生。

(山东省民族中等专业学校汽车运用与维修专业始建于1988年,是该校重点建设专业,也是山东省示范性专业。2017年该专业又被评为山东省中等职业教育品牌专业、潍坊市职业院校现代学徒制试点专业。)

—— **专家点评** ——

山东省民族中等专业学校抓住大赛机遇,借助大赛平台,发挥大赛效应,加强汽车运用与维修专业改革与建设,扭转了专业发展下滑的局面,逐步走上良性发展轨道,为当地经济社会发展培养了大批技术技能型人才。

技能大赛锻造品牌专业

临朐县职业教育中心学校　陈明阳　朱由恩

计算机应用专业是一个实践性较强的专业,在重视理论学习的同时,加强动手能力的培养也很重要。传统的以教师讲授为主的教学模式、因循守旧的课程体系等已不能满足人才培养的需要。在这种形势下,为了打破发展瓶颈,运用好技能大赛的"指挥棒",通过技能大赛有效地推进计算机应用专业教学改革,把参加技能大赛的经验和方法有效地融入教学改革中,学校计算机应用专业做了很多有益的探索与尝试,并且取得了一定成效。

以技能大赛促进人才培养模式转变

学校成立由行业企业领导和技术人员、高校专家、学校骨干教师组成的计算机应用专业建设指导委员会，建立健全各项规章制度。计算机应用专业建设指导委员会根据职业教育发展的新形势和人才的新需求，解读技能大赛竞赛规程，把技能大赛与专业建设、师资队伍建设、实习实训建设结合起来，重新制订人才培养方案。计算机应用专业依据人才培养方案，推行"以赛促学、以赛促教、以赛促练"教学机制，构建"工学结合、校企合作、顶岗实习"人才培养模式，大大提高了学生的职业核心能力与综合素养，帮助学生顺利完成由学生到企业员工的身份转变。

以技能大赛促进课程体系改革

在参与技能大赛之前，受实习实训和师资力量的限制，计算机应用专业课程设置多年没有变化。参与技能大赛之后，计算机应用专业因势利导，依据大赛的指导思想，对课程进行了模块化设计，将课程划分为基础能力模块、核心能力模块、拓展能力模块、技能实训和岗位训练模块等。例如，网络教学分为四大模块：一是计算机网络基础能力模块，学生利用一个学期学会计算机软件的使用方法，熟悉计算机的操作过程；二是核心能力模块，学生学习交换机和路由器的配置，通过两个学期的学习熟悉设备配置，达到熟练掌握的水平；三是拓展能力模块，学生学习 Windows 等服务器的配置及综合布线等内容；四是技能实训和岗位训练模块，学生通过顶岗实习等环节，掌握计算机网络的岗位实践技能。

针对本专业职业技能教学要求，提出了以典型任务为引领、项目化教学的方法，即以学习课程内容为中心转变为以学习技术、完成任务为中心，以多个项目体现教学内容；根据技能大赛的要求，结合教学实际，把比赛内容和教学内容项目化；在教学中，将每个项目逐一进行突破。这有利于提高学生学习的自觉性和主动性，增强学生分析问题、解决问题的能力。

为充分发挥技能大赛的"指挥棒"作用，计算机应用专业逐步梳理各个模块、各个项目的重点课程、核心课程，加大校本课程的开发力度，让实用的知识成为学生宝贵的财富。计算机应用专业成立了由行业企业技术人员、高校专家、计算机专业带头人组成的课程建设指导委员会，开展课程改革，并进行校本教材的开发。在校本教材开发过程中，以"必需、够用"为原则，打破原有的教材模式，开发了实用性强的实训指导教材等，一部分教材采用项目教学，另一部分教材采用情景教学。编制的校本教材，取得了实效，得到了师生的好评。

以技能大赛提升师资水平

在参加技能大赛的学生经过层层选拔和专业集训的过程中，指导教师既是教练员，又是陪练员。教师既要通晓大赛规程，又要对学生"手把手"教学，形成了"师生同赛、教学相长"的教学格局，促进了"双师型"教师队伍建设，使技能大赛成为教师专业发展的广阔平台。

技能大赛涉及的理论知识点多，范围广，内容新。专业教师对所授课程比较熟悉，对其他课程内容涉猎较少，而且缺乏综合运用能力。教师指导学生参加技能大赛，仅有这些专业知识是远远不够的。为了提高训练质量，专业教师要加强学习，广泛收集资料，不断学习新技术、新方法，努力提高自身的理论水平。

技能大赛要求专业教师不仅拥有比较全面的理论知识，还需要具有较强的实践操作能力。只有这样，才能全方位地指导学生的学习和实践。计算机应用专业通过安排专业教师到企业挂职锻炼、加大教师外出培训力度、加强学校间交流等方式，搭建了教师学习平台，切实推动了教师技能水平的提高。此外，计算机应用专业还从企业聘请了一些技术人员到校兼职，参与技能实训及技能大赛的指导，有力地促进了技能教学质量的提高。

技能大赛增强了教师的综合能力。通过组建技能实训和技能大赛指导教师团队，专业教师互相学习，取长补短，共同协作，克服困难，解决难题，极大地提高了解决实际问题的能力。通过参与技能大赛，专业教师将竞赛成果转化为社会经济价值，提高了教学科研能力。

以技能大赛实现校企深度融合

专业设置以职业能力标准为依据，改革了人才培养模式和课程体系。借鉴技能大赛，按照就业岗位设计课程体系，按技术发展趋势改革教学内容，计算机应用专业的人才培养模式适应了企业需要，提高了学生职业素质与职业能力。技能大赛不仅搭建了技能人才技能水平展示的平台，也引领了职业技能培养的方向，为学生将来进入企业更好地适应工作岗位奠定了良好的基础。

在参加技能大赛的过程中，校企合作、工学结合运行机制不断完善。企业深层次地参与了计算机应用专业的教育教学，保证了技能培养的方向和质量。计算机应用专业也通过"顶岗实习""订单培养""冠名班"等方式，提升了专业建设实力和活力。学生有了良好的技能水平和职业素养，就拥有了未来发展的"金刚钻"。

以技能大赛打造毕业生技能优势

开展以技能大赛为主线的专业实践教学，大大激发了学生的学习热情，使学生更加注重日常动手实践和训练，发挥了职校生的动手特长。学生在技能大赛取得国赛一等奖3项、二等奖6项，省赛一等奖5项、二等奖6项，市赛一等奖32项的好成绩。计算机应用专业毕业生因动手能力强、操作技术过硬，受到企业普遍认可，对口就业率达96%。

（2015年4月，临朐县职业教育中心学校计算机应用专业被评为省级品牌专业。该校15名教师先后在技能大赛上获得了荣誉。2016年，计算机应用专业教学团队被评为山东省优秀教学团队。）

专家点评

临朐县职业教育中心学校计算机应用专业以技能大赛为引领，通过大赛项目与岗位需要结合、大赛要求与教学活动融合，形成"工学结合、赛教合一"的教学模式，提高了学生学习兴趣，促进了"教、学、做一体化"教学。

技能大赛让机电一体化专业焕发新活力

高密市技工学校　刘延

当前，中国制造业正处在由"中国制造"向"中国智造"转型的重要时期，对机电一体化专业提出了新的要求。然而，随着科学技术的突飞猛进，传统的机电一体化专业正在面临巨大的挑战。

我校机电一体化专业遵循"为经济发展服务，为劳动就业服务"的办学指导思想，以"技能型、实用型、复合型、创业型"技术人才为培养目标，立足高密经济发展，服务社会劳动就业，为高密市及周边地区培养了一大批德才兼备的优秀毕业生。但是该专业面临着因缺少前沿技术而难以跟上先进制造业发展步伐的问题。高密当地的豪迈科技股份有限公司、孚日集团股份有限公司等先进大型企业都引进了国际一流的生产设备和生产工艺，原来的教学内容已经很难跟上企业转型升级的节奏。

我校自2009年开始参加潍坊市职业院校技能大赛以来，连续7次荣获"潍坊市职业院校技能大赛十强学校"称号。2017年6月4日，在浙江机电职业技术学院举行的全国职业院校技能大赛中职组机械装配技术项目中，我校选手杜启明取得一等奖第六名的优异成绩，也是山东省此项目获得的唯一的一枚金牌。参加各级各类技能大赛使我校机电一体化专业接触到了新知识、新技能、新设备和新工艺，为其发展注入了新的活力。

大赛带来了新技术

大赛搭建起学校、行业、企业之间交流与合作的平台。大赛引入行业的新技术、新设备，大赛内容体现了产业最新需求。学校要想在大赛中取得好成绩，就必须关注并主动联系行业、企业，了解行业、企业的最新设备与技术信息。我校通过参加全国职业院校技能大赛机器人技术应用、机电一体化组装与调试等项目，对工业机器人技术有了新的认识，认为这是一个新兴专业，是制造业的发展方向之一。于是我校到苏州、上海、青岛等地对工业机器人进行了考察，并于2017年秋季开设工业机器人应用与维护专业。

大赛指导了专业课程建设

通过技能大赛，职业学校引入和应用行业前沿技术、专业设备，并将技能大赛内容提炼转化为课程教学内容，推动课程改革，提升教学质量与效果；将技能大赛与专业建设、课程改革紧密结合，通过汲取技能大赛最新知识，对原有的教学内容进行整合，依工作需求构建工作情景和设置工作任务，形成项目化教学，促进了教学质量的提高。

我校的钳工专业实训一直以来只进行传统的锉配练习，参与全国职业院校技能大赛后，我校改进了教学内容，开始以机械装配技术实训平台为载体开展"机械装配""机械维修"等科目的实训，新增对螺旋传动、齿轮传动、带传动、链传动等各种机械传动的机械原理、机械装配、机械维修等模块的教学，使学生对钳工技能掌握得更全面，更加与企业的实际生产需求接轨，同时拓宽了学生的就业渠道。

许多教师将大赛内容提炼转化为教学内容，自编了《数控车工加工工艺与技能训练》《车工工艺与技能训练》《钳工工艺与技能训练》《电力拖动与自动控制》等校本教材。这些教材更加贴近我校具体情况和高密市企业生产实际，深受学生欢迎。

大赛历练了师资队伍

全国职业院校技能大赛是教师学习新知识、新技能、新工艺的窗口，也是提高综合能力的途径，技能大赛涉及的知识和技能范围广、难度大，对指导教师的综合能力要求很高。指导技能大赛是一种挑战，指导教师要学习很多的东西。许多教师原来掌握的仅是教学层面的知识和技能，若要带出优秀选手，除了要有扎实的基本功，还要掌握新设备、新技术、新技能、新工艺。技能大赛不仅是对选手的考验，也是对指导教师的考核。承担技能大赛的指导任务，对教师的能力、心理素质、责任心和敬业精神等都是巨大的考验。教师在指导技能大赛的过程中，会不断地遇到各种各样的难题，研究与解决这些难题的过程就是教师能力提高的过程。我校十分重视师资队伍建设，鼓励教师技能成才，岗位成才。截至2017年，我校有齐鲁首席技师2人，山东省技术能手6人，山东省有突出贡献技师3人，山东省机械行业首席技师2人，山东省优秀教师9人，潍坊市首席技师8人，潍坊市技术能手20多人，初步建成一支技能精、素质高的优秀教师团队。

大赛带动了专业硬件建设

技能大赛选用的是行业内普遍使用、技术先进的设备。为此，我校先后投资1500多万元引进了加工中心、三坐标测量仪等新设备。目前，我校引进了德国产五轴加工中心、三轴四轴加工中心、多功能数控车床、数控车床维修实训台等先进的实训设备，建立起了工业自动化实训室、机床电气控制实训室、数控编程实训室等30多个专业实验实训室和一体化教室。其中，实训设备总价值4000多万元，大部分专业实验实训室达到了国内先进水平。我校先后承办过11次高密市级技能大赛，2次潍坊市级技能大赛，为全市企业职工和社会从业人员搭建起技能竞技、技术交流平台，有力地促进了技能人才的成长。

大赛锻造了优秀毕业生

根据山东省教育厅的要求，取得省赛二等奖以上的学生参加春季高考，可以降低分数线录取专科或本科院校。这为学生提供了一个升学的渠道。同时，学生参与技能大赛，不仅获得了荣誉，也提高了自身技能、锻炼了自我，还为今后求职打下了良好的基础。

技能大赛参赛选手取得的荣誉与成绩对其他学生可以起到激励作用。同时，我校通过采取评先选优、设立奖学金等措施，进一步激发了学生的上进心、求知欲，有效提高了学生的实训积极性。

大赛促进了校企合作

因为参加技能大赛，我校加强了与企业的联系，经常聘请企业专家、企业工程技术人员来校指导，使教学更注重技能操作和能力培养。传统的教学方法是很难培养出技能型人才的，所以要恰当地运用多种教学方法和教学手段丰富职业教育的教学形式，增强学生对专业技能的感性认识，提高学生对专业理论的应用能力，使其能够将知识和技能串联起来。职业教育的教学场所不能局限于课堂、实训教室，企业车间、田间地头等都能成为职业教育的主阵地。

杜启明同学在 2017 年国赛中荣获一等奖

2006 级机电专业学生郭飞，目前在豪迈科技研发室工作，是潍坊市首席技师

1992 级电工班学生冯子刚，现为国家电网技术能手和山东电力集团公司首席技师

（高密市技工高级学校机电一体化专业设立于 1995 年，是学校的骨干专业，2008 年被评为"山东省技工教育百强专业"。）

—— **专家点评** ——————————————————————————

技能大赛为学校与企业搭建了更加紧密的校企合作平台，高密市高级技工学校借助这一平台，走出去、引进来，将新知识、新技能、新工艺融入机电一体化专业教学，促进了专业硬件设施、师资队伍等方面的建设与发展。

大赛助力，再创辉煌

潍坊市经济学校　齐延娟　陈祥忠

全国职业院校技能大赛已走过十多年，我校树立"比技能、促质量、谋发展"的竞赛观念和"以赛促教、以赛促学、以赛促改"的教学理念，打造优秀的教学名师团队，提高专业教学水平，培养高素质技能人才。这是我校参与大赛的初衷。正是这几年来的努力和坚持，我校服装制作与生产管理专业获得了山东省优秀教学团队、山东省品牌专业、潍坊市品牌专业等荣誉，社会声誉不断提高。

经过 30 年的探索与发展，服装制作与生产管理专业建立了以"理实一体、校企互动"为特征的工学结合的人才培养模式，重构了基于工作过程的课程体系；不断加强对教师素质的培养，"双师"结构教学团队的整体水平得到提升；建设了满足一体化教学需要的实验实训设施；为社会输送了大量的优秀人才，赢得了良好的社会声誉。当前，该专业以技能大赛为契机，努力实现"培养高素质技能型人才"的目标，促使自身实力跃上一个新的台阶。

大赛助力专业发展

自 2008 年以来，我校以技能大赛为契机，大力推动服装制作与生产管理专业的建设和发展，结合市场需求，培养以打版为主，以服装制作、市场营销为辅的高素质技能型人才及服装企业管理人才。

1）制订周密的训练计划。一是按照"统筹安排、严格管理、目标考核"原则进行针对性强化训练。以大赛为契机，营造练好技能、报效社会的校园氛围；精技强能，提高学生动手能力，宣传办学成果。二是确定比赛目标。在山东省选拔赛中确保两个项目均为一等奖，代表山东省参加全国职业院校技能大赛，争取比上届更上一个台阶。

2）加强指导教师队伍建设。师资队伍建设主要采用"内培外引"的方法，一是立足校内，抓培养提高；二是面向校外，抓引进与兼聘；三是强化管理，抓措施落实。

3）大力投资校内外实验实训基地建设。实验实训设备性能先进，数量充足，种类多样，布局合理，基本与企业生产一线同步，完全满足实践教学及承办省市技能大赛的需要。2015年，我校投资 200 多万元在实训楼建设了理实一体化实训室。这些设备和设施为学生实践教学、大赛训练提供了有力的保障。

模式的复制助推品牌专业形成

近几年我校通过参加技能大赛促进了服装人才培养方案改革、专业建设、课程建设，形成品牌专业特色。

1）人才培养。参与新郎希努尔服装专业联盟，成立了由企业专家和学校专业骨干教师组成的服装纺织行业专业建设委员会。该委员会定期开展市场调研，形成科学的调研报告，并在专业课程设置和教学基本要求中充分体现基于服装行业工作过程的工学结合特点。联合企业制订了年度学校发展规划、年度专业建设规划、年度实施计划和工作总结，专业文化也正在积极建设中。

2）课程建设。根据国家和山东省的专业教学指导方案，联合企业制订服装制作与生产管理专业人才培养方案，构建集"教、学、做、考"于一体的任务驱动与项目化专业课程体系。按照国家和山东省的相关要求，开齐开足规定课程，合理确定公共基础课和专业课学时比例。联合山东希努尔男装股份有限公司共同开发《衬衣生产工艺流程》和《西服生产工艺流程》校本教材。

3）教学团队。服装制作与生产管理专业现有专业带头人 1 人，本科学历，高级讲师，具有高级技师资格，从事本专业教学近 30 年，教学能力强，教学水平高，主持省级以上教学改革课题 1 个，有 2 篇与专业相关的论文在省级以上刊物发表。该专业现有专任教师 16 人，本科以上学历 16 人，研究生学历 8 人，高级职称 4 人，高级工 8 人，技师 8 人，"双师型"教师 100%；聘请兼职专业教师 6 人。专业教师综合素质高。

4）教学管理。服装制作与生产管理专业设有完善的教学管理组织制度，工作职责明确，教学质量管理与监控制度正在进一步完善中。教学模式改革正在开展，要求实施项目教学、案例教学、场景教学及以赛促教、以赛促学的教学模式。60%以上的专业技能课采用多媒体教学、校企联合教学。有多家校企实训实习基地；学生顶岗实习管理制度明确，有实习教学计划、教师实习指导记录、学生实习手册。校企联合，成绩显著。有 11 名教师的论文在省级、国家级刊物上发表，2 名教师在山东省优质课评选中获得一等奖的好成绩。2015年，组织学生参加国家、省、市三级技能大赛，获得国家级一等奖 1 个、三等奖 1 个，山东省级一等奖 2 个，市级一等奖 3 个、二等奖 2 个。2016 年，承办全国职业院校技能大赛中职组服装专业赛项，并荣获 1 个一等奖和 1 个二等奖。

5）教学设施。校内实训设施设备先进、齐全，数量和工位与办学规模相适应，具备实践教学、职业资格鉴定、技能大赛、社会服务等功能。有服装 CAD 一体化室、立体裁剪室、服装展室、服装打版室、服装缝制一体化室等功能室。专业实训设备总值 300 万元以上，实训项目开出率 90%以上。校外实训基地 6 个，其中品牌企业 2 个。有健全的校外实习实训基地，可定期安排学生进行顶岗实习。有完善的专业图书阅览室，生均专业印刷图书 6 册以上，并有计划地逐年增加，每年新购专业图书生均 0.5 册以上，订阅专业期刊 10 种以上。有配套的数字化教学设施及完善的数字教学资源管理和应用平台。

实训设施设备先进齐全

6）质量效益。建立了以社会、学生家长为主体的多元评价制度，以素质能力评价学生、以教学效果评价教师，教学评价客观、公正、公开。在校生达到 320 人；社会培训 400 人次以上。90%的毕业生获得中级职业资格证书或相关行业职业资格证书，20%的毕业生获得高级职业资格证书或 2 个以上中级证书。毕业生就业率 95%以上，对口就业率 85%以上；毕业生就业质量高、起薪高、满意度高。开展职业生涯指导和创业教育，有本专业学生创业实践基地和创业项目，毕业生中就业和创业成才典型多。开展校级技能大赛、创新大赛，本专业学生参赛率 100%。在校学生对本专业的满意度 90%以上；用人单位对毕业生综合素质满意度 90%以上。

7）服务能力。我校在诸城服装类企业中举行专业讲座 18 场，为企业培训各级各类员工 1334 人，参与企业的新产品研发、课题攻关 2 项；与企业合作，提供技术服务、技能培训、职业技能鉴定；承办各级技能大赛，2015 年承办了国家级、省级、市级、县级服装专业技能大赛，2016 年承办了全国职业院校技能大赛。对同类学校专业建设支持力度大，我校的专业人才需求调研报告、专业建设规划、建设标准、人才培养方案、核心课程标准及核心课程资源免费向全省开放。

技能大赛成果丰硕

（潍坊市经济学校服装制作与生产管理专业开设于 1988 年，2014 年被评为山东省特色品牌专业，2015 年被认定为潍坊市中等职业学校示范专业。）

---- **专家点评** ----

潍坊市经济学校抓住承办国家级赛事的有利时机，分析大赛的技能标准，组建团队教研，外引内培师资，找准突破口，从硬性设施到软性环境，从目标规划到教学模式，逐步创建有特色、有活力、有内涵、有影响的品牌专业，充分彰显了大赛的引领作用。

技能大赛助力特色品牌专业建设

潍坊市工业学校　王言杰　孙玲

技能大赛，作为引领导向，推动了职业教育课程改革，促进了教师能力不断提升，激发了学生专业学习兴趣，增强了师生自信力。技能大赛从根本上转变了教风、学风，提高了学生的综合素质。技能大赛促进了校内外实训基地的开发与建设，推动了专业教学改革，从而为新时期中职教育发展找到了一条创新之路。

为切实贯彻《国家中长期教育改革和发展规划纲要（2010—2020 年）》文件精神，充分发挥技能大赛对中等职业学校课程改革的作用，提高职业学校教学质量，更好地为地方城乡一体化建设服务，机电技术应用专业围绕各级技能大赛，利用多种技术手段，对我校近几年来举办、参加的技能大赛项目内容进行整理加工、编辑制作，形成针对性的课程教学改革资源，在专业实训教学中推广应用。

在专业建设中，我校将各级竞赛规范化、常规化，紧紧围绕竞赛开展一系列教学改革和探究活动，使学生学风和实践能力发生了明显变化，教师的综合能力得到了显著的提升，实训条件有了较大改善，校企合作进一步深化。在各级各类技能大赛中，学生的获奖率都有了较大的提高。由于成效突出，机电技术应用专业在 2017 年被山东省教育厅评为山东省特色品牌专业。

技能大赛对我校课程改革、"双师型"教师队伍建设、实验实训设施建设等都具有很大的促进作用。

技能大赛推动课程改革

随着职业教育改革的不断深入，"工学结合"人才培养模式被提到了新的高度。因为企业关注点的不同，学校很难实现与企业的理想合作。要想解决这个问题，学校组织学生参加技能大赛是一个良好的策略与途径。

技能大赛的各比赛项目都紧密结合当前国家经济发展、行业结构调整和企业用人单位紧缺急需的岗位技能。随着各级各类技能大赛的制度化、规范化和常规化，技能大赛必将成为中等职业学校课程改革的导向标。技能大赛对各专业的教学改革具有重要的导向作用，透过技能大赛的比赛项目，可以看出教育主管部门对专业教学方向的要求和社会对职业技能人才的需求。例如，2016 年"亚龙杯"全国职业院校机电类教师教学能力大赛中的比赛项目都是企业用人单位紧缺急需的岗位技能。

我们应以此来调整机电技术应用专业的课程设置，提高实训比重，以实现培养适应时代发展的技能型人才的教学目标。职业学校应以技能大赛为契机推动教学方式的改革。要提高专业的教学质量，就必须进行校企合作、工学结合。通过调研，了解行业需求，把企业工作岗位所需要的技能纳入日常教学，实现专业教学与企业、行业的要求、规范保持高度一致，使学生学有所获、学有所用。

技能大赛加快"双师型"教师队伍建设

为保证每届技能大赛都能取得优异的成绩，机电技术应用专业将参加技能大赛当成一项严肃的工作任务。指导教师必须进行充分的学习、调研、实践。同时，指导教师之间要加强经验总结交流，实现资源共享。

技能大赛为教师快速提高专业技能水平搭建了良好平台。对于专业教师来说，参加技能大赛的培训指导工作，接受大赛的锤炼是提高其专业技能水平的有效途径之一。通过参加技能大赛，教师不断加强学习，高度重视学生训练与参赛过程总结。近年来，我校机电技术应用专业将教师参加技能大赛的成绩纳入教师考核体系，并以此作为教师职称晋升的条件之一，尤其是对新引进的年轻教师，要求他们尽量参加技能大赛，促使他们迅速适应专业氛围，努力提升专业能力。

技能大赛，是对新知识掌握和应用的检验。专业教师必须成为新知识的传授者，新技能的实践者、指导者，真正成为"双师型"教师。我校机电技术应用专业通过加强"双师型"教师团队建设，有力地保障了技能教学。

技能大赛助推实验实训设施建设

技能大赛提倡项目化、任务化教学，这正是当前中职学校教学实训方式的改革方向。大赛导向使我校加快专业建设，重视技能训练，加大实训设备投入。任务引领、学做结合等理念在教学实践中进一步得到体现，学校的教学、实训实验条件进一步优化。我校投资170余万元建成工业机器人实训室。目前，我校实训场地设施先进、配置合理、功能完善，有实训室29个，实训设备总价值788万元。

在实训基地的建设中，我校广泛听取企业专家对实训室的总体布局、设备配置、环境布置等方面的建议，跟踪技术进步，科学设计流程，配置全套设备。实训基地设置充足工位，基本实现了与企业实际工作环境的对接。在实训基地的使用中，我校切实提高实训设备的利用率，保证训练工位数，以提高实训教学的效率。在实训实验教学中，我校通过开展各种形式的技能提高班，来满足学生提升自身技能的要求。在实训基地的管理上，我校加强了对各项规章制度执行情况的检查、督促，落实责任，层层负责，维护实训基地的正常运行秩序，切实"建好、用好、管好"实训基地，不断改善学生的实训条件，不断增强学生的操作技能。

技能大赛促进教学模式改革

技能大赛对我校教学模式改革、教学质量提高都有较大的促进作用。技能大赛的深远意义在于把赛场上的高技能渗透到平时的职业教育之中，把比赛内容融入职业理论与实训教学之中，让每个中职学生都具备较高的技能水平。

专业发展方向、教学模式改革、学生就业趋势及就业技能需求等，以往只是教师根据自己掌握的信息进行决策。在学校进行常规教学的教师，无论工作如何尽责，都不会比企业一线人员更了解技术更新与企业需求。为了实现工学结合，提高专业教学质量，改革教学模式，机电技术应用专业近几年每年都会组织专业教师到企业一线进行生产实习，开展专业技术更新调查分析，并将获得的各种调查信息作为教学模式改革的依据。对外加强专业教学与企业的对口衔接；对内实施任务驱动法、项目教学法，对学生进行分层递进式的专业实训教学与行为规范管理，实现全员管理、全员育人，努力提高教育教学质量。

技能大赛促进学风、校风建设

良好的学风、校风是学校的宝贵财富和重要的教育资源。学风、校风建设一直是机电技术应用专业的工作重点。目前，机电技术应用专业推行"一式两化""双重身份"的日常行为管理模式，要求学生重礼仪、讲文明。在专业实训实验教学过程中，以技能大赛为引领，采用分层递进式教学模式，逐步培养学生的实践能力，彰显职业学校的技能特色。

中职学生基础知识一般较为薄弱，但他们具有特殊专长，拥有强烈的求知欲望和勤于动手操作的习惯。如何培养使之成为社会有用人才，是政府部门、学者、学校教师、学生家长都在积极思考的问题。随着城乡一体化建设进程加快，制造业迅速发展，急需大量的一线技术人才。技能大赛是选拔技能型人才的重要途径，为各专业技能型人才提供了展示才艺与风采的平台，也帮助那些因自信缺失而一度陷入茫然的中职学生找到自信和未来事业的发展方向。

我校机电技术应用专业每学期至少举办一次技能竞赛活动，每年至少参加一次技能大赛。专业教师全员精心指导，通过项目导入法、任务驱动法，让学生实现"学中做、做中学"，提高学生学习的主动性，激发学生的学习兴趣，增强学生创新能力和实践操作能力。学生全面参与实训，使以往存在的迟到旷课、学风不浓、学习积极性不高等现象得到了很大程度的改观。竞赛活动中涌现了一批专业出色、全面发展的优秀学生。技能竞赛提升了学生的综合素质，促进了学风、校风健康发展。

实践教学是中职学校培养技能型人才的重要途径。中职学校结合技能大赛，充分挖掘资源，改善教学措施，推动课程改革，加强学生实操能力培养，突出技能特色，提高学生的综合素质与就业能力，是国家和人民赋予职业教育工作者不断探索的使命与责任！

专家点评

中职学校将技能大赛的比赛内容融入职业理论与实训教学之中，体现了国家对现代制造业、新技术产业和现代服务业及文化创意产业的发展要求，突出了技术技能含量的新要求。潍坊市工业学校乘着技能大赛的东风，精益求精，从学风、教风到校风，从"双师型"师资队伍的建设到课程教学模式的创新，都是以技能大赛为引领，以每一次技能大赛为一个新的目标和方向，力求让每一个中职学生都学有所成，让学生自信、成功地迈向社会。

从大赛品牌到特色专业建设

诸城市福田汽车职业中等专业学校　王金荣

重视技能的培养是职业教育的主要特点，技能大赛考查了职业教育改革的成果，有力地推动了相关专业的建设。技能大赛与职业教育改革的有机融合，促进了特色专业建设的不断发展。

技能大赛与专业建设有机融合

技能大赛项目设置来源于企业生产实际，以岗位工作任务为载体，创设真实的工作情境，使学生身临其境，在完成比赛项目的同时，获得了从事相关工作所需的知识和技能。我校将数控车床装调与维修、焊接技术应用、液压与气动系统装调与维修、通用机电设备安装与维护等技能大赛项目与专业内涵有机结合，各个赛项对应机电技术应用专业不同的专业方向和模块，保证专业方向和专业模块与对应的技能大赛项目对接。

根据对机电行业产业结构调整和区域经济现状的分析，我校机电技术应用专业大力发展工业机器人等新兴技术，积极参加工业机器人应用大赛，将工业机器人拓展为机电技术应用专业的一个专门化方向，促进特色专业的不断完善。

技能大赛与实训基地建设和课程改革有机融合

技能大赛的目的在于引导职业院校重视学生的技能训练，提高全体学生的技能水平，为社会培养大批高素质的技能型人才。

课程改革是职业教育人才培养模式和教学改革的关键，通过参加技能大赛，建立以项目为载体、工作任务为引领、行动为导向的职业教育新教学理念，将行业要求、行业规范融入专业教学。

通过研究技能大赛项目，我校对原有的技能教学项目进行了改造、提炼，使技能教学内容更加贴近企业实际。根据技能大赛项目任务综合性的特点，分解单项技能，形成技能模块，实现技能大赛成果向专业教学的全面转化。我校以技能大赛项目相关内容为重点，开展课程和教学资源建设，将技能大赛项目各类题型和解题方案与相关知识和技能进行整合，设计项目任务书，应用于日常的教学中，并开发项目化的校本教材，先后编写《液压技术及实训》《数控车床维修》《照明系统安装与维护》等，基本形成具有技能大赛特色的理论、实践一体化教材体系。

技能大赛与团队建设有机融合

技能大赛是提高教师专业技能的重要途径，教师通过指导学生参加技能大赛，直接接触新设备、新技术、新技能。我校机电技术应用专业以大赛项目为引领，组建了焊接技术应用、数控车床装调与维修、液压与气动系统装调与维修、通用机电设备安装与维护大赛教学团队，团队成员通过分工协作、优势互补，不断提高业务水平。2016年12月，我校机电技术应用专业教学团队被山东省教育厅评为山东省职业院校教学团队。

技能大赛与人才培养模式创新有机融合

技能大赛让学生感受到职业技能的魅力，激发了学生的学习兴趣，吸引更多的学生认真学习机电专业知识，立志从事机电一体化职业，真正达到了以赛促学的目的。在日常集训过程中，选手的训练过程全透明，选手的表现有目共睹，达到了鼓励更多学生参加技能大赛的目的。

技能大赛题目来源于企业实际，从最初的考核单一技能转化为对复合型和综合型技能的考查。技能大赛鼓励选手创新，要求选手必须能够完成综合型任务，并具备一定的电气和机械专业知识。技能大赛要求技术标准与企业应用接轨，强调交付产品的可靠性和稳定性。这些都对专业教学提出了新的要求。

技能大赛增进了教师、学生对行业新兴技术的了解，促进技能型人才培养科学化、动态化。我校将训练和竞赛中的经验和方法应用于专业建设和师资培养上，有力地促进了学校教育改革的发展，增强了学生在职场中的竞争力，为学生职业生涯规划提供了有效的指导。

通过这几年参加技能大赛，我校机电技术应用专业营造出"认识机电一体化、努力学习机电一体化技术、争当机电一体化技能高手"的氛围，激发了学生提升技能的热情。技能大赛不仅是优秀选手展现技能的竞技场，也是宣传高新技术的舞台，让更多学生认识到掌握技能对社会进步的意义，吸引更多学生加入学习知识、提升技能的行列，享受技能大赛带来的成功与喜悦，努力成长为优秀的技能型人才。这是技能大赛超越竞赛自身的魅力所在。

在职业教育大众化和就业市场竞争日趋激烈的社会背景下，人才培养与企业需求错位的问题日益突出。把技能大赛的要求引入职业教育领域，并据此为标准来培养学生，增强学生在就业市场中的竞争能力，是提升教学改革效果、进一步缩小企业用人需求与学校人才培养之间差距的有效途径。

（2015年4月，诸城市福田汽车职业中等专业学校机电技术应用专业被山东省教育厅、财政厅列为第二批山东省中等职业学校品牌专业建设项目。）

专家点评

技能大赛首先为教师专业知识、技能的快速提升搭建了良好平台。接受大赛的锤炼是提高教师专业技能水平的有效途径。诸城市福田汽车职业中等专业学校把"专业建设""实训基地""团队建设""课程改革"与技能大赛融合，专业建设以指导教师为核心辐射，从理论到技能，从标准到模式，从方案到方法，专业的建设折射出学校的建设。该校从地方重点到国家示范，离不开技能大赛的推动。

名校铸就

——大赛撬动学校全面改革

　　举一棋而活全局，疏源头而得清流。全国职业院校技能大赛已经成为促进职业教育改革发展的一项重大的制度设计，在促进学校专业建设、技能型人才培养方面发挥了极其重要的作用。技能大赛带动了人才培养模式的创新、管理体制的创新和课程体系的创新，促进了品牌专业、专业实训条件和师资队伍的建设，全面提升了技能教学质量和水平，促进了学生技能水平的全面提高，造就了一大批优秀人才，为区域经济社会发展做出了重要贡献。

　　近年来，许多职业院校狠抓大赛投入机制、激励机制、保障机制建设，做到了实训课程规范化、技能大赛常态化。许多职业院校选拔优秀指导教师参与大赛辅导，遴选优秀选手参与训练和比赛，在省市级大赛，甚至全国职业院校技能大赛中，连年获得佳绩，在山东省乃至全国树立了良好的形象，赢得了社会的广泛赞誉。技能大赛成就了一批名校，推动了一方经济的发展。

技能大赛已成为职业教育的风向标。全国职业院校技能大赛自 2008 年首次举办以来，已连续举办了十届；潍坊市职业院校技能大赛自 2008 年 12 月第一次举办，截至 2017 年已连续举办十年。回眸大赛十年，"普通教育有高考，职业教育有大赛"的社会地位已基本奠定，"检查展示、选优激励、引领示范"的大赛功能日益彰显。技能大赛在扩大职业教育综合影响力、催生职业教育制度创新、规范学生职业技能培养、促进教育教学改革、培育职业教育品牌、提升职业院校人才培养能力等方面发挥了重要作用。这充分体现在特色品牌学校的培育与锻造上。特色品牌学校以其独有的目标追求与承载形式，对技能大赛的新功能、新内涵、新价值做了动态的呈现。技能大赛成绩激发了中职师生提升技能的信心与热情，极大地促进了潍坊市中职学校专业教学水平的提升，名师名生名校名市效应初步形成，潍坊市大赛品牌、职教品牌日渐打响。以赛成"名"，因名攒"金"，潍坊商业学校、寿光市职业教育中心学校等中职学校的发展历程对此做了最好的诠释。

柳暗花明又一村：背景与思考

1. 职业教育人才培养陷于"瓶颈"之痛

我国职业教育一度陷入沉寂，职业教育培养能力低下，职业学校学生动手能力差、入职评价低，职业学校教师深受其苦，却找不到突破口；学生不愿学，教师不愿教，师生均缺乏基本的职业成就感。"瓶颈"之痛造成职业教育工作者情绪、信心、勇气等严重受挫，职业教育的前途在哪里？全国职业院校技能大赛的举办，如响亮的号角，让全社会认识到职业教育的意义，让职教人看到了突围的希望。

2. 技能大赛成为引领社会尊职重技的风向标

职业院校技能大赛是我国职业教育制度的顶层设计创新，各级教育主管部门和职业院校对技能大赛越来越重视。在某种意义上，技能大赛已成为各级教育主管部门评价职业院校教学质量的重要标准。技能大赛对学生技能提高、教师整体素质提升、实训基地建设起到了巨大的推动作用，得到全社会的高度关注和广泛参与。技能大赛成为职业教育多点契合、快速发展的最佳途径。

3. "唯技能大赛"的功利化教学实践初现端倪

在实际操作过程中，急功近利的倾向逐渐抬头，片面追求技能大赛成绩，为赛而赛，为追求好成绩，将学校优质教育资源集中于个别参赛学生身上，而忽视大多数学生；集中在可能获奖的小项目技能训练上，而忽视提升学生的综合职业素养。这种做法把学校工作引上片面追求获奖率的歧途。"尖子垄断""奖项垄断"有悖于"面向全体、综合培养"的教育方针，不利于学生综合职业素养的养成。

技能大赛偏离大赛初衷的倾向引发人们的深刻思考：技能大赛走向何处？学校应该如何挖掘大赛的深层内涵，调动其拉动专业教学改革的综合效应？

正是在这种现实背景上，潍坊市各职业学校审时度势，以如何认识技能大赛、挖掘技能大赛与专业教学的契合点为主题，掀起专业教学改革的大讨论，引导广大师生正确理解技能大赛内涵，并采取一系列有效措施，抓准技能大赛契机，从小处着手，以点带面，辐射教学改革全局。

一石激起千层浪：技能大赛启动学校全面改革

国家启动全国职业院校技能大赛之时，潍坊市敏锐地认识到这将是落实全国职业教育工作会议精神的重要措施，只要抓住这个机遇，就能助推中职学校的发展。为此，潍坊市政府出台技能大赛意见，第一时间建立技能大赛组织机制、激励机制、保障机制，形成了校、省、国家的三级竞赛体系和常规赛项与行业特色赛项互为补充的整体布局，很好地推进了职业教育改革，推动了产教融合、校企合作，增强了职业教育的影响力和吸引力，在社会上营造了"崇尚一技之长，不唯学历凭能力"的氛围。以潍坊商业学校、诸城市福田汽车职业中等专业学校、寿光市职业教育中心学校等为代表的潍坊中等职业学校借力技能大赛，在全省、全国职业院校技能大赛上过关斩将，摘金夺银，不断掀起职业教育改革发展的高潮。潍坊职业教育依托技能大赛，以强劲的发展势头重振风采，以崭新的面貌闪亮登场，引起了社会的广泛关注。

潍坊商业学校等中职学校审时度势，推动并参与了技能大赛的建设，最终取得了成功。以潍坊商业学校为例，截至 2017 年，该校共有 402 名选手参加了潍坊市职业院校技能大赛 10 个专业 25 个项目的比赛，198 名选手参加了山东省职业院校技能大赛 10 个专业 21 个项目的比赛，112 名选手参加了全国职业院校技能大赛 9 个专业 16 个项目的比赛，共获得潍坊市职业院校技能大赛金牌 182 枚、银牌 105 枚、铜牌 62 枚，山东省技能大赛金牌 88 枚、银牌 41 枚、铜牌 23 枚，全国职业院校技能大赛金牌 33 枚、银牌 26 枚、铜牌 8 枚。一枚枚奖牌见证了学生与教师的成长、专业的改革、实验实训条件的改善。截至 2017 年，潍坊商业学校共有 10 个专业的 52 名教师参与技能大赛的指导，其中，46 名教师成为潍坊市优秀指导教师，35 名教师成为山东省优秀指导教师，22 名教师成为全国优秀指导教师。作为一所老牌中等专业学校，该校虽然没有抓住升格机遇，但是凭借其坚实的底蕴和不懈的努力，再次成为潍坊中等职业学校改革发展的排头兵。

直挂云帆济沧海：学校深度行动

1. 提信心，造氛围，培育学校发展新环境

2008 年前后，职业教育的"春天"在千呼万唤之中仍迟迟未至，职业教育从业者信心不足，社会认可度不高，人才培养水平也远远不能满足经济社会发展的需要。潍坊商业学校作为潍坊地区规模最大的综合性国家级重点普通中等专业学校，同样面临着这样的困顿，受不景气的职业教育大环境影响，职业教育从业者干劲不足，校企合作难以深入，教学改革难以落实，教学质量难以保障，甚至招生规模也难以得到保证。然而，自 2008 年国家推出技能大赛后，学校紧抓机遇，积极参赛，树立了参赛必有斩获的目标。职教院校借助技能大赛在世人面前做了一次全新的亮相，展示出职业教育的独有价值与功能内涵；更为关键的是，职业教育从业者的信心因之大为增强，教学改革的意愿与信念更为主动与坚定，且不断酝酿培育，逐渐形成一种文化、一种精神、一种氛围。潍坊商业学校"团结奋进、超越自我、永争第一、成就幸福"的金牌文化，在日常的教育教学中沉淀巩固，形成了浓厚的文化氛围，凝聚出巨大的推动力。职业教育从业者锐意创新的潜力被充分地挖掘出来，形成了推动学校各项事业改革发展的精神动力。以前是校长逼着教师工作，现在是教师催着校长创新。学校因势利导，把学校 50 多年来的优秀文化元素做了总结，形成了以时政传播为基础的新型职业公民教育文化、以感恩父母为基础的责任文化、以专业建设为基础的行业文化、以备赛参赛评赛为基础的金牌文化、以团队建设为基础的幸福文化、以因时而变为基础的创新文化。这"六大特色文化"成为学校生存、发展、壮大最宝贵的精神财富。

2009 年以来，潍坊商业学校在山东省职业院校技能大赛中获金牌总数连续多年排名第一；2010 年以来，在全国职业院校技能大赛中获金牌总数连续多年排名第一。这些不只是一串串简单的数字，它还承载着潍坊商业学校全体师生对于技能大赛的高度认可、对于职业教育的深厚情感与执着追求。在这样的信念与追求中，金牌文化在日常教育教学中得以沉淀巩固，形成了先进性的校园精神文化，成为推动学校各项事业改革发展的强大动力，将教职工干事创业的潜力大大激发与挖掘出来。

2. 转观念，强技能，大赛助力推动教师队伍建设

教师实践能力和技能水平的高低决定了职业教育的质量和特色，而技能大赛对教师的实践能力和技能水平提出了更高的要求。通过参与技能大赛，教师在指导学生的过程中，深入了解行业或企业对技能人才的需求，对相关岗位的技能标准掌握得更加全面，从而实现了自身的观念转变。体现在教学改革实践上，教师能够主动更新教学内容，改进教学方法，不断提高自身的理论与技能水平。对于来自企业的教师来说，技能大赛增加了其探索职业教育规律的机会；对于来自院校缺乏实际操作经验的教师来说，技能大赛提供了实践岗位技能的机会。总之，技能大赛给职业院校提供了培养教师实践能力的有效途径和强大动力，促进了"双师型"教师队伍的建设。

在一定程度上，潍坊商业学校的"金字招牌"和快速发展的关键就在于其规模化的金牌师资团队。截至 2017 年，学校有 20 余人被聘为教育部行业职业教育指导委员会委员；30 余人被聘为山东省职业教育专业建设指导委员会委员；近 20 人因技能大赛成绩突出而获得山东省首届齐鲁名师、教学能手、特级教师和最美齐鲁教师等荣誉称号。

近年来，诸城市福田汽车职业中等专业学校、寿光市职业教育中心学校、临朐县职业教育中心学校等每年拨出师资培训专款，委派教师到美国、德国、加拿大、马来西亚、奥地利等国家学习先进的职业教育经验，选派骨干教师参加国家级和省级培训；每学期都邀请行业专家进校指导；出台制度明确规定专业教师要利用寒暑假时间，每两年到对口企业实践锻炼 3 个月。此外，凡是行业组织的学术会议，这些学校也积极选派教师参加，让教师及时掌握了行业发展新动态、新思想、新工艺，促进了专家型教师成长。潍坊商业学校毛晓青、刘彦明，安丘市职业中等专业学校胡乔生，潍坊市对外经济贸易学校王琰琰、张二海……众多的职教名师，不仅是学生的良师，还是行业企业的专家，他们以先进的理念、高超的技艺、先进的技术引领了各自领域的专业发展与社会服务。目前，潍坊商业学校美容美发、物流、制冷、烹饪、电子商务、会计等专业的教师已经成为引领潍坊行业发展的专家，该校也成为全国物流、财政、美容美发、机械、烹饪 5 个行业指导委员会的会员单位和组长单位。

3. 调结构，转方式，全面推进教育教学改革

技能大赛是面向社会、贴近企业、对接生产岗位的社会性活动，要求体现高技能、新技术、规范化等。职业院校可以把实践内容、技能大赛要求和企业需求有机地结合起来，根据技能大赛评价标准来编写教学计划、技术技能理论和实际操作规程，突出实践教学内容改革的针对性、实用性和操作性的要求，从而将实践教学计划做细、做实，强化实践教学环节，使培养的学生既有专业特色，又有动手操作能力和临场应变能力。技能大赛不仅为职业教育的教学内容革新提供了实践研究对象，而且成为实践性教学模式改革的风向标。

4. 搭舞台，提自信，强化学生综合素养提升

10 多年来，全国职业院校技能大赛对接企业需求、紧跟产业升级，影响力越

来越大。省市相关部门、学校、企业对技能大赛的重视程度也不断提升。在这种大背景下，技能大赛促进了学生专业知识与技能的提升，促进了学生心理素质与自信心的提升，促进了学生综合素质与职业能力的提升，促进了学生的升学与就业。随着技能大赛影响力的不断扩大，越来越多的知名企业关注并参与到技能大赛中，在大赛中成绩较好的学生，刚一毕业甚至还没有毕业就被企业或相关院校高薪聘用，这使学生认识到社会对技能型人才的重视，也体会到专业技能带给自己的成就感与自信心，从而进一步激发了学生学习技能、刻苦训练的热情。

5. 搭平台，借东风，加强实践教学基地建设

潍坊市各中职学校不仅积极备赛、参赛，而且在潍坊市教育主管部门的支持下，积极申请承办各级技能大赛。潍坊商业学校、诸城市福田汽车职业中等专业学校、潍坊市对外经济贸易学校、寿光市职业教育中心学校等学校除连年承办多个省市技能大赛赛项外，还承办了会计、模具、机电、电梯等项目的国家级技能大赛。为提升参赛、办赛水平，学校采取校企共建、政府支持与学校专项投入等多种方式，根据竞赛和教学需要，通过品牌专业、精品课程等项目增加实验实训工位、更新实验实训设备、优化实验实训环境，改善了承办院校的实习实训条件，极大地促进了实践教学基地的建设。

技能大赛吸引了一大批企业的高度关注和深度参与，它们不仅让学生接触了真实的生产操作，还为学校之间、学校与企业之间搭建了交流合作的平台。通过技能大赛这个平台，学校和企业的合作也从大赛设备、大赛平台的购置上不断深化和拓展。自技能大赛创办以来，学校通过吸引企业技术资源、资金和设备等方式加强校企合作，共建一流实训基地，打造实训基地建设品牌。2016年，潍坊商业学校与上海景格科技股份有限公司签订战略合作协议，企业投资300万元，建立汽车技术"云立方"教学平台，并努力将其打造成为华东地区最先进的汽车技术师资培训基地；与北京络捷斯特科技发展股份有限公司签订战略合作协议，企业投资600万元，校企共建长风商贸学院，并努力将其打造成国内最先进的商贸专业人才培养基地。

寿光市职业教育中心学校以技能大赛为依托，通过参赛提升人才培养水平，通过承办省市级、国家级技能大赛增强学校吸引力，采取校企共建、引企入校、设备捐赠等方式整合专业现有实训基地和设备。校内实训室总数达到17个，设备总价值达711.5万元，是潍坊市职业教育化工类专业实训基地。

诸城市福田汽车职业中等专业学校借承办国家级技能大赛的契机，添置数控机床、仿真软件等实训设备400余台（套），初步构建起融资源库、视频、网络、多媒体于一体的校园数字管理平台；以实训中心为依托，建成了总面积达3.6万平方米、可容纳3600人同时进行实训教学的诸城市公共实训中心。同时，诸城市福田汽车职业中等专业学校争取专项资金，添置或更新实训教学设备，不断提高人才培养的针对性和实用性，努力将实训中心建成高技能人才继续教育的平台、新技术、新工艺推广应用的平台，在校学生技能形成的平台，全国职业院校技能大赛的平台。另外，学校与众多知名企业签订合作协议，通过冠名班、订单培养、现代学徒制等形式，加强实训实习基地建设，校企深度融合，实现了学校、企业、学生三方的共赢。

6. 对标准，重引领，强力推进品牌专业建设

优势明显、特色鲜明的品牌专业建设，是提高人才培养质量的重要保证。通过技能大赛形成品牌效应和推动效应，能够有力地促进职业院校品牌专业的建设和发展。2010年12月，潍坊市政府印发《潍坊市职业技能竞赛基地建设方案》，提出利用3～5年的时间，在全市重点建设30个职业技能竞赛基地，评审认定30个装备条件好、师资水平高、与产业发展符合度较高的特色品牌专业。职业院校技能大赛的十年，就是全市职业院校以技能大赛为引领，不断加强专业建设的十年。十年间，全市职业院校抓住技能大赛机遇，以大投入、大改革的魄力和勇气，从师资、实训、教改等方面加大力度，促进专业由小到大、从弱到强，满足了潍坊市经济社会发展，尤其是经济结构调整和新旧动能转换对紧缺专业技能人才的需要，有力地支撑了潍坊市经济社会发展。

潍坊商业学校会计专业自2009年起连年参加并承办国家级、省市级技能大赛，2012年和2014年两次被评为潍坊市特色品牌专业，2015年被评为山东省特色品牌立项建设专业，2013年被山东省教育厅确定为首批"3+4"中职本科贯通培养试点专业。潍坊市经济学校承办的国家级服装职业技能大赛已走过十年，该校树立了"比技能、促质量、谋发展"的竞赛观和"以赛促教、以赛促学、以赛促改"的教学活动观；服装专业也获得了山东省优秀教学团队、山东省品牌专业、潍坊市品牌专业等集体荣誉，社会声誉进一步提高。通过参加技能大赛，学校强化重点专业建设，加大设备投入力度，优化调整师资队伍，潍坊工商职业学院的服装、建筑和技工学校的数控、汽修等专业，在全省乃至全国都有较高的知名度，培养的毕业生深受各大企业的欢迎。

潍坊商业学校以技能大赛为引领，使美发与形象计专业发展成为国内国际有影响力的品牌专业。该专业课程资源整合了形象设计专业美容与造型、美发与造型、化妆与造型、美甲与造型四大专业方向的共100套教学资源，每套包括教学微视频、教学PPT、电子教案、试题库四大项内容，成为山东省品牌专业建设的典型和亮点。该专业注重校企合作，通过灵活开放的机制相互协调，以达到企业得到人才、学生得到技能、老师得到提升、学校得到发展的目标，从而实现学校与企业"优势互补、资源共享、互惠互利、共同发展"的双赢结果。

寿光市职业教育中心学校物联网专业受益更为显著。物联网专业是寿光市职业教育中心学校物联网教学部的新兴骨干专业，技能大赛在该专业的建设和成长

中功不可没。2013 年，由工业和信息化职业教育教学指导委员会主办的"企想杯智能家居安装与维护"大赛在无锡举办，该校参加了这次大赛，并获得了一等奖。为了发展物联网专业，该校引入了物联网行业国家标准，邀请行业专家来校对专业建设进行指导。参赛和承办大赛促进了专业全面建设。通过参与 2013 年智能家居安装与维护技能大赛，该校物联网专业强化了"以就业为导向"的办学模式，实现了"走进来的是学生，走出的是能手"的培养目标。该校还积极承办技能大赛，于 2014～2016 年连续 3 年成功承办山东省智能家居安装与维护技能大赛，进一步提升了物联网专业的团队建设、专业建设、实训条件建设、课程建设等。截至 2017 年 6 月，该校累计获得全国职业院校技能大赛一等奖 3 次、三等奖 1 次，山东省职业院校技能大赛一等奖 3 次。

一唱雄鸡天下白：技能大赛成果与思考

1．技能大赛成效面面观

（1）重构师生自信心，精神面貌大为改观

以技能大赛为切入点，以能力为本位的课程体系、"教、学、做一体化"的实践教学模式及丰富多彩的校园技能竞赛活动，给学生带来成功的体验，大大提升了学生的信心，解决了学生不愿学、学不会的问题；教师乐教、善教，实践教学能力和技术研发能力随之提高，教学成就感和幸福感不断增强。

（2）开阔师生视野，提升职业综合素质

潍坊市各职业学校掀起了大练技能、争当技术能手的高潮，师生综合素质与职业技能全面提升，服务区域经济的能力大大提高。各职业学校抓住技能大赛这一契机，提出"大赛拿大奖、校赛比绝招"的口号，结合各级比赛，完善校内技能达标认证方案，建立学生"一招在手，幸福一生"的理念，形成了鲜明的高技能学生品牌。

（3）提高专业技能，带动整体就业水平

技能大赛培养了技术尖子，校赛培育了技能团队。自 2010 年起，潍坊市先后有 600 多人在市级赛、省级赛、国家级技能大赛中获奖，9000 多人在校内各类技能竞赛中获奖，带动了学生技能水平的提高。毕业生因技能水平高、综合素养好受到用人单位青睐，订单班、订单学生数倍增加。

（4）培育品牌专业，提升专业影响力

以技能大赛为抓手，潍坊市各职业学校培育了电子电器应用与维修、园林技术、会计电算化等一批特色品牌专业，编写了针对园林技术、农机使用与维护等专业的山东省专业教学指导方案，提升了专业影响力。贵州省龙里县中等职业学校、江苏省泗阳中等专业学校等多所兄弟学校前来交流学习。

（5）培育教学名师，促进青年教师成长

大赛催生了名牌专业，教学改革促进了专业教师的快速成长。技能大赛培养了"专业名师"王琰琰、首届职教"齐鲁名师"张二海、市政府教学成果奖一等奖获得者杜守良等省市教学能手、行业专家 50 多人。同时，带动了刘钢、王昌、韩文婧、李翠翠等青年教师的快速成长。现在，这些青年教师已成为技能大赛优秀指导教师、专业教学骨干。专业名师参与企业技术研发，为专业教师进行技术培训，指导学校薄弱专业的建设，成为名副其实的实践能手和职业教育专家。寿光工贸职业中等专业学校和临朐县职业教育中等专业学校的教师曾这样说过，"电子电气专业有问题，潍坊对外经贸找二徐（胥）"，形象地说明了徐刚、胥元利两位老师在机电一体化、电子产品设计等方面的水平与影响力。

（6）打造大赛品牌，培育学校名牌、地市职教品牌

潍坊职教专家以潍坊对外经济贸易学校专业教学改革为基点，将学校成功的实践经验进行整理提炼、着力推广。诸城市福田汽车职业中等专业学校、潍坊商业学校、安丘市职业中等专业学校、寿光市科技中等专业学校等一批职教名校迅速崛起，潍坊职业教育的综合影响力和服务经济水平全面提升。2012 年，省部共建的国家级职业教育试验区落户潍坊，成为潍坊模式成熟的标志，更成为潍坊职业发展的里程碑，一贯以基础教育领跑的潍坊多了一张崭新的"名片"。

潍坊模式渐趋明朗成熟，一批名师、名生、名专业、名学校成为名扬市内外的品牌，一批专业实训基地建设全面铺开，省部共建职业教育试验区落户潍坊，职业教育服务地方经济的整体水平大幅提升。潍坊大赛、潍坊职业教育取得的成绩在山东省乃至全国产生了强大的品牌效应。可以说，潍坊模式成就了潍坊职业学校学生和教师，更成就了潍坊的职业教育，其品牌效应在技能大赛、专业建设、服务当地经济发展方面得到全面彰显。

2. 技能大赛的问题及解决方案

技能大赛也暴露出一些突出问题：参与大赛表现出"尖子垄断""精英模式"等狭隘化、功利化偏向；承办技能大赛中越来越明显地表现出"为赛而赛""赛教分离""资源浪费"等不良倾向；技能大赛与教学改革的对接不够紧密，技能大赛价值没有得到充分利用。

解决方案如下。

1）瞄准"赛项突破点"，助推金牌辐射，技能大赛全方位覆盖。首先，集中优势资源，精选优势专业，探索高水平技能训练模式，培育技能大赛尖子选手。由专业教研员、行业专家、专业带头人组成项目顾问，以骨干教师和尖子学生组成大赛训练团队，研究训练提速策略，在优势专业优先突围，以最具震撼力的技能实力冲击省赛国赛，全力打造金牌专业、金牌选手、金牌教练，重建职业教育

信心。然后，以此为契机，制定技能大赛奖励办法，以参赛选手、参赛班级和专业系部的成功做法为典型，在学校各个专业推广，掀起全校性技能练兵，多专业、多项目参与技能大赛的热潮，为职业教育全线突围打开突破口。

2）捕捉"赛事启发点"，建立梯次训练网，技能训练全员参与。技能大赛倡导全员参与，层层推选，逐级铺开。学校制定政策，突出重点与面向全体相结合，保障大赛参与面。参赛团队，由推荐选手和抽签选手共同构成，避免了为比赛而比赛的狭隘比赛观。学校定期举办年度技能文化节、月度技能比武活动，各系部结合实际细化比赛规则，开发新的技能比武项目。班内、系部定期组织各种项目的技能竞赛。优化技能教学体系，使教学内容与竞赛内容相匹配，力求技能大赛覆盖全方位。以技能大赛成绩和技能培养水平为双考评指标，把全面提高技能教学质量作为最大的备战手段，实现赛事常态化，实现"班班有专长、周周有比武、月月有竞赛"的浓厚技能训练氛围。

为发挥参赛团队的带动作用，利用"教赛互动"的模式将技能训练细化为 ABC 级，以参赛选手为核心，构建放射状、梯次提升的训练网络。骨干教师辅导尖子生完成 A 级训练；尖子生辅导 2 名学伴完成 B 级训练；学伴分散在分组团队中完成 C 级训练。A 级学生作为第一梯队备战大赛，B 级学生作为第二梯队。参赛选手以"一带二"的方式担当教师助手，以 A 级学生带 B 级学生；专业骨干分散至各班，采用"一带四"的方式担当教师助手，以 B 级学生带 C 级学生，带动全班的技能训练。

3）深挖"赛程关键点"，修订专业培养标准，专业教学全面改革。解读大赛规程，准确把握大赛命题、赛项设置等与行业企业的高度同步和评价态势的技术性、应用型特点，敏感地捕捉到技能大赛效应的关键点，在教学实践中变知识体系为工作体系，变单一平面考核为立体多元考核。例如，电子电器应用与维修专业引入行为导向的教学理念和模式，将认证考核内容引进教学计划和课程之中，提升学生的自主学习和实践能力。

引入项目教学，改革课程内容、教学模式和评价方法，形成任务驱动、行动导向的理实一体化教学模式。例如，会计专业借鉴岗位流程将课程内容细化为多个教学模块，进行课程结构改革，并自编校本教材；电子电器应用与维修、幼师等专业进行"两室合一"教学改革，把教室和技能实训室合一，模拟工作场景，以学习小组为学习单元，小组评价和个体评价相结合，培养学生的职业技能和岗位素养，实现了教学和工作的无缝对接。

4）升华"品牌成功点"，校企研政联手，潍坊职业教育全面发展。以优势专业率先实现金牌突围，击破职业教育壁垒；教研全程跟踪，透视技能大赛真谛，导航职业教育改革。技能大赛项目由潍坊市职业教育教研室具体实施，专业教研员分项负责，包靠项目，师生同台竞技。建立研讨交流机制，赛前集训邀请省内外专家指导，赛后开展专项交流培训；以技能大赛成绩为核心指标，建立教育教学改革奖励机制，设立"技能大赛十强校""技能大赛特殊贡献奖"，一年一度的

"政府教学成果奖"定额向技能大赛倾斜；重视技能大赛，但不局限于技能大赛，技能大赛同期举办专家论坛、企业家进校园、金牌选手技能展示、教师培训等活动，构建技能大赛与教改互动机制。

"普通教育有高考，职业教育有大赛"，这是国家政策层面对职业教育的特殊关爱。技能大赛引起了社会各界的密切关注，为职业教育的改革与发展打造了良好的社会基础；技能大赛使校企合作不断深化，教学质量不断提高。

技能大赛创办以来，潍坊在全国率先建起了一个覆盖整个职业教育战线的竞赛体系，建立了一套保证比赛秩序的公平公正的制度体系，形成了促进产教融合、校企合作的运行机制，促成了全社会多方联动支持发展职业教育的新局面，技能大赛成效获得了社会高度认可。中职教育的"潍坊现象"又回来了！

翱翔职教蓝天，示范中职教育

山东省潍坊商业学校

代表全省中职学校参加全国教育工作会议，首批国家中等职业教育改革发展示范校，参加全国职业院校技能大赛获得金牌数量连续 4 年第一……山东省潍坊商业学校领导班子带领全校教职工紧紧抓住国家大力发展职业教育的历史性机遇，实施了卓有成效的改革，形成了一套适应社会主义市场经济规律、体现职业教育特色的办学模式，树立了一面职业教育的光辉旗帜。潍坊商业学校像一只翱翔于蓝天的鸿鹄，在职业教育的蓝天中越飞越高。

准确把脉，四项建设夯实学校发展的基础

争一流，做示范，就必须站在行业的潮头。几年来，学校教师认真学习国家职教政策、文件，深入教学一线调研，走进企业问计，开展毕业生调查，遍访职教专家，很快找出了制约学校发展的主要问题。

1）没有对政策的研究，学校发展就会失去方向。学校一直重视对国家政策特别是职业教育政策的学习、研究，特别是《国家中长期教育改革和发展规划纲要（2010—2020 年）》、《山东省中长期教育改革和发展规划纲要（2011—2020 年）》、《山东省人民政府关于加快建设适应经济社会发展的现代职业教育体系的意见》（鲁政发〔2012〕49 号）等文件颁布以后，学校组织全体教师进行了认真学习，使学校教师充分理解和掌握国家今后一段时期关于教育特别是职业教育的方针政策。2012 年 3 月 13 日，教育部和山东省政府共同签署了共建潍坊国家职业教育创新发展试验区的协议。潍坊商业学校作为潍坊市教育局直属的唯一一所中职学校，责无旁贷地走到了职业教育创新发展的前线。为了把试验区的优惠政策用好、用足、用活，学校借助省部共建潍坊国家职业教育改革创新试验区这个平台，认真解读、消化教育部、山东省人民政府《关于支持黄河三角洲高效生态经济区和山东半岛蓝色经济区发展战略 共建潍坊国家职业教育创新发展试验区的协议》和潍坊市人民政府《潍

坊国家职业教育创新发展试验区建设实施方案》等文件，寻求发展的切入点和突破口。

跳出教育看教育，跳出学校研究职业教育，学校通过研究各级各类职业教育政策文件，重新调整了办学思路，准确定位学校的发展：在功能上争取实现"三个更好"，即更好地为学生终身职业发展服务；更好地为教师持续专业成长服务；更好地为潍坊经济社会发展服务。在办学水平上争取实现"两个一流"，即以省内外中职学校为参照系，创办国内知名、省内一流的中职学校；以潍坊各类教育业态为参照系，创办潍坊一流的学校。在办学特点上继续完善提升以现代服务业为主要特色的城市职业技术教育功能，使学校成为多层次、大规模、综合性、高效能、具有现代服务业特色的中等职业学校。在办学体系上积极探索"3+2""3+4"的办学模式，加强与高职院校、本科院校的衔接，构建现代职业教育体系，为社会发展提供更多更优秀的第三产业（服务型）人才。

2）没有良好的实训条件，学校发展就是无根之木。为迅速改变办学条件，在上级领导和相关企业的支持下，学校多方筹集资金4000多万元，建起了项目齐全、自成体系的全省一流的实训基地。90多个实训室，可一次性为学生提供2000个实训岗位，从根本上改善了实训条件。这不仅能完全满足技能大赛的要求，而且基本满足了全体学生职业技能训练的需要。目前为止，学校通过自建、校企合作等多种方式建成了由实训室、实训基地、生产性教学工厂、校外实习基地和创新拓展工作室组成的"五位一体"实践教学平台。

3）没有技能型的师资队伍，学校发展就是无源之水。师资队伍建设是中职教育发展的关键，没有一支"个体素质较高、群体结构合理、富有创新精神"的师资队伍，尤其是高素质的技能型专业师资队伍，中职教育就无法实现持续健康的发展。潍坊商业学校一直重视师资队伍的培训和"双师型"教师的培养，立足实际，制定了"挖、转、训"三步走战略，打造了一支专家型师资团队。

① 挖，即技师选聘式引进，从行业企业中挖技术能手。中职教育，说到底就是为了让学生学习一门专业技术，而能工巧匠是他们最好的技术老师。潍坊商业学校从社会上挖来了一批具有丰富实践经验的技术人员，将其充实到教学一线，打造出众多的品牌专业。季聿全老师是潍坊市制冷协会的会长，受聘组建制冷专业，他结合多年来在制冷行业工作的经验，重新设计了理论教材，规范了实训操作。他培养、带领的制冷团队在全国职业院校技能大赛中获得4枚金牌，打破了制冷专业项目冠军长期被南方职业院校包揽的局面，震惊了所有参赛代表队。美容美发、汽修、烹饪等专业聘请了数十位行业、企业的一流技术能手。他们为打造潍坊商业学校特色品牌专业做出了突出贡献。为了让这些教师安心工作，以校为家，学校在薪酬、福利等方面给予了他们与在编教师同等的待遇。这些优秀的技能型教师给学校发展注入了新的活力，带来的不仅有过硬的技术，还有学校教师学技能、练技能的热情。

② 转，即行业技能化转型，鼓励教师转岗发展。充分挖掘教师潜能，鼓励教师转岗发展，是中职学校解决部分专业师资短缺问题的行之有效的办法。潍坊商业学校鼓励教师向自己喜欢的专业发展，激发了教师转岗的积极性。教师转岗转出了一个个动人的故事，催生了众多的金牌老师：由美术专业转到美容美发专业的毛晓青老师，指导的学生在全国职业院校技能大赛中获5枚金牌、5枚银牌，被聘为美容专业国家级裁判；由烹饪专业转向制冷专业的刘彦明老师，指导的学生在全国职业院校技能大赛中获得4枚金牌；由市场营

销专业转向物流专业的毛艳丽老师，指导的学生在全国职业院校技能大赛中获得 3 枚金牌；由美术专业转向电子商务专业的郑金萍老师，指导的学生在全国职业院校技能大赛中连续两年获得第一名……

③ 训，加强教师培训，支持教师发展。职业教育的发展，必须适应产业、行业和企业的发展变化和需求，而学校教师原有的专业技能往往不能适应这种变化。对此，潍坊商业学校全面加强了对教师的培训，把对全体教师的培训，尤其是对专业教师的培训作为一项战略措施，采用"国陪、省培、校培"三级培训，每年对全体教师进行数次轮训。学校还先后派出近 30 名教师到美国、德国、加拿大、马来西亚、奥地利等国家学习先进的职业教育经验。学校每年都会安排教师轮流到大型企业锻炼、学习，还经常邀请行业专家到学校进行专业指导。学校支持一线教师参加行业组织的学术会议，及时掌握行业发展的新动态、新思想，鼓励教师参加各种专业学会，并报销所有费用；支持教师攻读在职研究生，并报销全部学费；学校每年为每位教师提供 1000 元经费，用于教师购买学习资料。这些措施保证了教师在教学理念、专业知识和技能方面的前沿性。

4）没有紧密型的校企合作，学校发展就是空中楼阁。中职教育的根本出路在于走"校企合作"之路。近几年，潍坊商业学校致力于对校企合作之路的探索，坚持六项原则，坚定不移地推动校企合作向纵深开展。六项原则是：坚持以企业需求为本、以岗位需求为核心的原则；坚持来自企业、用之企业的原则；坚持企业用人、学校育人、用教一体、用教相长的原则；坚持企业支持学校、学校支撑企业、利益相关、共同发展的原则；坚持学校与企业、专业与岗位、教师与企业专家多层次、全方位对接与合作的原则；坚持以不断发展创新的理念推动校企合作的原则。目前，学校每个专业都与至少一家企业建立了合作关系。2009 年学校被潍坊市人民政府评为潍坊市校企合作工作先进集体，2012 年学校被中国高等职业技术教育研究会评为校企合作先进单位。

① 建立紧密型的校企合作关系，打造学校发展根基。一是学校发挥自身专业优势，与企业紧密合作、创办了集生产、教学、实训、实习于一体的山东田润物流发展有限公司、汉潍科技有限公司等十余家实体企业，完善了教师、学生、企业共同成长的新办学机制，推动了专业的发展，收到了很好的经济效益和社会效益。二是引入企业资金，在校内建设校企共用的实训基地。从 2006 年开始，学校吸引了众多企业的办学资金，在学校建设校企共用的实训基地，形成了公办民助的多元投入机制。三是与企业"零距离"接触，建立稳定的校外实训基地。学校已与省内外企事业单位联合建立了 20 多个校外大型实训基地和 100 多个小实训点，解决了原有实践教学基地太少、太单一的问题，实现了学生在各个教学阶段灵活参加社会实训的目的。四是依托企业办专业，根据企业需求，结合自己的办学优势，积极开展订单式培养，取得了较好效果。

② 组建职业教育集团，走规模化、集团化发展之路。学校一直积极探索规模化、集团化、连锁化的办学路子，2008 年学校牵头成立了潍坊市现代服务业职业教育集团，打造了潍坊职业教育"航母"。集团现有 51 家大中型企业、10 家协会、17 所大中院校，以点对点、面对点、点对面等多种方式开展活动，推动了学校、企业和行业的发展，加快了学校与企业合作的步伐，打牢了学校持续发展的根基。

深化教改，四项措施提升学校教育教学质量

学校始终坚持"为学生提供最适合的教育、最优质的服务、最美好的前程"的办学理念，秉承"本色做人、出色做事、特色发展"的校训，以立德树人为根本任务，以有利于学生终身发展为目标，开展了教学模式、教学内容、教学方法、评价方法等全面深入的教育教学改革，提升了教师的教学水平和学生的技能水平，教学质量大幅提高。2009～2012年，在山东省职业院校技能大赛中，学校共获得73枚金牌、37枚银牌和19枚铜牌，金牌总数连续4年在全省600多所中职学校中名列第一；2010～2013年，在全国职业院校技能大赛中，学校共夺得33枚金牌、26枚银牌、8枚铜牌，金牌数连续4年在全国15 000多所中等职业学校中名列第一。

1) 创新培养模式，推出职场体验活动。潍坊商业学校构建了"职业认知、职场体验、职业实践、职业适应"四段式学生职业成长路线图，在教学过程中为学生创造了工学交替、顶岗实习的环境和机会。从2009年开始，学校改革人才培养模式，按照职场体验、实境训练、顶岗实习的人才培养目标，推出了学生职场体验活动，即在学生顶岗实习前一个学期，在教学计划中设置职场体验课程，由专业教师带队，到相关企业顶岗实习1～3个月。顶岗实习期间，严格按照企业员工的标准要求学生，并对学生加强职业素养教育，为学生将来顺利地由学生向"职业人"转变打好基础。2012年，潍坊市教育局把学校的职场体验活动列为潍坊国家职业教育创新发展试验区的第一个活动课程实验项目，在全市范围内推广。《中国教育报》《大众日报》等多家媒体用头版头条的形式对潍坊市教育局实施的职场体验活动进行了报道，在社会上引起了强烈反响。

2) 调整教学模式，创建模块化教学体系。潍坊商业学校提出了"责任、知识、技能、经验"四位一体的教学目标，实施了"三三制"教学模式，打破了传统职业教育以学科为中心的课程设置模式，创建了以能力为本位的模块化课程体系，辅以案例教学法、小组协作学习法等多种教学方法，活跃了课堂，调动了学生学习的积极性，提高了学生的专业技能水平。学校还在汽修专业中独创了基于技能教室的模块化流程教学模式，这个项目是工科类专业教学的一个创新，大幅度提高了汽修专业的教学质量。

3) 改革教学内容，实施个性化培养。潍坊商业学校以"个性教学支撑，人人都能成才，实现幸福人生"为教学理念，组织教师进行了以工作过程为导向的课程开发，开展了以培养职业能力为目标的教学设计改革，改变了学生学业评价办法，由过去一次性最终结果评价变为多层次形成性评价。学校根据学生基础差异巨大、兴趣爱好差异巨大的特点，全面实施针对学生个体的精品教育，实现了由大众化教育模式向个体精品教育模式的转变，为学生成才打下了坚实的基础。学校还通过校园技能文化节、宣传周、开放日等形式，组织周边地区的初中学生及其家长来学校参观，为学生及家长提供咨询服务。同时聘请企业人力资源管理人员来学校做报告，指导学生选择适合自己的专业。学校实行"职业导师制度"，按照企业文化、职业素养、技能标准制订学习计划，为学生制订成长规划和个性化培养方案，记录学生职业成长档案，为学生就业成才保驾护航。

强化服务，四项举措强化学校服务品牌

学校以完善服务功能、提高服务质量、创建服务品牌为目标，以服务社会、服务经济、服务企业、服务学生为核心，积极开展各种各样的服务，全面推动学校功能的转型，使学校成为服务潍坊经济建设和社会和谐发展的一支重要力量。

1）围绕市场办专业，服务当地社会经济发展。专业建设是学校安身立命的根本，是学校发展的引擎，是学校竞争的法宝。创新品牌专业、走特色办学之路是职业学校生存发展的方向。学校坚持"人无我有，人有我优，人优我特，社会急需，服务行业"的原则，立足潍坊，面向全国，广辟信息渠道，及时了解市场需求，强力打造品牌专业，努力开发前瞻性专业，尽量把专业办在潍坊经济社会发展的制高点上，办在企业的兴奋点上，办在职业岗位的技能紧缺口上。在当前中职学校面临重重困局的情况下，学校能够逆势而上，一个很重要的原因是抓住了专业建设。截至 2017 年，学校有 2 个专业被评为省级示范专业，7 个专业被评为潍坊市职业院校特色品牌专业，4 个专业被确定为中央财政资金重点支持专业。学校还被教育部确定为物流、机械、财政、电子商务和美容美发 5 个行业的职业教育教学指导委员会委员单位和副主任委员单位。2012 年，学校主持制订了全省 4 个专业的教学指导方案，参与制订了 5 个专业的教学指导方案。

① 研究经济社会的发展形势，是专业建设的前提。不管是哪级政府的工作报告，都是学校研究的重点；不管是哪类的经济节目、栏目，都是学校密切关注的对象。迅速发展、千变万化的经济形势，是潍坊商业学校新开设专业的指南针。近几年，随着当地经济结构调整和经济发展的定位，第三产业尤其是商贸领域迎来了新的发展机遇，学校及时调整专业结构，在原来市场营销、涉外经贸、投资证券等专业的基础上，确立了以现代物流管理、电子商务、现代营销、会计、计算机、汽车维修、制冷设备维修等专业为主干的商贸物流及工科专业群。

② 把握行业企业的发展趋势，是专业建设的保障。大力发展第三产业，突出发展现代服务业，成为我国经济发展新的增长点。潍坊商业学校抓住时机，及时调整专业建设的战略方向，突出以服务业为主体的办学特色。这几年，学校每年都会对专业进行调整，及时增设新兴专业。对于传统专业，学校采取"剪剪枝、发发芽、施施肥、整整容"的策略进行及时改造提升。

2）献爱心回报社会，服务社会和谐发展。2008 年"5·12"汶川大地震和 2010 年"4·14"玉树地震发生后，学校克服多重困难，先后接收了 95 名北川学生和 274 名玉树学生到校学习，学校为灾区学生提供了优质的学习和生活条件，为他们解决了衣食住行等方面的问题，为他们提供了很多帮助与关怀。2009 年，北川县专门给学校写来感谢信，感谢学校代表潍坊市人民为北川学生所做的工作。现在，这些学生都在利用自己所学的专业技能为家乡的发展贡献自己的力量。

学校还非常重视与周围社区的共建活动。长期以来，学校一直利用自己的专业、资源优势积极为社区居民、部队官兵提供多种服务，开展与社区、部队的共建活动，通过组织多种服务队进社区、进部队提供高质量的免费服务，大大拉近了学校与社区和部队的距离，加深了人们对职业学校的了解，进一步提升了职业学校的社会声誉。

3）加强研究培训，服务合作企业发展。潍坊商业学校依托雄厚的师资和专业优势积极为企业开展卓有成效的技术推广服务。针对当时潍坊市物流企业规模小、规范性差、信息化水平低、难以管理的现实，学校受潍坊市政府和市物流协会的委托，组织专业教师进行了广泛的调研，提出了提升潍坊市物流业功能、整合资源、改造流程、打造信息化平台的建议，并参与制订行业发展标准，在全市推广。山东东翔物流有限公司是全市重点扶持的招商引资企业，学校积极与其合作，利用物流专业的技术优势，为其完善了物流软件和操作流程，使该企业迅速成长为经济开发区重要物流企业。应潍城区政府的邀请，学校设计了社区外来人员管理软件，并成为全区重点推广的项目。学校与企业合作创立的中国物流网成为潍坊市物流业发展的亮点之一。学校针对潍坊百货大楼存在的营业面积小、消费层次低、无停车场等实际情况，制定了为企业建立电子商务系统的发展方案，建立电子商务网站，为企业发展提供了新的空间。学校还充分利用专业和师资优势，为企业开展员工培训，每年为服务类企业培训员工 1000 多人次，既提高了员工素质，又节约了企业成本。

4）强化就业体系建设，服务学生就业创业。实现毕业生的全面、高质量的就业，是职业学校的责任和义务。基于这一认识，潍坊商业学校把加强职业指导、提供就业服务、拓宽就业渠道、提高就业率作为就业指导原则，采取多项措施，狠抓学生就业工作。一是加强学生职业指导，创新指导形式。在以"职业道德与职业指导""创新与创业教育"两门课程为就业创业教育主线的同时，邀请企业成功人士、人力资源管理部门负责人执教，重点开展案例教学和专题讲座。二是建立学校、企业、家长联谊制度。学校每年举办一次三方联谊活动，邀请企业人力资源部经理及部分学生家长（家长委员会成员）到校，与学校就业领导小组面对面交流。三是对实习就业学生实行跟踪管理。学校实行实习就业一体化，对实习学生进行统一安排和管理，并进行跟踪服务，切实把学生实习工作做好、做细。四是加强与企业的联系，为毕业生搭建就业平台。学校通过多种形式与全省各知名企业建立了密切的长期用人合作关系，定期组织大型校园双选会，使学生足不出校就能找到称心的工作。潍坊商业学校连续多年被潍坊市人事局评为潍坊市职业院校就业第一名，被教育部授予全国毕业生就业指导先进单位，被潍坊市人事局、教育局联合授予潍坊市毕业生就业工作先进集体。

在国家大力发展职业教育的今天，职业学校迎来了难得的发展机遇。特别是潍坊国家职业教育发展试验区的建设，在基础设施建设、师资队伍建设、办学体系建设、招生等方面给潍坊商业学校的发展带来了很大的机遇。但潍坊商业学校不坐等"大力发展职业教育"的国策带来辉煌的明天，而是着眼于学校的内涵变革和发展，为职业教育的发展提供典型案例，做出示范，为区域经济的发展、为构建社会主义和谐社会、为改变社会各界对职业学校的认识做出贡献。

加强技能型人才培养，服务地方经济和社会发展

寿光市职业教育中心学校

寿光市职业教育中心学校是寿光市委、市政府于 2011 年 1 月整合寿光市工贸职业中等专业学校、寿光市第二职业中等专业学校、寿光技工学校 3 所学校资源成立的一所综合性

职业学校。学校现有在校生 8614 人、教职工 516 人，共有现代服务、汽车工程等 10 个教学部，开设 35 个专业。其中，机电技术应用、现代农艺技术、化学工艺等专业是山东省品牌专业。2012 年 9 月，学校被列入第三批国家中等职业教育改革发展示范学校项目建设单位；2016 年 3 月，学校又被破格确定为首批山东省示范性中职学校建设工程项目学校。学校先后获得"国家中等职业教育改革发展示范校""山东省职业教育先进单位""山东省校企合作一体化办学示范院校""山东省首批现代学徒制试点单位""2017 年度山东最受网民欢迎中等职业学校""国际生态学校""绿旗荣誉学校""山东省教育信息化试点单位""全国职业院校数字校园建设实验校"等荣誉称号。

近年来，学校紧抓寿光打造经济升级版这一战略机遇，坚持"对接产业提质量，为农服务创特色"，短短 5 年时间乘势而起，迅速做强做大。

职业素养育人，突出以生为本

学校积极营造良好的育人环境，先后投资 300 余万元，打造了少年法庭、禁毒教育展馆、教练技术培训基地、地震消防安全体验馆、现代化图书馆和档案馆、咖啡厅、理发店、电影院、健身房等教育、休闲、娱乐场所，不仅为相关专业的学生提供了实习实训场所，也满足了学生日益增长的文化休闲需求。学校始终把培养学生的综合素质放在首位，力求将学生培养成"三能三有"人才，即张口能说、坐下能写、上岗能干，有文化基础、有技能水平、有职业素养的技能型人才。一是建立学生成长手册，实施职业生涯教育，让每一个同学成长有记录、发展有方向、努力有目标。二是实施准军事化管理，落实养成教育，成立国防教育办公室，招聘了 11 名退役武警官兵参与学生管理，将国防教育与职业教育有机融合，通过周一升国旗和国旗下演讲、跑操呼号、课前宣誓等活动，教育学生爱学习、讲文明、树新风。三是以活动为载体，全面提升德育工作。学校组建了 100 个学生社团，每年举办 50 多场报告会、80 多场主题实践活动，挖掘学生的潜能，提升学生的信心，培养学生的良好职业素养。四是积极开展传统文化进校园、进课堂活动，通过"学、做、悟、讲"，让传统文化内化为全体师生的素质，使学生成为德才兼备的技能型人才，不仅掌握过硬的技术，而且具备文明、礼貌、忠诚、守信的良好素养。

近年来，学校先后被山东省高级人民检察院、共青团山东省委联合授予"潍坊市励志学校"称号，被山东省体育总会授予"突出贡献奖"，荣获首届全国机器人运动大赛马球青年组亚军、舞蹈青年组季军、第一届"神通杯"陆地机器人马球青年组冠军等。

提升教学质量，突出改革驱动

学校以产业结构调整驱动专业建设改革，建立了专业建设动态调整机制，结合寿光及周边支柱产业发展情况，将原来 3 校的 37 个专业整合为 22 个专业，形成了计算机、机电、机械、汽车、现代服务、农艺、化工、物联网、电子商务等专业群。新增养老护理、电子商务、物联网、形象设计等专业，又将每个专业的技能方向细化为 2~3 个，努力为学生的专业发展提供多样化菜单。现有 4 个专业被评为山东省品牌专业或山东省现代学徒制试点专业，7 个专业被评为潍坊市品牌专业，2 个专业被评为潍坊市现代学徒制试点专业。

学校以产业技术进步驱动课程体系改革，根据岗位职业能力，将企业典型工作任务转化为教学内容，在姜大源教授的指导下，融合工作过程系统化、项目教学等理念，构建了基于工作过程导向、与职业资格标准相对接的课程体系，共编制人才培养方案 14 个、课程标准 79 个，开发校本教材 32 部，开展教学改革项目 14 个、省教育厅或省职业技术教育学会立项课题 2 个，现已结题教学改革项目 9 个。

学校以真实应用驱动教学模式改革，全面研讨了从"育才"向"育人"转变的教学改革路径，将职业素养教育贯穿培养全过程，探索适合中职生发展的教育教学模式，总结了"四六三职场导学"教学模式，使学生在真实或模拟的工作场景下，真学真做、学做一体，掌握真本领，实现了教师乐教、学生乐学、企业乐用的目标。多年来的教学改革实践成效显著，《中国教育报》、《山东教育报》、山东教育电视台等多家新闻媒体做了宣传报道。

为搭建真实职场环境，学校投资 9000 万元，建立了 130 多个实训工厂，同时实施"校企共建、以产兴教、名企助力"校企合作工程，牵头组建了潍坊市机械加工职业教育集团、潍坊渤海教育集团，依托专业成立了 8 家专业公司，与 104 家企业签订了合作办学协议，在企业建立了 12 个教学工作站，学生订单培养人数达到招生总量的 70%。

学校先后与联想集团、美国 PPG 工业集团、德国 DMG 机床集团、澳大利亚 TAFE 学院、韩国金泉大学、加拿大麦瑞-维多伦学院、日本富士虎门整形医院、日本 MODE 学院等 23 家国内外知名企业开展深入合作，共建课程，共同制订人才培养方案，学习企业先进的管理理念，让工业文化进校园、企业文化进课堂，开展双元制探索、现代学徒制试点。学校的办学经验先后在中央电视台、《中国教育报》等媒体上专题报道近 50 次。

学校以企业用工管理驱动评价模式改革，由行业企业专家、学校教师、家长作为评价主体，从课堂学习、专业实训、企业实践 3 个维度进行质量检测，突出"准员工化"评价特点，严把学生"出口"。已有数千名学生在联想集团、海尔股份有限公司、北京小米科技有限公司等企业实现了优质就业。

加强教学团队建设，突出名师引领

学校探索出"推名师、育骨干、培双师、聘巧匠"的师资队伍建设路径，开辟多种培养通道。一是重引进，优化教师队伍结构。学校协调寿光市政府积极落实《关于加快建设适应经济社会发展的现代职业教育体系的意见》（鲁政发〔2012〕49 号），先后两次为学校公开招聘具有 3 年以上企业工作经验的非师范毕业教师 81 人，提高学校"双师型"教师比例；利用山东省"能工巧匠进职校"的政策，自主招聘 9 名高级技师担任专业实习指导教师、80 名能工巧匠担任专业教师，全面提升了学校的教育教学水平。中央电视台《朝闻天下》栏目对此做了专题报道。二是重培训，提升教师综合素养。学校先后聘请姜大源、曹勇安等知名专家担任培训讲师，引进华东师范大学徐国庆团队到校进行教师陪伴式成长培训，外派教师 682 人次到华东师范大学等 20 多所国内知名院校学习深造；外派 119 人次到德国、日本、新加坡等国家和地区的知名学校及机构进行培训，同时，引进国内先进培训资源，举办了中层执行力培训、班主任管理培训、教学高尔夫培训、教练型教师培训等各类培训项目 32 期，更新教师教育观念，开阔教师视野。三是重实践，促进教师专业成长。通过选派教师到企业实践、技术服务、考取技师证书等方式，提升教师专业技能。学校每年选派 20 名专业教师到合作办学企业或境外名校锻炼学习，使其"见大世面，学真本领"，成长为能文能武的"双师型"教师。四是重引领，关注青年教师成长。学校充分发挥能工巧匠的作用，专、兼职教师结合，组建了 26 个名师工作室；通过新老教师结对子、青年教师课堂教学竞赛、教学观摩等活动，帮助青年教师提高教学能力。学校先后有 7 名教师被评为"齐鲁名师"，2 名校长被评为齐鲁名校长，2 名教师被评为山东首届青年技能名师。机电设备安装与维修、物联网应用技术两个专业的教学团队被确定为省级教学团队。《创新中等职业教育特聘教师管理制度》荣获由 21 世纪教育研究院等部门主办的第五届地方教育制度创新奖。

发挥大赛引领作用，突出人才培养

近年来，学校参加全国和全省职业院校技能大赛取得了较好的成绩。2011 年 6 月，参加全国职业院校技能大赛中职组工业产品设计技术、平面模特、服装模特、楼宇智能化、建筑 CAD 等项目，6 个项目获一等奖、3 个项目获二等奖、6 个项目获三等奖；在 2017 年全国职业院校技能大赛中，学校在工业分析检验、蔬菜嫁接、汽车营销、智能家居安装与维护、化工生产技术 5 个赛项中再夺 6 枚金牌，获奖的数量位居全国同类学校前茅。2011～2017 年，学校获得全国职业院校技能大赛金牌 29 枚、银牌 6 枚、铜牌 4 枚，奖牌数量位居全省同类学校前列，6 次获得"潍坊市技能比赛十强学校"荣誉称号。学校先后承办了26 项潍坊市级技能大赛和 10 项山东省级技能大赛，2014～2016 年连续承办全国职业院校技能大赛中职组电梯维修项目比赛。

技能大赛促进了人才培养模式的改革。学校推行"工学结合"的人才培养模式，实行"订单培养"，制订了《寿光市职业教育中心学校"订单式"人才培养实施方案》，把推行"订单式"人才培养模式作为学校深化改革、提高办学质量的总抓手。学校先后与潍柴动力股份有限公司、山东晨鸣纸业集团股份有限公司、山东海化集团有限公司、山东联盟化工集团有限公司等 40 多家大中型企业开展了"订单教育"，每年都超过 1500 人。实施毕业生"双证书"离校制度，要求学生在取得毕业证的同时，还必须取得相应专业的职业技能证书，97%以上的毕业生取得了中级以上职业技能证书。在每年举行的就业双选会上，毕业生与招聘单位提供的就业岗位比例均在 1：2 以上，一次就业安置率在 98%以上。

实施金蓝领工程，突出社会服务

学校先后成立了金蓝领培训中心、安全生产培训中心、巧管家家政职业培训学校和寿光焕新职业培训学校，并以此为依托，开展全市特种作业人员培训、退役士兵技能培训、农村劳动力转移培训、家政培训、新兴职业农民培训等，年培训 5 万人次以上。学校同时又是寿光社区学院，指导全市各镇街 15 处社区分院累计开展公益性活动 70 多次，受益居民达 20 万人次。

学校与寿光市精神文明建设委员会办公室、关心下一代工作委员会、寿光日报社等联合成立了传统文化宣传教育中心和书香寿光悦读推广中心，宣扬社会道德，凝聚道德力量，打造道德品牌，助力"品质寿光"建设。

学校牵头成立了山东省职业技术教育学会农村与农业职业教育工作委员会，成功举办了第一届、第二届全国农村与农业职业教育发展研究论坛及 2017 年全国农村职业教育与成人教育现场会。《道法自然 农学融合 培养幸福的新型职业农民》作为"新型职业农民"的典型案例在第七届全国农业职业教育教学成果评选中荣获一等奖。

学校自整合以来，先后接待了省内外来参观考察的 368 所学校，并与日照市科技中等专业学校结成了第三批国家示范校建设战略联盟。2017 年 5 月，学校受邀参展 2017 年全国职业教育博览会，得到了参观人员的高度评价。刘玉祥校长先后 6 次受邀在全国涉农职业院校领导干部培训班上、省职业教育工作会议上作典型经验分享。今后，学校将从加强基础能力建设、校企合作动力机制、内涵建设、制度创新等方面进行全面规划部署，努力加强技能型人才培养，服务地方经济社会发展。

积极参与技能大赛，争创一流职教名校

诸城市福田汽车职业中等专业学校

诸城市福田汽车职业中等专业学校是一所以培养预备技师、中高级工为主，大学预科、远程教育、短期培训为辅的国家重点职业院校。学校占地 330 亩（1 亩≈666.7 平方米），建筑面积 12 万平方米，现有教职工 331 人；实行院系两级管理，设立了汽车、数控、电气、纺织、商务、信息、现代农业工程系和预科部等七系一部，在校生 6000 多人。

近年来，学校以承办和参加各级各类技能大赛为契机，不断加强基础能力建设，强化内部管理，加强校企合作，深化教学改革，学校服务社会能力不断增强，学校的知名度、美誉度持续提升。学校先后被评为全国职业教育先进单位、全国技能人才培育突出贡献单位、全国首批中等职业教育改革发展示范校、山东省首批中职示范建设学校、山东省校企合作示范校。每年向社会输送 2600 名左右的技能型人才，毕业生就业率 98%；对口高考升学率连续 17 年列全省同类学校第一；先后成功举办 4 次全国职业院校技能大赛，共荣获国家级一等奖 17 个、二等奖 18 个、三等奖 12 个，省赛一等奖 40 个，连续多年被评为潍坊市职业院校技能大赛十强学校。其具体做法如下。

加强基础能力建设，软硬实力同步提升

随着技能大赛的制度化、规范化和常规化，其必将成为职业学校专业课程改革的导向标，将有力地推动中职院校的专业建设和教学改革。

1）强化专业建设。学校专业建设在技能大赛的引领下逐步深化，传统专业不仅制订了满足企业需要的培养方案，还引入了大赛项目课题，实行导师培训；新增设的特色新兴专业都是通过赛项设置感知产业需求进行设置的。按照诸城市主导产业和新兴产业发展规划，学校在抓好汽修、数控、纺织服装等传统名牌专业的同时，积极培育电梯维修保养、数维、企业高级文员等社会急需专业。近年来，学校通过参加和承办技能大赛，打造了一大批品牌专业。目前拥有省市重点、名牌专业 20 个，形成涵盖诸城市主导产业全产业链的七大专业群、近 40 个专业方向；有 20 个专业规划开设一体化教学课程（模块）100 个，在满足全日制教学需要外，还可满足企业、社会专业培训，从而更好地服务区域经济和社会发展。

2）打造名师团队。学校采取引进、培训、企业顶岗锻炼和组织能工巧匠进校园等方式，

倾力打造"理实一体化"师资队伍。选派一体化骨干教师奔赴全国各地拜师学艺；成立名师工作室，聘请 3 名国家级专家担任首席顾问，着力培养专业带头人和骨干教师；制订了教师能力提升五年行动计划，要求 35 周岁以下教师必须取得硕士研究生学历，全部专任教师必须取得技师或工程师以上职业资格。目前，学校有全国优秀实习指导教师 10 人，"齐鲁名师" 2 人，省首席技师、突出贡献技师、教学能手 22 人，高级讲师（高级技师）74 人，校外特聘教授、讲师 50 人。师资队伍结构日趋改善，整体水平进一步提升。

3）改善办学条件。近年来，学校根据大赛赛场布置科学规范、标准要求较高的特点，多渠道筹集资金，完善服务功能，改进教学手段，提高实训水平。先后投资 1 亿多元，改善食堂、公寓等学生服务设施，添置数控机床、仿真软件等实训设备 400 余台（套），初步构建起集资源库、视频、网络、多媒体于一体的校园数字管理平台，建成总面积达 3.6 万平方米、可容纳 3600 人同时进行实训教学的诸城市公共实训中心。

4）创新德育教育机制。学校健全完善党委统一领导、党政工团齐抓共管、其他组织协调运转的工作体系，增强了思想政治工作的针对性和时效性。建立学校、社会、家庭三位一体的教育管理机制；全面推进国学教育，促进现代教育理念与中华传统文化相融合，探索出一条符合中职学生成长规律的德育教育新路子，学生综合素质不断提升，深受用人单位欢迎。

强化内部管理，师生活力同步激发

近年来，学校以承办技能大赛为契机，坚持改革创新，深化内部管理，努力构建科学高效、运行畅通、人尽其能的运行管理机制，营造务实、乐教、勤学的良好氛围。

1）流程再造。一方面，完善管理体制，探索试行系部管理，促进学校管理重心下移。另一方面，确立"宽基础、活模块、一体化"的教学改革目标，细分模块，推行项目教学法，让学生课堂有老师教、车间有师傅带，真正做到"教、学、做一体化"。

2）制度创新。试行生均经费管理，就是以学生为基础，构建责、权、利统一的管理机制。扩大系部在内部分配、教学管理、学生工作等方面的自主权，利用多元化的分配方式，激活办学因素，充分调动全员的主动性。

3）完善督导。建立客观公正的考核评价机制，推行项目管理法，提高规划、执行、质量监控和服务能力。实行全员绩效考核，贯彻"公开、透明、民主、包容"的管理方法，形成既规范又能适应市场变化的动态机制，奖勤罚懒，奖优罚劣。

深化校企合作，素质能力同步提高

现代职业教育离不开企业的参与，技能大赛更离不开企业的支持。面对经济转型发展机遇，学校主动适应企业需求，有效整合学校和企业资源，校企互动，进一步深化合作内涵，多形式、多层次地开展校企合作，由浅层次的就业合作向产教融合纵深推进。2012 年，学校与冠名企业冠泓数控集团联合承办山东省职业院校技能大赛现代制造技术项目，开创了技能大赛在企业举办的先河。学校主动实施开门办学，建立了"双元制"职业教育培养模式，探索建立了具有中国特色的现代学徒制度。

1）强化职业体验。引入企业文化进校园，近百家企业在学校建成宣传长廊，开展企业冠名技能大赛、校企联办文体活动。推行教学模块进工厂，学生上课与上岗交替进行，教师到工厂与学生同吃、同住、同劳动，集实训辅导与职业体验于一身，实现师生教学相长。2012~2017 年，学校共派出学生 3300 多人次到福田奥铃汽车厂、福田重工、冠泓数控等 20 多家企业完成相关教学模块的教学任务，仅汽车工程系就有 12 个班、600 多人次，先后到 8 家企业进行汽车装配、车身焊接、汽车后桥等专业模块的实训教学。这样既满足了诸城市企业季节性用工需求，又解决了学校教学资源与生产实践不匹配的问题。同时，学生在生产现场进行岗位认可和职场体验，实现了"学校人"与"职业人"的有效衔接。

2）实施冠名培养。按照企业的用人计划和技能要求，校企共同制订培养计划。学生在校 3 年，第一年安排 2~3 周到企业见习，举行拜师仪式，明确学习目标；第二年安排 3 个月到企业实习，认知岗位技能；第三年顶岗实习，帮助学生掌握岗位技能。校企"零距离"对接，极大地提高了毕业生的岗位适应能力。目前，冠名班级 50 多个，学生 3000 余人。

3）组建职业教育集团。联合 2 家学校和 15 家数控设备制造、使用企业，共同组建诸城市数控技术职业教育集团，经教育部批准，在校内建立数控应用技术中心，承担数控装备的开发、维修及客户培训，企业负责学生的模块化实训和教师的企业研修。2012 年 4 月，学校成功承办了山东省职业院校技能大赛现代制造技术项目，并与冠泓数控合作投资 1500 多万元，制造、采购设备 120 多台（套），搭建高质量竞技平台，受到省市领导和参赛师生的高度评价。2013 年，学校承办全国职业院校技能大赛中职组模具制造技术赛项，成功地将山东冠泓数控装备有限公司的设备植入比赛，冠泓数控的加工中心成为技能大赛的指定设备，此举使冠泓数控与大连机床等著名品牌站在同一平台上，为冠泓数控走向全国提供机会，许多院校与企业签订了大额订单，成功地助推了企业发展。

学校先后成功承办了 2013 年、2014 年、2017 年全国职业院校技能大赛中职组模具制造技术项目，每一期赛事，学校上下高度重视，组织精干力量成立了赛务、接待、保障等 11 个筹办工作小组，明确职责，细化分工，科学组织，规范工作，周到服务，确保大赛安全、平稳、有序进行。国赛选拔的公平、公正、公开，得到了各成员校的一致好评。

4）开展社会服务。学校始终注重技能大赛成果的转化和升华，不断扩散技能大赛的社会效益。学校以实训中心为平台，建成了国家和省级中、高职师资培训基地，设有山东省技师工作站、潍坊市技师工作站，充分利用教学和实训资源，积极承接全国、山东省和潍坊市的中高职师资培训；先后建成了巾帼创业基地、现代服务业培训基地、退伍军人培训基地、金蓝领培训基地、福田汽车培训中心等十几个公共服务平台，开展企业职工岗前、转岗和技能提升培训，每年组织各种培训近百期，培训企业员工近万人次。学校主动对接区域内主导产业，创办了国学、数控、信息外包等 6 个研究所，吸纳骨干教师、专业技术人员参与教科研，吸收优秀学生带薪深造，构建起"以研养研、以研助学、服务社会"的教科研互促共进的发展格局。

继续深化改革，特色优势同步培育

技能大赛促进了人才培养模式和教育教学模式的改革，引领着职业教育人才培养方向，是推动职业教育教学水平提高的强大动力。技能大赛如同无形的指挥棒，促使教师不断反思人才培养模式和教育教学模式，促进职业学校不断调整专业设置和创新工学结合人才培养模式，从而提高职业教育教学质量。

1）做好顶层设计。按照"教师做给学生看、学生做给老师和同学看"的"教、学、做一体化"要求，学校对全部开设专业进行模块化规划建设，推行学分制。模块教学设施和教师固定，学生和用人单位可任选模块。修满学分，则发给学生毕业证书和职业资格证书。学校广泛发动，教师自愿报名，经过专家评审，构建学科带头人、骨干教师和专任教师梯次配备的师资队伍。在此基础上，学校向每位教师下达教科研任务书，形成人人参与、创新发展合力，并以此确定教师招聘和培养计划。

2）突出内涵建设。探索有效教学形式，将生产经营过程引入教育、教学过程，增强课堂教学吸引力，努力实现培养目标、培养方式和评价模式"三个转变"，着力培养技能型人才。一是转变培养目标。按照潍坊国家职业教育创新发展试验区建设要求，联合有关高校，以现有专业为基础，建立互通立交职教体系，形成中级工与中职、高级工与高职、预备技师与职本梯次递进的培养体系，激发学生的学习动力。目前，与潍坊学院、山东交通学院开展的"3＋4"本科院校应用型人才衔接培养已正式招生。二是转变培养方式。实现"三化"，即基础理论教学"多媒体化"，打造魅力课堂，培养学生继续学习能力，形成良好的职业道德，培养合格市民；技能认知"仿真化"，根据技能教学模块逐步建设仿真教室，引进、开发和联合开发相结合，充实和完善仿真软件资源库，让学生在虚拟的生产场景中操作和体验，强化技能认知；技能形成"生产化"，依托实训中心，通过实训实现理论与实践的融合，让学生在反复演练中形成技能并固化。三是转变考核评价模式。学校成立督导评估机构，建章立制，采取招考分离、引入第三方等方式，对学生的技能、理论水平、素质等进行综合评定，结果与就业、升学挂钩，敞开入口，把严出口，确保毕业生质量。

3）继续强化基础能力建设。事实证明，积极参与和承办技能大赛，能有效促进学校教学改革，构建技能型人才培养的新平台，也有利于创新人才培养模式，真正体现出行业引领、企业参与、学校配合的职业教育特点，推动学校向一流职业教育名校迈进。下一步，学校将继续积极承办和参加技能大赛，并以此为契机争创国家高技能人才培训基地，加快智慧校园建设进程；发挥国家 FANUC 数控系统应用中心、CAXA 数控设计与制造教学基地的示范引领作用，积极联系诸城市数控行业企业，扩大实验项目影响，推动数控专业的教学改革；以实训中心为依托，建成高水平、与企业紧密对接的示范性实训中心、公共实训基地；争取专项资金，添置或更新实训教学设备，不断提高人才培养的针对性和实用性，努力将实训中心建成高技能人才继续教育的平台，新技术、新工艺推广应用的平台，在校学生技能形成的平台，全国职业院校技能大赛的平台。

大赛点点"星光"带动技能"燎原"

安丘市职业中等专业学校

安丘市职业中等专业学校创建于 1982 年，1993 年设立潍坊市机械工业学校，一校两牌，是首批国家级重点职业学校、国家改革发展示范学校，也是一所融职业中等专业学校、普通中等专业学校、"三二连读"大专和长短期培训于一体的综合性职业学校。

学校占地 378 亩，建筑面积达 9.9 万平方米。现有教职工 367 人，在校生 4106 人。开设机电、数控、电子、焊接、航空服务等 13 个专业，其中机电、数控为山东省重点专业，计算机、电子应用专业为山东省特色品牌专业，会计、焊接专业为潍坊市重点专业，电子商务、电气运行与控制专业为潍坊市特色品牌专业。

"两个计划"助推技能大赛连续突破

全国职业院校技能大赛是职教学生切磋技能、展示成果的舞台，也是反映职业院校发展水平的一个窗口。近年来，学校积极探索技能教学改革，重点实施了"燎原计划"和"星光计划"，成效显著。

"燎原计划"主要面向全体学生，鼓励全员参与技能实训，通过技能文化节、课堂竞技、技术能手评选等方式，在全校形成"学技术、重技能"的浓厚氛围，促进全体学生技能水平的提高。

"星光计划"主要是以各级各类技能大赛为突破点，层层选拔一批技能尖子生，优生优培，重点发挥以点带面、引领示范的作用，带动技能教学进一步提升。

学校科学处理两个计划的依存关系，先实施"燎原计划"。学生全员参与技能实训和比赛，初选的优秀选手参加潍坊市赛，市赛优秀者推荐参加省赛。省赛一等奖获得者进入"星光计划"培养，通过一系列省培、国培、集训等，参加国赛。国赛获奖选手受聘回校，参与指导"燎原计划"实施。

围绕"星光燎原"计划，学校硬件建设和软件建设同步进行，技能大赛日常训练和备赛参赛做到了常规化、项目化。在教学方案制订、课程体系建设、师资队伍培养等方面紧紧围绕技能教学需要，做到了技能大赛考核规范化、制度化，实现了"以赛促教、以赛促学、教赛结合"的良性循环。

学校连续 5 年承办潍坊市技能大赛，连续 5 年获特殊贡献奖和十强学校，在潍坊市赛中共获 115 个一等奖；连续 4 年承办山东省技能大赛电工电子类项目比赛，在省赛各项目中共获 15 个一等奖；圆满承办了工业机器人和 3D 打印全国行业赛，在两个行业赛中获得 2 金 1 银；首次承办了 2017 年全国职业院校技能大赛中职组机器人技术应用项目；在全国职业院校技能大赛中，共获 11 个一等奖、5 二等奖、5 个三等奖。通过参加技能大赛，全校形成了崇尚技能、尊重人才的良好氛围，培养和造就了一支业务精良、技术精湛、作风过硬的教师队伍，为区域经济社会发展输送了大批高素质的技能型人才。

"五个带动"促进办学实力全面提升

如火如荼的技能大赛，给职教人带来更多的是沉淀与反思，以及对技能比拼背后职业能力的深度思考，对校企合作的深层次推动和进一步提高职业教育吸引力的不懈探索。这些比大赛本身更耐人寻味。

技能大赛启动实施以来，学校通过深度参与、总结反思、完善提高，对整体办学实力起到了有力的提升带动作用，主要表现在以下五大方面。

1）带动教师业务水平大幅提升。技能大赛给专业教师提供了切磋交流的平台，备赛过程锻炼了老师，提升了他们的专业能力，达到了理实一体的要求。通过技能大赛，学校培养了4名国赛一等奖指导教师，其中一人被评为全国优秀教师、潍坊市拔尖人才。他们已经是全国知名教师，多次参加上级组织的专业课程标准制定、技能大赛规程制定、技能考试命题、技能大赛裁判等工作。参赛教师的成长见证了技能大赛的影响力。

2）带动专业建设均衡发展。技能大赛的赛项设置具有前瞻性和示范性，近年来，学校根据比赛项目和企业实际需求，灵活调整专业办学方向。例如，电工电子专业结合比赛项目，开设了电子组装与调试、机电一体化设备组装与调试、制冷与空调、电气安装与维修、单片机5个专业方向；数控专业也由单一的数控车发展到数车、数控铣、数控维修、加工中心等专业方向。

3）提高教学设备的利用率。技能大赛比的是技术、是技能、是速度，是"真刀真枪"的实际操作，要求参赛学生日常要进行大量的实操训练，学校还要根据比赛需要及时添置和更新实训设备。为了进一步完善实训设备，学校近3年累计投入2600余万元用于基础能力建设，现有实训设备总值达3458万元，为技能教学奠定了坚实的基础。

4）带动整体教学质量的提高。有了明确的比赛项目，让教师的教和学生的学都有了目标、有了方向、有了动力。对于教师，参加技能大赛能体现出自身的教学价值，衡量出自己的业务水平，工作有了动力。对于学生，参加技能大赛能学到实实在在的专业知识，学业水平大幅提高，有了学习的动力。对于社会，几年来，技能大赛培养了一大批优秀毕业生，他们有的在当地大企业就业，快速成长为技术骨干；有的升入高职院校，继续参加技能大赛（高职组），成绩突出；多数国赛获奖学生被学校聘为指导教师，如陈奉玉、王大海、王国成、李滨等同学，其中，王大海、李滨已经辅导出国赛选手。

5）带动学校影响力的提升。国赛、省赛成绩是学校最好的名片，是衡量学校教学质量的重要指标，也是考核学校整体工作的重要依据。国赛提升了学生的技能水平，学生也为学校争得了宝贵的荣誉。

教育部职业教育与成人教育司（以下简称教育部职成司）、山东省教育厅等上级部门领导多次到校调研指导。学校先后接待安徽、湖北、济宁、黄岛、烟台等省市同行来校参观交流，学校的示范作用和办学影响力逐年提升。学校的办学成绩和办学经验在《山东教育报》、山东教育电视台、《齐鲁晚报》、搜狐、网易、潍坊电视台、《潍坊日报》、安丘电视台、安丘教育信息网、安丘讯城网等新闻媒体上宣传推介140余篇次。学校的创新法制教育、技能教学改革和职业素质养成三项办学特色由《中国教育报》在头版头条重点推介。

作为我国职业教育工作的一项重大制度设计与创新，技能大赛不仅是广大师生展示风采、追梦圆梦的广阔舞台，还是职业教育改革发展的重要抓手，对职业教育发展的引领作用日益凸显。

技能大赛引领教学改革，铸就强校品牌

临朐县职业教育中心学校

2008年，在潍坊市首届职业技能大赛上获团体一等奖1项、个人奖11项；2009年，大步跨入全市技能大赛十强学校行列；2010年，跻身五强；2011年获21个一等奖，再入五强；2013年以来，在全国职业院校技能大赛斩获3枚金牌、8枚银牌。这些成绩，来自一所原本基础薄弱的职业学校——临朐县职业教育中心学校。近年来，技能大赛成为职业教育领域的热点，在政府、学校、企业的广泛关注下，技能大赛开展得轰轰烈烈。一方面，技能大赛检验着职业教育改革发展的成果，展现了职业院校师生良好的精神风貌和娴熟的职业技能；另一方面，技能大赛推动了职业教育的改革和创新，促进和推动了职业教育课程目标的确定、内容的选择和组织、课程的评价改革等。

抓住撬动教学改革的契机

临朐县职业教育中心学校是由临朐县的工贸职业中等专业学校、职业中等专业学校、机械电子职业中等专业学校三校于 2013 年 7 月整合而成的，是国家中等职业教育改革发展示范学校、国家级重点中等职业学校、山东省示范学校建设单位。学校地处临朐县冶源镇，占地面积 2.3 万平方米，校舍建筑面积 8.83 万平方米，教学仪器设备总值近 3000 万元。学校现开设数控技术应用、汽车运用与维修、学前教育、电子商务等 13 个专业。其中，计算机应用、数控技术应用专业是省级品牌专业，汽车运用与维修、数控技术应用、电子技术应用专业是市级特色品牌专业，汽车运用与维修专业是现代学徒制试点专业。

2013 年以前，学校基础差、底子薄，实训条件很差。2008 年，学校参加潍坊市第一届职业院校技能大赛时，只有 4 台焊机、2 个计算机房，专业教师是由其他专业改行的。但学校立足实际，努力克服师资力量薄弱、设备短缺等诸多不利因素，积极探索备赛模式，备赛水平不断提高，大赛成绩连年攀升。

由于学校地处农村，师资匮乏，设备不全，加之技术发展日新月异，专业技能培养往往缺乏实效性、实用性。学生走上就业岗位后，无论是思想还是技能储备都与企业要求存在着比较大的差距。这直接影响毕业生就业。如何解决这个现实问题，将直接关系到学校学生的培养质量和社会对职业教育的认可度。教育部提出"普通教育有高考，职业教育有大赛"，自 2008 年起每年举办针对中职学校的技能大赛，为职业教育发展指出了一条明路，那就是通过技能大比武来检验职业教育的成果。学校紧紧抓住这一契机，把技能大赛作为促进学校课程改革的重要抓手，以赛促学、以赛促教，全面提升学校的办学水平。

拓宽实训投入渠道，搭建大赛训练平台

技能教学，必须借助一定的基础设施。在资金严重短缺的条件下，学校不等不靠、广开门路，通过自筹资金、引入企业设备等方式，累计投资近 300 万元，大幅度改善了实习实训条件。

学校通过联合办学等方式，积极争取企业投入。青岛英派斯健康科技有限公司、山东鸿基机械科技有限公司、青岛三利集团有限公司等企业先后向学校捐赠了价值 100 余万元的焊机、车床、冲床、电火花成型机、计算机等实训设备；青岛英派斯健康科技有限公司还在学校设立了"英派斯奖学金"，累计发放 33 万元。学校勤俭办学，自力更生，压缩其他开支，重点保障实习实训投入。全校师生自己动手，设计、建设了 400 平方米钢架结构的机械加工实习车间，共节约建设资金近 8 万元。学校的两个钳工实训室，台钳是自己到厂家购买的；操作台从设计、购料、下料、焊接到安装等所有工序，也都是由焊接专业的师生完成的，累计节约资金 5 万多元。无论是工业 CAD 实训室还是影视后期制作实训室，

投入的 250 余台计算机都是从济南、潍坊等地买来配件，由师生自己组装的。

近些年来，国家、省、市对职业教育的支持力度不断加大。2013 年，临朐县整合县内 3 所职业学校资源，组建了临朐县职业教育中心学校。在各级政府的支持下，学校全面提升办学条件，为参加技能大赛奠定了坚实的基础。

加强师资培训，提高专业教师素质

学校专业师资队伍相对短缺，大部分专业课教师由其他专业转型而来，知识储备不足，教学水平的提升受到限制。

针对这种情况，学校利用周末和节假日，积极外派教师进行专业学习与培训。2013 年以来，学校先后选派教师 200 余人次到内蒙古大学、华中科技大学、山东-德国巴伐利亚职教师资培训中心、山东工业技师学院、山东星科教育设备集团有限公司、山东鸿基科技有限公司、青岛英派斯健康科技有限公司等单位学习。学校还多次聘请高校与企业的高技能人才来校授课，使专业教师的技能水平得到较快提高。近几年，在各级各类技能大赛中，学校有 600 多个项目获奖，其中获国赛金奖 3 项、银奖 8 项。学校曾连续 7 年获得"潍坊市职业院校技能大赛十强学校"称号。

全面加强技能教学，提升大赛水平

在技能教学方面，学校抓全面、促重点，在抓好日常实习实训教学的同时，积极组织各种技能比武活动，有效提升了全体学生的技能水平，促进了技能大赛备赛水平的提高。

首先，组建了健全、得力的工作领导机构，实行分层包靠负责制。学校成立备赛工作领导小组，分管校长任组长，教导处 3 位主任分别包靠几个参赛训练小组，各小组确定 1 名组长。层层分解任务，明确工作职责。包靠领导对所包靠项目负全责，对训练过程全程监督，以考促练，限时训练，对发现的问题及时提出改进措施，对备赛师生遇到的困难及时解决，以高标准、严要求促进技能大赛成绩的提升。

其次，根据各专业师资状况确定参赛项目，并分别制定不同的参赛目标和要求。2009 年，学校考虑到师资状况，本着拿奖和锻炼的目的，确定参加市技能大赛的 8 个比赛项目。其中有传统优势项目，如电气焊，也有新项目，如钳工、车工。2010 年，学校新增了数控、装潢与设计、制冷、工业 CAD 等参赛项目。学校按照不同的目标进行备赛，取得了较好成绩。

最后，重视技能大赛与技能教学的结合，实行选手选拔制。学校协调好备赛训练与日常实训教学的关系，实行大赛选手选拔制度，让每个学生在充分训练的基础上进行公平竞争，经过多轮筛选、层层选拔，最终确定参赛选手。

注重精神引领，提高师生备赛向心力

学校地处农村，基础条件、地理位置、师资水平等方面与兄弟学校相比都不占优势，而且教师福利待遇偏低、生源质量相对较差。面对现实，要想取得学校发展的突破，无论是实践教学还是技能大赛，都离不开师生的甘于吃苦、勇于进取的奉献、拼搏精神。

为此，学校制定了大赛奖惩条例，激发师生参赛的积极性。对在技能大赛中取得突出成绩的师生，在职称晋升、年度考核、评优等方面给予倾斜。更重要的是，学校特别注重精神引领，努力营造大赛氛围。一是通过悬挂宣传横幅、个人宣传版面等方式大力宣传先进典型。焊接专业青年教师陈海江在 2008 年潍坊市职业院校技能大赛中率队夺得团体一等奖，个人获得一等奖，学校不仅大力宣传他的感人事迹，而且推荐他参与首届临朐名师评选。二是 2010 年以来学校每两周举办一次"技能大赛先进事迹报告"活动，由技能大赛成绩优秀的师生为全体师生做报告，这样既为在技能大赛中脱颖而出的师生搭建了展示自我的舞台，也给全校师生树立了学习的标杆。

现在，全校师生心往一处想、劲往一处使，形成了浓厚的技能教学、备战大赛的氛围。动漫专业教师张娟因前些年受到意外伤害，至今不能常坐，经常站着训练、站着指导学生。她指导的学生获得了市赛、省赛一等奖，国赛二等奖。侯孝勤老师原来教授物理课，2008 年因备战大赛需要转到电子技术应用专业。为尽快提高专业水平，侯老师克服种种困难，多次利用寒暑假到济南、陕西等地接受培训；2009 年以来，在潍坊市职业院校技能大赛中，侯老师一直稳居教师组一等奖第一名，她指导的学生也多次获得山东省职业院校技能大赛一等奖和全国职业院校技能大赛一等奖。

以赛促教，引领教学改革与发展

全国职业院校技能大赛引进企业规范制定比赛规则，让学生在接近企业生产一线的环境里进行技能比拼，大大增强了技能的应用效果。中职学校的技能教学以往缺乏有效的检验标准，这既不利于专业教师教学水平的提高，也不利于学生学习积极性的提高。通过参加技能大赛，缺少检验标准这个问题得到了有效解决。

十多年的参赛备赛，学校师资队伍的整体水平大幅度跃升，培养了一大批技能强、素质高的毕业生。2013 年以来，共有近 70 名教师获得市、县级政府教学成果奖，有 42 名教师因大赛成绩突出被认定为市、县教学能手；390 人次在国家、省、市职业院校技能大赛中获得个人奖、指导教师奖，涌现出国赛一等奖获得者张静、刘晓东等，国赛二等奖获得者刘军涛等，省赛一等奖获得者孙志平，市赛一等奖获得者马腾、蒋明刚、郭云娜等一大批优秀学生。

借力大赛平台，铸就名校辉煌

潍坊市工业学校

近年来，潍坊市工业学校积极推进教学相长的竞赛策略，依托国家、省、市搭建的以赛促学、以赛促教的大平台，通过参加技能大赛，不断提高学生的技能水平、教师的教学能力和学校的综合实力。近年来，潍坊市工业学校在技能大赛中成绩突出。2015 年通过山东省规范化学校验收，机电技术应用和计算机应用专业被评为山东省示范性专业；2017 年机电技术应用专业被评为山东省特色品牌专业。

校级统筹，高效运作

技能大赛是国家确定的旨在提高职业教育教学质量、具有战略意义的赛事，是促进校企合作的催化剂，是教育教学改革的风向标，是专业建设和师资培养的助推器。技能大赛涉及面广，仅靠个别师生单打独斗不可能取得好成绩。为此，潍坊市工业学校健全了大赛领导体制，由校长主导，学校各专业科室主任组成职业教育技能大赛组委会，高效运作，统筹协调技能大赛参赛工作。组委会负责制定并实施年度工作方案，包括参赛项目、参赛目标、协作分工、保障措施等。每年，学校各部门都要联合召开备战技能大赛的动员会，部署任务，激发斗志。技能大赛项目众多，持续时间较长，学校大力支持备赛工作，各部门、各科室积极解决备赛、参赛过程中指导教师和参赛选手面临的各种问题，以确保备赛工作顺利开展。

项目教学，整体提升

技能大赛考验的是学校专业教学实力和实践能力培养水平，参赛选手的技能水平代表着所在学校的最高水准。为此，学校为各专业创建了实验、实训、培训三位一体的实验实训中心，实行项目化教学。实训基地是学生获得技能、教师传授技能的"主战场"，是进行实验、实训教学的重要场所。在项目化教学中，以项目为主线，将"教、学、做"有机结合。在实训过程中，学生即员工，实训过程即生产过程，实训结果即生产产品。这既锻炼了学生自主学习职业技能和独立工作能力，又培养了学生的岗位意识、责任意识、质量意识，为企业培养合格的职业人。

校内比武，遴选选手

为更好地提升在校学生的综合素质，积极推进中职教育改革，选拔一支具有较高技能水平的学生团队参加全市、全省乃至全国的技能大赛，学校于每年5~6月举行全校技能比武。为保证校内技能比武顺利进行，教务处积极组织各专业科室主任、教研室主任，根据专业特点制订严格的校内技能比武实施方案和训练方案，按照省赛规则及标准统一命题。各专业教师积极组织学生进行训练，保证校内技能比武顺利完成。通过校内技能比武，各专业参赛项目选拔4~8名优秀选手。选手结合技能大赛项目要求进行集训，迎接各级各类技能大赛。

暑期集训，迎接大赛

为了争取在技能大赛中取得好成绩，各专业精心挑选技术精湛、经验丰富、责任心强的教师担任指导教师，对参赛选手进行两个阶段（常规培训阶段和强化培训阶段）为期一个多月的培训。在常规培训阶段，指导教师科学规划，对参赛选手严格训练，在日常实习的基础上大幅提高参赛选手的综合技能水平；在强化培训阶段，指导教师对大赛技术文件进行认真的分析研究，有目的、有方向地培训参赛选手，同时组织两次模拟竞赛以提高参赛选手的比赛经验，并重点对参赛选手的心理素质、随机应变能力等方面进行指导。

承办赛事，搭建平台

学校于2016年承办了潍坊市职业院校技能大赛中职组机器人技术应用赛项。作为承办方，为确保赛项的顺利进行，学校做了充分的赛前准备。比赛过程中，全体评委严格按照比赛规范，公平、公正评判。同时，领队和指导教师通过大屏幕可实时观摩赛事现场，做到公开透明。参赛选手对学校的组织、服务非常满意。

在各级各类技能大赛中取得的优异成绩，使学校知名度越来越高，省内许多中高职院校（如山东畜牧兽医职业学院、山东科技职业学院、烟台理工学校、烟台信息工程学校等）来校进行交流学习。

技能大赛促进了学生学习兴趣的提升、教学模式的改革、师资队伍和实验实训基地的建设，推动了职业教育课程建设与改革的进程。

奖励引领，成绩优异

组织备战技能大赛，要全方位调动各方面积极因素，对参赛选手及指导教师进行宣传、表彰。一方面，学校通过多种宣传形式，加强对技能大赛及获奖选手的宣传，展示职业教育改革发展的优秀成果；另一方面，学校每年都要表彰大赛参赛者、优胜者及指导教师。

十多年的技能大赛历程，学校成果丰硕，在国家、省、市技能大赛中先后有 201 个项目获奖，5 次被评为"潍坊市职业院校技能大赛十强学校"。伴随技能大赛，学校教学改革不断深化，科研工作稳步推进，近 5 年来，有 15 项研究成果获得国家实用新型专利，400 余篇论文在国家、省级刊物发表或获奖；承担国家级重点课题 8 项、省级重点教学研究课题 5 项。2017 年，学校有 4 个山东省职业教育教学改革研究项目课题、4 门山东省精品课程被立项。

学校以参加技能大赛为抓手，深入推进教育教学改革，积极实施"校企合作、工学结合、顶岗实习"人才培养模式，为学生提供展现自我、一显身手的机会。通过训练和竞赛的锤炼，学生不仅巩固了平时所学的专业知识，技能水平得到很大提升，而且磨炼了坚持不懈、持之以恒的品质，为日后的就业和升学打下良好的基础。学校培养的高素质毕业生得到了社会和企业的一致认可和好评，毕业生就业率一直保持在 95% 以上。许多校企合作企业（如海尔集团、澳柯玛集团、福田雷沃重工、歌尔股份有限公司、山东共达之声股份有限公司、山东浩信集团、山东同大集团等）与学校签订了在校生顶岗实习的合作协议。每年毕业季，都会有数十家企业来校洽谈用人事宜，每年毕业生都供不应求。

自参加技能大赛以来，学校专业建设取得了长足的发展。现在，学校以机电技术应用、计算机应用为品牌专业引领其他专业发展，积极申报"山东省示范性学校"。

技能大赛取佳绩，办学声誉再提升

潍坊市经济学校

潍坊市经济学校始建于 1988 年，占地面积 791 373 平方米，建筑面积 188 986 平方米，实验室 36 个，实训场地面积 32 871 平方米，实验设备总值 2562.7 万元。现有教职工 349 人，其中高级讲师 96 人，"双师型"教师 121 人，具有硕士研究生以上学历的教师 83 人；全国职业教育先进个人 1 人，山东省优秀教师 5 人，潍坊市优秀教师、教学能手 38 人；长期外聘专家学者 60 多人，兼职教师 47 人；全日制在校学生 5528 人。学校先后获得国家级重点职业中专、全国职业教育先进集体、山东省职业教育先进单位、山东省教书育人先进单位、山东省德育工作先进单位、山东省学校管理先进单位、山东省畜牧职业教育集团副理事长单位、山东省职业院校技能大赛突出贡献奖、潍坊市职业院校技能大赛突出贡献奖等多项荣誉称号。

技能大赛是我国职业教育事业的一项重大制度设计与创新，是国家大力发展职业教育的重要举措，更是展示职业教育改革与发展成果的盛会。中职学校参加技能大赛，不仅能够展示学生的职业技能、职业素养，检验学生在理论基础和实际操作方面的能力，引导学生学习知识、钻研技术，"走岗位成才之路、创人生出彩机遇"，还能够引领专业建设和教学改革，推进专业建设对接产业发展、人才培养过程中深度校企合作，提升中职教育人才培养质量、社会认可度与影响力。

学校以"加强就业为导向，引导激励学生学练技能"为宗旨，高度重视实训教学和专业技能竞赛活动，科学筹划，调动各方积极力量，全方位支撑；将校内选拔与校外比赛相结合，让学生学起来、练起来、动起来，以赛带练、以赛促教，使技能大赛成为学校积淀办学特色，深化内涵建设，努力追求卓越，实践"人人皆可成才、人人尽展其才"教育理念的有效途径。学校各专业系部认真做好实训规划，周密安排，扎实推进；专业教师努力钻研，精心设计，勤奋指导；参赛学生勤学苦练，乐于拼搏。

突出组织机构建设

学校高度重视技能大赛，为便于对各教学单位进行统一调度、协调，专门成立了技能大赛办公室，配备专职人员，并要求他们主动请示、积极联络，贯彻各级各类技能大赛精神和要求；制定技能大赛训练、激励制度，指导协调各教学单位有计划、有组织、有步骤地进行教学和集训，确保备赛工作有序地进行。

深化制度建设

学校认真分析各级各类技能大赛的比赛规程和标准，结合自身实际修订了学校技能大赛奖励条例，调动了广大师生参与大赛的积极性。

各训练中心团队实行三级管理，由项目主管、首席指导教师、指导教师共同组建项目团队。各项目团队在技能大赛办公室和各部门的领导下，统一认识，细化分工，确保训练高质量、高效率地进行。

根据上级文件精神，结合本校实际，学校每年按照各级各类技能大赛成绩分项目拨出专项启动资金，对重点项目予以扶持，提升了技能训练水平和竞争力。在全校师生的共同努力下，确保市赛"全面开花"，省赛各分赛项争取取得好成绩，国赛实现重点突破。

强化队伍建设

针对中职学生在校时间短、高考生不愿参加的实际，学校在"三二连读"学生中选拔动手能力强、心理素质好的学生作为参赛选手，重点抓好"早、全、细"3个方面的工作。

1）早，即早建队伍。从入学开始就选苗组队，在保证正常学习的前提下，引导学生熟知技能训练，尽早树立实务操作意识；学生在二年级参赛，初见成效；在三年级争取参加国赛，实现突破。

2）全，即参赛项目覆盖面广。根据学校技能大赛奖励条例与管理办法，要求所有专业都必须组建国家、省、市三级赛项专业训练小组。各小组以大赛规程为纲领，指导日常教学与技能训练。

3）细，即强调训练全过程的细致性。一是技术训练。根据专业特点和学生实际，从理论训练到模拟训练做到周密设计、任务明确、时间合理、监督有效、有的放矢；定期聘请行业专家、各级裁判对专业教师和参赛选手进行技术指导。二是心理训练。过硬的心理素质是好成绩的保障。学校采取了限时训练和仿真模拟比赛现场等手段，以赛促学、以赛促练，从而提高学生驾驭赛场情况的能力。

优化基础设施建设

为了保障参赛学生的技能训练，学校在各专业的基础设施建设上下功夫，现已建起护理、财经、服装、畜牧兽医、学前教育、制茶等实训室；在师资调配方面，也出台相应办法，突出专业性、实效性，调动了教师指导大赛、参与大赛的积极性。

大赛提升办学声誉

2008 年以来，学校先后承办了省级、市级、国家级职业院校技能大赛；在全国职业技能大赛和"文明风采"竞赛活动中获得一等奖 23 个、二等奖 31 个、三等奖 39 个，省赛一等奖 49 个，市赛一等奖 125 个。2016 年，学校获得潍坊市职业院校技能大赛十强学校、山东省中小学电脑制作活动最佳组织奖、山东省畜牧职业教育集团办学先进集体、全国青少年学生法治知识网络大赛优秀组织奖等荣誉；服装制作与生产管理专业教学团队被评为省级教学团队。2015～2017 年，参加春季高考考取本科院校的学生有 158 人。学校每年为区域经济社会发展输送技能型人才和高素质劳动者 2000 余人，受到用人单位的欢迎，赢得了良好的社会声誉。

以赛促教，以赛促学，推动学校发展迈上新台阶

昌乐县宝石中等专业学校

昌乐县宝石中等专业学校是国家级重点职业学校、山东省示范性中等职业学校，是一所集"三二连读"大专教育、普通中专、技工教育、就业培训于一体的综合性职业学校。学校紧密对接当地产业，设有机电工程、新能源汽车、信息工程、现代工艺 4 个系部，开设机电、数控、无人机、幼师、珠宝、动车乘务等 10 个省市名牌专业。学校坚持"特色立校、内涵发展、多元办学"的方针，秉承"德能共生，知行合一"的校训，倡导精益求精的工匠精神。学校与县内世纪阳光纸业、比德文新能源、山东矿机、牵手娃等 130 多家大中型企业开展现代学徒制班、企业冠名班，实行订单培养，学生入学即入职，毕业生供不

应求。

多年来，学校师生积极参与各级各类技能大赛，师生多次在潍坊市、山东省、全国职业院校技能大赛，以及世界技能大赛全国选拔赛、"技能兴鲁"等大赛中获奖。学校倡导"崇技尚能"，每年定期举办全校技能大赛，使之成为检验师生技能水平的试金石。

崇技尚能，全员参与技能竞赛

1. 晋级模式促技能训练

技能的习得，离不开勤学苦练。为了提高技能教学质量和学生参加训练的积极性、主动性，学校实行技能抽考的考核方式。每学期末从学生在本学期所学习的技能科目中抽取一部分进行综合考核，考核合格后发合格证书，当完成一个等级需要的全部技能科目并考核合格后晋级下一等级。以电气工程系为例，学生完成照明线路的学习，考核合格后成为学徒；完成电力拖动和电子技术学习，考核合格后由学徒晋级为初级工。未通过考核的学生不能晋级，补考通过后方可晋级。成绩优秀的学生可以优先参加大赛训练、优先实习等。这种类似于网络游戏的晋级模式，大大调动了学生的学习积极性。

2. 技能文化节展技能风采

每学年下学期举办技能文化节，为学生提供展示技能风采的舞台，使学生展示自我，体会被认可的喜悦，提升自信心。

3. 青蓝工程提升教师队伍素质

学校实施青蓝工程，以老带新，促进青年教师成长；制订青年教师培养计划，分梯队培养，助力青年教师成长；鼓励教师参与技能大赛。

技能大赛都是以工厂典型的工作内容为比赛内容，这些实践内容来自企业一线，是企业工作内容的浓缩。这就要求教师不仅要"言传"，还要有正确的示范。教师通过参与技能大赛，可以接触到企业先进的技术，掌握行业、企业对技能型人才的培养需要及相关职业岗位的技能要求，及时调整教学内容，及时总结，把实践教学真正落到实处，进而提升专业教学能力，促进自身全面发展。

4. 能工巧匠进校园，带来先进技术

学校不定期邀请企业能工巧匠进校园开展专题讲座，在校内建设"微课堂"，把企业先进技术引入校园，增加师生对企业、新技术的了解。

5. 比赛内容融入课堂

学校鼓励教师参加技能大赛，把技能大赛的成果转化为课程教学资源，融入日常实训教学，使技能大赛和普通实训教学相融合，力争惠及每一个学生；组织教师结合技能大赛实训设备编写校本教材，考虑内容与职业标准、职业资格考试对接，借鉴技能大赛所提出的能力要求，把职业资格考试要求的知识与能力要求和技能大赛过程中所体现的规范、高效等理念贯穿其中。

以赛促教，加快学校内涵发展

1. 承办技能大赛，提升专业建设水平

2014年11月，学校承办了潍坊市职业院校技能大赛电机装配与运行检测项目，在本次比赛中，赵新江老师编写的《电机装配与运行检测项目工艺规范》成为潍坊市中职学校共享的项目教学标准；2016年11月，学校承办了潍坊市工业机器人技术应用技能大赛；2018年3月，学校承办了第45届世界技能大赛山东选拔赛时装技术和珠宝加工两个项目；2014～2018年，学校承办了昌乐县第一届至第五届的县技能大赛。在承办技能大赛过程中，政府和学校加大对相关专业的建设投入，积极改善实训条件，提升了专业建设水平。

2. 大赛争金夺银，提升师生整体素质

技能大赛是职业教育的风向标、试金石和推进器，我校师生多次在各级技能大赛中取得优异成绩，赵新江、冯岩、石玉峰、徐真真、王妮妮、丁凯等青年教师多次在省市职业院校技能大赛和"技能兴鲁"职业技能大赛中获奖；冯雪、王玉东、房涛、刘小龙、王玉鑫等同学在各级大赛中多次获奖。2013年，电气工程系的于光照、贾利军同学组队参加潍坊市职业院校技能大赛，在机电一体化设备组装与调试项目的比赛中战胜众多强手，获得第一名的好成绩。2014年，于光照参加全国职业院校技能大赛电机装配与运行检测项目，获得二等奖。2016年，电气工程系的闫中旭、周文波参加第44届世界技能大赛山东选拔赛，获得山东省一等奖，名列第44届世界技能大赛中国选拔赛全国第10名；同年，闫中旭、周文波参加全国工业机器人山东省选拔赛，获得学生组二等奖。2016年、2017年，现代工艺系的胡文娇参加潍坊市职业院校技能大赛时装技术赛项，均获得第一名的好成绩；2018年，胡文娇参加第45届世界技能大赛山东选拔赛获得山东省一等奖，名列第45届世界技能大赛中国选拔赛全国第11名。2017年，机械工程系的王玉东、房涛参加全国中等职业学校信息技术技能大赛3D打印项目，夺得金牌。2018年，信息工程系的李吉参加全国中等职业学校信息技术技能大赛平面设计项目，获得二等奖；电气工程系的郝树龙、黄效杰、高伟杰在全国职业院校技能大赛中取得了一等奖的可喜成绩，实现了昌乐技能大赛金牌"零的突破"。

通过参加比赛，学校4个系都有了自己的带头专业。同时，涌现出一批对技能大赛的组织、集训等胸有成竹的指导教师，以及一批组织有力、经验丰富的教练员、指导员，形成了一支以"国赛"为引领、熟悉竞赛全过程的优秀团队。

辐射带动，提升办学声誉

学校以技能大赛为引领，以赛促教、以赛促学，提升了办学水平，学校毕业生就业、升学前景良好。一部分毕业生升入高一级学府，如孙晓彬于2011年以优异成绩考入天津职业技术师范大学；一部分毕业生进入企业，如2011级毕业生李文玲，现就职于昌乐比德文动力科技股份有限公司。大赛获奖的学生也获得了良好的发展。机电技术应用专业的于光照同学（2015年7月毕业）是学校技能成才的典型代表。他在校期间肯吃苦、爱钻研、勤

动脑，动手能力强，学习成绩突出，曾多次在潍坊市技能大赛中获奖。2014年，于光照获得全国职业院校技能大赛电机装配运行与检测项目二等奖。根据《山东省关于举办山东省职业院校技能大赛的意见》和《山东省职业院校技能大赛奖励办法》的相关规定，于光照同学因大赛成绩突出获得春季高考免试专业课的资格。2016年电气工程系的闫中旭、周文波参加第44届世界技能大赛山东选拔赛获得山东省一等奖，被潍坊技师学院聘为实习指导教师。

通过技能大赛，学校与兄弟院校和企业间的交流合作进一步加深，推进了"理论与实践、教学与管理、学习与工作、技能与素质、就业与创业"相结合的一体化教学改革，加快了双师型队伍建设，营造了校园良好的育人文化。同时，还实现了技能大赛由阶段性工作向常态性工作的转变，由部分学生参与向全体师生参与的转变，使技能大赛逐步成为师生成长成才的重要平台，形成了良好的校园氛围。

借助技能大赛，成就名校之路

山东省民族中等专业学校

山东省益都师范学校是山东省民族中等专业学校的前身，创办于1905年，2001年3月改建为山东省民族中等专业学校，校内设有山东-巴伐利亚职教师资培训中心等培训机构。现有17个专业，其中，机电技术应用、汽车运用与维修、学前教育3个专业为省级示范性专业，模具制造技术专业为潍坊市特色品牌专业。现有教师446人、专任教师246人，其中专业教师165人。学校先后获得全国电教实验先进单位、全省职业教育先进集体、山东省职业教育先进单位、山东省艺术教育示范学校、山东省职成教优秀科研基地等荣誉称号。

近年来，学校积极参加各级技能大赛，促进了教育教学改革。具体做法如下。

制定相关制度，确立大赛导向

学校制定了《山东省民族中等专业学校职业技能竞赛制度》，落实技能大赛对学校教学工作的导向作用，保证了校内各部门间的沟通与协作，确保了各项备赛工作的顺利进行。

1）建立科学规范、客观公正的评判机制。学校以教育部和山东省教育厅颁布的各专业教学指导方案规定的技能训练教学目标为基本依据，结合相关职业资格标准，制定了科学的技能竞赛方案和评判标准。评委由行业、企业的专家、学科带头人、专任教师、技师、技术能手等组成，坚持公开、公平、公正的原则，确保校级技能大赛的评判质量。

2）建立周密完善的安全保障制度。学校成立技能大赛安全工作领导机构，实行安全目标责任制。各专业教学部为安全第一责任人，明确职责，层层负责，落实到人，确保技能大赛活动安全有序进行。

3）建立合理适度的表彰、奖励制度。学校坚持物质奖励和精神奖励相结合的原则，科学合理地设置奖励标准和办法。在技能文化节结束时召开表彰大会，为每位获奖选手颁发证书和奖品，请获奖教师和学生代表发言，并将每个竞赛项目的获奖选手名单张榜公布，为广大师生树立榜样。

举办技能文化节，师生全员参与

自 2015 年举办第一届技能文化节以来，截至 2018 年已经连续举办 4 届。每年 6 月的技能文化节已经成为全校师生一项非常重要的活动，每个人都有上台表演、展示自我的机会。

通过建立全员参与、定期举办的校级技能文化节，有效提升了全校师生的专业技能水平，全面提高了教育教学质量。学校努力做到"专业全部覆盖，师生全员参与"，面向所有专业设立比赛项目，让全体师生都参与进来，形成普遍性、经常性的技能大赛制度。比赛分初赛、复赛、决赛 3 个阶段，层层筛选，优中选优。

承办上级比赛，改进实训教学

近年来，学校先后承办了"辰榜杯"全国数控铣削技术技能大赛、全国机械行业工业装调（装配钳工）项目技能大赛，通过全国职业院校技能大赛的牵引，与参赛院校广泛交流，积极学习全国兄弟院校先进经验，努力提升学校的办学水平。

1）承办技能大赛促进了学校实训基地建设。许多企业为了推广品牌，宣传产品，主动参与技能大赛活动，如冠名"丰国杯""金保罗杯"等技能文化节活动，"辰榜杯"全国数控铣削技术技能大赛。它们通过提供比赛场地、设备、奖品，参与命题、裁判，实现了职业教育教学改革和校企合作深入发展的双赢。

2）承办技能大赛提高了教师的技术水平和教学能力。技能大赛的题目来自于企业的生产实际，为更好地指导大赛，教师通过各种途径和方法，深入了解企业行业实际，不断学习，促进了实践教学水平的提高。

3）建立大赛选手选拔机制，注重在平时发掘培养"好苗子"。学生入校后，如果发现他在某个方面有兴趣且有潜质，便将其列入预选名单。专业教师指导学生进行专业方面的培训，经过一段时间，再进行筛选，将筛选出的学生留下进行重点培养。

技能大赛比的是职业素养，组织技能大赛的目的是以赛促训，让更多的学生在职业素养方面得到提升。学校的做法是：将每个专业的专业理论课和实训课相结合，整合成若干个教学项目，将这些教学项目分配到每个学期，保证每周有 2～3 天专门进行项目化教学，其余时间上文化基础课。

学校每年拨出专项资金投入技能大赛，用于购置实训教学设备和训练耗材，同时有力保障了日常实训教学。

提高参赛成绩，拉动教学改革

学校近年参加市级、省级、全国职业院校技能大赛并取得新突破，大赛成绩不断提高。2015 年，参加潍坊市职业院校技能大赛，获 1 个一等奖、7 个二等奖、6 个三等奖。2016 年，参加潍坊市职业院校技能大赛，获 6 个一等奖、2 个二等奖、15 个三等奖。2017 年参加全国"辰榜杯"数控铣削技术技能大赛，我校教师获一等奖、二等奖、三等奖各 1 个，学生获一等奖、二等奖、三等奖各 1 个；参加第六届全国饭店业职业技能大赛，我校教师获二等奖 1 个。

技能大赛推动了学校人才培养模式的转变。在技能大赛的引导下，学校逐步实践"理实一体化""教、学、做一体化"的教学模式，增加了实践教学课时量，提高了学生的职业技能。

学校目前存在技能训练与理论学习不均衡的现象。职业院校学生应是具备专业理论知识的技能型人才，具备完善的专业理论体系，具有终身学习的意识。学校在举办或参加技能大赛的过程中，切实体会到专业理论知识与职业技能相结合的重要性。今后将进一步加强专业理论学习和人文素养教育与职业技能训练的紧密结合。

通过参加技能大赛，我们深切感受到了与其他学校的差距，这是我们的压力，更是我们奋力前行的动力。登上更大的比赛舞台，奋力取得更优异的成绩，是学校下一步教育教学工作的重要内容。以技能大赛为平台，不断提高学校的技能教育水平，为学校的发展助力。

潍坊大赛素描

——关于大赛的思考

　　2008～2017年，全国职业院校技能大赛已连续举办十届。不平凡的历程，铸造了中国特色职业教育的闪亮品牌，也为全国职业院校师生提供了追梦圆梦的广阔舞台。

　　"操千曲而后晓声，观千剑而后识器。"这十年，是潍坊市职业院校师生拼搏耕耘的十年，也是硕果累累的十年。国赛、省赛、市赛、校赛，四级大赛联动；名校、名专业、名师、名生，四名工程并举，从而形成互助共生、良性循环的机制。潍坊市有17人入选山东省首批职教"齐鲁名师"；有10个教学团队、9名青年技能名师入选省级培养工程；拥有15个省级品牌专业；有6所国家级示范校、7所省级示范性学校，均列山东省各地市首位。"以赛促学、以赛促教、以赛促改、以赛促建"成效显著，技能大赛理论研究与实践探索取得丰硕成果，屡获各级教学成果奖，极大地提高了潍坊市职业教育知名度，形成了独具特色的职业院校技能大赛的"潍坊模式"。

　　回眸思考，沉淀展望，潍坊市以职业院校技能大赛为抓手，以德技并重的精神培育大国工匠，全面提升职业教育服务"中国制造"的能力。

四级联动，四名并举，构建地市技能大赛长效机制的探索与实践

宋大明　鞠桂芹　周林　王述新

举办职业院校技能大赛是我国职业教育改革的一项重大的制度设计与创新，是推动职业教育教学改革、提高人才培养质量的重要举措。2006~2008 年，潍坊市中职学校组团参加了在长春市、重庆市和天津市举办的全国中等职业学校技能大赛，仅获 1 枚银牌，这与潍坊市教育强市的地位极不相配。

潍坊市职教室从剖析成因入手，重构技能大赛运行机制，启动职业教育教学改革。自2010 年始，潍坊市参加全省、全国技能大赛金牌数和总成绩稳居全省首位，职业教育质量和社会声誉不断提升，研究实践成果"抓点铺面，拉动专业教学改革之'潍坊模式'"荣获2014 年国家级教学成果二等奖。

在此基础上，依托山东省职业教育教学改革两个重点项目——《完善职业技能大赛长效机制，促进中等职业学校教学改革的研究与实践》和《校企研联手构建"四级大赛"与"四名工程"互助提升动态体系的典型研究》，潍坊市职教室与潍坊职业学院、山东省教科院及区域内 34 所中职学校密切协作，在完善技能大赛长效机制、促进大赛资源与专业教学多元融合、生成技能大赛与四名工程正向激励效应等领域，进行了更加深入的理论探讨与实践验证，在构建地市技能大赛长效机制方面取得了一系列教学研究成果。

构建地市技能大赛长效机制的探索与实践成果是对潍坊市贯彻新发展理念、充分发挥技能大赛引领示范作用、推动职业教育创新发展的十年探索与实践成就的凝练，揭示了地市层面技能大赛长效机制的主要内容、方法及路径，丰富和发展了技能大赛的功能作用和理论内涵，验证了技能大赛促进教学改革的独特价值与正向效应，成为技能大赛促进区域职业教育创新发展的典型案例和有效范式。

构建了地市技能大赛长效运行机制

1. 创立"政府牵头、行业主导、企业参与、院校承办"四方协同办赛模式

1）率先建立政府牵头、定期办赛制度。2009 年，潍坊市政府出台《关于做好全市职业院校技能大赛工作的意见》（潍政办发〔2009〕65 号），确定了政府协调、多部门参与、每年举办大赛制度；2010 年，潍坊市政府整体承办全省职业院校技能大赛；2011 年，成功承办全国职业院校技能大赛中职组会计技能赛项，成为第三个全国职业院校技能大赛分赛区。

2）确立行业主导、竞赛引领专业建设的大赛理念。潍坊市与中国机械工业联合会、物流与采购联合会、美容美发协会、烹饪协会等 16 个全国性行业协会建立大赛指导合作关系；2008 年，实施特聘技能教师制度，每年拨出专项经费 200 万元，聘请行业专家和能工巧匠担任实训教师和大赛教练，2011 年在山东省推广实行；2012 年，成立 13 个专业建设委员会，聘请行业企业专家制订人才培养方案，参与教学实践，指导技能大赛，引领专业建设。

3）创新企业参与、赛事进车间的大赛模式。2011 年，潍坊市制定了《企业参与技能大赛管理办法》，技能大赛成为企业人才招聘、新产品发布、技术推广服务、行业交流合作

的新平台，为校企合作开辟了新领域。2012 年 4 月，诸城市福田汽车职业中等专业学校携手冠泓数控股份有限公司承办山东省职业院校技能大赛中职组现代制造技术技能比赛，赛场设在企业生产车间，竞赛在真实的企业生产环境中进行，在全国开创先河。

4）形成地市统筹、院校承办的办赛格局。2012 年，潍坊市制定了《职业院校申办技能大赛管理办法》，对接产业设置赛项，规划建设大赛基地，形成了学校申办、专家论证、企业支持、教科研机构全程参与的办赛机制。2008 年迄今，潍坊市职业院校承办市级大赛 325 场次、省级大赛 119 场次、全国大赛 17 场次，成为山东省承办省赛、国赛场次最多的地市。

2. 构建"校赛铺面、市赛引领、省赛拉动、国赛创优"四级联动大赛机制

1）校赛铺面，实现专业、学生竞赛全覆盖。潍坊市将校级竞赛纳入市级教育督导，学校举办"技能节"和"竞赛月"制度化、常态化，形成班班有赛项、人人能出彩的竞技氛围，促进学生养成崇尚技能的意识，培育学生的工匠精神，凸显技能大赛的普惠性。2008～2017 年，潍坊市举办校（县）级大赛 1605 场次，获奖学生 77 826 人次。

2）市赛引领，实现了大赛标准化、信息化。潍坊市完善大赛组织领导、经费保障、绩效评价和激励制度，每年编印《潍坊市技能大赛制度汇编》和《竞赛规程汇编》；优化赛项设置，市赛规模达 17 个专业大类、90 个项目；建立大赛专家信息资源库，开发 40 个标准化试题库；2010 年，创办山东省技能大赛网，开发赛务管理系统，为全省技能大赛提供信息化服务；2011 年，率先实行全国职业院校技能大赛现场网上直播，受到教育部领导肯定并在全国各赛区推广。

3）省赛拉动，奠定了潍坊市职业教育强市地位。2008～2017 年，潍坊市参加全省职业院校技能大赛学生 629 人次、教师 434 人次，共获得奖牌 539 枚，稳居全省 17 个地市之首。以省赛为引擎，统筹规划品牌专业布局与建设路径，实施特色品牌专业专项支持，组建专家团队定向培育，重磅打造优势专业和特色团队，引导学校错位竞争、借势发展，潍坊市中职学校办学水平大幅提升，在国家和省级示范校、优秀教学团队、品牌专业、"齐鲁名师"、青年技能名师、精品资源共享课程开发、现代学徒制试点、教学改革研究立项等全省现代职业教育质量提升系列项目建设中均居首位。

4）国赛创优，彰显潍坊职业教育品牌效应。2008 年以来，潍坊市 424 名中职生参加全国职业院校技能大赛，获奖牌 336 枚，其中金牌 128 枚，涉及 17 个专业大类，在全国地级市中排名第三（列南京市、苏州市之后），引起全国职业教育界的广泛关注。大赛品牌激活职业教育品牌，347 名教师获国家、省市教学成果奖，7088 名大赛获奖学生作为技术能手被大型企业争相聘用，14 所中职学校入选国家级、省级示范校，2012 年国家职业教育创新发展试验区落户潍坊市。

3. 搭建"规程植入、任务驱动、技能导向、评价并轨"四维融合赛教对接平台

1）大赛规程与教学标准融合，优化培养方案。借鉴大赛先进理念，把赛项内容、评判标准等融入人才培养方案、课程标准和评价体系。2012 年，潍坊市参加了 112 个山东省中等职业专业教学指导方案开发；2014 年，把世界技能竞赛的标准、课程资源等引入潍坊市，指导开发电子商务、物流、园艺等 10 个专业技能人才培养方案，引进 285 门课程资源，开

发 26 套特色教材。

2）大赛任务与教学内容融合，推动课程改革。四级联动大赛机制日趋完善，大赛任务书成为面向全体学生的项目教学模块，倾注了大赛优秀指导教师数年心血的"夺金秘籍"变成 240 种校本教材，其中 108 种教材正式出版，全市、全省职业院校争相使用。

3）赛项训练与实训教学融合，引导技能教学改革。潍坊市职业院校按照大赛技术标准配置实训设备，打造实境化操作训练平台，大赛成为推动专业建设与新技术融合的加速器。从行业企业聘请能工巧匠到学校任教，促进技能技艺传承，弘扬工匠精神。项目教学法在教学中普遍运用，潍坊市机械工业学校刘秀花老师结合大赛探索小班化项目教学新模式，《探究"七步"教学法，练就学生"硬"技能》在 2017 年 3 月 14 日《中国教育报》刊载。

4）技能考核与教学评价融合，引入多元评价方式。大赛注重对学生知识、技能、心理素质、团队精神等综合素质的考核。潍坊市把技能水平作为学业评价重要指标，纳入学生学分系统；建立技能大赛与职业资格证书有机衔接制度，优秀选手授予"潍坊市技术能手"称号；校级比赛与技能考核同步进行，矫正大赛与教学脱节甚至冲击日常教学的偏向。

4. 形成"名生培养、名师培育、专业创优、名校创建"四名并举大赛效应

1）四级大赛联动，搭建学生成长立交桥。大赛选拔培养了大批德技双馨的高技能人才，提升了人才培养质量。潍坊市创办职业教育名生网站，宣传大赛金牌选手苦练本领的事迹；建立名生档案，跟踪毕业生发展轨迹、创业经历，全程跟进指导。2008 年以来，潍坊市中职学校有 77 826 人次县（校）级大赛获奖，6035 人次市级大赛获奖，629 人次省级大赛获奖，424 人次全国大赛获奖。潍坊市国赛获奖选手多元发展，53%被企业高薪录用，37%专业免试对口升入本科高校，8%自主创业，另有 32 人被特聘为实习指导教师留校任教。诸城市福田汽车职业中等专业学校国赛金牌选手封海松、管长征，甫一毕业即被日照市科技中专高薪聘用，破格录取为在编教师。

2）大赛平台竞技，培育职教名师。潍坊市构建大赛指导教师培养与成长激励机制，大赛获奖教师优先获得评优树先和职称晋升资格，优先参加培训和学术交流活动；以大赛获奖等级认定市政府教学成果奖，量化绩点认定市级教学能手。2009 年以来，347 人次荣获政府教学成果奖，其中特等奖 23 个；112 人被授予市级教学能手；467 名专业教师赴德国、英国、日本、澳大利亚、新加坡等国和地区研修；31 人成为"齐鲁名师"。潍坊商业学校毛晓青老师为"中国十大新锐化妆师"、首届"全国职教名师"。她曾先后荣获 OMC 美发化妆大赛亚洲杯冠军、世界杯团体亚军，曾带领团队获全国职业院校技能大赛金牌 15 枚，多次担任全国大赛裁判，并被教育部聘请主持制度《美容美体教学标准》。

3）大赛标准引领，打造品牌专业。四级大赛成绩纳入专业评价标准，建立品牌专业激励机制，推进特色品牌专业与大赛基地建设。累计投入资金 1.5 亿元，建成 50 个市级特色品牌专业，涵盖区域发展主导产业，惠及潍坊市职业院校 70%的在校生。19 个专业入选省级品牌专业，全省领先。

4）连创大赛佳绩，成就职教名校。参加四级大赛人数、获奖等级量化为学校办学水平评价指标，每年评选表彰大赛十强学校，优先参评规范化和示范性中职学校。潍坊市拥有中职国家示范校 7 所、省示范校 7 所、省规范化学校 6 所。潍坊市职业院校与 2300 多家企业建立合作关系，组建 4 个省级职业教育集团和 10 个市级职业教育集团，成员单位近 700

家，60%的毕业生在合作企业就业，满足了潍坊市新兴产业对高技能人才的需求。企业对中职毕业生的总体满意率超过95%。

解决了技能大赛工作中存在的主要问题

1）创立"政府牵头、行业主导、企业参与、院校承办"四方协同办赛模式，建立大赛激励机制，行业企业专家深度参与大赛，产教融合、校企合作办赛等，有效解决了大赛运行机制不健全、保障制度缺位的问题。

2）构建"校赛铺面、市赛引领、省赛拉动、国赛创优"四级联动大赛机制，综合考量四级大赛的功能作用与目标定位，妥善处理大赛公益性、普惠性与选拔性、激励性问题，发挥大赛评价激励作用，有效矫正大赛认知狭隘化、大赛辐射小众化等不良倾向。

3）搭建"规程植入、任务驱动、技能导向、评价并轨"四维融合赛教对接平台，将大赛理念和标准融入教学过程，促成教学模式改革和大赛资源转化，有效解决教学与生产实际脱节、人才培养规格不能满足企业需求的问题。

4）形成"名生培养、名师培育、专业创优、名校创建"四名并举大赛效应，发掘大赛选拔培养技能拔尖人才的内在价值，矫正"为获奖而赛"的功利化趋向，以及解决大赛价值得不到充分挖掘、大赛与人才培养不能有效对接的问题。

创新了技能大赛的"潍坊模式"

1）实现了技能大赛成为职业教育事业发展重要引擎的顶层设计。潍坊市以"大赛+"思维、多元立体化视角来审视技能大赛与职业教育的深刻关联，探索政府部门、行业协会、企业、职业院校参与技能大赛的方案与路径，充分发挥技能大赛层级拉动、整体带动的综合效应，有效矫正了对技能大赛功能定位、价值认知的表面化、狭隘化、短视化不良倾向，实现了技能大赛作为职教事业发展重要引擎的顶层设计。

2）构建了地市技能大赛的"潍坊模式"。潍坊市基于对政府部门、行业协会、企业、职业院校四方举办技能大赛的职责与途径的分类研究，剖析技能大赛的增长点与上升渠道，激活多方参与、整合发展的内在机制，创立了"政府牵头、行业主导、企业参与、院校承办"四方协同办赛模式，构建了"校赛铺面、市赛引领、省赛拉动、国赛创优"四级联动大赛机制，成为独具特色的技能大赛"潍坊模式"。

3）创建了技能大赛促进教学改革的长效机制。潍坊市基于对职业院校参加四级大赛、四维转化大赛资源、实施四名工程的行动研究，融合技能大赛与专业教学、人才培养的内涵，实现大赛促进职业教育改革的独特价值，搭建了"规程植入、任务驱动、技能导向、评价并轨"四维融合赛教对接平台，形成"名生培养、名师培育、专业创优、名校创建"四名并举的大赛效应，揭示了地市层面技能大赛长效机制的主要内容、方法及路径，探索并验证了技能大赛促进教学改革的正向效应，形成了技能大赛促进区域职业教育创新发展的典型案例和有效范式，在全省、全国范围实践验证取得显著成效，得到教育部的认可和推广。

潍坊经验在全省、全国推广取得显著成效

1）潍坊市构建技能大赛长效机制的经验做法在全省推广取得显著成效。潍坊市"以赛促学、以赛促练、以赛促教、以赛促改"，在高技能人才培养、名师培育、品牌专业和示范

校建设等方面居全省 17 地市前茅；连续 8 年在全省、全国大赛中保持领先优势，截至 2017 年，共获全国职业院校技能大赛金牌 128 枚，在全国地级市中列第 3 位。2010 年，潍坊市政府整体承办全省大赛荣获特殊贡献奖，山东省政府致信祝贺潍坊市在全国职业院校技能大赛中取得优异成绩；2011 年，山东省教育厅通报表彰大赛先进单位和个人，为潍坊市教育局记集体二等功，为潍坊职业教育教研室周林等 5 人记个人二等功；2014 年，"抓点铺面，拉动专业教学改革之'潍坊模式'"获山东省教学成果一等奖；2015 年，潍坊 7 所学校在全省职教会上展示大赛成果，4 所学校作典型发言。潍坊经验在全省推广应用，山东技能大赛由潍坊市一枝独秀，发展成为遍地开花，山东省参加全国职业院校技能大赛成绩由全国排名 20 多位上升为全国第二名，潍坊市立下头功。

2）潍坊市技能大赛促进职业教育创新发展的经验被教育部向全国推广。潍坊市以技能大赛为突破口，深化职业教育改革的做法得到教育部肯定。2012 年 3 月，教育部与山东省政府签署共建潍坊国家职业教育创新发展试验区协议，潍坊市成为全国首个地市级以职业教育创新发展为主题的国家职教改革试验区；2012 年 6 月，教育部办公厅发出《关于学习借鉴潍坊国家职业教育创新发展试验区经验的通知》，向全国推广潍坊市在建设现代职业教育体系、促进产学研紧密合作等方面的先进经验；2014 年 9 月，"抓点铺面，拉动专业教学改革之'潍坊模式'"获国家级教学成果二等奖；2016 年 3 月，山东（潍坊）公共实训基地项目入选国家建设基金项目，总投资达 21 亿元，打造教学、科研、培训、技能鉴定、技能大赛和技术交流服务一体化资源共享型基地，为山东半岛与环渤海经济圈产业发展培养高技能人才。

3）技能大赛"潍坊模式"引发全国职业教育领域关注。2010 年以来，潍坊市接待全国各地来考察学习大赛经验的团队上千个；对口支援西部职业教育事业，为青海玉树培训选手参加国赛取得突破，"齐鲁名师"毛晓青作为省级专家赴新疆喀什做教学指导，深受各民族师生欢迎。2014 年，全国职业教育工作会议召开前夕，教育部组织新华社、中央人民广播电台等 9 家中央新闻媒体采访团来潍坊，到潍坊商业学校、诸城市福田汽车职业中等专业学校、冠泓数控公司、歌尔声学公司等院校、企业，对技能大赛、校企合作、课程体系建设等进行深入采访，教育部网站专栏集中发布 19 篇特稿，介绍潍坊市以技能大赛为突破口，着力改革人才培养模式，建设现代职业教育体系的经验，在全国产生广泛影响。

（注："四级联动 四名并举 构建地市技能大赛长效机制的探索与实践"教学成果荣获 2018 年山东省省级教学成果奖特等奖。）

多元驱动，建立学校发展新常态

山东省潍坊商业学校 孙中升

近年来，潍坊商业学校积极响应国家和省市大力发展职业教育的战略部署，认真落实现代职业教育体系建设的各项政策措施，立足服务区域经济社会发展需求，积极融入行业企业，遵循规律，实施了卓有成效的教育教学改革。创新专业发展机制，扎实推进课程改革，创新教育教学过程，致力于打造育人为先、多元驱动的现代职业教育品牌，形成了体现现代职业教育特色和学校特点的新型办学模式。

建立与区域产业发展联动的专业建设机制

围绕新型城镇化战略的实施，结合区域产业发展需求，学校做出了"对接产业、发掘优势、校企联合、重点突破"的专业调整规划。

1) 研究区域产业特点，明确专业成长基点。学校立足专业发展的历史积淀，紧盯区域产业发展需求，不断提高专业调查研究和信息整合的能力，以大数据的理念思考专业发展的方向，不断强化以现代服务业为核心的专业特色。学校整合优化了财务会计、烹饪等传统专业，做大做强了汽修、美容美发、现代物流、信息技术等骨干专业，适时增设了呼叫、动漫、旅游、速录等具有前瞻性的专业，形成了紧扣行业产业和社会发展需求的专业动态调整机制。

2) 加快与产业联姻的步伐，建立专业发展的长效机制。学校聘请国内顶级行业企业、研究机构和教育领域专家92人担任客座教授，建立起了国内顶级的行业专家资源圈。学校参与了7个国家行业职业教育指导委员会和9个山东省职业教育专业建设指导委员会，及时掌握行业最新发展动态。学校依托行业智力和信息支撑，及时调整专业布局，整合了18个专业，构建了5个成熟稳定的专业群，基本覆盖了城市现代服务业的各个领域。

3) 寻求与企业的合作，为专业发展提供原动力。与国内具有职业教育经验的用友新道科技有限公司、宝供物流企业集团有限公司、北京络捷斯特股份有限公司、曼都国际科技发展股份有限公司等37家知名企业保持长期稳定的合作关系，充分利用其专家与技术资源，促进了专业发展。

4) 打造特色品牌专业，带动专业整体发展。学校根据市场发展需求和专业现状，形成了"重点突破、辐射带动"的专业建设规划。目前，学校已建设2个山东省特色品牌专业，8个潍坊市特色品牌专业，4个中央财政资金重点支持专业，形成了18个专业优势共享、互相促进、共同发展的良好发展局面。

依托产业技术构建课程体系建设机制

学校依托行业企业智力支撑，吸收国际先进办学经验，将课程体系建设作为提升学校教育教学质量的突破口，建立起多元参与、动态调整的课程体系建设机制。

1) 树立全面理念，注重人的全面培养。学校坚持以立德树人为根本，将课程改革作为促进学生全面发展、引领教师素质全面提升的出发点，加快推动学校毕业生的可持续发展。依托"3+4"试点专业，学校与潍坊学院、聊城大学联合开展了中职与本科分段培养课程体系的研究。2014年，学校承担和参与了4项山东省公共基础课程标准制定工作，以此为契机，在校内展开了公共基础课程的全面改革。

2) 借力行业企业支撑，动态优化专业课程体系。学校努力打造以区域职业教育集团，国家、省、市行指委及行业、企业为核心的课程建设支撑平台，逐步形成了适应经济发展、产业升级和技术进步需要，国家职业标准与专业教学标准联动的开发机制。2008年，由学校牵头组建的潍坊市现代服务业职业教育集团成员单位已达102家。学校有21人参加了机械行指委，28人参加了省教育厅专业指导委员会。示范校建设期间，学校牵头开发了4个专业的省教学指导方案，参与开发了5个专业的省教学指导方案，参加了3个专业的全国专业教学标准的制定。学校立足重点专业建设，通过各种形式先后邀请 300 余名行业企业专家为学校专业建设把脉会诊，指导课程体系建设，重新制订、修订了 21 个专业人才培养方案，邀请行业企业专家直接参与编写了校本教材 34 本，并借此形成了专业课程体系建设的动态机制。

3）整合大赛优势资源，提升课程内涵建设。自 2009 年以来，学校先后有 9 个专业的 33 个项目参加各级职业院校技能大赛，获省赛一等奖 100 项、国赛一等奖 43 项。技能大赛优异成绩的背后是学校丰厚的资源积累，这些资源积累强有力地反哺专业成长，有力地推动了课程改革。大赛训练模式方法、专家指导建议、校企融合经验、行业企业最前沿技术技能和知识信息都成了专业课程建设的最肥沃土壤。大赛的相关规程、标准、内容有效渗透到 100 余门课程中，提升了课程的质量和先进性。

4）吸收台湾的发展成果，增强课程改革内驱力。学校借助潍坊市开展鲁台职业教育交流合作的有利条件，积极参与双方院校深度合作。自 2013 年开始，学校先后 4 次派出 30 余人到台湾地区，深入职业院校听课观摩、研讨交流。6 次邀请 12 名台湾专家来校研讨、授课。2014 年，学校承担了物流管理和电子商务专业课程建设试点任务，工作成效显著，已初步完成了 5 门课程的开发任务。通过引入台湾地区职业教育发展的先进做法和课程建设的先进成果，优化了课程设计流程，提升了课程对技术进步的反应效率。

推动以实际应用为背景的教学模式改革

以合理的专业设置为基础，以实用的课程体系为载体。学校在教学内容、教学流程、教学方法等方面展开了与产业需求、学生持续发展全面对接的教学模式改革。

1）改革教学内容呈现形式，实现"知行统一"。学校改变了传统的单纯由学校对学生进行培养的模式，加强了基于校企合作平台的人才培养模式的探索与实践，由机械行指委、合作企业和学校共同研究制订专业人才培养方案，企业直接参与学生的培养过程，按照企业岗位设置和国家职业资格证书考核要求设计教学计划，并制定每个岗位的考核标准，全面推动教学流程和教学内容改革。学校实施了"四学期两部制"教学改革，正常学制学期之外，以寒暑假为主设置两个实践学期，安排师生进行实践，每年有 2000 余名学生和百余名教师参与其中。学习台湾地区职业教育先进经验，以日间部和夜间部的形式支持学生辅修第二专业，拓展学习空间，提升综合职业能力和职业迁移能力。

2）创新产教融合机制，将课堂搬进企业。学校充分利用师资和专业技术资源优势，融专业教学于实际生产中，使理论知识、专业技能与生产环节有机结合。学校积极参与企业技术研发、流程再造，为潍坊田润物流有限公司完善物流软件及操作流程，帮助潍坊百货大楼建立电子商务网站，完成潍坊华裕集团公司大型冷库的设计、安装和调试运行，将课堂教学与企业生产有机结合，为学生提供了参与实际生产的机会。学校依托骨干专业成立了 12 个股份制实体公司，建立了符合行业特点、满足专业教学需要的运营机制，为师生获取职业经验打造了真实的生产实践平台。

3）讲求教学实效，实现多元化驱动。学校通过沙盘演练、任务驱动、实境操作、信息化技术应用等前沿手段，推动课堂教学模式和教学方法改革，激发学生的学习、探究兴趣，深化学生对职业生涯的认知。学校以学生获取职业经验为目标，根据不同专业特点，探索出了不同的教学模式。电子商务专业的"创业引导教学"模式、物流专业的"学长制教学"模式、会计专业的"模块化教学"模式、美发与形象设计专业的"产学联动2＋1＋1教学"模式、汽修专业的"基于技能教室的模块化流程教学"模式等都有效推动了教学改革，提高了教学效率。通过多年的改革探索，学校完善了"职业认知、职场体验、职业实践、职业适应"四段式学生职业成长路线图，形成了"责任、知识、技能、经验"四位一体的务实高效育人模式。

学校坚持以提高教育教学内涵质量为核心的创新改革，赢得了社会各界对学校的广泛认同。学校先后获得1项国家级教学成果二等奖、2项省级教学成果三等奖、14项市级教学成果特等奖。2014年，学校成为首批国家中等职业教育改革发展示范学校，并被评为全国教育系统先进集体。创新与改革是职业教育永恒的主题，是发展的动力源泉。学校敢于先行先试，创造新经验，趟出新路子，是对过去经验的总结，也是对未来的追求。在职业教育蓬勃发展新时期，我们将继续发挥应有的带动作用，承担起服务发展的神圣使命和责任，为师生人人出彩创造更加宽广的舞台，为区域经济社会发展做出更大的贡献。

（原载《现代教育》2015年04期）

技能大赛引领职业教育教学改革

潍坊市工程技师学院　高崇臻

职业院校技能大赛是我国教育制度的创新，是培养和选拔高技能人才的重要阵地。它引领着各专业新技术、新工艺、新知识的发展方向，对学校的教育教学改革起着引领和推动作用。

近年来，潍坊市工程技师学院以参加和承办各级大赛为契机，紧紧围绕国家转方式、调结构的一系列战略部署，以创办全国示范中职学校为目标，按照"宽基础、活模块、一体化"的思路，推进教育教学改革以建立现代学徒制度为目标，组建职业教育集团，深化校企合作，培养理论与实践有机结合的新型技能人才。学校自2003年起多次承办诸城市、潍坊市职业技能大赛。2012年承办了山东省职业院校技能大赛中职组现代制造技术赛项。2013年5月、6月，分别承办了全国职业院校技能大赛中职组现代制造技术赛项说明会和中职组模具制造技术赛项。同时，学校在各级技能大赛中也屡创佳绩，2010～2013年，共获得13个省一等奖、7个全国一等奖。

借助技能大赛，推进教育教学模式改革创新

技能大赛吸收了行业发展的前沿技术，所有设备、软件、操作流程及工艺要求完全采用企业标准，按照企业的生产实践要求进行设置，对职业学校相关专业的培养方向和课程设置具有鲜明的导向性，起到了示范、引领的作用，反映了最新的职业技能要求和行业对技能型人才的需求，也赋予了专业教学新的内涵。

工作中，我们体会到学校要理性地对待大赛成绩，着重长远发展。要把组织参加技能大赛看作对技能教学的检阅，找出学校在专业规划、设置、发展等方面的不足。同时要看到，大赛与教学还存在一定的差别，前者是针对有一定潜质、技能素质较好的学生的强化

训练，而后者是面对全体学生进行的普及型的技能训练。只有正确理解两者之间的关系，才能保证学校在相应专业建设上健康稳步地发展与提高。

学校针对技能大赛展现出来的新特点，结合实际，提出了狠抓内涵建设，努力实现培养目标、培养方式和评价模式的"三个转变"。一是转变培养目标。按照潍坊国家职业教育创新发展试验区建设要求，联合有关高校，以现有专业为基础，建立互通立交的职教体系，形成中级工与中职、高级工与高职、预备技师与应用型本科梯次递进的培养体系，激发学生的学习动力。二是转变培养方式。实现"三化"，即基础理论教学"多媒体化"，打造魅力课堂，培养学生终身学习能力，形成良好的职业道德，培养合格市民；技能认知"仿真化"，逐步建设仿真教室，引进、开发和联合开发相结合，充实和完善仿真软件资源库，让学生在虚拟的生产场景操作和体验，强化技能认知；技能形成"生产化"，依托实训中心，通过实训进行理论与实践的融合，学生在反复演练中形成技能并巩固提高。三是转变考核评价模式。成立督导评估机构，建章立制，采取招考分离、引入第三方等方式，对学生技能、理论、素质等进行综合评定，评定结果和学生就业、升学挂钩，敞开入口，把严出口，确保毕业生质量。

通过技能大赛，推动校企高度融合、深入合作

全国职业院校技能大赛是一个展示、交流的平台，学校在大赛中取得的优异成绩，向企业和社会客观地反映了学校的办学实力。同时，企业为了扩大自己的影响力和提高知名度，纷纷主动以各种形式参与技能大赛，如为举办学校提供设备赞助及为各参赛项目冠名等。

技能大赛的各个竞赛项目，从命题、裁判到成绩评定，大多以行业专家为主体。大赛内容代表了企业生产的新要求、新方向，对学校的教学改革和课程设置是一种指引。职业学校的教学要与行业企业的要求、规范保持高度的一致，最直接、快捷的途径就是与企业进行设备、产品、技术、人员等方面高度紧密的合作。

2012年，以有利于师生展示才艺和推动校企合作为出发点，学校与诸城冠泓数控装备有限公司承办了山东省职业院校技能大赛中职组现代制造技术技能比赛，与冠泓数控合作投资1500多万元，制造、采购设备多台（套），组织专业技术人员对设备进行调试校准，高质量地搭建起竞赛平台，在企业生产车间举行全省中职现代制造技术技能大赛。这种形式的比赛进一步强化了校企合作，让选手在参赛过程中直观地了解现代企业，在真实的企业环境中进行技能比赛，增强学生对岗位的感受和认知。2013年，为进一步推动教产合作，提升办学水平，展示办学成果，学校经过全力争取，经教育部遴选，批准在学校设立全国职业院校技能大赛分赛场，承办中职组模具制造技术赛项的比赛。学校与诸城冠泓数控装备有限公司、大连机床集团合作，为大赛提供22台加工机器，与部分企业、研究机构签订合资、合作协议，开展校企合作深层次对接。

通过校企合作，学校引进了企业生产岗位所需技能的内容、结构、标准，引入企业技能和生产管理文化，提高实践教学基础设施水平，与生产一线相衔接，企业技术人员、生产工人与职业学校师生共同切磋。学校和行业企业通过在设备共享、教学指导、技术革新、人才互通等方面的进一步深化合作，实现了职业学校技能教育与企业实际技能水平的对接，这对职业学校生存发展至为重要。

通过技能大赛，促进"双师型"教师能力的培养

技能大赛是优秀人才的切磋和竞争，这一切与高水平的教师指导息息相关。只有具有生产一线实践经验、操作技能的教师，在真实的产业环境中，才能培养出真正的高技能的技术应用型人才。所以，教师实践能力和技能水平决定了职业教育的质量与特色，要切实加强职业学校师资队伍建设。

目前，职业学校最缺乏的是"双师型"教师，要加快培养培训。在各类大赛中，有些教师的理论水平相当高，但操作水平有待加强；有些教师操作水平不错，但理论成绩不尽如人意。这就要求在今后职业教育师资的培养培训中，要促进教师教学观念、实践动手能力等方面全面协调发展。教师培训不能一味地追求学历达标，忽视内在质量，要切实提高专业技能和教学技能。

学校以大赛为指引，对"双师型"教师队伍的建设采取了一系列措施，初步取得了成效。一是定期选派教师到企业一线顶岗锻炼，提高专业能力，积累实践经验。建立专业教师定期到企业轮训制度，专业教师每两年必须有两个月时间到行业企业或生产一线实践，此项内容是专业教师上岗和教学考核的重要内容。二是创造条件鼓励和支持教师参加专业培训和职业资格鉴定，规定所有专业课教师取得技师以上职业资格证书。三是积极从企业一线聘请"能工巧匠"担任兼职教师，到校授课，指导学生的实践性环节，加强校企人员的互动交流，进而全面提升教学团队整体素质。四是建立教师竞争激励机制。学校将教师参加技能大赛和指导技能大赛所取得的成绩纳入教师考核体系，在教师职称评聘时量化加分，对取得优异成绩的指导教师进行表彰奖励，全面调动了教师工作的积极性。

通过技能大赛，提升学生就业质量

技能大赛的根本目的是引导职业院校重视技能训练，提高全体学生的技能水平，为社会培养大批实用型人才。它是一个展示、交流的平台。职业学校在技能大赛中取得的优异成绩，向企业和社会客观地反映了学校的办学实力和人才培养质量。技能大赛让学生有了展示技能的机会，使企业更加了解学生，了解职业教育，为企业选拔人才带来了方便，使校企形成了很好的互动。

学校积极创新校企合作模式，采取与企业联办技能比赛等形式，开展校企合作深层次对接。在承办各级技能大赛之际，邀请企业代表观摩大赛，召开企业招聘会，探索实施"专业冠名培养"，解决"就业难"和"招工荒"之间的问题。学校先后与开元电机有限公司、义和车桥有限公司、北汽福田汽车股份有限公司、山东美晨科技股份有限公司、得利斯股份有限公司等企业开展了专业冠名培养合作。企业与学校共同制订专业培养目标、专业课程设置，企业为学校提供实验实训、顶岗实习、就业指导等。校企合作"零距离"对接，大大提高了毕业生岗位适应能力，学校毕业生的对口就业率和稳定率得到大幅提高，履行了"学生入校即入厂的承诺"。家长、社会、单位、学生四方满意，实现了学校教育、企业用工、学生就业的多方共赢。

（原载《现代教育》2013 年 13-14 期）

以技能大赛为抓手，全面提高学生的技能培养水平

寿光市职业教育中心学校　刘玉祥

近年来，寿光市职业教育中心学校以技能大赛为抓手，不断突出学生的技能培养，取得了显著成绩，在全国职业院校技能大赛中获得 12 项一等奖、11 项二等奖、9 项三等奖；在全省职业院校技能大赛中，获得 17 项一等奖、19 项二等奖、16 项三等奖。获奖数量和等次位居全省前列，有力地促进了学校教育教学质量的全面提升。

高度重视，精心组织

学校高度重视技能大赛工作，把组织参加国家和省市职业院校技能大赛作为深化学校教育教学改革、检验办学质量的重要机遇抓紧抓好。参赛代表队在技能大赛能否取得好的成绩，参赛学生和指导教师的选拔是关键。在这项工作中，学校的主要做法是"赛马"，即通过全校性的技能比赛，让优秀学生和辅导教师脱颖而出。对于参赛选手、指导教师的确定，由市职业教育教研室制定统一的选拔标准，各校区根据实际情况制订选拔方案。本着"公开公平、多次测试、优胜劣汰"的原则，各校区通过层层考核，确定成绩突出、学习兴趣高、发展潜力大的同学进入大赛训练队。对指导教师实行动态管理机制，能者上，弱者下，让有为者担任参赛代表队的指导教师。

有的放矢地制订训练方案和计划，科学训练

在组织训练工作中，寿光市定期组织召开市、校两级研讨会议，探讨、交流训练措施和经验做法。一是在充分研究各个比赛项目规程的基础上，制订科学合理的训练方案。全国职业院校技能大赛比赛项目内容深，考查知识面广、难度大。各参赛队分多个阶段制订辅导计划，每一阶段都突出一项重点训练内容，形成月月有计划、周周有打算、天天有内容的工作局面，各项训练内容严格按计划进行。二是采取"全面训练和针对性训练"相结合的训练模式，"全面训练"重效率、重基本功，突出效率和规范；"针对性训练"主要针对学生技能训练中的薄弱环节和未知领域增设任务要求，拓展学生的知识，强化学生的应变能力。如在寿光市工贸职业中等专业学校楼宇智能化系统安装与调试项目备赛中，为了强化参赛队员的规范性和应变性，赛前 50 多天，指导教师设计了 100 多套模拟题对学生进行了全面训练和针对性训练，有效提高了学生的技能水平。

关注细节，全面施训

细节决定成败。在技能大赛的训练过程中，我们要求各参赛团队要关注训练过程的每个步骤、每个环节，制订严格、规范的训练标准，全面实施科学训练。一是高标准、严要求，每个细节都按照大赛的规程和要求去做。例如，楼宇智能化系统安装与调试项目，每次训练结束，都要求学生把线路整理得笔直，环境卫生打扫得干干净净，每次训练时都要求学生按照真实的工作场景穿长袖工作服，按照该项工作真实环境相对封闭的要求关闭训练场地的门窗，以提高学生在真实工作场景中的适应能力。二是争取效果最优化。每一次

仿真训练，都要求学生合理掌握时间，懂得取舍，把有限的时间利用到极致。指导教师对整个训练过程进行详细的数据统计，什么时间应该进展到哪个程序，哪个同学在什么时间负责哪个项目，都进行了合理的安排。三是及时总结训练经验，反思不足。各个参赛项目每天训练结束后都要认真分析训练效果，反思每一项训练内容、每一个训练环节的关键点、创意点、考查点，必要时进行录像，并根据录像与学生一起分析失误的地方。四是加强学生管理，全面提高学生的综合素质。各校区全面加强了学生管理，学生管理人员和指导教师密切配合，针对训练要求，制订个性化管理方案，按照训练计划要求进行学生管理，强化了学生心理素质，使他们树立正确的比赛观，遇到问题能够灵活处理，及时调整心态，保证在规定时间内圆满完成任务。

加大资金投入，全面提高学校的实训设施建设水平，为大赛的组织训练提供良好条件

面对职业学校普遍存在的办学资金不足、实训设施建设水平低、实训设备和师资力量比较薄弱的实际情况，学校采取多种措施筹措资金，争取多方支持，深化校企合作，千方百计改善实训设施，提高实训水平，促进了全校技能培养水平的提高。大赛训练中，在保证其他学生正常实训的基础上，适当向大赛项目倾斜。一是保证各比赛训练项目的实训设备、耗材需要。为了保障学生的实训效果，学校投资60万元配置了电梯维修保养设备，在新校区建设过程中优先建设实训车间，从而保障了学生的日常训练。二是及时派出指导教师、参赛学生外出培训学习，使他们掌握最新的技术技能。为了提高对设备的熟练使用程度，指导教师带领学生先后到浙江天煌科技公司实业有限公司、浙江亚龙教育装备股份有限公司、广州中望龙腾软件股份有限公司进行了培训。

加强组织保障，充分发挥团队作用

为了加强大赛的组织领导工作，寿光市成立了以分管局长任组长，市职业教育教研室负责人、各校区分管校长为成员的市级技能大赛领导小组，统筹全市技能大赛的组织、选拔和管理工作。各校区也成立了分管校长为组长、主任负责项目、指导教师抓具体训练的层层抓、抓层层的管理体系，形成了人人关心大赛、支持大赛、参与大赛的良好氛围，保证了各项大赛组织训练工作的顺利进行。

建立激励机制，调动全校师生参与大赛的主动性、积极性

为充分发挥大赛的激励作用，寿光市教育局和各校区都参照省市技能大赛奖励办法分别制定了《技能大赛奖励制度》，对参赛校区、指导教师和技能大赛获奖选手等进行物质和精神奖励，对于成绩突出的校区给予一定的办学资金奖励，对于优秀指导教师优先评优晋级，对于获奖学生优先推荐就业等。

组织参加技能大赛，也为寿光职业教育的发展创造了良好的社会环境。目前，寿光市政府已经决定，依托学校的优势专业，加大实训设施建设力度，全面提高办学水平，用3年左右的时间，将3个以上的专业建成品牌专业，在全国发挥引领示范作用。寿光市将投资3000万元建设电梯维护保养实训中心，投资600万元购置15套电梯维护保养实训设备，

面向社会开展技能培训。2015～2016 年学校连续两年承办全国职业院校技能大赛中职组电梯维修保养赛项。学校利用德国政府促进贷款 1500 万欧元建设实训设施的工作已经在国家发展和改革委员会立项，学校已有 3 个实训基地被确定为中央财政重点支持建设的实训基地。2012 年 9 月，寿光市职业教育中心学校被确定为第三批国家中职改革发展示范学校建设计划项目学校。

参与国家和省市技能大赛，全面促进了学校的发展。一是教育教学改革不断深化，改变了传统的人才培养模式和教学模式，形成了以技能为中心、多指标多方参与的学生评价机制，为学生的个性化成长创设了广阔的空间。二是通过技能大赛，转变了教师理念，发展了师资队伍，提高了教学质量。学校专任教师中，有 2 人被评为山东省首席技师，2 人被评为省技术能手，72 人被评为潍坊市首席技师、教学能手，4 人被评为全省首届中职"齐鲁名师"。三是带动和促进了办学水平的全面提高。除在技能大赛中取得优异成绩外，近几年来我校在对口高考中有 556 人本科上线，学生"双证率"在 96% 以上，就业率保持在 98.5% 以上，就业质量不断提高。2012 年 8 月，学校被省人力资源和社会保障厅、省教育厅联合授予全省职业教育"先进集体"荣誉称号。

（原载《现代教育》2013 年 13-14 期）

中职学校品牌建设探索

山东省潍坊商业学校　程亮

随着我国教育供给方式的日趋多元和家长对学校选择性的增加，学校品牌已经成为学校最宝贵的无形资产和核心竞争力。现在人们对教育品牌的需求比对产品品牌的需求更加强烈，因为对学校的选择往往影响孩子的一生。从这个意义上来说，学校甚至比企业更需要品牌意识。现在中职学校竞争越来越激烈，要想在竞争激烈的职业教育市场中做大做强，就必须重视学校品牌建设。当前学校品牌形象的差异正在取代传统意义上的学校硬件差异，中职学校品牌建设的意义日益凸显。

学校品牌的内涵

品牌是给拥有者带来溢价、产生增值的一种无形的资产。我们认为，学校品牌是指学校在创建、发展过程中逐步积淀的凝聚在学校的名称、标志和其他各要素（师资、校园文化、教学设施等）的总和中的、体现学校产品——教育服务水平的社会认可与美誉程度。学校品牌的形成过程是相当漫长的，一个知名的学校品牌是长期积淀的结果，是一个持续不断的努力过程，更是一个综合各种因素的整体推进过程。学校品牌考核指标包括学校规模、设施设备、管理水平、师资结构、文化内涵、知名度和美誉度、办学特色、培养质量、就业率等。

品牌建设的主要做法

1. 找准自身定位

一所学校的品牌定位就是学校根据自己的能力、优势，以及应发挥的特色所确定的最适合自己发展的目标定位。潍坊商业学校在充分考虑社会的客观要求、学校的客观基础、办学的客观条件和教育的客观规律的基础上，找准了自己的定位：以"贴近市场，服务经济，回报社会"作为办学方针，以"立德树人"为根本任务，把学校建成多层次、大规模、综合性、具有现代服务业特色的中等职业学校，为学生终身职业发展服务、为教师持续专业成长服务、为当地经济社会发展服务。

2. 打造特色专业品牌

一所中职学校要想打造自己的品牌，必须与市场需求、企业需求紧密结合，必须拥有较高知名度、信誉度的专业，必须在省内及国内拥有自己的特色专业。学校通过打造特色专业品牌，可以获得不断持续健康发展的原动力。作为一所中职学校，潍坊商业学校遵循"人无我有、人有我优、人优我特、社会急需、服务行业"的原则，根据市场需求及时调整优化了财会、商贸等传统专业，做大做强了汽修、美容美发、现代物流等骨干专业，适时增设了呼叫、动漫、速录等具有前瞻性的新专业，优化了专业布局，强化了学校的服务特色。现有多个省级示范专业和潍坊市职业院校特色品牌专业。潍坊商业学校抓住专业建设这个龙头，实现了逆势而上，快速发展。

实践证明：专业是服务社会的载体，是教育教学改革的载体，更是学校品牌建设的着力点和发力点。

3. 打造专家师资品牌

校长和教师是实现学校教育目标的核心和关键，品牌学校离不开品牌校长和品牌教师。潍坊商业学校通过挂职锻炼制、外出学习制、梯级培养制、客座教授制、校本培训制和技能比武制的"六制"措施，打造了一个善于改革、锐意进取、团结奋进的领导班子，建设了一支个体素质较高、群体结构合理、富有创新精神的师资队伍。学校的很多教师被评为全国、全省优秀教师、教学能手、职业教育先进工作者和劳动模范；有多名教师被聘为全国职业院校技能大赛评委和全国职业教育教学指导委员会委员。目前，潍坊商业学校很多教师正在从"双师型"教师向"专家型"教师发展，并已成为推动当地行业发展的专家。

实践证明：师资品牌，是学校品牌建设中最有拓展性、最有说服力的部分，是学校品牌的基础。

4. 打造优秀学生品牌

学生品牌形象是学校品牌最形象、最生动、最直接的体现。一所学校的财富，不在于它的设备和校舍，而在于一代又一代学生的质量。潍坊商业学校在办学中秉承"本色做人、出色做事、特色发展"的校训，提出了"责任、知识、技能、经验"四位一体的教学模式，打破了传统职业教育以学科为中心的课程设置模式，创建了以能力为本位的模块化课程体系，辅以案例教学法、小组协作学习法等多种教学方法，调动了学生学习的积极性，提高了学生的专业技能水平。学校还大力推行了以"整理、整顿、清扫、清洁、素养和安全"为主要内容的 6S 管理模式，创建了以系为主，班主任加导师团队相结合的具有职业教育特色的学生管理体系。组建社团活动，进入企业开展社会实践活动，开展丰富多彩的校园文化、体育活动等，塑造了学生健康向上的精神面貌，很好地落实了立德树人的任务，提高了学生的综合素质。现在潍坊市的商界、政界，无处不见潍坊商业学校毕业生的身影，特别是潍坊市商贸企业的领导层，大部分是潍坊商业学校的毕业生。潍坊商业学校毕业生品牌效应已经形成。

实践证明：学生是学校发展的终极品牌，只有毕业生被家长、企业、社会广泛认可，才能体现学校的价值和作用。

5. 打造技能大赛品牌

技能大赛是提高师生职业技能水平的重要抓手，也是潍坊商业学校最具影响力的品牌。潍坊商业学校从 2006 年开始参与各个层次的技能大赛，共获得潍坊市职业院校技能大赛金牌 152 枚、山东省职业院校技能大赛金牌 76 枚、全国职业院校技能大赛金牌 26 枚。学校不是一味地"为了大赛而大赛"，而是"跳出大赛看大赛"，提出了技能训练"从全校普及到重点提高"的基本思路，并总结了刻苦训练、科学训练、创新训练、普及训练的"训练四法"，通过技能比赛，达到以赛促教、以赛促练的目的。潍坊商业学校在各级技能大赛中树立了一面旗帜，叫响了潍坊商业学校的大赛品牌。

实践证明：技能大赛既是检验教学质量的平台，也是宣传学校、锻造品牌的舞台。

6. 打造个性文化品牌

校园文化是一所学校综合素质的体现，也是综合竞争力的表现。它一旦被创造出来，就是一种能动的教育力量，反过来会影响学校的师生。潍坊商业学校全面实施了以提高素质为核心的素养教育、以四位一体为主线的成才教育、以传统文化为平台的增智教育、以礼仪文化为引领的养成教育，打造了以专业建设为基础的行业文化、以备赛参赛评赛为基础的金牌文化、以校友创业引领的创业文化、以感恩父母为基础的责任文化、以团队建设为基础的幸福文化、以构建和谐校园为核心的环境文化 6 种特色文化，形成了具有潍坊商业学校特色的浓厚的校园文化氛围，为学校生存、发展、壮大提供了最宝贵的精神财富。

实践证明：文化虽然看不见摸不着，但它就像灵动的水，滋养着学校各种品牌要素的发展。

品牌建设的保障措施

潍坊商业学校在品牌建设上主要采取了 5 种保障措施：一是强化组织领导，统筹规划、安排；二是做好品牌营销，通过承办各种活动、承担社会责任、加强与媒体合作等多种渠道推销宣传学校品牌，扩大学校在多个层面、多个领域的影响力；三是运用学校品牌，进行资源整合，深入开展校企合作、校校合作，走集团化办学道路，实行品牌扩张；四是不断改革创新、挖掘新的闪光点，维护学校已有品牌，打造新品牌；五是充分利用上级政策，吸纳资金、人才等资源，为持续推动学校品牌建设储存资源。

品牌建设是学校发展壮大的一项重大工程，是学校鲜明办学特色的体现。潍坊商业学校通过品牌建设，树立了良好的社会形象，提升了学校的社会美誉度，构架起了独一无二的职校风采，为学校不断迈向新突破提供了强大的助推力，为改变社会各界对职业学校的认识做出了很大贡献。

（原载《现代教育》2013 年 04 期）

加强技能竞赛，打造品牌专业的实践与探索

诸城市职业教育与成人教育教研室　周洪升　王东

近年来，随着职业学校招生规模的不断扩大和社会对职业教育的要求不断提高，如何打造品牌专业和提高学生的技能水平成为职业教育内涵发展的重大问题。为此，我们依托技能大赛，从优化资源、强化技能教学入手，多措并举，加强重点专业建设，实现了全国职业院校技能大赛金牌零的突破。其主要措施如下。

优化职业教育资源，打造竞争平台

为发挥规模办学优势，打造"职教航母"，近年来，诸城市不断调整职业学校布局，先后将诸城市成人中等专业学校、诸城市教师进修学校、诸城市第二职业中等专业学校合并到潍坊工商职业学院，将诸城市经贸职业中等专业学校、诸城市得利斯职业中等专业学校合并到诸城市技工学校，实现了职业教育优质资源的重组，现已形成两大国家级重点职业学校竞争办学的格局。

2008 年 9 月以来，投资 3 亿元、占地 1250 亩、建筑面积 13 万平方米的潍坊工商职业学院新校区一期工程投入使用。诸城市政府投资 5000 万元启动了二期工程，新建了 4.6 万平方米的科技楼、学生公寓、学术交流中心和实训中心。投资 3000 万元、建筑面积 2.4 万平方米的诸城市技工学校教学楼、学生公寓楼、综合服务楼先后投入使用。2010 年 7 月，投资 4500 万元、建筑面积 3.2 万平方米的诸城市技工学校新实训中心开工建设，可容纳 5000 人进行一体化教学。在扩大办学规模的同时，以技能大赛促设备配备，诸城市先后投资 1000 多万元为各职业院校配备了数控、汽修、服装、机电和食品等实训设备，进一步优化了诸城市职业院校的办学条件。

依托技能大赛，建设品牌专业

1）高度重视技能教学工作。诸城市专门成立了职业教育技能大赛领导小组，制订活动方案，出台了《关于加强职业教育技能竞赛工作的意见》，通过技能竞赛促进专业建设，使大赛成为促进教学改革的重要抓手。引导职业院校重视实训教学环节，突出"做中学、做中教"的职业教育特色，加大专业技能课程的比重。同时，按照相应职业岗位的能力要求，设置专业技能课程，使课程内容紧密联系生产实际和社会实践，突出应用性和实践性。把专业技能训练置于更加突出的位置，科学安排教学内容，切实转变教学模式，大力推行企业冠名、工学结合和顶岗实习，改变以学校和课堂为中心的培养模式，积极探索"一年学基础，一年学技能，一年顶岗实习"的三段式人才培养模式，进一步提高学生职业技能和

综合职业能力。

2）统筹组建技能训练团队。在全体学生技能水平普遍提升的基础上，层层选拔，积极推广优生培养经验，实行分层次教学，对综合素质高、动手能力强、发展潜力大的学生，吸收到相关专业的技能训练中心队。采取技能强化集训、对抗比赛、选修和辅导等形式，广泛组织师生参与技能大赛，着力培养一批各专业的技术能手，逐步形成"尊重人才、崇尚技能"的教育教学氛围。同时，选拔骨干专业教师进行参加指导工作，制订训练计划和考核办法，将其工作量纳入课时量，调动教师的积极性和主动性。

3）制订技能大赛实施方案。通过认真分析国家职业标准和各级大赛项目对学生专业知识和技能的要求，加强对技能大赛内容和方法的研究，发挥各专业中心教研组作用，将大赛内容研究作为教研工作的重要方面，正确把握技术最新发展趋势，加强对技能大赛备赛工作的调度和指导，全程参与各级各类技能大赛准备工作。在组建有关专业的技能集训团队的基础上，制订科学合理的训练计划，开展有计划、有针对性的训练，切实提高训练成效。参赛过程中，及时调度各领队和指导教师交流信息，研究比赛对策，对选手适时进行心理辅导，使其发挥最高水平。通过承办潍坊市和山东省职业院校服装专业技能大赛、省服装项目全国大赛集训等活动，大大提升了诸城市的大赛组织管理和参赛水平。

4）加强实训设备的配备管理。各职业院校将技能大赛备赛工作作为学校教育教学工作的重要内容，从提高学生的大赛技能水平、增强学生的就业能力入手，进一步加大专业设备投入力度，根据各级各类技能大赛参赛项目专业所需配齐必要的实训设备，满足学生的实训教学和技能比赛需求。同时，以大赛为抓手，认真落实训练方案，经常性地举行相关专业的技能比武，充分利用实训设备，提高设备利用率，进一步促进师生专业技能训练的开展，促进教学内容和教学方法的改革。

5）加快"双师型"教师队伍建设。各职业院校采取外出进修、顶岗实习等措施，加强专业教师实践锻炼，使其教师掌握前沿技术。同时，选拔综合素质高、实践能力强、工作态度好的专业教师担任技能大赛指导教师，组织他们参加全国培训和省、市相关专业的技能大赛，锻炼提高教师的指导能力。大力推进校企合作，充分利用社会资源和信息做好技能训练和技能大赛备赛工作，聘请行业企业的能工巧匠、专家作为技能训练和技能大赛兼职指导教师，组织参赛师生到企业一线顶岗实习，增强训练的针对性和实战性。

6）建立职业技能大赛的奖励机制。学校加大了对技能大赛的投入力度，设立专项经费，用于与技能大赛有关的组织工作和表彰奖励，每年召开一次总结表彰大会，对国家、省、市技能大赛的获奖者给予一定物质奖励。对获得潍坊市一等奖以上的指导教师，直接认定为"诸城市教学能手"，在职称评聘、评先树优中优先推荐。同时，规定每年10月作为全市职业学校"技能竞赛月"，将技能大赛获奖情况列入职业院校督导评估的重要内容和县级教学成果直接认定范围，对工作有力、成绩显著的学校给予通报表彰。2010年，诸城市组织召开了职业教育总结表彰大会，对参加各级各类技能大赛获奖的选手兑现了奖励，并对获奖的优秀团队进行了表彰。全国职业院校技能大赛结束后，潍坊市政府发来贺信，使参赛师生备受鼓舞。2011年，山东省职业院校技能大赛结束后，诸城市及时进行了分析总结，以诸城市教育局名义印发了《关于对参加全省职业院校中职组技能大赛成绩的通报》，上报市委、市政府，通报到各学校，社会反响很大。全国职业院校技能大赛网和《中国教育报》《潍坊日报》《潍坊晚报》等媒体都予以了报道。2011 年，诸城市政府决定，根据需要选聘 2～3 名全国职业院校技能大赛一等奖选手作为职业院校的实习指导教师，列入事业编制。

技能大赛带来的几点成效

1）打造了一批品牌专业。通过全国职业院校技能大赛，各职业院校加强了重点专业建设，加大了设备投入力度，优化调整了师资队伍，培养了一批职业教育名师，在社会上打造了一批名牌专业。潍坊工商职业学院的服装、建筑等专业和诸城市技工学校的数控、汽修等专业，在全省乃至全国都有一定的知名度，培养的毕业生深受各大企业欢迎。

2）各级技能大赛成绩显著。诸城市各职业院校积极参与技能大赛，结出了丰硕成果。2010 年，在国赛中，诸城市获得模特表演和装配钳工 2 个一等奖，获得服装立体裁剪、数控车、数控铣 4 个三等奖，服装设计与制作 1 个优秀奖。其中，一等奖数量占全省的 1/6、潍坊的 1/4，在全省参赛县级市中名列第一。在省赛中，诸城市代表潍坊市参加了 4 个专业 11 个项目的比赛，取得 5 个冠军、11 个一等奖、1 个二等奖、3 个三等奖的好成绩。其中，一等奖约占全省的 1/6（省赛设 31 个比赛项目），获奖等次和数量在全省参赛县市中名列第一。

3）职校毕业生供不应求。通过全国职业院校技能大赛，诸城市强化了校企合作，出台了深化课程改革、强化技能教学的政策。各职业院校积极行动，纷纷制订了加强职业教育技能教学的意见，调整课时比例，加大设备投入力度，增加实习工位。学生求知欲望强烈，学习积极性和技能操作水平不断提高，受到了各大企业的认可和欢迎。

4）有效促进了招生工作的开展。大赛成绩通过电视台、报纸等媒体报道以后，树立了职业学校的良好形象，宣传了品牌专业，使技能成才在人们心目中成为现实，许多家长主动将孩子送到职业学校学习技能。

（原载《中国农村教育》2011 年 07 期）

校企合作，打造职教示范品牌

安丘市职业中等专业学校　孙波　刘兰堂

安丘市职业中等专业学校坚持以立德树人为根本，以服务发展为宗旨，以促进就业为导向，以职业中专为发展龙头，突出特色优势，对接产业发展，努力打造一流职业教育品牌，为经济社会发展培养了大批优秀技能人才。

以人为本，德育为先

学校坚持立德树人，全面发展，把德育工作放在办学首位，努力构建全员、全过程、全方位育人格局，帮助学生树立正确的世界观、人生观和价值观。

学校创新建设了职业素养培训中心这一德育主阵地，使德育之花处处绽放。当前，企业对人才提出了多元化的要求，不仅仅看重与职业岗位技能相关的硬技能，更看重积极心态、人际沟通、团队协作、主动创新等专业技能外的职业素养。

安丘市职业中等专业学校积极对接市场需求，与联想集团合作，投资建设了职业素养培训中心，借助国际著名企业的先进培训经验和管理理念，合作开发出一整套12门职业素养课程，促进教师的职业素养及教学水平不断提高，引领学生实现更好发展、创新发展，全面提高毕业生在就业市场上的核心竞争力。

职业素养培训中心运行以来，通过以点带面，全面辐射，不仅改变了学生的精神风貌，而且给教师的职业生涯注入了活力，点燃了教师的职业激情，带动了教师在教学上勇于创新的积极性，促进了教学水平的提升。职业素养培训项目的实施为推动校企深度合作、探索人才培养新模式、打破职校管理难的僵局提供了有益尝试。该项目引起山东省教育厅的持续关注，并被列入山东省中职学校"基础能力提升"项目计划。

务实求变，改革创新

学校以国家级示范校建设为契机，大力推进机电技术、数控、电子和计算机4个重点专业的建设与改革，使专业办学随着经济增长方式转变而"动"，跟着产业结构调整升级而"走"，围绕企业人才需要而"转"，适应社会和市场需求而"变"；紧紧围绕经济结构调整，优先发展体现机械工业学校特色的机电技术应用专业群。

在技能教学方面，学校大力推进教学改革，实现了以赛促教、以赛促练的目标。通过实施"燎原计划"、举办校园技能文化节，营造人人参与技能大赛的浓厚氛围，进一步拉动和提升学校技能教学工作。通过实施"星光计划"，培养一批在省赛、国赛中脱颖而出的技能尖子生，带动全体学生技能水平的提高。近年来，学校在全国职业院校技能大赛中共获8金5银4铜；连续4年承办省级重要技能赛事，在省级大赛中共获15个一等奖；连续5年承办潍坊市赛，连年获特殊贡献奖和"十强学校"称号，在潍坊市赛中共获115个一等奖。2016年，学校圆满承办了由机械行指委主办的全国职业院校"华航唯实杯"工业机器人和"三维博特杯"3D打印行业大赛，并在大赛中获得3金1银的好成绩。2017年，学校又以雄厚的办学实力获得了全国职业院校技能大赛中职组机器人技术应用项目的承办权。

品牌引领，特色兴校

近年来，学校大力实施品牌战略，以特色发展引领内涵提升。学校注重加强基础能力建设，累计投资2900余万元用于基础设施建设。在学校现开设的13个专业中，机电、数控专业为省重点专业，计算机、电子应用专业为省特色品牌专业，会计、焊接专业为潍坊市重点专业，电子商务、电气运行与控制专业为潍坊市特色品牌专业。

2015年，安丘市委、市政府拨专款989万元支持学校信息化建设，建成了一卡通、考勤、多媒体教学、教学录播等多个教学和管理系统。学校被评为"潍坊市互联网＋教育示范学校"，并成功入选中央电化教育馆首批职业院校数字校园建设实验校。

2016年，学校与同济大学合作，建成了全国普通中小学和职业学校第一所"微观装配实验室（Fablab）创客空间"。一期建设投资600余万元，建筑面积2500平方米，来自上海同济大学、意大利"社会创新和可持续设计联盟""上海新车间""南京米立方"等创客空间的专家学者，在新创客中心进行了讲学和展示。

校企融合，服务强校

学校大力推进校企深层次合作，先后与山东潍柴华丰动力有限公司、潍坊歌尔集团有限公司、山东共达电声股份有限公司等省内 60 余家大中型企业建立合作关系，建有校外实训基地 56 个，开设企业冠名"订单班"20 余个。学校与安丘甘泉轻工机械有限公司合作，以半工半读的方式开展教学，探索"课堂进车间"的办学模式，取得了初步成效；与联想集团开展了职业素养培训。目前安丘甘泉轻工机械有限公司等 3 家企业已经落户我校并投入生产。学校牵头成立了潍坊市数控加工技术应用职业教育集团，20 多所学校和 30 多家企业加入了该集团。

学校牵头组建了潍坊市现代数控加工业职业教育集团，参与了山东省软件产业职业教育集团、山东省农村现代经营服务业职业教育集团和潍坊市现代服务业职业教育集团，建立了面向企业、社会聘任高技能人才的机制，多方共同参与学校管理，使教育教学评价机制更加科学。学校每年为地方和企业开展多种形式的职业技能培训，年均开展各类社会培训 10 万人次。其主要包括企业员工岗前培训、在职提高培训、下岗职工再就业培训、建筑资质培训、退役士兵培训、残疾人职业技能培训等项目。学校被潍坊市人力资源和社会保障局确定为加强就业培训提高就业与创业能力项目定点培训机构，被山东省住房和城乡建设厅确定为安丘市建筑资质培训中心。

示范引领，质量立校

学校以特色办学求发展，积极对接安丘市机械制造、电子信息等支柱产业和新兴产业发展，努力培养适应本地企业需求的技能人才，为安丘经济社会发展做出积极贡献。学校每年为企业输送技能人才 1500 余人，毕业生"双证率"达 92%，就业率达 100%，对口就业率达 95%，毕业生满意率达 100%，企业满意率达 98%。同时，每年都有 50 多名学生借助学校这个发展平台步入本科院校深造，学校已成为安丘市稳定的人才培训基地。

学校财会专业学生在安丘市"农行杯"金手指点钞大赛中包揽所有比赛项目的前三名，并获得团体第一名，在当地引起强烈反响。在双拥共建模范城创建中，学校的退役士兵培训基地得到了山东省军区首长的高度赞扬。

教育部职成司、机械行指委、省教育厅等领导多次到校调研指导，安徽、湖北、济宁、黄岛、烟台等省内外同行先后到校参观交流，学校的示范带动作用和办学影响力逐年提升。办学 30 年来，学校先后获得国家级重点职业学校、全国科教兴农先进单位、全国模范职工之家等荣誉 130 余项。下一步，学校将进一步推进职业教育改革，走内涵发展、创新发展之路，推广创客思维，推进智造革新，进一步提升学校服务经济社会的能力。从改革职业教育办学模式、深化企业与职业学校融合入手，以提高质量为重点，做强、做大、做精职业教育，逐步形成适应发展需求、产教深度融合、中职高职衔接、职业教育与普通教育相互沟通，体现终身教育理念的结构合理、协调发展、灵活开放的现代职业教育体系。

（原载《教育家》2017 年 21 期）

职业院校计算机技能竞赛辅导策略研究

潍坊市科技中等专业学校　郑东营

"普通教育有高考，职业教育有大赛"。全国职业院校技能大赛已成为参赛选手展示技能水平、企业考核选拔人才、学校汇报教学成果的重要平台。计算机相关专业在职业教育中具有很强的代表性，如何高效地开展大赛辅导工作是职业院校计算机专业教师面对的重要课题。我对大赛的有关问题进行了理性思考，并对指导学生参赛的策略进行了总结。

建立科学规范的队员选拔机制

严格选拔，让优秀选手进入集训队是取得好成绩的基础。任何一种竞赛，选手是关键。选拔优秀选手的主要形式是选拔赛。要认真做好选拔赛的宣传与组织工作，采用"公开公平、多次测试、逐步加大难度、人员逐次淘汰"的策略，挑选那些成绩突出、积极性高、潜力大的学生进入大赛集训队；实行动态管理，能者上、弱者下，形成赶、比、超的良好竞争氛围，进而以点带面，促进全体学生技能水平共同提高。

制订行之有效的技能培养方案

1）采用科学的辅导计划。科学的训练计划，是提高辅导效率的关键所在。训练中切忌过分追求难度，必须重视基础知识和基本技能的训练，根据选手个人的特点制订有针对性的训练计划。针对全国职业院校技能大赛考查内容深、知识面广等特点，要分多个阶段制订辅导计划，每一阶段都突出一项重点训练内容，形成月月有计划、天天有计划的局面。

2）关心爱护参赛选手的生活，做好心理辅导。过硬的心理素质是学生取得好成绩的重要保证。有的学生心理素质不好，自信心不强，在训练过程中经常产生一些消极情绪，主要表现为对大赛的焦虑感、困惑感、困难感等。指导教师应高度重视并对他们进行心理辅导。同时要做好以下几方面的工作。

① 构建和谐的师生关系。教育活动的基础是人与人的关系，师生关系是核心。技能大赛的辅导更需要和谐的师生关系。亲其师信其道，良好的师生关系能使学生以愉悦的心情去面对学习。教师要改变辅导过程中的主体地位，成为学生的学习伙伴，引领学生主动学习；同时要关注他们的生活情况，帮助他们解决生活中遇到的难题，真正成为他们的良师益友。

② 荣誉感、成就感的激发。随着辅导工作的逐步展开，学生的消极情绪也慢慢滋生，适时激发他们的荣誉感和成就感，不失为一剂良药。教师要经常勉励学生，努力和付出终会获得回报，他们最终会享受胜利的成果。

③ 求知欲望的高度激发。激发学生的求知欲望，可以调动学生学习的主观能动性，使其化被动学习为主动学习。有机会参加技能大赛的学生是学生中的佼佼者，他们希望在学习中有丰硕收获。参赛队员有专门的训练机房，配有专门的指导教师，这种条件是非常难得的。指导教师要通过激发学生的求知欲，使学生积极主动地学习知识和技能。

3）搭建良好的训练平台，制订有效的辅导方案。为使学生熟练掌握实训技能，达到大赛所要求的水平，应尽量为学生提供良好的训练平台，以提升他们的实践技能。同时，根据实际需要，制订行之有效的辅导方案，以保证训练的效果。针对网络综合布线这个团体竞技项目，在训练过程中培养学生的独立操作能力和团体协作能力显得极为重要。训练中既要让学生确定一个训练方向，突出一项专长，又要让他们互相配合、团结协作。

调整状态，从容参赛

经过长时间的备战，终于到了比赛的日子。此时，选手良好的竞技状态显得尤为重要，只有以良好的状态参赛，才能最大限度地发挥水平，取得好成绩。要调整好参赛选手的状态，指导教师应做好以下工作：①保证在赛前将学生提出的问题都完满解决；②分析对手的情况，做到知己知彼，树立必胜的信心；③给学生制定最低的目标，只要完成了自己会做的题就无怨无悔。

解决了状态问题，再就是参赛技巧的问题了，指导教师要让选手理解并坚决执行自己的想法。就像体育比赛，如果教练指挥得当，运动员坚决贯彻教练制订的比赛方案，就会取得胜利。选手若以良好的状态参加大赛，在大赛中坚决贯彻指导教师的方案，加上充分开动脑筋，展现技能，就一定能够在大赛中取得好成绩。

（原载《中国信息技术教育》2010 年 18 期）

以技能大赛为平台，促进校企深度融合

潍坊市职业教育教研室　宋大明

自 2009 年起，潍坊市连续 8 年在全省职业院校技能大赛中蝉联中职组金牌总数第一和团体总分第一；截至 2017 年，潍坊市中职学校在全国职业院校技能大赛中获得 128 枚金牌，占全省国赛金牌总数的 53.3%，在全省乃至全国地级市中遥遥领先，成为令全国职业教育领域瞩目的"潍坊现象"。通过举办和参加各级各类技能大赛，密切与行业企业的联系与合作，使技能大赛成为校企合作的重要平台和促进教学改革的有力助推器，加快现代职业教育体系的建设步伐，促进校企合作的深度融合，实现职业教育专业与产业、行业、岗位的对接，形成一批独具潍坊特色的职教品牌专业，带动潍坊市职业教育的健康发展。

政府牵头，部门参与，共同搭建技能大赛平台

2009 年 9 月，潍坊市政府办公室印发《关于做好全市职业院校技能大赛工作的意见》，决定每年由潍坊市政府主办市职业院校技能大赛。潍坊市政府成立了由副市长任主任，由市教育局、财政局、人社局、经信委、文化局、卫生局、建设局、交通局、商务局等有关部门负责人组成的市职业院校技能大赛组委会，加强对大赛的组织领导。其中，教育局负责大赛的业务组织与协调工作；财政局负责安排专项资金用于技能大赛；人社局负责认定职业资格，授予比赛成绩优异的选手"潍坊市技术能手"称号；经信委负责协调有关企业为大赛提供技术支持，与获奖选手签订就业协议，鼓励企业进行大赛冠名和长期赞助；潍坊市政府督查室把技能大赛纳入对部门的年度考核范围，各级政府积极组织、协调，督查

有关部门、行业、企事业单位参与、支持和指导技能大赛活动。

潍坊市教育局连续五年把技能大赛列为重点工作项目，主要领导多次召开专题会议，研究部署技能大赛工作，对在技能大赛中获得优异成绩的院校、教师和学生予以重奖。2010 年 9 月，潍坊市政府印发《关于表彰 2010 年全国、全省职业院校技能大赛先进单位和先进个人的通报》，授予参加全国职业院校技能大赛获一等奖的刘凯明等 12 名学生"潍坊市技术能手"称号，授予获二、三等奖的韩彬等 35 名学生"潍坊市职业学校学生技能标兵"称号，并颁发奖金；对在全国职业院校技能大赛中指导参赛选手获得一等奖的刘彦明等 11 名同志，授予潍坊市政府教学成果特等奖；对指导选手获全国、全省技能大赛三等奖以上奖项的 86 名指导教师，分别授予潍坊市政府教学成果一等奖、二等奖、三等奖。对在全国职业院校技能大赛中获一等奖项的专业，授予"潍坊市职业学校特色品牌专业"，并给予 100 万元实训设施配置资金奖励。

健全机制，打造品牌，技能大赛捷报频传

广泛开展技能大赛，改变以学校和课堂为中心的传统人才培养模式，是职业教育发展的必然趋向，是职业教育深化教学模式、教学内容、教学方式改革的切入点。潍坊市从 2009 年开始建立覆盖全体职业院校师生的技能大赛制度。所有职业院校每年定期举办校内技能比赛，各专业、系（部）根据实施性教学计划组织若干次小型竞赛，实现技能大赛由阶段化、少数化向常态化、普遍化的转变；在层层推荐和选拔的基础上，全市每年举办一次市级技能大赛，所有驻潍高校均以学校为单位参加高校技能大赛，中职学校以县市区为单位参加中职组技能大赛；市里组织并资助在全市技能大赛中成绩优异的项目参加全省、全国职业院校技能大赛。通过建立全面覆盖的大赛制度，使大赛覆盖每一所职业院校、每一个专业、每一位专业教师和在校生，以赛促教，以赛促练，促进技能教学水平的提高。

2010 年 12 月，潍坊市政府印发《潍坊市职业技能竞赛基地建设方案》，在全市重点建设 30 个职业技能竞赛基地，评审认定 30 个装备条件好、师资水平高、与产业发展符合度较高的"特色品牌"专业；在全国职业院校技能大赛中获一等奖的专业，可直接认定为"潍坊市职业院校特色品牌专业"，成为潍坊市职业技能竞赛基地。2011 年 4 月，潍坊商业学校、潍坊科技学院、诸城市高级技工学校、潍坊工商职业学院、潍坊职业学院等 8 所职业院校的 10 个专业，被命名为首批"潍坊市职业院校特色品牌专业"。通过开展技能大赛，职业院校加强实验实习设施建设，不断添置、更新技能教学训练设备，显著改善了实习实训条件。2011 年 1 月，潍坊商业学校和诸城高级技工学校成为"国家中等职业教育改革发展示范学校建设计划"第一批立项建设学校。

2012 年 3 月 13 日，教育部、山东省人民政府支持黄河三角洲高效生态经济区和山东半岛蓝色经济区国家战略共建潍坊国家职业教育创新发展试验区的协议签字仪式在北京举行。这是教育部和省级人民政府签署的第一个在地级市开展的国家职业教育创新发展试验区。目前潍坊市滨海科教创新园区一期占地 12 平方公里，现已完成基础设施配套，23 所院校签约入驻，已有 10 所高职院校开工建设，建设省内一流、国内先进的职业技能竞赛基地的蓝图正在变为现实。

潍坊市不断完善和创新技能大赛运行机制，在全省、全国技能大赛中屡创佳绩。从2009年首届全省职业院校技能大赛起，潍坊市连续8年蝉联山东省职业院校技能大赛中职组团体总分第一名和金牌总数第一名。在2011年全国职业院校技能大赛中，潍坊市有10所中职学校的56名选手代表山东省参加比赛，一举夺得金牌22枚，占全省金牌总数的84.6%；银牌18枚，占全省银牌总数的60%；铜牌11枚，占全省铜牌总数的37.9%。潍坊市获金牌数量列上海市、江苏省、北京市之后，与宁波市并列全国第四名。2011年6月14日，全国职业院校技能大赛会计技能比赛在潍坊市举行，潍坊市成为继天津市、江苏省之后，第三个承办全国职业院校技能大赛的省市。

潍坊市以大赛为契机，校企合作推动专业建设。专业设置对接技能大赛项目，适应产业需求；实训设施对接项目要求，适应比赛设备要求；教学内容对接项目规程，适应比赛技术要求；开发校本教材，适应教学需要。技能大赛引入行业、企业参与，推动了职业院校课堂教学与职业岗位零距离对接、实习实训场所与职业工作环境零距离对接。围绕技能大赛引企入校，开展教学模式改革，推动校企合作、工学结合，创新多种校企合作模式，提升了专业人才培养能力。把获得全国职业院校技能大赛金牌数量列为特色品牌专业的重要评价指标，品牌专业可配套相应的资金支持，推动对接区域产业发展、师资水平较高、基础能力建设较好、人才培养质量优秀、大赛成绩优异的特色品牌专业建设。

潍坊市依托品牌专业建设，建立了技能大赛常态化基地建设制度。市、县两级财政在特色专业建设、改善实训实习条件等方面给予重点倾斜和支持。鼓励有条件的行业和企业通过校企合作参与技能大赛、建设大赛基地，鼓励企业通过大赛冠名、基地冠名等方式对技能大赛和基地建设提供经费支持。与全市主导产业密切相关且实习实训条件好、教学水平高的职业院校，均建立了全市技能大赛和日常训练基地。

创新模式，全面对接，促进校企合作的深度融合

2012年4月17日，山东省职业院校技能大赛中职组"新郎·希努尔杯"服装设计制作技能比赛暨新郎·希努尔2012~2013秋冬新产品展示会在潍坊市经济学校隆重开幕。此次比赛在全国首创了技能大赛和企业新品发布会的结合，一改当前全国各地职业院校技能大赛中企业单纯赞助或冠名而缺乏自我展示、积极性不高的状况。企业全方位参与，加深了对技能大赛的了解，增强了对职业教育的关注度，提高了开展校企合作的积极性。新郎·希努尔集团、山东舒朗服装服饰有限公司等知名企业，纷纷将自己的秋冬新产品搬上了开赛式，充分展示了企业的设计理念和艺术构思。校企双方通过技能大赛这个平台，真正实现了深度融合、合作双赢。

2012年4月18日，山东省职业院校技能大赛中职组"冠泓数控杯"现代制造技术技能比赛和诸城市数控技术职业教育集团挂牌仪式同时在冠泓数控装备股份有限公司和诸城市高级技校举行。这是全省职业院校技能大赛首次将赛场设在校企合作基地，让大赛走进企业，把比赛现场放到企业生产车间，让选手在参赛过程中直观地了解现代企业，在真实的企业环境中进行技能比赛，增强了学生对岗位的感受和认知。数控技术职业教育集团在诸城市高级技校设立研发中心，作为产品开发和售后技术培训的基地；学校聘请国内知名数控技术专家成立名师工作室，参与新产品研发，指导教学与技能训练，校企开展实质性、

深层次的合作。

为快速提升专业教师的实践技能水平，潍坊市借举办技能大赛的机会，邀请行业专家和企业技术人员全程参与组织举办技能大赛，推动职业院校校长与行业精英、企业管理者的零距离对接，专业教师与行业技能师傅零距离对接。几年来，潍坊市先后实施了"能工巧匠进校园"制度，发挥能工巧匠的传帮带作用；实施了专业教师到企业实践制度，进行"学做训"提升；实施了"灵活编制"和"特聘教师"制度，引进行业企业技术专家，由政府专项资金给予支持。大批具有丰富实践经验、高超技艺和较高社会声望的一流专家，担任潍坊市职业院校特聘技能教师。在管理使用中，实行以"三统一、一共享、一重点"为主要内容的特聘技能教师管理办法，即技能教师统一聘任、财政资金统一使用、运行效力统一评估，优质职业教育资源市域内共享，重点培养职业院校教师。

潍坊市职业院校技能大赛按照"以技能大赛为平台，大力推进校企合作、推动教育教学改革"的思路，深化改革，创新模式，成为校企合作的重要平台和教育教学改革的有力助推器，体现校企合作的深度融合和一体化办学方向，达到通过技能大赛引领职业学校教育教学改革的目的，让学校和企业共同培养学生、共建实训基地、合作培养师资、联合开发教材、发展职业教育联盟，真正实现了职业教育专业与产业、行业、岗位的对接。

（原载《学习与创业》2013年06-07期）

以技能大赛为抓手，构建师生全员参与的教学新机制

寿光市工贸职业中等专业学校　李振奎

背　景

2007年，山东墨龙特钢有限公司选中寿光市工贸职业中等专业学校作为培训基地，准备把职工分批次送到学校培训；然而送来了第一批的20人后，就没了下文。这引起了我们的思考。联想到其他一系列问题，经过调查研究，我认为有两个原因：一是职业学校自身的原因，教学内容不符合企业实际、教学方法不适合学生的特点等弊端，致使学校培养出来的高素质学生少；二是社会原因，如中职毕业生就业质量方面不尽如人意、学生毕业后待遇低等。学校教学主要存在以下几个方面的问题。

1）教学观念落后，重理论轻实践，理论和实践脱节。在理论和实践这两个教学环节上，传统的授课方式仍然占主流。专业理论课在教室内进行，由理论教师授课，专业技能课在实训室内组织，由实习指导教师授课，理论和实践严重脱节，不利于学生专业技能的培养，造成学生就业难、从业难、创业更难的局面。

2）实训教学目标不集中、不明确，组织形式欠优。实训教学随意性较大，缺乏明确的实训目标。班学额大，实训场所小，实训设备不足，造成实训秩序较乱，设备利用率偏低，实训任务难以当堂完成，实训效果差。

3）过分强调单一专业技能的培养，忽视学生综合职业能力的提高。学生实训以考取专业技术等级证书为目标，不注重对学生综合素质的培养。组织形式以校内模拟实训为主，远离生产一线，学生缺乏一线实战经验，综合职业能力得不到提高，学生就业后很难适应

工作岗位或适应期过长，降低了就业成功率和就业质量。

4）教学缺乏科学的评价体系，没有形成良好的激励机制。如何科学评价实训教师的教学水平和实训学生的技能成绩，如何用奖惩手段调动师生教与学的积极性，这些问题都有待于研究和解决。

主 要 内 容

学校紧紧抓住职业教育发展的新机遇，确立了"育高素质技能型人才，实现高质量就业"的办学思路，探索实施"以技能大赛为抓手，构建师生全员参与的教学新机制"，创新职业学校的育人模式。

1. 实施"三高"育人工程，让每个学生成人、成才、成功

学校推行了"三高"育人工程，让学生"养成高素养、掌握高技能、实现高就业"，让每个学生成人、成才、成功。

1）"养成高素养"，主要是通过文化课、德育课及专业基础课的学习让学生掌握较丰富的专业基础知识，为终身学习打下基础。通过生产性实训实习，使学生养成良好的职业习惯和创业能力。

2）"掌握高技能"，即以课程改革为载体，以技能文化节为平台，以技能大赛为抓手，以证书考核为手段，多层次、多渠道、多形式培养高技能人才。

从 2008 年起，学校明确提出了"以大赛促教育教学改革"的教育教学思路，"高起点、高标准、严要求、求实效"，制定并实施了系列教学改革举措，做到技能大赛常态化、制度化、组织化，形成以技能大赛引领改革、以技能大赛带动教学、以技能大赛检验教学成果的长效机制。学校课程改革充分反映了技能大赛对教学的要求，把技能大赛内容提炼转化为课程教学改革项目，反映到教学中去，以技能大赛为重要载体，以赛促练，使课程改革和教学模式改革与技能大赛实行直接对接。学校建立健全了技能大赛奖励制度，对技能大赛优秀选手给予升学奖励、学分奖励、技能等级证书奖励、荣誉奖励、就业奖励等。

3）"实现高就业"，即拓宽毕业生就业渠道，把更多的学生安置在工作条件优越、工资福利优厚、有良好发展前景的企业。重视学生职业生涯规划教育和就业安置工作，成立就业创业指导办公室，由学校邀请企业、行业、协会成立就业指导委员会。定期开展就业创业报告会，加强校企深层次合作，对实习和安置就业的学生，安排专人进行管理和回访，加强对学生的跟踪管理，并根据毕业生的就业情况推出"回炉教育""二次就业"等高质量就业措施。

2. 突出技能教学，力促师生技能全面提高

1）实施"四个转变"，提高就业能力。

① 课程设置向"针对性"转变。坚持以就业为导向，突出学生专业技能训练，以"必需、够用"为度，突出"适用性"和"针对性"。一方面，学校组织教师开发了实用型教材，对开设的课程进行删繁就简、削枝强干，注重直观、形象。另一方面，学校加大实践环节在教学计划中的比重，使专业的实训课与理论课的比例达到 7∶3。

② 教学内容向"实用型"转变。采用模块式教学，如把机电专业分为若干个小专业，每个小专业又分为若干个模块，让学生直接学习与企业工作岗位相关的专业技术，注重培养学生的实际动手能力。

③ 教学方法向"做中学"转变。课堂教学更注重实效，从"做"开始，强调"会做"，强调操作程序，强调规范。把课堂引入车间和工厂，把课堂"车间化"，将企业引进学校，让学生随时都能进行操作训练，努力做到"教、学、做"合一，着重培养学生解决实际问题的能力。学校投入1500多万元，建设17个实训工场，添置了先进而充足的实训设备，可供1500名学生同时上岗实训；并把企业引进校园，形成"教室就是车间"的新格局，在学校的机械加工实训基地，一周中学生有一大半时间在这里上课，在教学中实行"做中学"。此外，学校注重培养学生的职业素养和奉献精神。

④ 教学组织形式向"特色课"转变。积极鼓励教师开展特色课教学，只要企业需要，以及学生能学喜欢学的内容，就大胆地教。学校还开展巡回教学，或者去各个班级讲，或者在多媒体教室里讲，同一个内容，一个班接着一个班讲下来，教师内容记熟了，说话流利了，课也讲得精彩了。而学生不用长期面对同一张面孔，能够吸取多位教师的知识精华，综合素质得到提高。

2) 拓展校企合作，培养企业对口人才。大赛就是企业用人要求的具体表现，这恰好为学校"一切为学生就业服务"办学理念的实施找到了合适的着力点，也给学校教育教学改革指明了方向。学校探索"教产合作，校企一体"的新模式，通过学校与企业的一体化融合，实现学校办学资源与企业生产经营资源的优势互补。

首先，开办冠名班。按照企业对人才的要求，开设对应的专业，全方位对接行业、企业要求，真正实现学校与企业"零距离"对接。探索生产、实习、创收相结合的新路子，所有专业都将学生的实习与生产、加工、创收密切结合起来，既为学生开辟校外实训基地，又为学校争取办学资金。

其次，在教学上实施"六个对接"。一是理念对接。学校的专业教学理念与合作企业理念对接，把合作企业的用人理念引入课堂。二是技术对接。通过选派教师外出学习、到企业顶岗实习等方式，使教师学习合作企业的新技术，把企业的技术应用到专业教学中，从而真正了解职业教育发展方向、掌握企业发展动态。学校已先后选派上百名专业教师到企业一线进行了顶岗实训。三是管理对接。合作企业的管理与学校的管理往往有所区别，学校要把合作企业的管理制度引进来，使学生就业后就能适应企业的管理。四是设备对接。把合作企业设备引入学校，根据企业设备的性能进行教学，以便让学生尽可能地掌握企业设备的特性。2008～2012年，学校投资近1500万元，新建了1600平方米的实训车间，新上计算机、车床等设备400多台（套），完善和充实了财会电算化、钳工、烹饪、电焊、电工电子、车工、服装等实训室，同时对原有的计算机进行了升级改良，对机电一体化、车工、焊接等专业缺乏的实训设备及时进行了补充，努力改善实训条件。五是文化对接。把合作企业文化引入校园，或组织学生感受企业文化，在校就培养"企业人"。六是教科研对接。实施嵌入式教育，把合作企业的产品嵌入课堂教学之中，让学生在校就了解合作企业的相关产品。进行差异化课程设置，学校不但要设置基本的专业课程，还要根据企业的需要设置相关课程。2010年，学校根据企业需要新开设了楼宇智能化专业。学校各专业均邀请行业专家、岗位能手、技术骨干等组成专业咨询委员会，在广泛市场调研的基础上，校企共同制订人才培养方案、论证课程标准，开发校本教材，使学校成为企业的人才储备基地。

3）师生全员参与，全面提高技能水平。学校按照"建立激励机制、寻求政策突破、全员广泛参与、提高师生素质"的工作思路，以技能文化节为载体，提出了以赛促学、以赛促训、以赛促改和以赛促综合能力提高的要求，打造了一支"双师型"教师团队，努力培养高素质应用型人才。每年5月学校举行技能文化节，全体师生共同参与，并引入企业参与冠名比赛。通过技能竞赛和技能展示，加强了对学生专业技能的训练和动手能力的培养，促进了学生技能水平和综合素质的提高。

举行技能文化节的目的是全面提高教师和学生的技能水平，实现技能竞赛普及化。赛前，学校认真做好宣传发动工作，要求各学科各专业全员动员，认真组织，积极参与，展示风采，提高水平。为此学校成立了大赛组委会，设立了技能大赛办公室，专门负责大赛的组织、指导与协调工作。同时，明确了各参赛项目的责任单位和责任人。各学科按照不同的专业与项目组织各班级学生参加各项技能比赛，由各责任单位及责任人在保证正常教学与管理工作的同时，组织技能大赛的初赛与复赛，进行选拔，优胜者参加大赛组委会组织的决赛。教师比赛项目的设置、评委的组成也由各教研组自行确定，要求组内教师在互评过程中提升自身的技能水平。学校建立健全了技能大赛奖励制度，对技能大赛优秀选手给予升学奖励、学分奖励、技能等级证书奖励、荣誉奖励、就业奖励等优惠政策。

通过教师参与和指导学生参加技能大赛，师生同台竞技，教学相长，促使教师更好地掌握相关职业岗位的技能要求，提高了学生的专业水平和实践能力，达到师生全员参与、高质量育人的目的。

3. 深入开展创新创业教育，突出富民主题

职业教育是以就业为导向的教育。对于很多学生而言，他们并不仅仅满足于就业，更渴望实现更高质量的就业，实现体面就业。

学校将级部管理改为生产实习部管理，成立了机电财经、烹饪、服装幼师、计算机4个生产实习部。根据专业特色，创建了机械加工、餐饮、服装、电工等多个学生生产创业社团，有的在保持正常教学的前提下，将创业实践活动集中于课余时间、周末和节假日；有的在教师指导下模拟企业进行创业教育实践，通过订单培养型、企业赞助型、来料加工型、共同经营型、优势互补型等实践方式，实现了课堂与实训合一，实训与生产合一，教学与技术开发、服务合一，着力培养学生的自主创新意识和能力，加强职业技能培训，丰富学生的能力储备。

学校与金宝钢管有限公司、腾龙消防器材有限公司、寿光市第一中学等16家单位进行合作，共同承担产品开发与加工，实现了技术力量和设备共享，已试制产品、加工工件（如体育器械）等7000件以上，年利润超过30万元，承担生产任务的全部是在校学生。学校服装创业社团与寿光教育局教学服务中心合作，承接了学生校服加工业务，使学生在生产过程中，提前了解企业生产要求和工艺，降低了学校教学成本。

取得的效益

1）学生的学习积极性明显提高。新教学模式的实施使学生看得见、听得懂、学得快、记得牢、听得有趣、干得有劲，同时避免了不必要的重复教学。在教学中，或师生同岗操作，或让学生独立操作，通过生产性环境实习，使学生学到了在书本上学不到的知识，掌握了切合实际的技能，改变了以前上课无所事事的局面。

2）学生素质明显提高。师生融洽和谐，教风、学风、校风良好。学生有了学习的兴趣和动力，由原来的"要你学"变成现在的"我要学"，思想品德、情操意志，以及安全文明生产、质量、技改等企业观念都得到培育。教师抱怨学生的现象显著减少，很多教师利用课余时间指导学生开展技能训练。

3）学校的社会认同度提升。学生技能水平大幅提高，毕业生就业率高达100%。2011年，学校所有毕业生全部双证毕业，有35%的学生还参加了两种以上职业资格等级考核。600多名学生被山东寿光巨能电气有限公司、山东墨龙特钢有限公司等大中型企业争相聘用。

4）教师创新意识增强，工作很有成就感。学校共有18人次在潍坊市级以上技能大赛中获奖，有23人次在潍坊市以上主管部门组织的创新课和优质课评选中获奖。6名教师获"潍坊市教学能手"称号，1名教师获"山东省教学能手"称号，2名教师在山东省计算机技能大赛中获第一名。

5）办学水平得到了社会各界的充分肯定。2010年12月，在潍坊市政府举办的全市职业院校技能大赛中，学校以总分第一名的佳绩位列潍坊市38所职业院校十强之首，获得一等奖11个、二等奖27个、三等奖29个，同时被潍坊市授予"突出贡献奖"。2011年，在全国职业院校技能大赛中，学校参赛选手在智能化楼宇和建筑CAD项目双双获得一等奖，另外还获得全国二等奖1项、三等奖3项。

"以技能大赛为抓手，建立师生全员参与的教学新机制"研究成果相继在《中国教育报》《中国职业技术教育》《现代教育》等国家级、省级刊物发表，学校先后被授予中国西部教育顾问单位、全国学校规范化管理示范单位、全国教育科研先进单位、山东省教育教学示范学校等称号。

（原载《现代教育》2012年04期）

浅谈科学规划与管理在中职会计技能大赛辅导中的作用

山东省潍坊商业学校　潘晓丽

近几年，全省与全国职业院校技能大赛开展得轰轰烈烈，技能大赛的成效有目共睹，以赛促教的观念也已深入人心。我校在历年的全省和全国职业院校技能大赛中均取得优异成绩，在全省中职学校中遥遥领先。但是随着全省与全国职业院校技能大赛的逐步推进，参赛学校在技能大赛中的竞争越发激烈。以中职会计技能大赛为例，参赛选手的成绩差距越来越小，技能水平也达到了前所未有的高度。在竞争如此激烈的情况下，我校选手在2014年山东省职业院校技能大赛中职组会计实务赛项中，以较大优势取胜，最终获得了两枚金牌。大赛辅导的科学规划和管理起了关键作用。

科学的前期规划是选手技能水平提升的重要基础

前期规划主要包括 3 个方面：一是参赛选手的精心选拔；二是指导教师对赛项规程的精确解读；三是训练所需软件、硬件环境的积极准备。其中，第二和第三个方面已被许多指导教师深入剖析过，在此不做赘述，下面着重就参赛选手的精心选拔进行详细分析。

经过对我校连续几届省赛及国赛金牌选手的跟踪观察，我发现他们身上有一个共同的特点，那就是智商与情商都很高，而且情商比智商更高一筹。高情商的人比起高智商的人更容易成功，因为高情商的人能够妥善管理自己的情绪，不会抱怨，懂得自我激励，善于沟通和交流，善于分享自己的感受。因此，我们在选拔参赛选手时，就按此原则进行科学规划。每次筛选参赛选手时，先以专业知识为标准，选出 3 倍于省赛及国赛队员数量的备选队员。随着训练任务的日益推进，各位选手的性格特点和训练水平也逐渐显露出来。有的选手专业课成绩非常好，但是不善于交流和沟通，导致其不能很好地理解指导教师的意图，也不能把自己的弱项正确地表达出来，致使训练水平提升受到限制。有的选手心理素质不好，一次测试没有发挥好，心理就会受到很大影响，很长时间情绪都会比较低落，而且一测试就紧张，训练成绩总是上不去。像上述类型的选手，即使专业课成绩暂时领先，也不会获得最终的成功。所以，我们在最后确定参赛选手时，最终留下的一定是高情商的选手，他们善于管理自己的情绪，如果一次测试成绩出现下滑，他们一定会通过和其他选手及指导教师交流找出原因，并能够针对自己存在的问题及时进行修正。而且高情商的选手性格都是很积极的，他们精神饱满地对待每天的训练，表现出来的都是正面情绪。技能大赛是较量实力的战场，参赛选手就是为上战场而时刻准备着的战士。所以，前期精心选拔参赛选手至关重要，如果到了训练后期发现参赛选手不合适再进行调整，就会对训练、对参赛选手造成很大的影响。

科学的过程管理是保持选手技能水平的重要保障

过程管理，这里主要是指赛前训练过程的管理。技能训练相较于专业知识学习有它的特殊性，专业知识一旦学会，选手便能在今后很长的时间内灵活运用；技能训练则不同，选手一天不训练，马上就有生疏的表现。可以说，技能训练是一场持久战、拉锯战，既需要选手具备坚毅的品质和不怕苦的精神，也需要有科学的过程管理。

1. 科学的技能训练

1）制定训练目标。技能训练有很强的阶段性特征，在两个阶段衔接时，选手会遇到上升的瓶颈，也就是在相当长的一段时间内，选手的成绩会停滞不前。所以，在制订技能训练计划时就要认真对待这一阶段性特征，不要一次性给选手制定过高的训练目标。如果训练目标定得过高，选手很长时间达不到，就会对失去信心，这样训练目标就失去了意义。同时，训练目标不能定得过低，目标过低选手容易达到，在精神上就容易麻痹松懈。因此，科学的训练目标是保证在紧张、刻苦的训练条件下有 80%的选手能够达到。

2）细分训练项目。为了有效提高选手的训练效果和技能水平，在指导选手训练时，要细分训练项目，制订科学的训练计划。例如，中职会计实务大赛中翻打传票和点钞两个赛项，在日常辅导训练时，我们不能简单地让选手一个小时练习翻打传票，一个小时练习手工点钞，这样简单地安排选手训练是不会取得很好效果的。因为虽然每一个赛项的比赛时间很短，但也是由一个个小的技能环节组成的。以单指单张点钞技能为例，它就包括持钞、开扇、清点、记数、扎把、放钞六个环节，其中每个环节动作的熟练程度及操作速度都直接决定了选手最终的比赛成绩。因此，要想在比赛中取得优异成绩，指导教师必须对训练项目进行科学细分，每个技能环节都要分开练习。指导教师还要科学安排训练时间，选手一轮练习的时间不宜过长，以 20 分钟为宜。训练项目细分后有利于指导教师发现问题，看清每位选手到底是在哪个环节上存在问题，便于及时加以纠正。

2. 科学的过程监控

虽然精心选拔的选手具备较高的情商，但是他们毕竟只是十六七岁的孩子，对于技能大赛的认识还不够深刻、不够全面。所以，在日常训练时难免会出现某个选手在某个时间逃避训练的情况。面对这种情况，指导教师不能通过简单的批评说教来管理，一定要进行科学的过程监控，要给选手定规矩，采取切实可行的措施来约束他们偷懒逃练的想法和行为。具体做法就是为每一位选手制作一张 K 线图，以训练时间为横轴，以测试成绩为纵轴；每天每个训练项目至少要测试一遍，并把测试成绩画在 K 线图上，再连成线。选手成绩正常的情况是 K 线整体呈现稳步上扬的趋势，当然会出现有几次小的波动。但是如果某个选手的 K 线出现长时间的下滑，或者呈波动较大的 M 形或 W 形曲线，那么他就可能在训练动作上或者心理上出现了问题，指导教师就需要特别关注这个选手，及时帮助其解决问题。通过个人的辅导实践证明，这是一个较为科学的训练过程监控办法，通过 K 线图及时发现问题、解决问题，具有较强的实用性和针对性。

3. 科学的评价及激励机制

科学的评价及激励机制是赛前训练过程管理很重要的方面，也是有效调动选手训练积极性和提高训练水平的重要因素。科学的评价与激励要求指导教师要饱含真情地评价每一个选手，要用激励的语言去鼓励每一个选手，而不是简单地评价选手的训练情况。举例来说，选手在进行点钞训练时，指导教师不要简单地对学生说"你点钞又进步了"，而是要用真情、激励的语言说"你的钞票捆扎动作比上周更加灵活了，速度也快多了，但是手指拨钞幅度还需要进一步提高，继续努力啊"。这样做，选手会非常高兴，在调动他们积极性的同时也让他们非常明确地知道，哪个技能环节是值得肯定和发扬的，哪个技能环节还需要进一步提升。我们在制订训练计划时，每天都要进行测试，目的是让选手知道自己的练习达到了什么程度，同时便于指导教师全面掌握选手的训练情况。每个选手都有自己的成绩记录本，指导教师每周五要召开讨论总结大会，由选手自己总结、叙述训练中存在的问题，其他选手帮助分析，并提出改进意见。指导教师主要分析每位选手本周训练进步的方面，分析时一定要认真细致，具体到每一个技能环节，同时要用真情和激励的语言评价、鼓励每一个选手。如果选手分析讨论都没有发现自己存在的问题，指导教师可以私下与存在问题的选手进行交流。选手都是十六七岁的孩子，自尊心比较强，因此，与他们交流问题要讲究方式方法，维护他们的自尊心。

总之，中职会计技能大赛作为引领中职学校会计专业教学、推进专业建设和教学改革、促进校际交流学习和培养高水平技能型人才的重要平台，发挥了极为重要的作用。未来几年，要想在技能大赛的激烈竞争中取得优异成绩，就必须利用科学的规划与管理进行赛前辅导训练，做到人无我有、人有我新、人新我优、人优我特、人特我绝。希望通过中职会计技能大赛，能进一步把会计专业教学改革与发展推向一个新的高度。

（原载《现代教育》2015 年 05 期）

通过技能大赛提升计算机专业教学的研究

潍坊市经济学校　王志山

按照《国务院关于大力发展职业教育的决定》提出的要"定期开展全国性的职业技能竞赛活动"的要求，教育部举办了 2012 年全国职业院校技能大赛。2012 年 4 月 29 日，山东省教育厅举办了全省中等职业学校技能大赛。2012 年 11 月 22 日，潍坊市政府举办了潍坊市中职学校技能大赛。我校计算机专业参加了动漫制作项目，并获得了团体与个人成绩二等奖。下面就当前山东省中职学校如何贯彻落实《关于做好全市职业院校技能大赛工作的意见》谈几点认识。

拓宽视野更新观念，重新认识实践教学，建立完善的实践教学体系

1）课程实验。课程实验是加强计算机专业人才培养质量的重头戏，计算机专业学生除了需要具有扎实的专业理论基础，还要有良好的科学实验技能和素质。阶段性实验教学目标就是每门课的实验教学目标，通过目标驱动来实现实验教学的总体目标。在实验教学目标制定上要注重学生的实践动手能力的提高和创新设计能力的培养，实现师生在课程实验教学中互动。学生通过自己的努力完成了各项目标，在学习中就会有成就感，更进一步激发学生的学习热情，增强学生的学习动力。

2）课程设计。课程设计属于综合性创新实验，在整个课程的课堂理论教学和课程实验完成后，根据课程的特点和内容设计综合性创新实验。一般地讲，这类实验就是大作业，学生通常在教师的指导下利用业余时间独立完成。例如，高级语言程序设计、数据结构、数据库原理、编译原理、操作系统、软件工程等课程都需要进行课程设计。课程设计可以培养学生运用该门课程的专业知识去分析和解决实际问题的能力及对专业知识的综合应用能力，在实践教学体系中占有非常重要的地位。

3）专业实习。随着计算机和网络的广泛应用，它已在各行各业中发挥着越来越重要的作用。考虑到计算机应用的广泛性，有选择地把能反映当前计算机最高应用水平的企业、行政事业单位作为专业实习基地，结合课程教学定期安排组织学生到实习基地实习。让学生带着任务参加实习活动，每次实习都要求学生写出实习报告，总结实习的收获体会。实习基地建设的面要广，要能充分体现计算机的各种应用，如计算机经销公司及售后维修站、计算机及相关设备的自动化生产企业、网站及网络工程公司、软件销售公司、软件开发公司、邮电通信公司、政府机关、建筑工程设计院、金融机构等。

4）毕业设计。毕业设计实践环节是完成教学计划达到计算机专业培养目标的重要环节，是教学计划中综合性最强的实践教学环节，它对于培养学生的思想、工作作风及处理实际问题能力，提高毕业生综合素质具有很重要的意义，是对学生综合应用所学专业知识

解决实际问题能力的检验。毕业设计能使学生掌握文献检索、资料查询的基本方法和获取新知识的能力，掌握软硬件或应用系统的设计开发能力，提高书面和口头表达能力，提高协作配合工作的能力。

把技能大赛作为实训基地建设的"推进器"

1）通过举办技能大赛倒逼各地加快实训基地建设步伐。"工欲善其事，必先利其器"，实训基地是技能训练的重要场所，学生的技能不是天生就有的，没有基本的实训条件，学生技能训练将是一句空话，在技能大赛中获得好成绩更是无从谈起。山东省推进职业院校技能大赛制度化的最直接目的，就是促进各地各校加快实训基地，尤其是校内实训基地的建设步伐。在实训基地建设中，首先要考虑的是"有无"问题，即职业院校所开设的每个专业都要有相应的实训场地、场所；其次要考虑配套性，即根据学生就业岗位需要和教学计划内容安排，配齐各专业（工种）的实训设备设施；最后要考虑先进性，尤其是新建实训基地要瞄准行业企业生产设备的最新水平。

2）将技能大赛竞赛基地建设与实训基地建设紧密结合。依靠一批示范性实训基地办好技能大赛，技能大赛赛点就是示范性实训基地。有计划地选择一批实训基地，根据教学需要和技能大赛需要，增加工位，更新设施，优化环境，完善比赛功能，提高比赛保障能力。省、市、县统一规划、分工协作，重点建好一批技能大赛赛点就等于建好一批示范性实训基地。

把技能大赛作为学生就业的"敲门砖"

1）加快建立激励机制，保障教学方案顺利实施。为充分调动教师的工作主动性，激发教师的工作热情，调动学生的学习积极性，保障教学方案顺利实施，职业院校要建立一系列的表彰激励机制，每学期拿出一部分资金作为奖学金，奖励那些品学兼优、专业技能突出，以及在各级各类技能大赛中获奖的学生。激励机制的实施让教师和学生在教学和训练上更具有激情，对促进学风建设、强化技能培养与提升就业质量起到了很好的推动作用。

2）组建技能代表队，营造良好的学习氛围。挑选品学兼优且动手能力强的学生组建计算机技能代表队，进行强化集训，并实行动态管理，严格考核，做到能者上、弱者下，形成赶、比、超的良好竞争氛围，从而以点带面，大大激发学生的学习热情。

3）丰富课外活动，促进学生发展。课外活动的特点是以实践为主，强调学以致用，"教、学、做"合一。课外活动是对课堂教学很好的补充。开展好课外活动，对学生综合素质的发展有很大的促进作用。

4）参加社会实践，扩展知识面。书本知识的学习和传授是有一定局限性的。为了拓宽学校计算机专业学生的学习视野，让他们了解更加广阔的计算机应用领域，逐步学会分析外界使用的计算机是什么样的，社会到底需要怎样的计算机人才，学校鼓励学生充分利用课余时间多看《电脑报》和一些计算机杂志，在条件允许的情况下，参加一些计算机展示会，或者经常到计算机商城了解计算机的发展、市场、应用等情况。这样既拓宽了学生的知识面，又使其将学过的知识与实际结合起来，无形之中加深了其对知识的理解。

5）组建学习兴趣小组，增进各模块之间学生交流。由各教研组长牵头，组建各类计算机兴趣小组，如程序设计小组、局域网搭建小组、计算机维护小组等，开展丰富多彩的创作和信息交流活动。这些活动打破了专业模块的界限，使不同模块的学生可以轻松学到相关学科的知识和技能，有效拓宽了视野。

对用人单位而言，在招聘新员工时，总是希望能招聘到素质较高、技能较强的优秀毕业生。技能大赛就是各用人单位发现人才的"淘宝网"，那些技能冠军、金牌选手便成为争抢对象。

当然技能大赛也不是万能的，单纯依赖举办和参加技能大赛来发展职业教育的想法是不可行的。技能大赛制度本身也需要不断完善，把握好方向，以免误入"锦标主义"的歧途。总之，我们坚信：通过牢牢抓住技能大赛，真正形成"普通教育有高考，职业教育有大赛"的局面，职业教育实现可持续发展的目标就为时不远了。

（原载《中国新通信》2013 年 19 期）

铸就社会信赖的职教"金牌"

山东省潍坊商业学校　张国利

2010 年 7 月 6 日，我从潍坊商业学校获悉，在刚刚结束的全国职业院校技能大赛中，山东省代表队获得了 13 枚金牌。其中，潍坊商业学校夺得了 5 枚金牌，金牌数量位居全国第一，并实现了潍坊代表队在全国职业院校技能大赛中金牌零的突破。

技能大赛的骄人成绩折射出潍坊商业学校独到的职业教育办学思路。作为一所中职学校，潍坊商业学校始终紧密联系国家发展大势和区域经济发展需求，坚持自我创业积累与借势借力发展并重的发展思路，围绕市场办专业，实施个性化教育，面向企业社会开展主动性服务，提升学校的社会价值，使学校不仅能获得企业的大力支持，还成为行业企业发展的强大资源，铸就了一个文化底蕴深厚、教育质量优良、市民企业信赖的职教品牌。

潍坊商业学校在设置专业、确定学生的学习方向等方面坚持面向区域经济发展的趋势和需要，以培养学生的专业技能、专业技术为核心，不断做大做强职业教育。学校把办学的立足点放在第三产业人才的培养上，以突出办学优势和办学特色。近几年，学校及时调整专业结构，在原来市场营销、涉外经贸、投资证券等专业的基础上，确立了以现代物流管理、电子商务、现代营销、连锁经营与管理、会计电算化等专业为主干的商贸物流专业群，以建设全国名牌专业为目标，形成了具有鲜明行业特色的专业体系。学校电子商务专业被认定为省级重点建设专业，物流专业被确定为潍坊市重点扶持和发展专业。

培养适应社会需要的高素质职业技术人才，是潍坊商业学校教育者的出发点和着力点。学校创新教育教学模式，改变原来"重理论、轻技能"的落后观念，创新并实施了"三三制"教学模式，即三分之一的时间学理论、三分之一的时间进行实验实训、三分之一的时间到企业实习。落实学校和企业一体化、教师和师傅一体化、教室和实训室一体化、学生和员工一体化的"四化"教学目标，逐步形成一套具有自身特色的技能培养模式，有力地促进了学生专业技术技能的提高。学校对每项技能都规定了考核标准，要求毕业生必须拿到三项以上基本技能证书和一项以上劳动部门颁发的职业资格证书。学校在按照企业规范要求培养的基础上，要求学生再取得职业资格证书，使其完成由学生到员工的角色转换。

另外，潍坊商业学校通过调动企业参与实训基地建设的积极性，引入企业资金，实行校企资源共享等方法，提升实训基地建设质量，改善办学条件。目前，潍坊商业学校建立了稳定的校外实训基地，拓展了学生职业技能培养的空间，学校各专业与省内外企事业单位建立校外实训基地 100 余个。针对商贸类专业拥有的资源优势，学校与潍坊百货集团股份有限公司、潍坊百货大楼多家商贸企业签订合作协议，设立员工培训基地，共建校企培养平台。

潍坊商业学校的毕业生受到用人单位的普遍欢迎，就业率一直保持在 95% 以上，"潍坊商校现象"引起社会、企业、家庭的关注。这主要得益于学校以就业为导向建立的新型就业机制，促进了学生的全面就业。潍坊商业学校把加强就业指导、提供就业服务、拓宽就业渠道、提高就业率作为学生就业工作的指导原则，设立就业部，加强就业工作的落实，形成有层次的组织领导网络，并建立学校、企业、家长联谊制度，搭建学校、企业、家长之间的信息交流平台，实行实习就业一体化，对实习学生进行统一安排和管理。

（原载《齐鲁晚报》2010 年 7 月 7 日）

教学改革显成效，技能大赛创佳绩

山东省潍坊商业学校　隋玉亮

"不鸣则已，一鸣惊人。"用这句话来形容潍坊商业学校再恰当不过。近年来，潍坊商业学校进一步明确办学方向，不断创新办学思路，改革教学模式，完善育人机制，对职业教育模式进行了有益的探索。在刚刚结束的 2012 年山东省职业院校技能大赛中，潍坊商业学校夺得 20 枚金牌。潍坊商业学校自 2009 年参加山东省首届职业院校技能大赛以来，连续 4 年均取得优异成绩。4 年来，潍坊商业学校在山东省职业院校技能大赛中，共获得 72 枚金牌；2010 年、2011 年，在全国职业院校技能大赛中，共夺得 17 枚金牌。潍坊商业学校在全省和全国技能大赛中屡获佳绩，主要得益于学校在教育教学模式上的探索和创新。

深化教育教学改革，提升职业教育办学质量

多年来，潍坊商业学校以有利于学生终身发展为目标，对教学模式、教学内容、教学方法等进行了全面深入的改革，并探索了个性化教育和综合职业素养拓展，提出了"为学生提供最适合的教育、最优质的服务、最美好的前程"的办学理念。

1. 实施"四个一体化"，创新培养模式

学校实施"四个一体化"，形成了一套具有自身特色的技能培养模式。一是"教室和实训室一体化"，边讲边学边练，理论和实践高度融合；二是"学校和企业一体化"，将专业人才培养过程与企业需求接轨，把这种理念渗透到人才培养的全过程，直到把他们送上企业工作岗位；三是"教师和师傅一体化"，加强"双师型"教师队伍建设，将理论教授和示范操作融为一体，发挥"师傅带徒制"的作用；四是"学生和员工一体化"，严格按照企业员工的标准要求学生，大力加强职业素养教育，保证学生顺利实现向"职业人"的转变。

2. 改革教学内容，适应企业发展

学校遵循职业教育的规律，形成了一套适合职业教育特点的专业指导方案和课程体系。组织教师进行以工作过程为导向的课程开发，开展以培养职业能力为目标的教学设计改革。同时，改革学生学业评价办法，由过去一次性最终结果评价变为多层次形成性评价。

3. 调整教学模式，提高学生学习兴趣

学校创新并实施"三三制"教学模式，创建了模块化课程体系。每个专业都选出具有典型特征的现实专业项目，分成几个专业模块，通过任务引领，有针对性地进行理论学习和技能训练，辅以案例教学法、小组协作学习法、动作引领法，调动了学生学习的积极性。学校在汽修专业中独创了基于技能教室的模块化流程教学模式，这个项目是工科类专业教学的一个创新，大幅度提高了汽修专业的教学质量。另外，在教学过程中为学生创造工学交替、顶岗实习的环境和机会，实行职场体验机制，为学生将来顶岗实习的零距离过渡打下了基础。

4. 组织技能比武，搭建技能训练平台

为提高学生的职业技能，学校还通过组织技能比武为学生搭建了职业技能训练平台，让每个学生的专业技能都过关。规定每年的11月为学校的技能展示月，通过多种形式组织学生进行技能比武，比武的结果作为组建技能比赛团队和选拔市级技能大赛选手的重要依据。学校组建了一支以参赛选手为主、三分之一优秀学生加入的庞大的技能训练团队。训练团队除在指导教师的带领下刻苦训练、互相切磋外，还要求参赛团队成员要一帮一、一带二，从而带动整个班级、整个专业的学生提高技能。学校把学生的技能水平纳入专业培养目标、教师考核目标和学生评价目标。

5. 进行个性化教育，确保人人成才

学校根据学生基础差异巨大、兴趣爱好差异巨大的特点，全面实施针对学生个体的精品教育，实现了由大众化教育模式向个体精品教育模式的转变，为学生人人成才打下了基础。当每年新生入学在选择专业时，学校职业生涯规划中心根据每个学生的文化水平、兴趣爱好及个性特征，为学生开展咨询和服务。同时，聘请企业人力资源管理人员对学生开展测评，指导每个学生选择适合自己的专业。在此基础上，专业带头人、企业专家、班主任一起为学生制订成长规划和个性化培养方案，安排专门的"职业导师"负责，实施学分制、阶段性分层教学和模块教学。"职业导师"负责按照企业文化、职业素养、技能标准制订学习计划，撰写学生职业成长档案，手把手地培养学生。目前，学校的个性化教育已经取得了较好成果，涌现了很多鲜活案例。不少获得全国职业院校技能大赛一等奖的学生，曾经是文化课成绩较差、中考失利、老师和家长都头疼的学生。他们入学时垂头丧气、愁眉不展，缺乏信心和勇气，但经过个性化培养，他们成为人人羡慕的"武状元"。

6. 改善实训条件，打造实践教学平台

为了推进教学改革，学校努力改善实训条件。近几年，学校争取政府和企业支持，多方筹集资金4000多万元，通过自建、校企合作等多种方式建成了由实训室、实训基地、生产性教学工厂、校外实习基地和创新拓展工作室组成的"五位一体"实践教学平台。学校已建有实训室80多个，可一次性为学生提供1500多个实训岗位。这不仅能完全满足技能大赛的要求，而且基本能满足全体学生开展职业技能训练的需要。

加强专业建设，使专业与时代同步

专业建设是学校安身立命的根本，是学校发展的引擎，是学校竞争的法宝。创新品牌专业、走特色办学之路是中职学校生存发展的必然。学校坚持"人无我有，人有我优，人优我特，社会急需，服务行业"的原则，立足潍坊，面向全国，广辟信息渠道，及时了解市场需求，强力打造品牌专业，努力开发前瞻性专业，尽量把专业办在潍坊经济社会发展的制高点上，办在企业的兴奋点上，办在职业岗位的技能紧缺口上。在当前中职学校面临重重困难的情况下，学校能够逆势而上，一个很重要的原因是抓住了专业建设这个龙头。

1. 研究经济社会发展形势，是专业建设的前提

不管是哪级政府的工作报告，都是学校研究的重点；不管是哪类的经济节目、栏目，都是学校密切关注的对象。迅速发展、千变万化的经济形势，是潍坊商业学校开设新专业的指南针。近几年，随着当地经济结构调整和产业布局的定位，第三产业尤其是商贸领域迎来了新的发展机遇。学校及时调整专业结构，在原来市场营销、涉外经贸、投资证券等专业的基础上，确立了以现代物流管理、电子商务、现代营销、会计、计算机、汽车维修、制冷设备维修等专业为主干的商贸物流及工科专业群。

2. 把握行业企业的发展趋势，是专业建设的保障

大力发展第三产业，突出发展现代服务业，已成为现阶段我国经济发展新的增长点。潍坊商业学校抓住时机，及时调整专业建设的战略方向，突出以服务业为主体的办学特色。这几年，学校每年都会新设一至两个新专业。对于传统专业，学校采取"剪剪枝、发发芽、施施肥、整整容"的策略进行及时改造提升。

开展校企合作，推动学校持续发展

中职教育的根本出路在于走"校企合作"之路，搞"订单培养""联合办学"，把课堂设在车间，把车间建在学校，实现学校学生与企业岗位无缝对接。

1. 建立紧密型的校企合作关系，打牢职业教育根基

多年来，学校一直致力于对校企合作之路的探索。一是引入企业资金，在校内建设校企共用的实训基地。从2006年开始，学校吸引了众多企业的办学资金，建设校企共用的实训基地，形成了公办民助的多元投入机制。二是与企业"零距离"接触，建立稳定的校外实训基地。学校已与省内外企事业单位建立了20多个校外大型实训基地和100多个小实训点，解决了原有实践教学基地太少、太单一的问题，实现了学生在各个教学阶段都可以灵活参加社会实训。三是依托企业办专业，根据企业需求，结合自己的办学优势，积极开展"订单"式培养，取得了较好效果。四是学校主动为企业发展提供技术支持和培训服务。学校依托雄厚的师资和专业优势积极为企业开展卓有成效的技术推广服务。学校每年还为服

务类企业培训员工 1000 多人次。

2. 组建职业教育集团，走规模化集团化发展之路

2008 年，学校牵头成立了潍坊市现代服务业职业教育集团，打造了潍坊职业教育"航母"。集团现有 46 家大中型企业、10 家协会、16 所大中院校，以点对点、面对点、点对面等多种方式开展了大量活动，推动了学校、企业和行业的发展，加快了学校与企业合作的步伐，打牢了学校持续发展的根基。

目前，学校所有专业都已至少与一家企业确立了长期、稳定的合作关系。2009 年学校被潍坊市人民政府评为潍坊市校企合作工作先进集体，2011 年被中国高等职业技术教育研究会评为校企合作先进单位。

（原载《现代教育》2012 年 04 期）

3 年打造特色专业，潍坊职校启动"海选"造名牌

《齐鲁晚报》 李涛

2010 年 12 月 7 日，记者从潍坊市教育局了解到，潍坊市从今年起将利用 3～5 年的时间，面向机械装备、纺织服装等支柱产业和新兴产业，在全市职业院校重点建设 30 个职业技能竞赛基地，评审认定 30 个装备条件好、师资水平高、与产业发展符合度较高的"特色品牌"专业。

记者了解到，职业技能竞赛基地和特色品牌专业建设将面向潍坊市行政区域内所有职业院校开放，包括公办中职学校、公办高职院校、技工院校、民办中职学校、民办高职院校等，各院校根据自身条件申报，由潍坊市政府组织评审认定和管理，每年 10 月上旬组织申报，11 月完成评审认定。申报、评审过程中弄虚作假的单位，将永久取消申报资格。

潍坊市职业教育教研室相关负责人介绍，目前潍坊市拥有中职院校和技校 47 所，在校生 16.1 万人；高职院校 11 所，在校生近 10 万人，职业院校数量和在校生规模均居全省首位。然而由于社会对职业院校的认识度仍旧不够、投入经费不足、基础设施不完善和校企合作发展缓慢等，职业教育不能有效满足经济社会发展需要的矛盾、人才培养与需求不相适应的矛盾仍然相当突出。为此，加强职业技能竞赛基地和特色品牌专业建设迫在眉睫，也是社会发展大形势所需。

听到这个消息，不少职业学校跃跃欲试。潍坊商业学校办公室主任张国利显得特别兴奋，他告诉记者，学校一定会积极申请，一旦申请成功，对学校实训设备的改善、课程的优化组合、学生实操能力的提高，以及学生未来的就业均具有重要意义。

张主任还说，在今年全国职业院校技能大赛中，潍坊市中职学校学生代表山东省斩获 8 枚金牌，而潍坊商业学校学生独揽 5 枚，学校的汽修、烹饪等专业在全市中职学校中都有一定优势，这在一定程度上会成为申请竞赛基地和特色专业的有力筹码。

记者了解到，特色品牌专业实训基地作为全市职业技能竞赛基地，在完成实习实训教学任务的同时，将按照资源共享、优势互补的原则，承办省、市职业院校技能大赛和行业性职业技能竞赛，承接各级各类竞赛的集训任务，积极开展职业技能水平测试和职业资格

认定工作，承担职业院校师资培训、相关专业学生实习实训任务，利用设备师资优势，面向社会企业开展专业技能培训。如此，既实现了资源的最大化利用，也解决了部分院校实训设施不完备的问题，同时还可以为企业提供人员培训，较好地实现了校企对接合作。

记者了解到，申请成功的院校并不是一劳永逸的，潍坊市职业技能竞赛基地和特色品牌专业将实行动态化管理，有效期为 3 年，3 年后该职业技能竞赛基地和特色品牌专业重新在全市范围内评审认定。引领示范作用发挥不好的院校，随时会被撤销职业技能竞赛基地和特色品牌专业称号，同时中止资金经费支持。

据介绍，职业技能竞赛基地将优先选择实训基地条件好、校企合作成效显著、师资力量雄厚、社会声誉高的专业实训基地。

从 2010 开始，潍坊市每年分别认定 10 个职业技能竞赛基地和 10 个特色品牌专业。在全国职业院校技能大赛中获得一等奖的专业，直接认定为潍坊市职业院校特色品牌专业，其基地直接命名为"潍坊市××专业技能竞赛基地"；剩余指标，则根据特色品牌专业建设规划，确定评审专业的方向和范围，组织职业院校申报，其中 50%以上的指标在滨海科教创新园区办学的职业院校中产生。

（原载《齐鲁晚报》2010 年 12 月 8 日）

"金牌精神"续写发展新篇章

《潍坊日报》 潘来奎 王清平

由教育部、财政部、人力资源和社会保障部等 23 个部委联合举办的 2012 年全国职业院校技能大赛日前落下帷幕，潍坊商业学校选手力挫群雄，夺得 9 枚金牌、9 枚银牌、4 枚铜牌，金牌数量位列中职组第一。至此，在每年一次有 15 000 多所中职学校参与的全国顶尖赛事中，潍坊商业学校成功演绎了"三连冠"的传奇。

金牌金光闪闪让人艳羡，但在巨大荣耀的背后，不知隐含着潍坊商业学校全体师生多少辛勤的汗水。记者深入采访发现，正是在"团队合作、拼搏向上、力争一流、成就幸福"的"金牌精神"的引领下，潍坊商业学校走出了一条富有活力、特色鲜明、学生满意、社会认可的职业院校发展之路。

个性化培养，让每个学生都成才

近年来，潍坊商业学校党委按照上级部署要求，结合自身实际，以评选"十大爱岗敬业好职工""党员示范岗"等活动为载体，让先进典型"站"出来，把思想统一到学校的要求上来，把力量凝聚到加快学校发展上来。在潍坊市教育系统创先争优活动考核中，潍坊商业学校名列第一。

针对部分学生学习成绩差或养成习惯差的特点，学校不抛弃、不放弃，通过加强德育工作，实施个性化培养，使他们树立信心和人生目标，并最终学有所成。每年新生入学后，学校职业生涯规划中心都会根据每个学生的文化水平、兴趣爱好及个性特征开展咨询和服务，指导每个学生选择适合自己的专业，安排专门的"职业导师"负责，实施学分制、阶段性分层教学和模块教学。同时，学校实行精细化管理，建立全员育人制度，成立以班主任为核心、任课教师和导师为成员的导师组，加强学生综合素质的培养，为可持续发展打下基础。

开放式办学，打造高素质师资队伍

教师是学校的根本，教师的水平代表了学校的水平。潍坊商业学校高度重视师资队伍的建设和"双师型"教师的培养，通过走出去、请进来等方式，形成了合理的师资结构。学校安排所有教师轮流到大型企业挂职锻炼，目前已确立了 20 多家大型企业挂职锻炼联系点。近几年，学校派出近 30 名教师到美国、德国等国家学习先进经验，先后组织 1000 多人次到兄弟院校观摩、培训、学习。

对于新设的前沿专业，学校把 60 多名行业专家和技术能手"挖"到学校，长期聘用，打造了众多的特色品牌专业；学校聘请 20 多名企业技术专家作为客座教授，负责专业建设指导、教师技能培养和实训课程开发的指导工作；聘任了近百名长期在企业担任过业务领导或技术骨干的专家作为合同制专业教师，进一步优化教师队伍。目前学校"双师型"教师占专业教师的比例达 80%，有 10 多名教师已经成为当地行业发展的专家和带头人。

社会化实训，筑牢学生幸福基石

没有紧密的校企合作，职业教育就是闭门造车。潍坊商业学校一直致力于校企合作之路的探索，特别自 2008 年 12 月牵头组建成立潍坊市现代服务业职业教育集团以来，进一步加快了校企合作的步伐。

1）筑巢引凤，在校内建设校企共用的实训基地。与山东田润物流合作，共同投资 60 万元，建成潍坊最大的物流信息交流中心；加拿大枫华教育集团（CIBT）投资 200 万元增建第二汽修实训室，并建成全市第一个全球远程视频教室；与山东万声通信实业有限公司合作建设有 60 个座席的客服呼叫中心；与鑫汇集团合作投资 2000 多万元建设高档美容美发中心。

2）借鸡下蛋，建立稳定的校外实训基地。目前，学校与潍坊百货集团、世纪泰华、潍柴动力、海尔集团等 50 多家知名企业合作，建立起了紧密型的校外实训实习基地，每年接收实习学生 1000 余人。

3）合作共赢，积极开展"订单式"培养。根据企业订单，学校先后开设了星级酒店服务与管理、形象设计与化妆、公交驾驶维修、烹饪与餐饮管理、现代物流等专业，为 10 多家企业培养了近千名学生。

创新发展永无止境，金牌精神永不褪色。潍坊商业学校在新的征程上将一如既往、乘势而上、敢于争先，谱写职业教育发展新篇章，为推动"四个潍坊"建设贡献更大的力量。

（原载《潍坊日报》2012 年 7 月 25 日）

全国职校技能大赛彰显潍坊实力

《经济导报》　王清林　李丽雪　魏延胜

近年来，潍坊市各职业院校努力转变发展方式和人才培养模式，加强特色品牌专业建设，促使全市职业教育获得进一步的发展，连续多年在全省、全国职业院校技能大赛中获得佳绩，树立了潍坊职业教育的品牌形象。尤为值得一提的是，在 2010 年全国职业院校技能大赛上，潍坊市职校队伍为山东省获得团体总分第七名的好成绩做出了突出贡献，这些成绩的取得体现了潍坊市对发展职业教育的重视，更体现了潍坊市职业教育的实力。

据了解，2010 年 6 月 24～27 日，由教育部、人力资源和社会保障部、天津市人民政府等 16 部委和单位共同主办的 2010 年全国职业院校技能大赛在天津市举行。来自全国 30 多个省、自治区、直辖市、计划单列市的近 4000 名选手进行了 14 大类 42 个项目的比赛。本次比赛分中职组和高职组两部分，山东省中职组派出 77 名参赛选手参加 9 个专业类别的 31 个比赛项目；高职组派出 62 名参赛选手分 8 个代表队参加 7 个比赛项目。经过激烈角逐，山东省参赛选手共取得 17 个一等奖、27 个二等奖、28 个三等奖，总分第 7 名，并荣获团体三等奖。由潍坊商业学校、诸城市经贸职业中等专业学校、诸城市福田汽车职业中等专业学校、潍坊市科技中等专业学校、潍坊第一职业中等专业学校、潍坊建设职工中等专业学校、寿光第二职业中等专业学校、寿光工贸职业中等专业学校 8 所学校组成的潍坊职校队参加了 8 大类 22 个项目的比赛，共获得 8 个一等奖、12 个二等奖、9 个三等奖，各奖项获奖数量均占全省总数一半以上，所有参赛学校均获二等奖以上奖项。尤其是潍坊商业学校在本次比赛中获得 5 个一等奖，受到广泛关注。

这一成绩的取得，得到了潍坊市政府乃至山东省政府的重视，7 月 9 日，潍坊市政府分别给寿光、诸城两市和潍坊商业学校发了贺信，向获奖选手、学校、两市教育局表示热烈的祝贺。贺信指出：举办职业院校技能大赛，是新时期职业教育改革和发展的重大制度设计和创新。希望寿光、诸城两市和获奖学校以这次技能大赛为契机，认真贯彻落实市委、市政府"转方式、调结构"的决策部署和"一三六四一"的工作目标与思路举措，紧紧围绕黄河三角洲高效生态经济区、山东半岛蓝色经济区和胶东半岛高端产业聚集区建设需要，继续发扬改革创新、争创一流的精神，加快职业院校专业调整与特色品牌专业建设，深化人才培养模式改革，大力培养满足经济社会发展需要的高素质劳动者和技能型人才，为全市经济社会又好又快发展做出新的更大贡献。

据了解，目前潍坊市中职学校在校生超过 15 万人，仅次于青岛市，居山东省第二位。为了进一步加大对职业教育发展的扶持力度，近 3 年，潍坊市职业院校投入资金 1.7 亿元，新建、完善了一批高标准实训基地，培养了一大批"双师型"教师和众多优秀技能型人才。在全国职业院校技能大赛上取得的优秀成绩，标志着潍坊市职业教育办学育人水平正走在全省乃至全国的先进行列，为潍坊市进一步打造高技能人才培养基地奠定了良好的条件和基础。

（原载《经济导报》2010 年 7 月 23 日）

山东潍坊将成职技竞赛"高地"，建 30 个竞赛基地

中国服装网　陈美蓉

2010 年 12 月 22 日，山东省潍坊市职业院校技能大赛在潍坊商业学校实训基地内举行；12 月 25 日，崇德杯第三届全国纺织服装类高职高专院校学生技能大赛在山东科技职业学院举行……潍坊这座职业教育飞速发展的城市，吸引了全国各地职业院校关注的目光。为

抓住这一契机，打造职技竞赛的"高地"，从 2010 年开始，山东省潍坊市将面向机械装备、纺织服装、海洋化工、食品加工、造纸包装、电子信息及现代服务业、现代农业等全市支柱产业和新兴产业，在全市职业院校重点建设 30 个职业技能竞赛基地，评审认定 30 个装备条件好、师资水平高、与产业发展符合度较高的特色品牌专业。这些基地和品牌专业可获得扶持政策和资金。

设立 30 个职业技能竞赛基地和品牌专业

职业技能竞赛基地和特色品牌专业建设面向潍坊市行政区域内所有职业院校，包括公办中职学校、公办高职院校、技工院校、民办中职学校、民办高职院校等。

职业技能竞赛基地和特色品牌专业由职业院校根据条件申报，由潍坊市政府组织评审认定和管理，每年 10 月上旬组织申报，11 月完成评审认定。为做好评审认定，山东潍坊专门成立潍坊市职业院校技能竞赛基地和特色品牌专业评审委员会，由市政府分管领导任主任，聘请国内职业教育界和行业企业界知名专家担任委员，负责评审认定工作。由评审委员会组织专家对各院校申报的职业技能竞赛基地和特色品牌专业进行评审，分审查申报材料和实地现场验证两个环节。评审结果在一定范围内公示，接受社会监督。通过公示的命名为"潍坊市职业院校特色品牌专业"，其实训基地命名为"潍坊市××专业技能竞赛基地"。

按规定，潍坊市职业技能竞赛基地和特色品牌专业实行动态管理，有效期为 3 年，3 年后该职业技能竞赛基地和特色品牌专业重新在全市范围内评审认定。从 2010 年开始，每年分别认定 10 个职业技能竞赛基地和特色品牌专业。在全国职业院校技能大赛中获得一等奖的专业，直接认定为潍坊市职业院校特色品牌专业，其基地直接命名为"潍坊市××专业技能竞赛基地"；剩余指标，根据特色品牌专业建设规划，确定评审专业的方向和范围，组织职业院校申报，其中 50%以上的指标在滨海科教创新园区办学的职业院校中产生。

竞赛基地和特色品牌建设享多项优惠政策

为加强职业技能竞赛基地建设，山东潍坊将进一步加大对职业技能竞赛基地和特色品牌专业的政策、资金扶持力度，包括：每个职业技能竞赛基地和特色品牌专业由各级财政分 3 年给予专业建设资金补助，其中市以上学校（含驻潍高校）由市财政予以补助，用于专业实训设施设备和专业团队的研修经费，切实提高职业技能竞赛基地的实训装备水平和师资水平；支持职业技能竞赛基地和特色品牌专业面向全国聘请引进高水平技能教师，享受引进高层次人才有关政策；在评优树先、职称评聘等方面，向特色品牌专业及其教师倾斜等。

按要求，特色品牌专业实训基地作为全市职业技能竞赛基地，在完成实习实训教学任务的同时，按照资源共享、优势互补的原则，要承担好以下任务：承办省、市职业院校技能大赛和行业性职业技能竞赛，承接各级各类竞赛的集训任务；积极开展职业技能水平测试和职业资格认定工作；承担职业院校师资培训、相关专业学生实习实训任务，利用设备师资优势，面向社会企业开展专业技能培训。引领示范作用发挥不好的，撤销其职业技能竞赛基地和特色品牌专业称号，中止资金经费支持。

（http://news.efu.com.cn/newsview-122840-1.html）

潍坊市在 2017 年全国职业院校技能大赛上夺得 17 枚金牌

潍坊新闻网　田清春　刘江峰

历时近一个月的全国职业院校技能大赛已结束。在山东代表团中职组获得的 40 枚金牌中，潍坊市中职学校夺得 17 枚，占总数的 42.5%，实现连续 8 年名列全省第一，这充分展现了潍坊市作为国家级职业教育创新发展试验区的实力。

2017 年，全国职业院校技能大赛由教育部、人力资源和社会保障部等 37 个部委、单位联合举办。本次大赛全国共设 19 个分赛区、万余名选手参赛。潍坊市作为分赛区之一，承办了现代模具制造技术、工业机器人技术、服装设计与工艺、汽车营销 4 个项目。

近年来，潍坊市充分抓住作为国家级职业教育创新发展试验区的机遇，进一步深化职业教育体制机制改革，提高人才培养质量。潍坊市政府出台了《关于做好全市职业院校技能大赛工作的意见》，从 2009 年开始，每年举办一次全市职业院校技能大赛，财政局、人社局、经信委、农业局等多部门参与支持，给予经费保障。对在各级职业院校技能大赛工作中做出突出贡献的优秀指导教师、校长、教研员，根据获奖等次择优认定政府教学成果奖。2015 年，潍坊市委、市政府又出台了《关于加快建设人才强市的若干意见》，进一步强化学生技能培养，构建"四级"大赛联动、"四名"建设工程并举的技能大赛长效机制。

1）以技能大赛为抓手，积极构建国家、省、市、校"四级"技能大赛平台，大力推进职业技能竞赛基地建设和特色品牌专业建设。潍坊市获评国家中等职业教育改革发展示范学校 6 所、山东省示范性中职学校建设工程 7 所、山东省规范化中等职业学校 6 所。

2）加强专业建设，培育特色品牌专业。市、县、校三级共投入 1.5 亿元，先后评选并建设了物流服务与管理、电子商务、数控技术应用等 70 个对接区域产业发展、师资水平较高、基础能力建设较好、人才培养质量优秀的特色品牌专业，覆盖全市中职学校 70%的在校生。19 个专业被确定为山东省中职学校特色品牌专业，总数居全省首位。

3）实施名师工程，提升人才培养水平。以专业化校长为引领、"双师型"教师为主体，不断加强教师队伍建设，走专业化发展的路子。在山东省教育厅公布的第一批齐鲁名校长、名师（中等职业教育）人选名单中，潍坊市 6 人获得齐鲁名校长称号，17 名教师获得"齐鲁名师"称号。还有 9 名青年教师获得山东青年技能名师称号；1 名教师获得国家"万人计划"教学名师培养资格。

4）实施名生工程，培养高技能型人才。围绕技能竞赛开展教学模式改革，积极推动校企融合发展。基于"校企合作、工学结合"的基本要求，积极创新多种校企合作模式，大力推动职业教育专业设置与产业需求、课程内容与职业标准、教学过程与生产过程、毕业证书与职业资格证书、职业教育与终身学习 5 个对接，提升人才培养质量。

（http://www.wfnews.com.cn/edu/2017-06/29/content_1871471.htm）

附录 大赛奖牌榜（2008~2017 年）

附表1 2008 年潍坊市中职学校参加全国职业院校技能大赛获奖名单

选手	参赛学校	比赛项目	奖级	指导教师
刘铧	山东省潍坊商业学校	男士有缝推剪吹风造型	二等奖	董金玲
裴志翔/郭进进/郭艺春	山东省潍坊商业学校	园区网互联与网站建设	三等奖	刘月海/陈守家/谭宝军
张亚迪	山东省潍坊商业学校	新娘化妆	三等奖	毛晓青
海连连	山东省潍坊商业学校	男士有缝推剪吹风造型	三等奖	董金玲
韩雨霏	山东省潍坊商业学校	男士有缝推剪吹风造型	三等奖	董金玲
刘铧	山东省潍坊商业学校	女士翻翘造型	三等奖	董金玲
柳玉明	山东省潍坊商业学校	女士翻翘造型	三等奖	董金玲
于文静	山东省潍坊商业学校	标准卷杠	三等奖	董金玲

附表2 2009 年潍坊市中职学校参加全国职业院校技能大赛获奖名单

选手	参赛学校	比赛项目	奖级	指导教师
刘铧	山东省潍坊商业学校	男士板寸推剪造型	二等奖	董金玲
郑晓红	山东省潍坊商业学校	女士晚宴化妆	二等奖	毛晓青
韩建刚	诸城市经贸职业中等专业学校	数控车加工技术	二等奖	王开良
夏怀芝	山东省潍坊商业学校	男士板寸推剪造型	三等奖	董金玲
刘铧	山东省潍坊商业学校	女士翻翘造型	三等奖	董金玲
林冬梅	山东省潍坊商业学校	女士晚宴化妆	三等奖	毛晓青
赵智勇	潍坊市第一职业中等专业学校	单片机设计安装与调试	三等奖	王琰琰
马倩云	寿光市第二职业中等专业学校	服装模特表演	三等奖	吴菊坡
王守志	诸城市经贸职业中等专业学校	钳工	三等奖	沙建礼
牛金全	诸城市经贸职业中等专业学校	数控铣加工技术	三等奖	徐金友
姜尚艺	诸城市职业中等专业学校	服装模特表演	三等奖	李芳
王志远/孙浩	山东省潍坊商业学校	制冷设备安装与调试	优秀奖	刘彦明/陈晶
刘宏达/董彦乐/王艳	山东省潍坊商业学校	网络搭建	优秀奖	陈守家/宋夕东
张青梅	山东省潍坊商业学校	女士翻翘造型	优秀奖	董金玲
朱欣欣	诸城市职业中等专业学校	服装设计制作	优秀奖	刘培花

附表3 2010 年潍坊市中职学校参加全国职业院校技能大赛获奖名单

选手	参赛学校	比赛项目	奖级	指导教师
刘凯明	山东省潍坊商业学校	制冷与空调设备组装调试	一等奖	刘彦明
王友辉	山东省潍坊商业学校	制冷与空调设备组装调试	一等奖	刘彦明
姜尚艺	诸城市职业中等专业学校	模特表演	一等奖	李芳
刘慧志/刘晓龙/梁国兴	潍坊市科技中等专业学校	计算机网络综合布线	一等奖	郑东营
谭振佳	山东省潍坊商业学校	女士翻翘造型	一等奖	董金玲
孙璐璐	山东省潍坊商业学校	晚宴化妆盘发整体造型	一等奖	毛晓青
李世光	诸城市经贸职业中等专业学校	机械装调技术（装配钳工）	一等奖	杨德春

续表

选手	参赛学校	比赛项目	奖级	指导教师
冯永亮/马池功/吴传金	山东省潍坊商业学校	现代物流进出库作业	一等奖	周健康
韩彬	潍坊市第一职业中等专业学校	单片机编程与调试	二等奖	王琰琰
杨金龙	潍坊市第一职业中等专业学校	单片机编程与调试	二等奖	王琰琰
李梦涵	寿光市第二职业中等专业学校	模特表演	二等奖	张新坤
牛腾	潍坊市建设职工中等专业学校	工程算量	二等奖	庄春华
隋志斌/陈慧国	寿光市工贸职业中等专业学校	楼宇智能化安装与调试	二等奖	蔡立业
夏怀芝	山东省潍坊商业学校	板寸推剪造型	二等奖	董金玲
刘铧	山东省潍坊商业学校	板寸推剪造型	二等奖	董金玲
裴德娇	山东省潍坊商业学校	女士翻翘造型	二等奖	董金玲
郑晓红	山东省潍坊商业学校	晚宴化妆盘发整体造型	二等奖	毛晓青
张晓	山东省潍坊商业学校	新娘化妆盘发整体造型	二等奖	毛晓青
付静静	山东省潍坊商业学校	新娘化妆盘发整体造型	二等奖	毛晓青
马骁	山东省潍坊商业学校	中餐面点	二等奖	李忠山
李琳	潍坊市第一职业中等专业学校	电子产品装配与调试	三等奖	刘钢
李广民/李学明	潍坊市第一职业中等专业学校	机电一体化设备组装与调试	三等奖	王昌
赵红	诸城市职业中等专业学校	款式设计与立体造型	三等奖	刘媛
祝立鹏	诸城市职业中等专业学校	款式设计与立体造型	三等奖	刘媛
李良	寿光市第二职业中等专业学校	工业产品设计	三等奖	杨福军
王朋朋	潍坊市建设职工中等专业学校	工程算量	三等奖	庄春华
于子洵	山东省潍坊商业学校	中餐冷拼	三等奖	康恩建
封海松	诸城市经贸职业中等专业学校	数控车加工技术	三等奖	隋松金
管长征	诸城市经贸职业中等专业学校	数控铣加工技术	三等奖	徐金友

附表4　2011年潍坊市中职学校参加全国职业院校技能大赛获奖名单

选手	参赛学校	比赛项目	奖级	指导教师
杜童童	山东省潍坊商业学校	叉车操作	一等奖	毛艳丽
周云龙	山东省潍坊商业学校	叉车操作	一等奖	毛艳丽
杨金龙	潍坊市第一职业中等专业学校	单片机控制装置安装与调试	一等奖	王琰琰
柴浩明	潍坊市科技中等专业学校	工业产品设计（CAD）技术	一等奖	张旭东
王建杰	安丘市职业中等专业学校	焊工	一等奖	毛森明
刘峻杉	山东省潍坊商业学校	会计实务	一等奖	王智
马繁茂	寿光市工贸职业中等专业学校	建筑CAD	一等奖	隋晓敏
陈慧国/隋志斌	寿光市工贸职业中等专业学校	楼宇智能化	一等奖	蔡立业
刘甜	山东省潍坊商业学校	男士无缝推剪造型	一等奖	董金玲
封海松	诸城市福田汽车职业中等专业学校	数控车加工技术	一等奖	王开良
陈金玉	山东省潍坊商业学校	晚宴化妆/发型设计造型	一等奖	毛晓青
孙新颖	山东省潍坊商业学校	晚宴化妆/发型设计造型	一等奖	毛晓青
崔新宇	山东省潍坊商业学校	物流单证	一等奖	吴洪艳
褚月	山东省潍坊商业学校	新娘化妆/盘发整体造型	一等奖	毛晓青

续表

选手	参赛学校	比赛项目	奖级	指导教师
王媛媛	山东省潍坊商业学校	新娘化妆/盘发整体造型	一等奖	毛晓青
岳玉杰	山东省潍坊商业学校	制冷与空调设备组装与调试	一等奖	刘彦明
张晓腾	山东省潍坊商业学校	制冷与空调设备组装与调试	一等奖	刘彦明
付胜杰	山东省潍坊商业学校	中餐冷拼	一等奖	康恩建
辛锐	寿光市第二职业中等专业学校	中职学生模特服装表演	一等奖	张新坤
于媛媛	寿光市第二职业中等专业学校	中职学生模特服装表演	一等奖	张新坤
张晴	寿光市第二职业中等专业学校	中职学生平面模特展示	一等奖	王淮勇
李世光	诸城市福田汽车职业中等专业学校	装配钳工	一等奖	沙建礼
张邦玺*	寿光市工贸职业中等专业学校	建筑CAD	一等奖	隋晓敏
庄虔光	诸城市福田汽车职业中等专业学校	车工	二等奖	李旭才
刘小梅/王栋	潍坊市经济学校	动物外科手术	二等奖	狄传武
韩风云	潍坊市经济学校	服装CAD板型制作/放码与女式时尚合体样衣缝制	二等奖	魏宁
张百政	山东省潍坊商业学校	果蔬雕刻	二等奖	康恩建
张智超	山东省潍坊商业学校	男士无缝推剪造型	二等奖	董金玲
谭振佳	山东省潍坊商业学校	女士中长翻翘造型	二等奖	董金玲
赵红	潍坊市经济学校	女式春夏时尚成衣款式设计/立体造型与纸样修正	二等奖	王木娟
刘松鑫	潍坊市科技中等专业学校	数字影音后期制作	二等奖	吴清芳
刘军涛	临朐县机械电子职业中等专业学校	数字影音后期制作	二等奖	张娟
吴传金/谭敬平/戴宗恺	山东省潍坊商业学校	现代物流中心作业	二等奖	周健康
徐晓迪	山东省潍坊商业学校	中餐冷拼	二等奖	康恩建
罗莉	山东省潍坊商业学校	中餐面点	二等奖	李忠山
徐晓迪	山东省潍坊商业学校	中餐热菜	二等奖	范守才
王晨晓	潍坊市经济学校	中职学生模特服装表演	二等奖	赵新英
梁洁	寿光市第二职业中等专业学校	中职学生平面模特展示	二等奖	王淮勇
刘安琪	潍坊市经济学校	中职学生平面模特展示	二等奖	周平
王守志	诸城市福田汽车职业中等专业学校	装配钳工	二等奖	沙建礼
张骊华	潍坊市第一职业中等专业学校	单片机控制装置安装与调试	三等奖	王琰琰
李建亮/郭鑫	安丘市职业中等专业学校	电气安装与维修	三等奖	胡乔生
李良	寿光市第二职业中等专业学校	工业产品设计（CAD）技术	三等奖	杨福军
胡敬茂	寿光市工贸职业中等专业学校	焊工	三等奖	马昌杰
刘树香	山东省益都卫生学校	护理操作	三等奖	赵秀森
郭海强/黄金辉	潍坊市第一职业中等专业学校	机电一体化设备组装与调试	三等奖	徐刚
王海洋	寿光市工贸职业中等专业学校	农机具修理	三等奖	宋在旺
刘双超/王永升	潍坊市科技中等专业学校	企业网搭建与应用	三等奖	韩毓/郑东营
宿鹏程/王明明/王晓龙	诸城市福田汽车职业中等专业学校	数控机床装调与维修	三等奖	王晓龙/段夕平
刘新刚	寿光市工贸职业中等专业学校	园林植物修剪	三等奖	马纯明
王燕	寿光市第二职业中等专业学校	种子质量检测	三等奖	韩炳章
马金冬	寿光市第二职业中等专业学校	农机具修理	优秀奖	袁丰国
徐宗杰	潍坊市对外经济贸易学校	园林植物修剪	优秀奖	王勤华
张百政	山东省潍坊商业学校	中餐面点	优秀奖	李忠山
付胜杰	山东省潍坊商业学校	中餐热菜	优秀奖	范守才

*该选手比赛成绩公布时为二等奖，后申诉成功为一等奖。

附表5 2012年潍坊市中职学校参加全国职业院校技能大赛获奖名单

选手	参赛学校	比赛项目	奖级	指导教师
谭琪/孙华/张越	山东省潍坊商业学校	电子商务技术	一等奖	宋夕东
柴浩明	潍坊市科技中等专业学校	工业产品设计CAD	一等奖	张旭东
邹伟康	山东省潍坊商业学校	果蔬雕刻	一等奖	康恩健
刘杏子	山东省潍坊商业学校	会计实务	一等奖	魏亚丽
唐敬文	山东省潍坊商业学校	会计实务	一等奖	魏亚丽
马繁茂	寿光市工贸职业中等专业学校	建筑CAD	一等奖	隋晓敏
马晓兰	山东省潍坊商业学校	男士无缝推剪造型	一等奖	董金玲
王昊	诸城市职业中等专业学校	农机具维修	一等奖	杨建宁
管长征	诸城市福田汽车职业中等专业学校	数控铣加工技术	一等奖	徐金友
武彤欣	山东省潍坊商业学校	晚宴化妆	一等奖	杨萌萌
张晓栋	山东省潍坊商业学校	物流单证	一等奖	吴洪艳
张兴振	山东省潍坊商业学校	现代物流叉车	一等奖	毛艳丽
陈金玉	山东省潍坊商业学校	新娘化妆	一等奖	毛晓青
朱莉雅	山东省潍坊师范学校	艺术插花	一等奖	张二海
陆鑫	山东省潍坊商业学校	标准卷杠	二等奖	王涛
王媛媛	山东省潍坊商业学校	标准卷杠	二等奖	王涛
崔大顺	潍坊市第一职业中等专业学校	单片机的编程与调试	二等奖	王琰琰
宿海龙	安丘市职业中等专业学校	焊接	二等奖	毛森明
谭云龙/张小彤	安丘市职业中等专业学校	机电一体化设备组装与调试	二等奖	董金龙
张智超	山东省潍坊商业学校	男士无缝推剪造型	二等奖	董金玲
孙晓玉	山东省潍坊商业学校	女士短发修剪造型	二等奖	王涛
高芬	潍坊市经济学校	时尚连衣裙款式设计/立体造型	二等奖	王建梅
李世光/宿鹏程	诸城市福田汽车职业中等专业学校	数控车床装调与维修技术	二等奖	段夕平/王晓龙
宁莎	山东省潍坊商业学校	晚宴化妆	二等奖	杨萌萌
赵芳嘉	山东省潍坊商业学校	现代物流叉车	二等奖	毛艳丽
许子慧	山东省潍坊商业学校	新娘化妆	二等奖	毛晓青
马晓迪	潍坊市工业学校	艺术插花	二等奖	李娜
张晓腾	山东省潍坊商业学校	制冷与空调设备组装与调试	二等奖	刘彦明
张梦鸽	山东省潍坊商业学校	中餐面点	二等奖	李忠山
姜义	潍坊市对外经济贸易学校	种子质量检测	二等奖	杜守良
董春燕	潍坊市科技中等专业学校	种子质量检测	二等奖	崔淑花
金昌帅/张少杰/季同斌	山东省潍坊商业学校	仓储进出库	三等奖	周健康/毛艳丽/李升全
赵国庆/王大海	安丘市职业中等专业学校	电气安装与维修	三等奖	胡乔生
任莉	山东省潍坊商业学校	酒店服务	三等奖	邹敏
李文	山东省潍坊商业学校	酒店服务	三等奖	邹敏
王春雪	山东省潍坊商业学校	女士短发修剪	三等奖	王涛
刘双超/孙学文	潍坊市科技中等专业学校	企业网搭建与应用	三等奖	韩毓
陈奉玉	安丘市职业中等专业学校	数控车加工技术	三等奖	苑世亮

附表6　2013年潍坊市中职学校参加全国职业院校技能大赛获奖名单

选手	参赛学校	比赛项目	奖级	指导教师
崔大顺	潍坊市对外经济贸易学校	单片机控制装置安装与调试	一等奖	王琰琰
孙雷/王大海	安丘市职业中等专业学校	电气安装与维修	一等奖	胡乔生
韩超英/李芳含/张天一	山东省潍坊商业学校	电子商务	一等奖	宋夕东/郑金萍
朱利强	诸城市福田汽车职业中等专业学校	焊接技术	一等奖	付忠平
王海伦	山东省潍坊商业学校	会计电算化	一等奖	吴晓静
于淑卉	山东省潍坊商业学校	会计电算化	一等奖	魏亚丽
李延吉	潍坊市科技中等专业学校	计算机辅助设计	一等奖	张旭东
张国金	寿光市职业教育中心学校	建筑装饰技能	一等奖	鞠连友
高欣宁	山东省潍坊商业学校	客房中式铺床	一等奖	邹敏
张梦鸽	山东省潍坊商业学校	面点	一等奖	商亚博
逄金超/段树权	诸城市福田汽车职业中等专业学校	模具制造技术	一等奖	杨德春/徐金友
张萌	寿光市职业教育中心学校	女式时尚成衣款式/纸样设计与立体造型	一等奖	郎丽英
胡文耀	诸城市福田汽车职业中等专业学校	数控车加工技术	一等奖	孙凯
张静	临朐县职业中等专业学校	数字影音后期制作技术	一等奖	张娟
张起东	山东省潍坊商业学校	制冷与空调设备组装与调试	一等奖	刘彦明
李文	山东省潍坊商业学校	中餐宴会摆台	一等奖	李静
徐英涛/马波军	寿光市职业教育中心学校	电梯维修保养	二等奖	邱续东/唐培友
李滨/凌浩	安丘市职业中等专业学校	机电一体化设备组装与调试	二等奖	董金龙
李波/刘帅磊/马坤	临朐县职业中等专业学校	计算机硬件检测维修	二等奖	刘桂森
韩林桐	山东省潍坊商业学校	客房中式铺床	二等奖	邹敏
刘国友	山东省潍坊商业学校	冷拼与雕刻	二等奖	康恩建
刘凯/田金晓	寿光市职业教育中心学校	楼宇智能化系统安装与调试	二等奖	蔡立业
李晓云	潍坊市经济学校	女式时尚成衣款式	二等奖	王建梅
于亭	山东省潍坊商业学校	热菜	二等奖	范守才
张雪	潍坊市经济学校	手工扁形绿茶	二等奖	王泽龄
王兵	诸城市福田汽车职业中等专业学校	数控铣加工技术	二等奖	徐金友
张帅	诸城市福田汽车职业中等专业学校	液压与气动系统装调与维护	二等奖	王晓龙
王栋	诸城市福田汽车职业中等专业学校	液压与气动系统装调与维护	二等奖	王晓龙
丁丽	潍坊市科技中等专业学校	动漫	三等奖	吴绘萍
孙少鑫	潍坊市科技中等专业学校	动漫	三等奖	吴绘萍
姜菲菲/王晓晴	潍坊海洋化工学校	工业分析检验	三等奖	李雪贞/李佃军
李禄/孙忠涛	潍坊海洋化工学校	化工设备维修	三等奖	王文政/王杰民
曹美燕/李萍/李晓强	潍坊海洋化工学校	化工生产技术	三等奖	韩文婧/桑秀杰
杜巧/李金峰/郑文旗	山东省潍坊商业学校	会计手工	三等奖	魏亚丽/张立新
殷增霞	潍坊市经济学校	女式品牌服装手工纸样制作	三等奖	王木娟
鲁国忠/杨海	山东省潍坊商业学校	二级维护作业和车轮定位作业	三等奖	袁抗磊/于学健
朱昊坤	潍坊市旅游管理学校	制冷与空调设备组装与调试	三等奖	葛玉珍
李天植	潍坊市幼教特教师范学校	艺术专业技能	三等奖	窦荣坛/任昌菲

附表 7　2014 年潍坊市中职学校参加全国职业院校技能大赛获奖名单

选手	参赛学校	比赛项目	奖级	指导教师
段树权	潍坊市技师学院诸城分院	数控铣加工技术	一等奖	徐金友
王栋	潍坊市技师学院诸城分院	液压与气动系统调试与维护	一等奖	王晓龙
郭辉/董海战	潍坊市技师学院诸城分院	模具制造技术	一等奖	杨德春/王树东
王文龙/隋德伟	潍坊市技师学院诸城分院	数控车床装调与维修	一等奖	王晓龙/段夕平
侯亚楠	潍坊市经济学校	服装设计项目	一等奖	王建梅
刘咏畅	寿光市职业教育中心学校	模特服装表演	一等奖	刘玉祥
刘蓓	寿光市职业教育中心学校	平面模特展示	一等奖	朱文华
刘乃瑞/隋腾飞/常玉凤	寿光市职业教育中心学校	智能家居安装维护	一等奖	王锐/刘超
王毅/王琳/钱远昊	山东省潍坊商业学校	电子商务	一等奖	宋夕东/郑金萍
孙梦雪	山东省潍坊商业学校	标准卷杠＋男士无缝推剪造型	一等奖	董金玲
孙鹏	山东省潍坊商业学校	标准卷杠＋男士无缝推剪造型	一等奖	董金玲
丰琳琳	山东省潍坊商业学校	新娘化妆/盘发整体造型	一等奖	杨萌萌
徐美燕	山东省潍坊商业学校	晚宴化妆	一等奖	毛晓青
吴琼	山东省潍坊商业学校	中餐宴会摆台	一等奖	李敏
韩林桐	山东省潍坊商业学校	客房中式铺床	一等奖	邹敏
高永磊	山东省潍坊商业学校	客房中式铺床	一等奖	邹敏
初晓惠/姜鲁振/王凯	山东省潍坊商业学校	物联网技术应用与维护	一等奖	于建军/张建
段慧东/王明书	山东省潍坊商业学校	户式中央空调安装与调试	一等奖	李静/葛玉珍
许子慧	山东省潍坊商业学校	新娘化妆/盘发整体造型	二等奖	杨萌萌
李佳丽	山东省潍坊商业学校	中餐宴会摆台	二等奖	李敏
姜佳祥	山东省潍坊商业学校	热菜	二等奖	吴学增
陈增坤	山东省潍坊商业学校	面点	二等奖	范守才
朱松涛	山东省潍坊商业学校	冷拼与雕刻	二等奖	康恩建
马鑫磊	山东省潍坊商业学校	冷拼与雕刻	二等奖	付胜杰
孙豪明	山东省潍坊商业学校	车身修复（钣金）	二等奖	嵇克山
姜义	潍坊市对外经济贸易学校	种子质量检测	二等奖	杜守良
孙晓伟	潍坊市对外经济贸易学校	艺术插花	二等奖	张二海
殷增霞	潍坊市经济学校	服装工艺项目	二等奖	魏宁
刘健	潍坊市经济学校	农机维修项目	二等奖	王立波
崔晓敏	潍坊市经济学校	模特表演项目	二等奖	赵新英
梁耐民	潍坊市技师学院诸城分院	车加工技术	二等奖	刘衍文
庞辉	潍坊市技师学院诸城分院	装配钳工技术	二等奖	杨德春
李猛	潍坊市技师学院诸城分院	机械装配技术	二等奖	沙健礼
于光照	昌乐宝石中等专业学校	电机装配与运行检测	二等奖	赵新江
管祥芳	山东省潍坊商业学校	晚宴化妆	三等奖	毛晓青
方琛	山东省潍坊商业学校	热菜	三等奖	代田春
程世永	山东省潍坊商业学校	车身涂装（涂漆）	三等奖	郭文龙
毕振成/夏晓琦	山东省潍坊商业学校	定期维护和车轮定位	三等奖	李丽/于学健
张建辉	潍坊市工业学校	种子质量检测	三等奖	王爱玉
李新文	潍坊市经济学校	农机维修	三等奖	杨建宁
郝玉宝/李恩慧/李志强	寿光市职业教育中心学校	机器人技术应用	三等奖	董文义/李建波
颜志飞/高玉鑫/李星	潍坊市高密中等专业学校	城市轨道交通车辆运用与检修	三等奖	任学峰/王京国

附表8 2015年潍坊市中职学校参加全国职业院校技能大赛获奖名单

选手	参赛学校	比赛项目	奖级	指导教师
李佳丽	山东省潍坊商业学校	中餐摆台与服务	一等奖	邵媛媛
宋成强	山东省潍坊商业学校	客房中式铺床	一等奖	徐欣欣
张彩凤	寿光市职业教育中心学校	蔬菜嫁接	一等奖	徐荣娟
杨波	安丘市职业中等专业学校	计算机辅助设计（工业产品CAD）	一等奖	陈志军
王智勇	安丘市职业中等专业学校	计算机辅助设计（工业产品CAD）	一等奖	陈志军
杨坤/李玉雪/刘自凡	寿光市职业教育中心学校	智能家居安装维护	一等奖	王锐/刘超
韩子琨	潍坊市对外经济贸易学校	单片机控制装置安装与调试	一等奖	王琰琰
唐健	山东省潍坊商业学校	制冷与空调设备组装与调试	一等奖	刘彦明
宿莲强/栾瑞兴	安丘市职业中等专业学校	机电一体化设备组装与调试	一等奖	董金龙/李滨
高浩原	山东省潍坊商业学校	车身修复（钣金）	一等奖	嵇克山
郭志成	山东省潍坊商业学校	车身涂装（涂漆）	一等奖	郭文龙
郭张丽	潍坊市经济学校	服装工艺	一等奖	齐延娟
王爱丽/徐京宏	寿光市职业教育中心学校	化工仪表自动化	一等奖	梁永利/李振娥
刘晓东	临朐县职业教育中心学校	计算机检测维修与数据恢复	一等奖	王太岗
陈宏坤/王乐林	寿光市职业教育中心学校	电梯维修保养	一等奖	邱续东/范学磊
贾靖伟/张振笛	寿光市职业教育中心学校	化工设备维修	二等奖	吕像川/张金泉
王鑫鹏	潍坊海洋化工学校	单片机控制装置安装与调试	二等奖	徐广振
潘鹏/王华桢	安丘市职业中等专业学校	电气安装与维修	二等奖	李增辉/王大海
徐明祥/范大伟	山东省潍坊商业学校	定期维护和车轮定位	二等奖	李丽/于学健
韩爽清/赵华	寿光市职业教育中心学校	工业分析检验	二等奖	李伟/朱瑞娟
王倩倩	临朐县职业教育中心学校	数字影音后期制作技术	二等奖	张娟
王炜运	诸城市福田汽车职业中等专业学校	通用机电设备安装与维护	二等奖	王晓龙
朱伟勋	临朐县职业教育中心学校	计算机检测维修与数据恢复	二等奖	蒋友磊
王振/张振伟	寿光市职业教育中心学校	楼宇智能化系统安装与调试	二等奖	蔡立业/武树彬
王海飞	诸城市福田汽车职业中等专业学校	焊接技术	二等奖	付忠平
徐丽萍	山东省潍坊商业学校	中餐摆台与服务	三等奖	范守才
王华华/王超	潍坊市海洋化工学校	化工设备维修	三等奖	孟建华/齐云国
尹丽萍/杨玲/张少华	寿光市职业教育中心学校	化工生产技术	三等奖	辛超/李振娥
郝文超/郝晓峰/苏有文	潍坊市海洋化工学校	化工生产技术	三等奖	于淑兰/王萌
付敏/管宇彤	山东省潍坊商业学校	汽车营销	三等奖	张伟/于永康
李珂	潍坊市经济学校	服装设计	三等奖	秦淑秀
马建强/孙佳辉/王宇航	山东省潍坊商业学校	物联网技术应用与维护	三等奖	张建彬/于建军
李进	安丘市职业中等专业学校	通用机电设备安装与维护	三等奖	孙晓萍
宋文华	潍坊市经济学校	扁形绿茶	三等奖	王泽龄
王飞	诸城市福田汽车职业中等专业学校	数控加工技术（数控铣）	三等奖	滕磊
戴明伟	诸城市福田汽车职业中等专业学校	数控加工技术（数控车）	三等奖	赵子云

附表 9　2016 年潍坊市中职学校参加全国职业院校技能大赛获奖名单

选手	参赛学校	比赛项目	奖级	指导教师
吴金卿/徐滋鸿	安丘市职业中等专业学校	机电一体化设备组装与调试	一等奖	董金龙/郭朝阳
韩凯凯	安丘市职业中等专业学校	计算机辅助设计（工业产品 CAD）	一等奖	陈志军
彭鑫	安丘市职业中等专业学校	计算机辅助设计（工业产品 CAD）	一等奖	陈志军
王明洋/刘庆民	山东省潍坊商业学校	户式中央空调安装与调试	一等奖	刘彦明/李静
徐丽萍	山东省潍坊商业学校	中餐宴会摆台与服务	一等奖	范守才
宋军梦	山东省潍坊商业学校	中西餐面点	一等奖	商亚博
刘旭彬	山东省潍坊商业学校	中西餐面点	一等奖	商亚博
徐静	山东省潍坊商业学校	冷拼与食雕	一等奖	康恩建
张强	山东省潍坊商业学校	中餐热菜	一等奖	董学敏
范明/徐明祥	山东省潍坊商业学校	定期维护和车轮定位	一等奖	李丽/于学健
李鑫元/王良山	寿光市职业教育中心学校	电梯维修保养	一等奖	杜桂芹/张玉岗
徐琴萍/尹俊双	寿光市职业教育中心学校	工业分析检验	一等奖	朱瑞娟/李伟
魏晓旭	寿光市职业教育中心学校	果蔬嫁接	一等奖	徐荣娟
张琼	寿光市职业教育中心学校	果蔬嫁接	一等奖	马纯明
李敏	寿光市职业教育中心学校	模特表演	一等奖	朱文华
王艺诺	寿光市职业教育中心学校	模特表演	一等奖	张国丽
任金亮	潍坊市工程技师学院	装配钳工技术	一等奖	沙建礼
岳辉	潍坊市经济学校	纸样设计与立体造型模块	一等奖	刘蕾
李甲良/李晓林	安丘市职业中等专业学校	电气安装与维修	二等奖	胡乔生/李增辉
刘伟	临朐县职业教育中心学校	动画片制作	二等奖	刘海莉
李赛	临朐县职业教育中心学校	计算机检测维修与数据恢复	二等奖	刘桂森
郑晓杰	临朐县职业教育中心学校	数字影音后期制作技术	二等奖	张娟
郑文静	临朐县职业教育中心学校	数字影音后期制作技术	二等奖	蒋友磊
刘阳	山东省潍坊商业学校	中餐宴会摆台与服务	二等奖	陈健
程苗	山东省潍坊商业学校	客房中式铺床	二等奖	韩磊
王大可	山东省潍坊商业学校	冷拼与食雕	二等奖	康恩建
孟勇	山东省潍坊商业学校	中餐热菜	二等奖	代田春
王宇航/唐述卿/周凯杰	山东省潍坊商业学校	物联网技术应用与维护	二等奖	张建彬/于建军
刘威	潍坊海洋化工学校	单片机控制装置安装与调试	二等奖	徐广振
郭晓天	潍坊市对外经济贸易学校	单片机控制装置安装与调试	二等奖	徐刚
徐楠/杨志强	潍坊市对外经济贸易学校	机电一体化设备组装与调试	二等奖	周荃/程义民
李明正	潍坊市工程技师学院	液压与气动系统装调与维护	二等奖	王晓龙
高彦	潍坊市经济学校	CAD 样板制作与推板模块	二等奖	齐延娟
李昱颖	山东省潍坊商业学校	车身涂装（涂漆）	三等奖	郭文龙
汲利凯/邵成璋/田宗锦	寿光市职业教育中心学校	智能家居安装与维护	三等奖	刘超/王锐
赵洪鎏	潍坊市对外经济贸易学校	艺术插花	三等奖	孙曰波
史晓雪	潍坊市工业学校	艺术插花	三等奖	张德华

附表10　2017年潍坊市中职学校参加全国职业院校技能大赛获奖名单

选手	参赛学校	比赛项目	奖级	指导教师
宿莲强/贺捷畅	安丘市职业中等专业学校	机器人技术应用	一等奖	董金龙
徐华强	安丘市职业中等专业学校	工业产品CAD	一等奖	陈志军
王刚	安丘市职业中等专业学校	工业产品CAD	一等奖	陈志军
杜启明	高密市高级技工学校	机械装配技术	一等奖	王亭佳
杨/赵玉晶	寿光市职业教育中心学校	工业分析检验	一等奖	朱瑞娟/李伟
李灿珠/梅翠翠/刘新英	寿光市职业教育中心学校	化工生产技术	一等奖	辛超/简未平
郑涛/张庆玉	寿光市职业教育中心学校	汽车营销	一等奖	刘振涛/刘冬
崔宝云	寿光市职业教育中心学校	蔬菜嫁接	一等奖	马纯明
杨小宇	寿光市职业教育中心学校	蔬菜嫁接	一等奖	徐荣娟
宋莹江/刘天禹/仉新焜	寿光市职业教育中心学校	智能家居安装与维护	一等奖	刘超/胡国刚
闫宁/王华鑫/徐文正/李晓萱	山东省潍坊商业学校	电子商务运营技能	一等奖	宋夕东/谢永强
徐梓峰/殷梓皓	山东省潍坊商业学校	建筑装饰技能	一等奖	王庆平/姜晓晨
袁俊俊	山东省潍坊商业学校	酒店服务	一等奖	尹倩倩
寇桂铨	山东省潍坊商业学校	汽车机电维修	一等奖	于永康
王树青	潍坊职业学院	单片机控制装置安装与调试	一等奖	徐刚
徐金川	潍坊市对外经济贸易学校	单片机控制装置安装与调试	一等奖	王琰琰
郭志鹏/刘浩男	潍坊市工程技师学院	现代模具制造技术	一等奖	王树东/杨德春
刘阳	临朐县职业教育中心学校	计算机检测维修与数据恢复	二等奖	王太岗
王欣	山东省潍坊商业学校	酒店服务	二等奖	李敏
孟凡喜/黄皓程/邹天翔	山东省潍坊商业学校	通信与控制系统（高铁）集成与维护	二等奖	张建彬/郑金萍
王群/方宾/安建茹	山东省潍坊商业学校	物联网技术应用与维护	二等奖	于建军/董丽
谢金庸/姜鹏程/杨发柳/赵晨明	潍坊市建设职工中等专业学校	工程测量	二等奖	田炳秀/张丽莉
高志士/李国强/李晓波	潍坊职业学院	化工生产技术	二等奖	于淑兰/韩文婧
魏路明	诸城市福田汽车职业中等专业学校	农机维修	二等奖	陈世全
周韶龙	潍坊市工程技师学院	农机维修	二等奖	赵光峰
管雨/暴公航/杨浩	潍坊市工程技师学院	数控综合应用技术	二等奖	王开良/徐金友
李龙	安丘市职业中等专业学校	通用机电设备安装与维护	三等奖	王振运
窦荣浩/苏鸿涛/徐元浩	临朐县职业教育中心学校	光伏发电系统安装与调试	三等奖	于保国/张涛
常锦宇/于士杰	潍坊市科技中等专业学校	网络空间安全	三等奖	韩毓/李炳吉
隋文	潍坊市经济学校	服装设计与工艺	三等奖	齐延娟
林志永	潍坊市经济学校	农机维修	三等奖	杨建宁
李富/宋迪/许云龙	诸城市福田汽车职业中等专业学校	通信与控制系统（高铁）集成与维护	三等奖	赵遵军/卢桂强
李明正	潍坊市工程技师学院	通用机电设备安装与维护	三等奖	王晓龙

附表 11　潍坊市中职学校参加山东省职业院校技能大赛获奖统计表（2008～2017 年）

年度	类别	一等奖	二等奖	三等奖
2008	全省/个	26	52	78
	潍坊市/个	5	7	8
	占全省百分比/%	19.23	13.46	10.26
2009	全省/个	91	185	274
	潍坊市/个	24	20	23
	占全省百分比/%	26.37	10.81	8.39
2010	全省/个	75	146	230
	潍坊市/个	38	8	9
	占全省百分比/%	50.67	5.48	3.91
2011	全省/个	118	236	361
	潍坊市/个	52	28	8
	占全省百分比/%	44.07	11.86	2.22
2012	全省/个	95	179	274
	潍坊市/个	35	26	7
	占全省百分比/%	36.84	14.53	2.55
2013	全省/个	93	177	270
	潍坊市/个	33	25	11
	占全省百分比/%	35.48	14.12	4.07
2014	全省/个	106	197	306
	潍坊市/个	35	30	9
	占全省百分比/%	33.02	15.23	2.94
2015	全省/个	71	142	215
	潍坊市/个	19	19	5
	占全省百分比/%	26.76	13.38	2.33
2016	全省/个	81	160	244
	潍坊市/个	18	15	4
	占全省百分比/%	22.22	9.38	1.64
2017	全省/个	73	145	222
	潍坊市/个	14	13	11
	占全省百分比/%	19.18	8.97	4.95
合计	全省/个	829	1619	2474
	潍坊市/个	273	191	95
	占全省百分比/%	32.93	11.80	3.84

附表 12　潍坊市中职学校参加全国职业院校技能大赛获奖统计表（2008～2017 年）

年度	类别	一等奖	二等奖	三等奖
2008	山东队/个	2	7	20
	潍坊市/个	0	1	7
	占全省百分比/%	0	14.29	35.00

年度	类别	一等奖	二等奖	三等奖
2009	山东队/个	2	14	26
	潍坊市/个	0	3	8
	占全省百分比/%	0.00	21.43	30.77
2010	山东队/个	13	23	19
	潍坊市/个	8	12	9
	占全省百分比/%	61.54	52.17	47.37
2011	山东队/个	26	30	29
	潍坊市/个	23	7	11
	占全省百分比/%	88.46	56.67	37.93
2012	山东队/个	23	41	35
	潍坊市/个	14	17	7
	占全省百分比/%	60.87	41.46	20.00
2013	山东队/个	28	37	31
	潍坊市/个	16	12	10
	占全省百分比/%	57.14	32.43	32.26
2014	山东队/个	31	50	37
	潍坊市/个	18	16	8
	占全省百分比/%	58.06	32.00	21.62
2015	山东队/个	35	41	29
	潍坊市/个	15	10	11
	占全省百分比/%	42.86	24.39	37.93
2016	山东队/个	41	57	22
	潍坊市/个	18	15	4
	占全省百分比/%	43.90	26.32	18.18
2017	山东队/个	39	40	35
	潍坊市/个	17	9	7
	占全省百分比/%	43.59	22.50	20.00
合计	山东队/个	240	340	283
	潍坊市/个	129	112	82
	占全省百分比/%	53.75	32.94	28.98

注：正文中潍坊市参加全国职业院校技能大赛一等奖 128 个，是全国职业院校技能大赛组委会公布的数据。表中潍坊市 2008～2017 年获得全国职业院校技能大赛一等奖 129 个，是因为 2011 年有一个二等奖项目申诉成功，后改为一等奖。